天道圣经注释

教牧书信注释

张永信 著

上海三联书店

献给
义妹淑娟(Cherie)

出版说明

　　基督教圣经是世上销量最高、译文最广的一部书。自圣经成书后，国外古今学者注经释经的著述可谓汗牛充栋，但圣经的完整汉译问世迄今尚不到两个世纪。用汉语撰著的圣经知识普及读物(内容包括圣经人物、历史地理、宗教哲学、文学艺术、伦理教育等不同范畴)和个别经卷的研究注释著作陆续有见，唯全本圣经各卷注释系列阙如。因此，香港天道书楼出版的"天道圣经注释"系列丛书尤为引人关注。这是目前第一套集合全球华人圣经学者撰著、出版的全本圣经注释，也是当今汉语世界最深入、最详尽的圣经注释。

　　基督教是尊奉圣典的宗教，圣经也因此成为信仰内容的源泉。但由于圣经成书年代久远，文本障碍的消除和经义的完整阐发也就十分重要。"天道圣经注释"系列注重原文释经，作者在所著作的范围内都是学有专长，他们结合了当今最新圣经研究学术成就，用中文写下自己的研究成果。同时，尤为难得的是，大部分作者都具有服务信仰社群的经验，更贴近汉语读者的生活。

　　本注释丛书力求表达出圣经作者所要传达的信息，使读者参阅后不但对经文有全面和深入的理解，更能把握到几千年前的圣经书卷的现代意义。丛书出版后受到全球汉语圣经研习者、神学教育界以及华人教会广泛欢迎，并几经再版，有些书卷还作了修订。

　　现今征得天道圣经注释有限公司授权，本丛书由上海三联书店出版发行国内中文简体字版，我们在此谨致谢意。神学建构的与时俱进离不开对圣经的细微解读和阐发，相信"天道圣经注释"系列丛书的陆续出版,不仅会为国内圣经研习提供重要的、详细的参考资料,同时也会促进中国教会神学、汉语神学和学术神学的发展,引入此套注释系列可谓正当其时。

上海三联书店

天道圣经注释

本注释丛书特点：

- 解经（exegesis）与释经（exposition）并重。一方面详细研究原文字词、时代背景及有关资料，另一方面也对经文各节作仔细分析。

- 全由华人学者撰写，不论用词或思想方法都较翻译作品易于了解。

- 不同学者有不同的学养和专长，其著述可给读者多方面的启发和参考。

- 重要的圣经原文尽量列出或加上英文音译，然后在内文或注脚详细讲解，使不懂原文者亦可深入研究圣经。

天道书楼出版部谨启

目录

序言

　　"天道圣经注释"的出版是很多人多年来的梦想的实现。天道书楼自创立以来就一直思想要出版一套这样的圣经注释,后来史丹理基金公司也有了一样的期盼,决定全力支持本套圣经注释的出版,于是华人基督教史中一项独特的出版计划就正式开始了。

　　这套圣经注释的一个特色是作者来自极广的背景,作者在所著作的范围之内都是学有专长,他们工作的地点分散在全世界各处。工作的性质虽然不完全一样,但基本上都是从事于圣经研究和在学术方面有所贡献的人。

　　另外,一个值得注意的地方,是这套书中的每一本都是接受邀请用中文特别为本套圣经注释撰写,没有翻译的作品。因为作者虽然来自不同的学术圈子,却都是笃信圣经并出于中文的背景,所以他们更能明白华人的思想,所写的材料也更能满足华人的需要。

　　本套圣经注释在陆续出版中,我们为每一位作者的忠心负责任的工作态度感恩。我们盼望在不久的将来,全部出版工作可以完成,也愿这套书能帮助有心研究圣经的读者,更加明白及喜爱研究圣经。

荣誉顾问　鲍会园

主编序言

　　华人读者对圣经的态度有点"心怀二意"，一方面秉承华人自身的优良传统，视自己为"这书的人"（people of the Book），笃信圣经是神的话；另一方面又很少读圣经，甚至从不读圣经。"二意"的现象不仅和不重视教导圣经有关，也和不明白圣经有关。感到圣经不易明白的原因很多，教导者讲授肤浅及不清楚是其中一个，而教导者未能精辟地讲授圣经，更和多年来缺乏由华人用中文撰写的释经书有关。"天道圣经注释"（简称为"天注"）在这方面作出划时代的贡献。

　　"天注"是坊间现有最深入和详尽的中文释经书，为读者提供准确的资料，又保持了华人研读圣经兼顾学术的优良传统，帮助读者把古代的信息带入现代处境，可以明白圣经的教导。"天注"的作者都是华人学者，来自不同的学术背景，散居在香港、台湾地区以及东南亚、美洲和欧洲各地，有不同的视野，却同样重视圣经权威，且所写的是针对华人读者的处境。

　　感谢容保罗先生于 1978 年向许书楚先生倡议出版"天注"，1980年 11 月第一本"天注"（鲍会园博士写的歌罗西书注释）面世，二十八年后已出版了七十多本。史丹理基金公司和"天注"委员会的工作人员从许书楚先生手中"接棒"，继续不断地推动和"天注"有关的事工。如果顺利，约一百本的"天注"可在 2012 年完成，呈献给全球华人读者研读使用。

　　笔者也于 2008 年 10 月从鲍会园博士手中"接棒"，任"天注"的主编，这是笔者不配肩负的责任，因多年来为了其他的工作需要而钻研不同的学科，未能专注及深入地从事圣经研究，但鲍博士是笔者的"恩师"，笔者的处女作就是在他鼓励下完成，并得他写序推介。笔者愿意接棒,联络作者及构思"天注"前面的发展,实际的编辑工作由两位学有所成的圣经学者鲍维均博士和曾祥新博士肩负。

　　愿广大读者记念"天注",使它可以如期完成,这是所有"天注"作者共同的盼望。

邝炳钊

2008 年 12 月

旧约编辑序

　　"天道圣经注释"的出现代表了华人学者在圣经研究上的新里程。回想百年前圣经和合本的出现,积极影响了五四运动之白话文运动。深盼华人学者在圣经的研究上更有华人文化的视角和视野,使福音的传播更深入社会和文化。圣经的信息是超时代的,但它的诠释却需要与时俱进,好让上帝的话语对当代人发挥作用。"天道圣经注释"为服务当代人而努力,小弟多蒙错爱参与其事,自当竭尽绵力。愿圣经的话沛然恩临华人读者,造福世界。

曾祥新

新约编辑序

这二十多年来，相继出版的"天道圣经注释"在华人基督教界成为最重要的圣经研习资源。此出版计划秉持着几个重要的信念：圣经话语在转变的世代中的重要，严谨原文释经的重要，和华人学者合作与创作的价值。在这事工踏进另一阶段的时候，本人怀着兴奋的心情，期待这套注释书能够成为新一代华人读者的帮助和祝福。

鲍维均

作者序

　　一贯以来，华人教会都很注重教牧书信，因为当中记载了很多关于牧养和领导的教训，并且非常具体和实际，对于关注信徒生命及成长的华人教会来说，自然是视若珍宝、爱不释手了。可惜的是，中文的教牧书信注释寥寥无几，除了巴克莱（Barclay）新约注释系列的翻译作品外，有份量的注释书可说是凤毛麟角。再加上在较早前写哥林多前书注释时，[①]涉及妇女侍奉的经文段落，除了哥林多前书的两处经文外，[②]还花了不少时间研究提摩太前书第二章九至十五节的一段，[③]事后总觉得如果读者们能在读完哥林多前书注释后，亦有机会去深入了解提摩太前书的相关经文段落，一定会对新约妇女的侍奉有更为全面和通透的了解。观此，经过多番的考虑及祷告后，笔者决定撰写《教牧书信注释》。

　　研究教牧书信最大的问题是处理作者是谁的争论，由于措辞和主旨与传统的保罗书信有异，不少圣经批评学者（Biblical critical scholars）都主张它们是伪保罗的著作。其中如 Dibelius，Conzelmann，Hanson，Houlden，Karris 和 Quinn 等，甚至为华人教会所熟稔的巴克莱，其注释亦持此见解。当然，坚称其为保罗著作的福音派学者亦大有人在。[④]观此，笔者于本书的绪论部分，花了不少篇幅去处理这个悬疑，务求使读者们知道问题的关键所在及解决的出路。

　　在注释部分，每一个经文段落都分为引言、注解和结语三部分，其

---

① 此书于 1996 年年中面世。
② 即林前十一 1～16 及十四 34～36。
③ 有关于教牧书信的专文，用了三分之一的篇幅集中讨论此经文段落。
④ 详参本书的绪论部分。

中尤其是结语部分,主要将刚研究过的经文引进应用的层面,希望读者们学以致用,立竿见影,收举一反三之效。

　　至于注释书方面,Kelly 的作品多年来都成为福音派学者们的代表作,对于有疑问的经文段落,他都提供合理的答案,可说是句句隽永、字字珠矶了。Kent 的作品在提纲挈领上可说是一枝独秀,有如讲章的大纲,不过,却因为书中缺乏经文段落的标志而不易翻阅所要查考的经文。Fee 的一本是新近的著作,内容精简易明。Guthrie 的则为中规中矩之作,唯以上数本著作都因篇幅所限而有讨论不足之嫌。而最详细的是 Knight 的一本,其对字义的研究、经文意思的检视和讨论,均远远超过其他作者,可说是独领风骚,其锲而不舍的考究、不厌其详的阐述和剖析,实在使人心服,诚为不可多得之作。当然,其唯一的缺点,如其系列中的其他注释书一样,缺乏明晰的注脚格式。⑤ 至于 Hermeneia 系列中的 Dibelius 及 Conzelmann 之教牧书信注释,虽然属非福音派的著作,却因有一定程度的学术水平,当中有不少深入的研究和讨论都可供采用,诚然是一本不可或缺的注释参考。⑥

　　过去与天道书楼出版部合作,实有很多值得感恩之事。如今能够再度合作,实乃顺理成章及人生的一大快事。自 1995 年 7 月离开任教达十年的建道神学院后,心中常常惦念,细想学院所给予笔者众多教学和研究的良机,感恩之心便油然而生。实在多谢学院多年来的错爱,让笔者能在教学和研究上有多番的精进。最后,诚愿此书能帮助各牧者及信徒,不单只对牧养工作有更为深入的了解,更能产生内在的澎湃动力,热衷于牧养的职事,使更多人蒙恩,复兴华人教会,使神的名显耀于万邦。

张永信　谨识

1996 年 2 月 14 日

香港中华基督教礼贤会香港堂

---

⑤ 此乃 New International Greek Testament Commentary 系列,在 Knight 的书内,除了其导论有清楚的注脚外,内文的注脚均紧随被引用的句子之后,给人混乱的感觉。

⑥ 以上的各注释书目可参见本书参考书目的"注释书籍"。

再版序

　　自从完成了《教牧书信注释》一书以来，转眼间过了十年之久。其间出版了多本极具份量的注释书，包括 Lea & Griffin Jr.（1992），Quinn & Wacker（1995），Liefield（1999），Marshall（1999），Mounce（2000）及 Johnson（2001）。其中以 Mounce 一本最为详尽，是必读的精品。反而 Quinn & Wacker 一书虽然在极具争论的问题上有讨论，立论却不清楚。整体而论，以上的著作对作者问题及提摩太前书二章十一至十五节有关妇女在教会中的地位之讨论，提供了非常有用的资料及使人振奋的推论。此外，Kostenberger，Schreiner 和 Baldwin 三位学者所编撰的一本书 *Women in the Church：A Fresh Analysis of I Timothy 2：9 - 15* 有极为详细的讨论，以至于以后出版的各本注释书，或多或少都受其影响。此书其中一篇专文：H. Baldwin，"A Difficult Word：*authenteō* in I Timothy 2：12，" pp. 65 - 80，更是不可多得的佳作。

　　再者，最使人兴奋的，就是除了 Quinn & Wacker 认为教牧书信的作者可能是保罗，但也持后保罗（post-Pauline）的立场之外，其他作品都支持传统的看法，就是保罗为教牧书信的作者。Marshall 则以一残篇假说（Fragmentary Hypothesis）为讨论焦点，相信书信中大多数都是保罗手笔，不过却经过编辑而成。这无疑是一个中间路线的说法，亦可为福音派人士接受。

　　至于提摩太前书二章十一至十五节的讨论，焦点都是讨论"管辖"（*authenteō*；提前二 12）一字在此段经文中的意思是什么。Baldwin 的专文提供了颇为透彻的研究。其结论是，此字并非指"粗暴地对待"，极为负面的意思，而是指"有权柄于"（have authority over），即一个较中

性的用法,而充其量亦只是指"控制"(domineer),即一个较为负面的
用法而已。所以,保罗是禁止妇女在教会中运用权柄,控制男性。按此
理解,Baldwin 等人就以为,保罗是指妇女们不能在教会内作最高层
的领导。此结论无疑支持了传统的看法,即妇女在教会中侍奉,至终
都是要顺服男性的领导。Lea & Griffin, Jr.(页 103 - 105)及 Mounce
(页 126 - 130)追随此主张,其理由是 *authenteō* 一字是与"讲道"(原文
是"教导";参见同一节)一字平行。由于教导乃正面的意思,故 *authenteō*
亦然。Marshall(页 455 - 460)则认为,即然此字与"教导"一字有紧密
的关系(同一节经文),故其所指的是与教导的活动有关而已,而不是指
妇女在教会应有的角色。按此理解,保罗是指妇女要在教导的事上作
学生,而不应强为老师,进行教导,借此控制男性,即教会的长老们。
Liefield(页 99)亦支持此观点,他指出,如果 *authentō* 只是一个中性
字,即其意思是"有权柄于",则保罗大可以用 *exousia* 一字,而不应该
用 *authenteō* 此罕有的字眼才对,可见这不是一个中性字,而是稍微强
烈的字眼。由此可见,以弗所教会妇女的问题,是不甘心作学生,而要
参与教导事工,借此控制男性。

　　综观上论,不论 *authenteō* 的意思是极为负面的,即"粗暴对待";
还是只是轻微负面的,意即"控制";由于其与"教导"一字有紧密的关系
(同一节经文),故保罗是指妇女们不应借着教导男性,作为控制他们的
方法。按此分析,原则上保罗并不反对妇女们在教会中参与各项圣工,
甚至作领导。他只是反对在侍奉上背后存在着不当的动机。尤其是在
当时,妇女受教育的机会很少,在知识的层面上缺乏,理应先作学生,在
真道上多加学习,才不至如夏娃一样,被引诱而犯罪(参见提前二 14),
并且有资格充当教师,以纯正的真理教导信众。这也是笔者所采取的
立场。

　　由于教牧书信是保罗写信给两位年轻的传道人提摩太及提多,这
两位传道人都在牧会的侍奉上遇到困难,以致保罗虽然在狱中,仍要写
信帮助他们,提点他们,给予他们支持,这正是笔者在撰写本书修订版
时所做的,为传道人及教会的领袖们提供培训和支援,所以下笔的时
候,感触颇深。毕竟,牧养工作诚非易事。教会工作涉及人,牧养工作
亦是要面对人,而人心的不同,如其面也。有些信徒因着成长背景及性

格的问题，常常带给教会很多不快和伤害，作为传道者，要成熟地处人处事才行。如果有别人从旁多加提点，给予灵性上的支持和代祷，那么，一些困难的日子也容易走过。唯愿本注释书能成为华人教会的众领袖之参考。本书是修订版，会把一些经文解释得更清晰，措辞更严谨，希望能使读者们更好地掌握经文的原意。

　　笔者深深感谢满有恩惠和慈爱的神，他对笔者不离不弃，在侍奉及文字工作上使用其软弱的仆人。感谢散居在世界各地为笔者祷告的弟兄姊妹，包括内子郭秀华、义妹麦淑娟、舍弟张略，还有苏永忠、黄伟明夫妇，以及黄婉瑶、车士华、周志源、干女儿谭仲欣和李雅伦。愿主报答他们的恩情。再一次多谢天道，使本书能够面世，并且纳入天道圣经注释丛书内，实乃笔者的荣幸。唯愿此书能帮助各教牧同工、华人教会的众领袖们，在领导及牧养的圣工上，更能从教牧书信中，即神的圣言，得着莫大的启迪，使牧养工作更整全，从而满足信徒的需要，讨主的喜悦。

张永信　谨识

2005 年 3 月 20 日

于加拿大温哥华

简写表

ABD	David Noel Freedman，ed. *The Anchor Bible Dictionary*（New York：Doubleday，1992）.
BAGD	Walter Bauer，*A Greek-English Lexicon of the New Testament and Other Early Christian Literature*，tr. W. F. Arndt and F. W. Gingrich（Chicago：University of Chicago，1957）.
BibSac	*Bibliotheca Sacra*
BJRL	*Bulletin of the John Rylands University Library of Manchester*
BTB	*Biblical Theological Bulletin*
CBQ	*Catholic Biblical Quarterly*
EDNT	Horst Balz & G. Schneider，ed. *Exegetical Dictionary of the New Testament*（Grand Rapids：Eerdmans，1993）.
EDT	Walter Elwell，ed. *Evangelical Dictionary of Theology*（Grand Rapids：Baker，1984）.
EQ	*Evangelical Quarterly*
ET	*Expository Times*
Evang RevTheol	*Evangelical Review Theology*
IDB	G. A. Buttrick，ed. *The Interpreter's Dictionary of the Bible*（Nashville：Abingdon，1962）.
JBL	*Journal of Biblical Literature*
JETS	*Journal of The Evangelical Theological Society*
JSNT	*Journal for the Study of the New Testament*
JTS	*Journal of Theological Studies*

Int	*Interpretation*
ISBE	Geoffrey W. Bromiley, gen. ed. *The International Standard Bible Encyclopedia*（Grand Rapids: Eerdmans, 1979 - 1988）.
NIDNTT	Colin Brown, gen. ed. *The New International Dictionary of New Testament Theology*（Grand Rapids: Zondervan, 1975 - 1978）.
NovT	*Novum Testamentum*
NTS	*New Testament Studies*
RevExp	*Review and Expositor*
RSV	Revised Standard Version
TB	*Tyndale Bulletin*
TDNT	G. Kittel and G. Friedrich, ed. *Theological Dictionary of the New Testament*, tr. G. W. Bromiley, I-X（Grand Rapids: Eerdmans, 1964 - 1976）.
TLNT	Ceslas Sqicq, *Theological Lexicon of the New Testament*, tr. James D. Ernest, 1 - 3 （Peabody: Hendrickson, 1994）.
TrinJ	*Trinity Journal*
WTJ	*Westminster Theological Journal*

新译	新译本
现中	现代中文译本
思高	天主教思高本
吕本	吕振中译本

绪论

绪论

壹 引言

保罗是一位伟大的宣教士,并且是出类拔萃的牧者、神学家和作家。在他四次的宣教行程中,足迹遍布欧亚各主要城市,并且在这些城市内建立教会,故此,与这些教会继续维持关系是重要的。当然,如果这些教会在增长的过程中发生问题时,保罗作为教会的创始人,自然有责任跟进这些问题,以致教会能继续健康地成长。观此,当他不能抽身亲临教会时,便借着书信与教会保持接触。在此,杨格(Frances Young)说得好,在当时,书信的功用能将一个缺席的人变成在场。① 故此,新约的众作者,包括保罗在内,自然乐于采用书写的方式,去言情寄意,致使其教导能持续地影响教会。

早期教会的传统相信保罗总共写了十四卷书信,即罗马书、哥林多前后书、加拉太书、以弗所书、腓立比书、歌罗西书、帖撒罗尼迦前后书、提摩太前后书、提多书、腓利门书和希伯来书。时至今日,被绝大部分学者,特别是批评学者,接受为保罗手笔的,只有罗马书、哥林多前后书、加拉太书、腓立比书、帖撒罗尼迦前书及腓利门书。再者,几乎绝大部分人士,包括福音派的学者在内,都不相信希伯来书是保罗所写的。事实上,

---

① "... to make an absent person present", Frances Young, *The Theology of the Pastoral Letters* (Cambridge: CUP, 1994), p. 23;有关于当时书信的用法参见 William Doty, *Letter in Primitive Christianity* (Philadelphia: Fortress, 1973). 另参 W. R. Funk, "The Apostolic Parousia: Form and Significance" in *Christian History and Interpretation: Studies Presented to John Knox*, ed. W. R. Farmer, C. F. D. Moule & R. R. Niebuhr (Cambridge: CUP, 1967), pp. 263–266.

希伯来书本身的作者亦没有表明自己是保罗，我们亦不必坚持它是保罗的手笔。无论如何，对于此书是否为保罗所写的议题，已成为陈年旧事了。

尽管如此，其他有些书卷，即以弗所书、歌罗西书、帖撒罗尼迦后书、提摩太前后书及提多书，均被批评学者称为"伪保罗作品"（Pauline pseudepigrapha），意即这些书卷，虽然自称保罗为原作者，其实却是他人托其名义而着墨的。当然，福音派人士持不同的看法，例如在处理教牧书信的作者上，学者如班纳德（Bernard）、古特立（Guthrie）、凯利（Kelly）、根特（Kent）、尼特（Knight）、艾利斯（Ellis）、云贝根（Van Bruggen）、罗恩（Loane）、诺克（Lock）、费依（Fee）、皮亚（Prior）和宣信（E. K. Simpson）等，[2]他们都相信提摩太前后书及提多书，如教会传统所称，保罗是其原作者。

提摩太前后书及提多书统称为"教牧书信"。[3] 其异于其他保罗书信之处，便是此乃保罗个人写给两位教牧同工的书信。[4] 内容涉及初期教会作为牧者在牧养上应该知道的知识及个人的操守，保罗以此教导两个代表他在不同地方治理教会的教牧同工——提摩太及提多。[5] 按此，此三封信可说是私人的通信，当中作者很自然流露出其个人的一面，尤以提摩太后书为显著，因保罗是第二次下在监里时写的，亦可说是在为主殉道而溘然长逝前的遗言，诚然是保罗把其一生侍奉的感受言情寄意，故有不少内容是保罗内心世界的剖白。[6]

---

[2] 名单可参见 Mark L. Bailey, "A Theology of Paul's Pastoral Epistles" in *A Biblical Theology of the New Testament*, ed. David M. Hay（Chicago：Moody，1994），p. 334，fn. 2。

[3] 托马斯·阿奎那（Thomas Aquinas）已称提摩太前书为使徒将教牧规条传授于提摩太的书信，参见 William Barclay, *The Letters to Timothy*, *Titus & Philemon*（Toronto：Welch，1975），p. 2；"教牧书信"此称谓最早出现于十八世纪初，由 Berdot（1703），Anton（1726）采用，参见 D. A. Carson, D. J. Moo & L. Morris, *An Introduction to the New Testament*（Grand Rapids：Apolls，1992），p. 359；G. W. Knight III, *Commentary on the Pastoral Epistles*（Grand Rapids：Eerdmans，1992），p. 3。

[4] 另有腓利门书，亦是保罗向个别人士所写的书信。

[5] 更可称之为初期教会的"教牧手册"（pastoral handbook）；但 Fee 则力陈其应该为教会通鉴（Church manual），参见 G. D. Fee, "Reflections on Church Order in the Pastoral Epistles, with Further Reflection on the Hermeneutics of Ad Hoc Documents", *JETS* 28/2（June 1985），pp. 145 – 151。

[6] 穆拉多利正典（Muratorian Canon, ca. A. D. 180）认为其是以个人感受与爱心写成的书简。

　　然而,话得说回来,在提摩太前书第三章十五节里,保罗对提摩太表明说:"倘若我耽延日久,你也可以知道在神的家中当怎样行",又于第四章十一节称:"这些事,你要吩咐人,也要教导人"。由此可见,教牧书信虽然是个人的信件,但却有大公教会的用途。[⑦] 在此,艾利斯指出,由于受书人身处的地方,即爱琴海一带,其实已于多年前蒙受保罗福音工作的帮助,到如今各地教会已是风起云涌,如火如荼地生长。如果保罗要对那一带的众教会说话,向个别教会发信无疑是费时失事的做法。有见及此,他更致函给值得信任的同工,托他们将信的内容,向其属下的教会一一细说,并且执行保罗的意愿。这样反而是实际和可行的。[⑧]

　　毕竟,一如贝加(Beker)所观察的,甚至是腓利门书,这封极为个人性的短笺,亦以在腓利门家中聚会的教会为受众(门 3)。由此可见,不论保罗的书简是何等地个人性,却因为他是使徒,是基督在世上的代表人,故信中所言,富有属灵权威,成为正式的教会书函。[⑨] 无论如何,保罗是以牧养及管理的角度,针对那些教会及其领袖正面对的各项问题,作出实际和可行的提醒和教诲。观此,教牧书信可说是实用性极高,成为历世历代教会争相参考的宝典。[⑩]

　　综观三卷教牧书信的内容、风格、文笔及措辞都很一致,显出其为同一个作者的手笔。[⑪] 但亦因其一致性,反映其与其他保罗的著作,存在显著的差异。这些不同的地方,触发了如上文提及的问题,批评学者议论纷纷,以之为非保罗的作品。[⑫] 故此,皮亚一矢中的地直言:"教牧

---

⑦ 我们要注意,信中时是显出作者是向全教会说话,如提前六 21;提后四 22 的祝福语:"愿恩惠常与你们同在",说明这些信可能会在教会聚集时读出来,故作者要向全会众问安。

⑧ E. E. Ellis, *Pauline Theology: Ministry and Society* (Grand Rapids: Eerdmans, 1989), p. 111.

⑨ J. Christian Beker, *Paul the Apostle: The Triumph of God in Life and Thought* (Philadelphia: Fortress, 1980), pp. 23 – 24.

⑩ 例如当教会选举长老、执事时,常会取材于教牧书信,作出适切的训示。

⑪ W. G. Kummel, *Introduction to the New Testament* (London: SCM, 1975), p. 367.

⑫ 其名单及著作参 Bailey, "A Theology of Paul's Pastoral Epistles", p. 334, fn. 2;甚至一些福音派的学者,亦采取作者使用假名(pseudonymity)的主张,如 A. J. B. Higgins, "The Pastoral Epistles" in *Peake's Commentary on the Bible*, ed. M. Black (London: Routledge, 1990, repr.), p. 1002;巴克莱则主张有后人以部分保罗的原著为骨干,写成了教牧书信,此谓之残篇假说,Barclay, *The Letters to Timothy, Titus and Philemon*, p. 13.

书信的问题,毫无疑问就是谁是其作者。"⑬当然,大部分福音派学者则极力维护保罗为原作者的说法。因此,关于作者问题的争论,在学术界内掀起了轩然大波,至今仍方兴未艾。

贰 作者

(I) 传统的说法

(一) 外证

早期教父们不约而同地承认教牧书信的地位。接受其有正典之权威而加以引用的教父有:罗马的克莱门特(Clement of Rome,A. D. 95)、⑭波利卡普(Polycarp,A. D. 110)、查士丁(Justin Martyr,A. D. 150)、伊格那丢(Ignatius,A. D. 110)、安提阿的提阿非罗(Theophilus of Antioch, ca. A. D. 181)及亚历山大里亚的克莱门特(Clement of Alexanderia,A. D. 155 – 215)等,他们的作品显出其乐于引用教牧书信,以之为权威之言。此外,德尔图良(Tertullian,A. D. 150 – 222)更在引用时,直接了当地指出其所引用的,乃保罗教导提摩太的雅言。⑮爱任纽(Irenaeus,ca. A. D. 140 – 203)在引用时,亦坦言此乃使徒之话语。⑯再者,在分析有问题的新约经卷时,优西比乌(Eusebius,A. D. 265 – 340)亦没有把教牧书信列于其中,可见在这位早期教会的历史家来说,教牧书信作为保罗的著作,并不构成任何

---

⑬ Michael Prior, *Paul the Letter-Writer and the Second Letter to Timothy* (Sheffield: JSOT, 1989), p. 13.

⑭ 他的作品有写给哥林多人的克莱门特一书(1 Clement,A. D. 95),其中引用提摩太前书一18及二8;由于克莱门特一书与教牧书信之间的措辞和风格相似,批评学者便以教牧书信为模仿克莱门特一书之作;然福音派人士则以克莱门特一书为模仿教牧书信之作,参见J. H. Bernard, *The Pastoral Epistles* (Grand Rapids: Baker, 1980, repr.), xix; Knight, *Commentary on the Pastoral Epistles*, p. 13.

⑮ Tertullian, *Against Heretics*, xxv.

⑯ Irenaeus, *Against Heresies*, Preface, i. 虽然他没有明言此使徒为保罗,但此乃其言下之意。

的问题。[17]

　一言以蔽之,众教父都齐声确认,教牧书信实为使徒保罗的书信。[18] 如费依所言,对于教牧书信来说,支持保罗为原作者的外证历历在目、洋洋大观,只有罗马书和哥林多前书可与之相较。[19] 由此,如撒尔曼特(Salmond)所说:"单就外证而论,教牧书信的真确性,是全胜的一方",绝对没有言过其实。[20]

(二) 内证

　一如其他保罗书信一样,其内证亦是证据充分的,且看以下的罗列:

　a. 信的卷首语中,作者均自称为保罗:

　　提摩太前书第一章一节:"……作基督耶稣使徒的保罗。"

　　提摩太后书第一章一节:"……作基督耶稣使徒的保罗。"

　　提多书第一章一节:"神的仆人,耶稣基督的使徒保罗,……"

　b. 作者所描绘的,关于自己信主前的生活表现,与保罗的生平吻合,且看提摩太前书第一章十三至十四节的描述:"我从前是亵渎神的,逼迫人的,侮慢人的;然而,我还蒙了怜悯,因我是不信不明白的时候而做的";又看第十五及十六节的自白:"……在

---

[17] 以上资料参考自 Homer A. Kent, Jr. *The Pastoral Epistles* (Chicago: Moody, 1982), pp. 24-33 及 Bernard, *The Pastoral Epistles*, xiii-xxi.事实上,除了一些诺斯替主义人士(如 Basilides, Marcion, Tatian),几乎所有早期教父都接受教牧书信(尤以是提前),为新约正典的一部分,参见 Tertullian, *Against Marcion*, 5.21;其不接受的原因,明显是因为教牧书信内有反对诺斯替主义的言论。

[18] 第三世纪的 Chester Beatty 古抄本没有教牧书信,此古抄本被证实失去了七页;学者们都相信,此七页不可能完全容纳教牧书信和腓利门书;但可能的解释有三:(1)抄本的文士在抄到卷末时,发觉还未能抄完其他书卷,故在七页后,再加上数页,才能抄完教牧书信和腓利门书,但后来却连同这七页遗失了。(2)在对比下,那文士所写的字,是越来越密的,故那七页内,有可能容纳教牧书信和腓利门书。(3)那文士只注重保罗写给教会的书信,教牧书信和腓利门书,因为是个人书信,可能不包括在搜集的范围内;参见 Knight, *Commentary on the Pastoral Epistles*, p.14.

[19] Gordon Fee, *1 and 2 Timothy*, *Titus* (New International Biblical Commentary, Peabody: Hendrickson, 1984), p.23.

[20] 引自 Donald Guthrie, *The Pastoral Epistles: An Introduction and Commentary* (England: IVP, 1957), pp.14-15.

罪人中我是个罪魁。然而,我蒙了怜悯,是因耶稣基督要在我这罪魁身上,显明他一切的忍耐,给后来信他得永生的人作榜样。"以上的描摹,正符合使徒行传所记述的保罗。

c. 受书人是提摩太及提多,保罗称呼前者为"因信主作我真儿子的提摩太"(提前一 2)、"我儿提摩太"(一 18),这一点与保罗及提摩太之间存在的独特关系吻合,提摩太是在保罗第二次的宣教行程中,被保罗选中,加入宣教行列,成为保罗的助手(徒十六 1~4)。自此,保罗栽培他成为主的良仆,而提摩太亦在他身边如影随形。这种感情甚笃的师徒关系,符合了保罗称呼提摩太的方式。再者,作者甚至知道提摩太的母亲及外祖母的名字,即"友妮基"及"罗以"(提后一 5),如此熟悉提摩太者,实非保罗莫属了。

至于提多,保罗亦称他为"照着我们共信之道作我真儿子的"(多一 4),无疑提多亦是保罗的同工(林后八 23),受保罗提携,与保罗一同殷勤做工,建立神国的宣教伟业,其被保罗重视的程度,实在不下于提摩太,故这样称呼他也极为恰当。由此可见,以教牧书信的作者为保罗,写信给他平生两位至为亲密的战友,是最合理不过的推论。

d. 教牧书信是为受书人身处的独特环境而写的,并非虚构事实,自圆其说之作,如提摩太前书,作者针对受书人提摩太牧养的以弗所教会发生的各项疑难,而作出指示和教诲,其中包括会内有人散播异端,妖言惑众(一 3),尤以许米乃和腓理徒为甚(一 20;另参提后二 17);提多则正在牧养克里特一带的教会,会内亦出现不少问题,其中如克里特人喜爱说谎和胡诌,再加上犹太人似是而非的言论,亦使这新生的教会备受冲击(一 10~14)。凡此种种,都说明此三封信并非虚构环境之作,实乃真人真事真作品。

e. 在卷首语中,作者自称为基督耶稣的使徒(提前一 1;提后一 1;多一 1),此头衔亦在哥林多后书第一章一节出现过,信中亦在在反映作者确实履行了使徒的职权,对受书人多方循循善诱的训诲,并指示受书人要严防那些散布异端、威胁福音真道的人。这些开门见山的写作手法,都是使徒保罗一贯的作风。

f. 在信的结语,作者的祝福:"愿恩惠常与你们同在"(提前六 21;

提后四 22；另参多三 15），在措辞上与歌罗西书的祝福语是一样的。这样，既然众人皆接受歌罗西书是保罗的著作，则教牧书信亦然。

以上各方面的证据均指向一个事实：使徒保罗确是教牧书信的作者。此信念持续到十九世纪，仍是一个不争的事实。

（II）作者非保罗的说法

自十九世纪开始，德国的学者们大都拒绝教牧书信的作者为保罗之说，[21]先有 1804 年的施密特（Schmidt），他表示对提摩太前书的作者为保罗之说甚有保留。跟着的一年，埃文森（Evanson）则对提多书的作者为保罗表示怀疑。[22] 之后，施莱尔马赫（Schleiermacher，1807）是第一位有系统地攻击提摩太前书的作者为保罗之说的学者，他从语言分析的角度，极力指出提摩太后书及提多书的作者，不可能同时写了提摩太前书，因为二者存着极大的迥异。到了 1812 年，哥廷根大学（University of Göttingen）的教授艾希霍恩（Eichhorn）在他的巨著《新约导论》（*Einleitung in das Neve Testament*）中，指出教牧书信的作者，不大可能是保罗，因其措辞有异于传统的保罗书信。[23] 自此之后，学者们便提出多方面的理由，去否定保罗为原作者，[24]综其论点罗列及讨论如后：

---

[21] 他们受到欧洲启蒙运动（the Enlightenment）的影响。

[22] 引自 Raymond F. Collins, *Letters That Paul Did Not Write* (Wilmington: Michael Glazier, 1988), p. 91；Collins 的作品成了主张作者不是保罗的理论之分水岭，参见 Prior, *Paul the Letter-Writer*, p. 14.

[23] 于是产生了如 Stenger 所谓的双重伪名（double pseudonymity）的主张，即作者是伪保罗，而受书人是伪提摩太或伪提多，参见 Prior, *Paul the Letter-Writer*, p. 19.

[24] 如 Baur（1835）及图宾根学派（Tübingen school）的人士均持此主张，参见 William Hendriksen, *1 & 2 Timothy and Titus* (Edinburgh: Banner of Truth, 1972), pp. 4-5；他们主张作者旨在对抗异端马西昂（Marcion）；B. B. Edwards, "The Genuineness of the Pastoral Epistles", *BibSac* 150(4/5 1993), p. 132；大体上，学术界人士大都以之并非保罗的著作，这一点已成定案，Luke T. Johnson, The *Writings of the New Testament* (Philadelphia: Fortress, 1986), p. 381；反对和支持保罗为作者的两派名单，参见 Guthrie, *The Pastoral Epistles*, p. 15；攻击得最厉害的要数 H. J. Holtzmann 的著作，参见 Prior, *Paul the Letter-Writer*, p. 15.

（一）时间上的不可能

使徒行传表明保罗在罗马成为阶下囚（徒二十八 30～31），[25]虽然使徒行传没有交待他的结局，但就我们所知道的资料，这是他唯一的一次长期下在监里。提摩太后书亦以保罗的被囚为背景（提后二 9），信中更表明他快要殉道离世（提后四 6～8），合理的推断是在他两年的被囚后，便慷慨就义，为主殉道。若是如此，则教牧书信记述有关保罗的行踪（travelogue），并不符合行使徒行传所记的，亦不可能发生。例如：提摩太前书中作者提及他往马其顿去之时，把提摩太留在以弗所，以化解当地有人传异教的问题（提前一 3）。按使徒行传的记载，保罗在离开以弗所后，确曾去过马其顿（徒十九 40～二十 2），然而在以弗所时，保罗早已打发提摩太和以拉都先去了马其顿（徒十九 22）。这在时间上明显的矛盾，显出了提摩太前书的错误，可见其非保罗的手笔，而是后人的作品。

至于提摩太后书，同样有此等问题，如在第四章十三节作者提及他在特罗亚留下了外衣，第二十节提及以拉都留在哥林多，又言及他在米利都的旅程中留下特罗非摩，因为他病倒了，作者这样交待，言下之意是要提摩太知道这些消息。但使徒行传第二十章四节却说当保罗旅经这些地方时，提摩太是与他一起的，理应知道所发生的各项事情，又何需保罗旧事重提，犹如毫不知情一样。

至于提多书亦出现同样问题。当保罗被押上罗马候审时曾经过克里特（徒二十七 7），但使徒行传对提多的存在只字不提，那么，提多书第一章五节的一句："我从前留你在克里特，是要你将那没有办完的事都办整齐了，又照我所吩咐你的，在各城设立长老"，这究竟是在什么时间发生的呢？如果"从前"是指早于保罗上罗马城候审的旅程，则相距保罗写提多书，必定有一段颇长的时间了（最少有两三年的时间），但若是这样，则到了此时才教导提多如何选按长老，会否太迟了呢？ 总之，

25　且看路加的描写："保罗自己所租的房子里住了足足两年。凡来见他的人，他全都接待，放胆传讲神国的道，将主耶稣基督的事教导人，并没有人禁止。"

这些疑点在在降低了提多书的真实性。

再者,提摩太后书的保罗正被下在监里,就我们所知,这自然是使徒行传第二十八章末所形容在罗马坐牢的一段日子,保罗并且写了一系列的书信,名为监狱书信,即腓立比书、歌罗西书、以弗所书及腓利门书。在这些信的卷首问安语中,保罗把提摩太与自己并列,向教会问安(腓一 1;西一 1;门 1)。就此最合理的推论,是提摩太与保罗同在罗马,服侍及协助他的工作,但提摩太后书则是保罗要求提摩太从以弗所赶来他处(四 9),这种地点上的差误,是很明显的。

再说监狱书信中的保罗对自己的坐牢寄存着将被释放的盼望,如:"因为我知道,这事藉着你们的祈祷和耶稣基督之灵的帮助,终必叫我得救"(腓一 19);又"此外你[腓利门]还要给我预备住处;因为我盼望藉着你们的祷告,必蒙恩到你们那里去"(门 22)。然而,提摩太后书却与之相反,作者悲观地接受殉道的厄运,如:"我现在被浇奠,我离世的时候到了"(四 6);并且相信自己已经完成一生的工作,是见主面的时候了(四 7~8)。由此可见,提摩太后书并非出自使徒行传中的保罗之手笔。

面对以上的质疑,表面的证供对教牧书信的真确性显得不利。不过,问题却并非这样简单。首先,使徒行传所记载关于保罗被囚在罗马的事件,是否表示保罗终其一生在该处,实在有待证实。[26] 按使徒行传第二十八章三十至三十一节显示,足有两年的时间,保罗虽为阶下囚,但享有极高的自由度,可以随意与访客畅谈信仰,政府当局并没有任何禁止。当然,作者路加没有交待保罗上诉的结局,其原因大概有二:(1)作者已达成他写使徒行传的目的——福音如何由耶路撒冷传到罗马;(2)他所知的到此为止,意即路加在公元 62 年初,便完成其著作。[27] 不过,亦有学者如卡特贝利(Cadbury)等指出,路加所指的两年,其实是

㉖ 关于如何化解使徒行传及教牧书信所言及保罗行踪之冲突的四大进路,参见 Johnson, *The Writings of the New Testament*, p. 383.

㉗ 即保罗被囚已过了两年,详参 F. F. Bruce, *The Acts of the Apostles*(Grand Rapids: Eerdmans, 1951),p. 481;当然,对于路加在何时完成路加福音及使徒行传,学者有不同的看法,有人相信要迟到公元 80 至 85 年才完成,如 J. A. Fitzmyer, *The Gospel According to Luke I-IX*(New York: Doubleday, 1981),p. 57.

有法律意义的,因为在当时罗马的法例里,控方如果在十八个月内仍不能提出足够证据去检控犯人,控罪便自动撤消,检控亦自动停止。[28] 这样,作者路加其实要暗示,再过两年后,保罗便会得着无罪释放,并且离开罗马,继续其福音的工作。[29]

当然,以上的讨论可说是一份推测而已,[30]除此之外,我们尚有两个渠道证明保罗是得着释放的。首先是从保罗的著作中得睹端倪。在监狱书信中他表示会上诉直到获释放(腓一 19, 21~25;门 22)。[31] 由此可见,保罗对其获释是大有把握的。而事实上,当时的巡抚非斯都亦表示查不出保罗有什么罪(徒二十五 25),亚基帕王亦相信保罗应该早被释放(二十六 32),如果两位罗马的长官都有此裁决,则保罗至终会被罗马政府释放确是一项合理的推论。

此外,提摩太后书有言:"那美好的仗我已经打过了,当跑的路我已经跑尽了……"(四 7),此言显出作者保罗已完成他一生的冀望及侍奉,可安然而逝见主面。继而,他又说:"惟有主站在我旁边,加给我力量,使福音被我尽都传明,叫外邦人都听见……"(四 17),"外邦人都听见"应作"所有外邦人都听见",[32]即保罗已把福音传遍当时的罗马世

---

[28] 当然,如果控方上不上罗马指控保罗,则控罪亦不成立;参见 H. J. Cadbury, "Roman Law and the Trial of Paul", *Beginnings* v (1933), p. 297ff;近著可参见 A. N. Sherwin-White, *Roman Society and Roman Law in the New Testament* (Oxford: OUP, 1963), pp. 99 - 119.

[29] R. S. Parry, *The Pastoral Epistles with Introduction, Text and Commentary* (Cambridge: CUP, 1920), xv.

[30] 支持的学者有 Ralph Earle, "1 Timothy" in *The Expositor's Bible Commentary*, ed. F. E. Gaebelein (Grand Rapids: Zondervan, 1978), p. 342; Fee, *1 & 2 Timothy, Titus*, pp. 25 - 26; Kent, *The Pastoral Epistles*, pp. 47 - 50; Knight, *Commentary on the Pastoral Epistles*, pp. 17 - 20;反对的学者有 Moffatt, Bartlet, C. Bruce, *The Acts of the Apostles*, p. 535, fn. 48; Longenecker 亦相信因着徒二十七 24 天使曾向保罗表示,他将会站在凯撒面前受审,故保罗的确要面对控罪, R. Longenecker, "The Acts of the Apostles" in *The Expositor's Bible Commentary*, ed. F. E. Gaebelein (Grand Rapids: Eerdmans, 1981), p. 572.

[31] 当然,亦有学者主张监狱书信是写于凯撒利亚或以弗所的监狱,参见 Kummel, *Introduction to the New Testament*, pp. 346 - 348; H. Koester, *Introduction to the New Testament* (Philadelphia: Fortress, 1982), 2: 130 - 135;然而这些均非主流见解。

[32] *panta ta ethnē*,参见 RSV.

界。然而,早于罗马书时,他已表示极愿意先到罗马,以之作为跳板,再往西去西班牙传道(罗十五 23、28)。事实上当时罗马世界的极西方便是西班牙,保罗作为外邦人的使徒,将福音传遍外邦之地,自然要包括西班牙了,故此,将福音传至西班牙成了他的夙愿,自可理解。然而,使徒行传所记录保罗的宣教事工,从来没有踏足过西班牙之壮举。如果他真的是死在使徒行传第二十八章所载的罗马监狱,则他怎可以说已经打过了美好的仗,跑完了当跑的路呢? 这样看来,在他写提摩太后书时,可能已经到过西班牙,实现了他的夙愿,故有此番心迹的表白。这样,则保罗是在第一次于罗马被释放后写下教牧书信,然后再被囚至终为主殉道。

另一个渠道是早期教会传统的资料,所有指着保罗生平的写作,都表示他曾到过西班牙,如罗马的克莱门特在克莱门特一书(ca. A. D. 96)中提及保罗将福音传遍东、西方,并到过极西面的地方。[33] "极西面的地方"当然并不明言是西班牙,然而,对居于罗马的克莱门特来说,以罗马为定位点,则其极西方自然是西班牙了。[34]

此外,二世纪后期之穆拉多利正典更说明保罗离开了罗马,然后向西班牙进发。早期教会的历史学家优西比乌亦作证,当时教会传统的说法是保罗上诉得直,然后又踏上传道之路,继而再被囚于罗马,在尼禄的手下殉道。他更指出,保罗是在第二次被囚时写下提摩太后书的。[35] 其他还有第五世纪的教父们,如克里索斯托(Chrysostom)在其提摩太后书第四章二十节的讲章内,表示保罗离开罗马后便去了西班牙。耶柔米亦指称,保罗被尼禄释放,然后去到西方传道。[36] 总括来说,早期教会的传统,纷纷指证保罗曾两次被囚于罗马,并且将福音带到西班牙。

---

[33] 1 Clement 5:6,7;故他是在保罗殉道后约三十年写下此主张,可靠程度极高。

[34] 原文为: *epi to terma tēs dyseōs elthōn*;支持此说的学者参见 Knight, *Commentary on the Pastoral Epistles*, p. 18, fn. 36;但持相反见解的有 M. Dibelius & Hans Conzelmann, *The Pastoral Epistles* (Philadelphia: Fortress, 1972), p. 3;然而,即使保罗没有造访西班牙,亦不否决他被释放的可能性,参见 Guthrie, *The Pastoral Epistles*, pp. 20 - 21.

[35] 引自 Kent, *The Pastoral Epistles*, pp. 46 - 47.

[36] 参见 Barclay, *The Letters*, p. 11.

　　如果我们的推论成立,则教牧书信是写于保罗的第一次罗马被囚之后,是一个极有可能的结论。如此,亦解释了何以教牧书信中所言及保罗的行踪,与使徒行传中所记录的均有迥异,这一点并不构成时间上的矛盾,而是其所涵盖的时段不同而已。且看以下的一个有关保罗被释后继续其宣教事工的提案:

a. 保罗被押至罗马(徒二十八 16),时约公元 60 年。[37]

b. 被囚于罗马两年,写了监狱书信,即腓立比书、歌罗西书、以弗所书及腓利门书。

c. 于公元 62 年被释放,他先向东行,[38]留下提摩太在以弗所,并且处理了许米乃和腓理徒散布有关异端的问题(提前一 20)。

d. 他去了马其顿(提前一 3),造访腓立比(腓一 25,二 24);可能在此期间写了提摩太前书。

e. 继而,他再去以弗所(提前三 14),并且到过克里特(多一 5),留下提多作他的特使。

f. 不久后,他写了提多书,要求提多到尼哥坡里与他相会,并在那里过冬(多三 12),即公元 63 年的冬天。

g. 公元 64 年初,保罗开始他的西行旅程,向西班牙进发。

h. 在西班牙侍奉了一年左右回到小亚细亚,探望米利都,留下病倒了的特罗非摩(提后四 20)。

i. 重访特罗亚,留下了他的外衣及皮卷(提后四 13)。

j. 再到哥林多,留下了以拉都(提后四 20)。

k. 约于公元 66 年再被捉拿,因于公元 64 年尼禄焚烧罗马后嫁祸给基督徒,基督教成为不合法的宗教,故此次受审获释的机会很小,于是在狱中写了提摩太后书作为他的遗言。

l. 提摩太到罗马的监狱探望他,并留下皮卷和外衣,以致保罗可以度过寒冬(提后四 13)。[39]

---

[37] 一般而言,保罗被押至罗马的时段,是在公元 58 年至 61 年之间。

[38] 因他曾表示,希望在短期内到腓立比造访,参见腓二 24;故之后才向西往西班牙;此外,如果保罗是先到西班牙,则在他写教牧书信时,理应在信内有所反映,但此情况并没有发生。

[39] 故我们可以推想,保罗是过了冬天后,才于翌年殉道,如此,则他是死于公元 67 年之说,进一步得着确立。

m. 未几他便殉道,死于尼禄的手下。[40]

诚然,另一个可能的提议是如艾利斯所主张的,保罗先去西班牙,然后东行探访小亚细亚和马其顿的教会。[41] 但整体而论,以上的提案[42]既合乎传统的说法,亦与教牧书信所言及保罗的动向一致,实在是可以接受的建议。

(二) 写作风格的迥异

骤看下,教牧书信作者的写作风格,与传统的保罗书信存在着明显的不同,一如夏礼信(P. N. Harrison)所言,传统的保罗书信文笔生动活泼,有如火山爆发,但教牧书信则严谨、静态和小心翼翼。[43] 我们就此可从几方面进行探讨:

a. 措辞的不同

学者夏礼信指出,教牧书信在语言学上与其他保罗书信不同,例如在教牧书信内共用了 902 个字,其中 54 个乃专有名词,其余的 848 个之中,有 306 个从没有在其他保罗书信中出现过。[44] 由此可见,教牧书信非保罗所写的可能性很大。此外,在 306 个字中,有 175 个从没有在新约的其他经卷出现。事实上,其中的 211 个字,却曾出现于第二世纪时的作品中。[45] 按此推想,写教牧书信的人不可能是保罗,而是在第二世纪初期时,为了抗衡当时正在风起云涌的诺斯替主义,有人假冒保罗之名写了教牧书信。

---

[40] 优西比乌指出保罗殉道时为公元 67 年。

[41] Ellis, *Pauline Theology*, p. 110.

[42] 主要取材自 Kent, *The Pastoral Epistles*, pp. 47 – 49.

[43] P. N. Harrison, *Problem of the Pastoral Epistles*(London: OUP, 1921), p. 50.

[44] 凡在一卷书内出现,却从来没在其他书卷出现的字眼,被称为孤例词(*hapax legomena*).

[45] P. N. Harrison, *Problem of the Pastoral Epistles*, pp. 20 – 70;另参 K. Grayston and G. Herdan, "The Authorship of the Pastorals in the Light of Statistical Studies", *NTS* 6 (1959 – 1960), pp. 1 – 15;对以上一文之方法论的讨论,参见 Thomas A. Robinson, "Grayston and Herdan's 'C' Quantity Formula and the Authorship of the Pastoral Epistles", *NTS* 30, pp. 282 – 287;其他的不同包括了句子较流畅,并且较长,虚词的种类较少,参见 Johnson, *The Writings of the New Testament*, p. 384.

然而,以上的推论却有一面之词之嫌,因为那些出现于教牧书信及第二世纪的字眼,同样出现于第一世纪中期的作品中。[46] 而事实上,希卓曲克(Hitchcock)力陈,在 306 个字中,只有 28 个不曾出现于公元 50 年之前的作品,[47]甚至夏礼信本人亦承认,少于 20 个字未有在公元 90 年之前出现过。[48] 这样,坚持教牧书信为第二世纪作品的理论有些言过其实,理据不足。

再者,在那只出现于教牧书信的 306 个字中,127 个只出现于提摩太前书,81 个出现于提摩太后书,45 个在提多书。[49] 在教牧书信之间有这么多字眼的不同,我们是否便可妄断各书卷是由不同作者所写呢?其实,当作者身处不同的环境,[50]对着不同的受众,处理不同的问题而写下不同的题旨,所用的字汇因时制宜地选取,这些不同是可以理解的。[51]

我们不要忘记,教牧书信中亦有不少字眼和句子,都只出现于教牧书信及保罗其他的著作中,单就提摩太前后书第一章的开头,已经有以下的实例:[52]

"奉神旨意"(提后一 1;对照林前一 1;林后一 1)。

"作基督耶稣使徒的保罗"(提前一 1;提后一 1;对照林后一 1)。[53]

---

[46] Guthrie, *The Pastoral Epistles*, p. 9; F. R. M. Hitchcock, "Tests for the Pastorals", *JTS* 30(1928 - 1929), pp. 272 - 279.

[47] Hitchcock, "Tests for the Pastorals", p. 278.

[48] P. N. Harrison, "Important Hypotheses Reconsidered: III. The Authorship of the Pastoral Epistles", *ET* 67(1955 - 1956), p. 79.

[49] Harrison, *Problems of the Pastoral Epistles*, pp. 36 - 37.

[50] 例如教牧书信中有一些拉丁文意味的字眼,可能是因保罗在后期的宣教行程中,常接触到拉丁文,此影响在其写作中显现出来,有关这些字眼的罗列,参见 E. K. Simpson, *The Pastoral Epistles* (Grand Rapids: Eerdmans, 1950), p. 20ff.

[51] 有些学者以措辞之特色来推测作者是谁,此方法本身亦存在着问题,参见 T. A. Robinson, "Grayston and Herdan's 'C' Quantity Formula and the Authorship of the Pastoral Epistles", *NTS* 30, pp. 282 - 288.

[52] 还有一些经文的罗列,参见 Edwards, "The Genuineness of the Pastoral Epistles", p. 137.

[53] 亦有人指出,保罗在写一封如此个人性的书信,无必要如此隆重地自称,例如在腓利门书便没有这种自称;然而,我们不要忘记,教牧书信与腓利门书不同,因为前者除了是个人书信外,亦是写给教会的,故其卷末的祝福语为"愿恩惠常与你们同在"(提前六 21;提后四 22;多三 15)。

"愿恩惠、平安从父神……归与你们"(提前一 2;对照西一 2)。

"律法原是好的"(提前一 8;对照罗七 12、16)。

"荣耀福音"(提前一 11;对照林后四 4)。

这样看来,用字、措辞和句法固然可以作为研究作者之写作风格,但若单凭用字的数目去作决定,无疑是理据薄弱的主张,因为在新约时代,聘请代笔人极为普遍,保罗的名著罗马书便肯定是以代笔人的方式成书(罗十六 22),此点容后再作探讨。再者,在研究措辞上,除了要注意相异之处外,相同之处亦不容忽视,因相同之处可能很多。⑤ 在此,有一点值得注意的是,在保罗其他十卷的著作中,共用了 2177 个字眼(不包括专有名词),而在这三卷教牧书信内,只多用了 306 个字,这又有什么值得大惊小怪的呢!

总括来说,字词统计法(word-statistics)是一门颇为复杂的方法,如皮亚所指斥的,过往一切用在教牧书信上的统计法,都是极为粗糙的,故以之来衡量作者是否为保罗,可说是以偏概全,绝对不足为信。⑤

b. 表达的不同

教牧书信的作者处理教会内的问题的方式与传统的保罗书信有明显的分歧,例如在面对教会内有人犯错时,保罗一向是直接向当事人挑战,详细指出对方的不是,而力陈自己正确的观点。他更会对对方一些可能的提问,直言不讳地当面对质。⑤ 但在教牧书信内则不然,例如:

"若有人传异教,不服从我们主耶稣基督纯正的话,与合乎敬虔的道理,他是自高自大……他们以敬虔为得利的门路。"(提前六 3~5)

"你要嘱咐那些今世富足的人,不要自高,也不要倚靠无定的钱财……"(提前六 17)

---

⑤ 正因此故,有些学者则主张,此假冒保罗的人用了一些保罗的残篇断稿于其中,此所谓"残篇假说";如夏礼信所相信的,共有五处这类的残篇,此五处为:多三 12~15;提后四 1ff、20、21a;四 16~18a;四 9~12、22b;一 1ff,三 1ff,四 1、2a、5b,四 6ff,四 18b、19、21a、22b;Harrison, "Problems, of the Pastoral Epistles", pp. 115 - 135;但如此则有自圆其说之虞了;故即使本来支持此说的 Hanson 亦改变了主张,认为此学说难以使人心服,参见 A. T. Hanson, "The Domestication of Paul: A Study in the Development of Early Christian Theology", *BJRL* 63:402 - 418; Hanson, *The Pastoral Epistles*, p. 10f.

⑤ Prior, *Paul the Letter-Writer*, p. 34.

⑤ 最典型的例子是他在哥林多前书内,运用了修辞学,逐一并且详细地处理教会的问题。

"因为有许多人不服约束,说虚空话欺哄人,那奉割礼的更是这样,这些人的口总要堵住,他们因贪不义之财,将不该教导的教导人,败坏人的全家。有克里特人中的一个本地先知说:'克里特人常说谎话,乃是恶兽,又馋又懒。'这个见证是真的。所以,你要严严地责备他们……"(多一10～13)

以上的经文段落,显示作者不但没有与发生问题的人直接对质,反而间接借着受书人去对付他们,对错误的言论和操守亦没有直接予以纠正。凡此种种,实有违保罗一贯的作风,显明可能不是保罗的作品。

在此,我们要谨记,教牧书信的作者是写信给他的两位挚友——提摩太和提多——而非一间教会,因此,他很自然地是直接与受书人而非向全会众说话。在此,彭尔达(Porter)指出,在提摩太前书内,所有第一人称的代名词都是用在作者身上,而所有第二人称的代名词都是单数,并且都指着提摩太而言。㊶ 这样看来,在这私人的信件中,当保罗提及别人或其他事件时,自然要靠受书人代为处理。我们不要忘记,受书人是提摩太和提多,保罗留下此二人代他办事,分别牧养和监督以弗所及克里特教会(提前一3;多一5),所以,在信中所有直接的指示,都指向受书人,而对周围发生的事,便用间接的方法,要求受书人去办理,这种手法自然可以理解。

至于冗长的教诲,学者古特立强调,保罗早已用口传的方式指导提摩太和提多,如今写信只属一种确定和提醒,故无需长篇大论。㊷ 况且对着某人而去指正第三者的问题是很不自然的做法,故此,作者没有对受书人详确论及谬误之所在,他的目的是要受书人提高警觉,做好防范措施。在此,我们观察到一个事实,就是在传统的保罗书信内,他亦会提及那些错误的教导,但并不长篇大论,如:

"因为有许多人行事是基督十字架的仇敌。我屡次告诉你们,现在又流泪地告诉你们:他们的结局就是沉沦……我们却是……"(腓三

㊶ 这些经文包括提前一3、18,三14,四6、7、11、12、13、14、15、16,五1、3、7、11、19、20、21、23,六2、11、12、17、20;参见 Stanley E. Porter, *Idioms of the Greek New Testament* (Sheffield: JSOT, 1992), p. 304.

㊷ D. Guthrie, *The Apostles* (Grand Rapids: Zondervan, 1975), p. 329.

18～20)

"弟兄们,那些离间你们、叫你们跌倒,背乎所学之道的人,我劝你们要留意躲避他们,因为这样的人不服侍我们的主基督,只服侍自己的肚腹,用花言巧语诱惑那些老实人的心。"(罗十六 17～18)

"凡有弟兄不按规矩而行,不遵守从我们所受的教训,就当远离他。"(帖后三 6)

"若有人不听从我们这信上的话,要记下他,不和他交往,叫他自觉羞愧,但不要以他为仇人,要劝他如弟兄。"(帖后三 14～15)

以上数段经文显示两个事实:先是传统的保罗书信对这些犯错的人亦有间接的教导;后是这些经文都间接地谈论第三者,目的是要受书人提高警觉地去处理所言及的问题。这样看来,教牧书信在这方面的写作风格与传统的保罗写作风格并没有分歧。[59]

c. 内容的不同

教牧书信内所面对的异端,看起来像是第二世纪困扰教会的诺斯替主义,[60]此主义的特点约可归纳如下:

i. 诺斯替主义乃二元论(dualism)的思想,强调纯灵界与物质界的对立,前者为至善,而后者为邪恶。二者之间存在着众多的"流溢"(emanation)。物质界的人若要到达至善的神那里,唯有借着这些中间"流溢"之物的帮助。因此,教牧书信说:"因为只有一位神,在神和人中间,只有一位中保,乃是降世为人的基督耶稣"(提前二 5),其目的是要说明,在至善的神与物质界的人之间,并非存在着众多的"流溢"之物,只有神与人之间的中保——基督耶稣——人唯有借着他才可以到神那里去。

ii. 既然物质,包括人的身体,都是邪恶的,故人必须刻苦己身,致使提摩太前书第四章三节对当时的异端有这样的描写:"他们禁止嫁娶,又禁戒食物",并且提出反驳:"操练身体,益处还少,惟独敬虔,凡事都有益处。"(提前四 8)

---

59 这亦是 Knight 的结论,参见 Knight, *Commentary on the Pastoral Epistles*, p. 25.

60 Johnson, *The Writings of the New Testament*, p. 384.

iii. 诺斯替信徒常有曲解旧约的倾向,故提摩太前书第一章六至八节有言:"有人偏离这些,反去讲虚浮的话……我们知道律法原是好的,只要人用得合宜",这便是异端问题的所在,强调和曲解旧约的律法,使之成为虚浮的话。

iv. 既然肉体是十恶不赦的,基督不可能真的道成肉身,且不可能死后身体复活,这些异端有幻影派(Docetism)的倾向,否定了信徒身体复活,这正是提摩太后书第二章十七至十八节中"他们的话如同毒疮,越烂越大,其中有许米乃和腓理徒,他们偏离了真道,说复活的事已过,就败坏好些人的信心"所指向的。

再者,传统保罗书信所侧重的如"因信称义"并没有出现于教牧书信;[61]而保罗在称呼教会时,经常以"身体"来喻之,此特点亦敛迹于教牧书信。[62] 反而作者却专注于各项教会内领袖的资格和操守的指示。另一方面,保罗一向对教会内的组织及事务——教会的体制——不感兴趣,故绝少长篇大论地描述,何以在此间会用冗长的篇幅来教导? 这实在是一反常态的。[63] 此外作者常引用"这话是可信的",[64]此句子从来没有在其他保罗书信中出现过,甚至没有在旧约的希腊文圣经——七十士译本——中出现过。[65] 此句的作用无疑是一个引用的公式(quotation formula),作者想引用一些当时流传于教会的教导以强化自己的论点,这个做法并没有传统保罗书信的先例可援。

另外,作者以不同的用法将保罗惯用的字眼写出来。例如"信"(*pistis*)字,在教牧书信内并不是指个人得救的信心,而是指信仰的内容。[66] 对于教义,亦强调要牢牢地守住那"交托"给提摩太的"善道",并

---

[61] 例如"称义"一字,从不出现于其中;有关于保罗所用的称义之精要,参见 E. P. Sanders, *Paul* (Oxford: OUP, 1991), pp. 44 - 76.

[62] Collins, *Letters That Paul Did Not Write*, p. 96.

[63] 详参 Guthrie, *The Pastoral Epistles*, p. 26.

[64] 原文为 *pistos ho logos*;共出现五次之多,即提前一 15,三 1,四 9;多三 8;提后二 11;详参 G. W. Knight III, *The Faithful Sayings in the Pastoral Letters* (Grand Rapids: Baker, 1979, repr.).

[65] 相似的一句出现在启二十一 5,二十二 6; *houtoi hoi logoi pistoi kai alēthinoi eisin*.

[66] 提前四 1,6;提后三 8;多一 13;故有人说此乃初期教会信经出现的始端,参见 Barclay, *The Letters to Timothy*, p. 3.

且将之谨慎地传给后人(提后一 13～14,二 2,三 14);"交托……善道"(*parathēkēn*)强调了信仰内容的正统,这正是作者要求提摩太要坚守的。⑰ 这些用法都非保罗一贯的风格。⑱ 以上种种的问题,均对支持教牧书信为保罗手笔的说法极之不利。

关于诺斯替主义的问题,其雏形已在初期教会时诞生。事实上,教牧书信内所论及的那些异端的特色,全都在其他保罗书信中出现过(如林前七 1～36,八 1～3,十五 12、17～19;加四 8～10;西二 20～22 等),故这些问题再度出现于教牧书信内并不足大惊小怪,而以之为诺斯替主义的全面涌现亦是莫须有的。对于主题的不同,我们再一次重申,作者写作的对象,是两位推心置腹、亲如儿子的多年同工。写作的目的,是教导他们如何牧养教会。在此,古特立说得好,因着已届晚年,侍奉的年日有限,保罗锐意要对新一代的传道人作牧养教会的教导,因此仔细地论及教会的体制,便成为教牧书信的特色。⑲ 故此书信中没有提及因信称义的教义,是因为保罗认为没有这样的必要。

至于不将教会比喻为基督的身体,同样是因为教牧书信的主旨,无需要采用这个比喻。反而教会体制的阐论是应时而生的主题。我们要注意的是,大部分关于教会体制的训示,都出现在提摩太前书及提多书,提摩太后书则没有涉及这方面的指示,究其原因,是因作者写该书的目的,并不涉及要受书人处理教会体制的问题。由此可见,写作的目的,导致了写作主旨的不同。我们更相信,保罗的书信是针对时弊而写的,以保罗的为人不会凭兴趣去决定写什么和不写什么,因此"因信称义"便没有出现于教牧书信内,亦没有出现于哥林多前后书、腓立比书和腓利门书内。⑳

还有,"这话是可信的"作为一个引用的公式,的确是教牧书信独有的。尽管如此,保罗经常引用七十士译本的旧约经文,作为他书信论点

---

⑰ 关于此字的用法和意义参见相应注释部分。

⑱ A. T. Hanson, *Studies in the Pastoral Epistles*(London:SPCK,1968),pp. 5 - 6.

⑲ Guthrie, *The Apostles*, p. 331.

⑳ 关于这方面的反驳,详参 Guthrie, *The Pastoral Epistles*, pp. 26 - 28;多三 7 的一句"好叫我们因他的恩,得称为义",关乎保罗于罗马书内所详论的称义的问题。因此,因信称义的理念,亦不算是完全敛迹于教牧书信。

的支持、光照或例证。⑦ 因为这种引用有修辞的作用。⑦ 为了能说服其受书人，他亦引用当时一些流传于教会的教义，明显的如哥林多前书第十五章三至七节。⑦ 我们推想，在保罗后期的教会圈中衍生了更多关于基督的赞美诗歌及近乎信条的教训，以致保罗在写教牧书信时，可以垂手可得地经常引用之。⑦ 在此，研究保罗神学的权威贝加坚称，保罗所引用的，不是单一的传统，乃是个多样化的传统。⑦ 他更指出在使徒时代，教会间流传着多种洗礼时的认信（baptismal confession）、诗歌、信经公式（credal formulas）、教理问答材料（catechetical materials）和福音的传统，他们都以不同的形式，在不同的地区流传。⑦ 这些丰富的资源，都可以成为保罗写作的素材。艾利斯亦指出，就地点而论，保罗一生所侍奉的四大中心为耶路撒冷、安提阿、以弗所和罗马。而当他在罗马住了两年，从第一次坐牢被释放后，深受罗马教会的影响，发觉教会内流传着不少有关信仰精要和信徒生活的材料可供采用，于是便成为了他写教牧书信的素材。⑦

总之，因作者甚多引用流传于当时教会的资料，而判断为不可能出自保罗的手笔是一个甚有商榷余地的妄断。

至于作者用"信"去表达信仰的内容，并且强调要小心被交托的信仰，无疑是因为作者极关心信仰的内容，如何可以纯一不杂地传给下一代的信徒，故有这样的用法。忠虔笃敬地坚守和传递信仰，亦成为提摩太后书的重要主旨（一 14，二 2）。其实，早于哥林多前书第十五章三节有言："我当日所领受又传给你们的……"，"领受"和"传给"，在当时是传递传统信仰的技术性字眼，因此，正如贝加所指出的，保罗的信（faith）有"顺服"（obedience）或"信息"（message），又或"信仰"（the

⑦　详参 E. E. Ellis, *Paul's Use of the Old Testament* (Grand Rapids: Baker, 1981, repr.).

⑦　有说理（logos）的作用。

⑦　对林前十五 3～7 之诠释，参见张永信：《哥林多前书注释》，香港：宣道出版社，1995 年。

⑦　故保罗在罗马的第一次坐监，及后来的宣教事工，使他发觉到这些材料的存在；有一种说法，指出可能是路加给予他的灵感或资料，使他能搜集到这些可信的材料，参见 Knight, *Commentary on the Pastoral Epistles*, p. 37.

⑦　Beker, *Paul the Apostle*, p. 119.

⑦　Ibid, p. 127.

⑦　Ellis, *Pauline Theology*, pp. 109 - 110.

faith)之意。⑱

严格来说,教牧书信中的"信"亦不一定全是指"信仰",例如提摩太前书第一章五节的"无伪的信心",便指信靠而不是信仰,而第十三节的"不信的"和第十四节的"有信心",亦是指信靠。⑲ 由此可见,"信"在保罗的理解里可作"信靠",亦可作"信仰",更可作"信实",保罗按着其写作的思路去运用"信"这个字,而意思却取决于上文下理,实在不能一概而论。

很明显在提摩太后书的保罗是被下在监里等候宣判,极有殉道的可能(四6),保罗既知此事实,自然关心他的同工提摩太是否警觉到要坚守交付下来的信仰之重要。由于他已不可能把原本托付他的福音及信纲教导别人,但却常能在提摩太有需要时做出提点。因此他着急地要提摩太牢牢守着所信的道,而且要像他一样寻找可造之材,将信仰继续传递下去。以上的部署是以前的保罗所不用过分关注的。⑳

总括来说,保罗作为一个阅历丰富、饱经沧桑的使徒,总共写了十三卷书信,历时十多载,我们实难期望其风格、用字和主题均大同小异。㉑反之,保罗写作的多元化,显出了他是一个不折不扣的宣教士,有高度的适应能力,一方面能转化环境以达成传福音的意旨,另一方面亦能顺应环境,因时制宜,在什么人中便做什么人,务使他人同得福音的好处(林前九19~23),这一点同样在他的写作中尽然流露出来。

(三) 教会体制的发展

教牧书信内所提及的教会体制,并非新约其他书卷所反映的,看起来是较有结构的一种体制,即由初期教会的雏形变成具体的各种教会内职分,如监督(提前三1~7;多一7~16)、长老(多一5~6)、执事(提前三8~13)。汉森(Hanson)相信,提摩太前书的"监督"(*episkopoi*)又可译作"主教"(bishop),其出现说明了教会圣职的等级制已经成型,

---

⑱ Beker,*Paul the Apostle*,p.122.

⑲ 参见以上经文的注释部分。

⑳ 其实,保罗早于林前十五1~3亦表示过福音内容的传递,故提摩太后书所强调的这一点,并非真的完全没有先例可援。

㉑ Knight,*Commentary on the Pastoral Epistles*,p.45.

因为在一些第二世纪的文献中,"监督"一字尤以是单数,常指主教而言,而非指受地方教会按立的长老。[32] 主教的职权比起地方教会的长老大得多。事实上,教牧书信内的提摩太和提多已拥有这种主教的职权,且看以下经文所反映的:

"给人行按手礼,不可急促。"(提前五 22)此句反映提摩太有权去按立地方教会的长老或执事。

"那善于管理教会的长老,当以为配受加倍的敬奉,那劳苦传道教导人的,更当如此。"(提前五 17)此节显出了提摩太的地位,是凌驾于地方教会的长老之上,并且有权去决定如何运用教会的钱财。

"又照我所吩咐你的,在各城设立长老。"(多一 5)可见提多的地位,是高于长老的,故有权废立长老。

"你在许多见证人面前听见我所教训的,也要交托那忠心能教导别人的人。"(提后二 2)提摩太似乎有决定教会内谁能当教师的职权。

按以上的分析,教牧书信的教会职分,已由新约书信中所强调的,凭属灵恩赐的侍奉,转移成为有等级意识的、职分的按立(The Ordination of Office)。

除此之外,尚有提摩太前书第五章九节起所论及寡妇登记上册的事,作者提出一些上册的条件,例如要年届六十岁,并要有好名声等,这种描绘显出了寡妇的名号,已成为一个由教会会规(Church Order)所设立的职位,故要如此隆而重之地挑选。[33] 麦克唐纳(MacDonald)更声称,教牧书信中的保罗被抬举到一个"使徒之最"(the Apostle par excellence)、无与伦比的地位上去,在在显出作者要借保罗的威名及榜样,稳固新一代的信众,在受四周的压力下,仍能如保罗一样,排除万难,莫问艰辛地坚持信仰的传统及做成传道的工夫。[34] 由此可见,教牧书信委实反映一个第一世纪末期,甚至是之后的教会背景,故不可能出

[32] 如第二世纪初的伊格那丢书信(Ignatian Letter,ca.110)。

[33] Hanson 亦有提及先知一职,参见 A. T. Hanson, *The Pastoral Epistles* (Grand Rapids: Eerdmans, 1982), pp.31 – 38.

[34] 参见 Margaret Y. MacDonald, *The Pauline Church: A Socio-Historical Study of Institutionalization in the Pauline and Deutero-Pauline Writings* (Cambridge: CUP, 1988), pp.205 – 207.

自保罗的手笔。

　　毋庸置疑，教牧书信所提及选按教会领袖的指示，比起新约的众书卷来说，确是最为详尽的。然而，我们不要忘记，教牧书信中的提摩太后书，对于教会内的体制，例如如何选立长老等却只字不提。我们早已力陈，这是因为作者保罗关注受书人如何去牧养地方教会，才会于提摩太前书和提多书写下这些针对实际需要的教导，实乃因应时弊之作。学者凯利亦坚称，其实提摩太和提多是奉保罗之命而留在当地，进行监察促进教会的圣工，他们可说是保罗的特使，故其职权自然如当时的使徒一样，凌驾于众教会之上。[35] 这样，我们不能因而硬指他们是拥有监督，即主教的身份。

　　而且，有不少学者相信，监督的职分其实与长老的圣职无异。[36] 长老和执事的制度，源于当时犹太教的会堂制度。因此，当教会出现不久后，便有长老制度的成立，如使徒行传第十五章所论及的耶路撒冷大会，显出除使徒为有地位的人士外，长老亦是极受教会敬重的职分，雅各便以长老的身份主持耶路撒冷大会及在其中发言。[37] 再说，保罗亦在其所建立的教会内设立长老（参见徒十四 23），[38]并常在其他的书信内提及此职分，如：

　　"弟兄们，我们劝你们敬重那在你们中间劳苦的人，就是在主里面治理你们、劝戒你们的。"（帖前五 12）此处所指的，无疑是地方教会的长老，因为长老的工作主要是治理和教导。

　　"在道理上受教的，当把一切需用的供给施教的人。"（加六 6）此处可能指牧师、教师或长老。

　　"基督耶稣的仆人保罗和提摩太写信给凡住腓立比、在基督耶稣里的众圣徒，和诸位监督，诸位执事。"（腓一 1）更明显的是，监督此一职分，早已存在于腓立比教会，但却未见长老一词，可见长老和监督，大体上是同属一种职事。

---

⑤ J. N. D. Kelly, *A Commentary on the Pastoral Epistles* (Grand Rapids: Baker, 1981), pp. 2, 14.

⑥ Guthrie 指出，多一 5～7 明显指证了这一点，参见 Guthrie, *The Pastoral Epistles*, p. 25.

⑦ 参见十五 6、13、22。

⑧ 大有可能，这是保罗一贯的做法。

再者,彼得亦有提及长老职位:

"我这作长老、作基督受苦的见证、同享后来所要显现之荣耀的,劝你们中间与我同作长老的人:务要牧养在你们中间神的群羊……"(彼前五 1~2)

毕竟,监督、长老、执事、牧师和教师(弗四 11)等,都是初期地方教会出现的领袖。他们的工作是借着治理和教导,实行服侍教会的目标。至于领袖的选举,是否凭着恩赐还是按着他们是否符合如教牧书信内所罗列的条件,其实二者并不构成选举时的问题,[89]因为二者不一定相互排斥。恩赐固然重要,但作为教会的领袖,品德亦是举足轻重的。再者,恩赐的确立不能单凭个人主观的领受,亦需要有个人之外的客观评审,这点早于使徒行传第六章选举七位管理饭食的领袖之过程中显示出来。他们一方面要有圣灵的能力,且要有客观的标准,如有好名声和智慧(3 节),并且更谈及要为此七位合适的领袖进行按手,以确立他们的职事。由此可见,按手之礼亦是一项很早便出现的教会仪式。在此古特立提醒我们,教牧书信内所提及的,只是一些作领袖明显的条件,对于每一项职事的工作范围,却是只字不提。[90] 这样看来,主张教牧书信所反映教会内的体制,比其他新约书信所反映的繁杂,无疑是言过其实的。[91]

至于寡妇名字上册方面,主要是因为她们是无依无靠的一群人,教会有责任去照顾她们。早于使徒行传第六章时已因为有这样的需要而发展了照顾寡妇的事工(1 节)。如今事隔多年,受书人的教会亦有此需要,此制度很自然一定发展得较早时完善,这便是教牧书信所反映的

---

[89] 详参 Herman Ridderbos, *Paul: An Outline of His Theology* (Grand Rapids: Eerdmans, 1975), p. 444.

[90] Guthrie, *The Pastoral Epistles*, p. 25.

[91] Wansbrough 指出,其所反映的,无疑远不及第二世纪初颇具规模的教会体制,参见 H. Wansbrough, "The Pastoral Epistles", in *New Catholic Commentary on Holy Scriptures*, ed. R. C. Fuller (Surrey: Nelson, 1975), p. 1209;其实,学者对教牧书信内的教会体制,是属于天主教的等级制,还是长老会的代议制,抑或是会众制,都没有共识,各人在其中都找到了支持,其实问题之所在,是作者无意谈论教会内体制的问题,故根本难于反映什么,参见 Fee, *1 & 2 Timothy, Titus*, p. 21;Carson 等更相信教牧书信内所反映的监督和执事,并不显得与腓一 1 所形容的有任何显著的分别,参见 Carson, et al, *An Introduction to the New Testament*, p. 364.

情况。因此，认为这是要等到第二世纪才可能产生的境界，于是便以教牧书信为第二世纪时期的作品，是一个不必要的推论。⑫

总括来说，按以上的剖析，我们并不认为教牧书信内所论及的教会体制与新约其他著作所描写的脱了节，以致我们要把它放在第二世纪之中。信内所反映的所谓很有规模的教会体制，充其量仍只是第一世纪时初期教会的某些情况，⑬或是后来具规模的教会体制之原始模式而已。

(III) 总结

当然，以一个第二世纪的人假冒保罗而写下教牧书信，其目的是要借保罗的威名去反击当时流行的诺斯替主义异端，此理论的确可以稍为解决一些有关教牧书信之内容所带出的问题。然而，其制造出来的并发问题却更多。例如，如果是一个假冒保罗的人写成教牧书信，他何以会写下一些明显抵触了使徒行传中有关保罗行踪的记录。事实上，信中关于保罗行踪的记录特别多，如提摩太后书第一章十六至十八节、三章十至十二节、四章十一至十二节，及提多书第三章十二至十五节；这岂不是明显地引人怀疑其作品的真确性，岂不是不能达到假保罗名义写作的目的？

再者，信中常常出现一些人的名字如提摩太的外祖母罗以和母亲友妮基（提后一5）；离经背道的许米乃、腓理徒及亚历山大（提前一20；提后二17，四14）；亚细亚的人中有一些离弃作者的如腓吉路和黑摩其尼，但亦有支持作者的如阿尼色弗（提后一15～16）；保罗的好友如亚提马、推基古（多三12）、革勒士（提后四10）、友布罗、布田、利奴、革老底亚（提后四21）、亚波罗及律师西纳（多三13）；在信仰上走回头路的底马（提后四10）等，作者又如何能搜罗如此多的资料，以致可以创造出这样的一群人。如果作者是伪造这些人物的话，何以他要提出这么

---

⑫ 故寡妇在此处非指一职分；Fee, *1 & 2 Timothy, Titus*, pp. 22 - 23.

⑬ 而 Ellis 更坚称，其反映的教会体制，与其他保罗书信所反映的一致，即注重功能（function），甚于一个职分（office），参见 Ellis, *Pauline Theology*, p. 102；然而，这种争拗是不必要的，初期教会的领袖都以功能为主导，而其领导模式是作一个仆人-领袖（servant-leader）。

多人以致留下太多的线索给读者们查勘？难道他不怕读者们会考究这群人的真实性而侦破他的伪装吗？

再者，作者又如何得知一些发生于保罗坐牢时的真实资料，如要求提摩太把留在加布的外衣和皮卷带来（提后四 13）等。凡此种种，都说明作者真的身处一个如信中所描述的环境，故能轻而易举、毫不犹豫地写下种种历史性的资料。再说，如果是出于一个假冒保罗之人的手笔，何以他要写三卷书而不集中写一卷书信，甚至只写两卷便足够，更何况在三卷书信中有不少地方是重复的；这些都是使人费解的问题。[94]

在此值得一提的，在所谓的伪保罗作品中，按批评学家的解释，这些情况出现的其中一个主因，是要将保罗书信那个人性极强的语气，转变成为更具大公教会性，[95] 因为这样才更能将保罗的教导，应用于大公的教会，提升了保罗的形象，如以弗所书便是一实例。在不少可靠的抄本中，以弗所书第一章一节的"写信给在以弗所的圣徒"没有"在以弗所"的字眼，其原因学者当然仍未能达至共识，但一个极为可能的因素，便是有文士在抄此书简时故意将之删除，使其信息能适用于以弗所教会之外的其他教会。故以弗所书成了一封"巡回公函"（encyclical letter）。[96] 按此了解，如果教牧书信为伪保罗的作品，则作者理应将之写成一封巡回公函才是，因为这样才能大大提高及扩宽其应用性。然事实却是，教牧书信的个人性之浓厚，除了腓利门书能与之比拟外，任何其他的保罗书信都远远不及，这种做法实在违反伪作品的常理。

更大的困难是如果教牧书信内那些非保罗的因素果真如此明显，何以早期教会的众教父们，在把众多的伪经和次经摒之于正典门外之际，竟会让教牧书信鱼目混珠地溜入正典之内，而完全没有提出过任何的质疑？在此，学者杨格说得好，教牧书信很快便能在早期教会建立起权威，反而对比之下，伪经的保罗行传（Acts of Paul）——一卷伪保罗

---

[94] Kelly 指出，此质询对于伪名派来说，至今仍未有合理的答案，参见 Kelly, *The Pastoral Epistles*, p. 31.

[95] 有关这方面的讨论，参见 Beker, *Paul the Apostle*, pp. 25 - 29.

[96] 详参 A. G. Patzia, *Ephesians*, *Colossians*, *Philemon*（Peabody：Hendrickson, 1984）, pp. 137 - 138；p. 141, fn. 2.

作品——则完全得不到教父们的接纳。⑨ 由此可见,教牧书信在早期教会中的声望和信誉,是与其他传统的保罗书信等量齐观的。毋庸置疑,众教父掌握了强而有力的资料去支持其作者就是使徒保罗。

无论如何,拒绝伪作者的说法而相信是保罗本人的手笔,又或者如其他一些传统的保罗书信找代笔人写之,⑨问题还来得少些,且合情理。如凯利所言,信内所反映的并不是一个虚构的故事,而是一个实际存在的环境,是三位真实存在的人物,透过书信传达信息,其中如发信人那份饱历沧桑的侍奉,受书人所遭遇极为真实的侍奉问题。要伪造这样一个真实的环境,又谈何容易。⑨

还有的是,由于不少保罗书信的卷首语都说明保罗是与某同工联名寄信,故该同工的意见及表达,保罗无疑是会采纳的,这亦会影响书信的措辞和造句。⑩此外,保罗亦甚喜爱采用当时流传于教会间传统信仰之资料,因为这些资料既为大公教会所共识,引用之能产生修辞的作用,增强其教导的说服力。以上种种,都可能成为影响其作品的用字之因素。

还有一项更重要的因素,在当时的世界找代笔人写作颇为流行,例如著名的犹太历史家约瑟夫(Josephus)便请代笔人写下他的巨著。新约的其他书信如彼得前书,亦是找代笔人写成的。⑩ 再加上保罗可能长期患有眼疾,⑩在晚年(此时他近六十岁)书写自然有困难,加上他的书信大部分都在极繁忙的侍奉中撰写,找代笔人可以省却不少时间。

---

⑨ Frances Young,*The Theology of the Pastoral Letters*(Cambridge:CUP,1994),p.23;然而,Young 却对作者是谁,采取了不得而知的态度。

⑨ 罗十六 22;加六 11;林前十六 21;帖后三 17;Barclay 亦有此坚持,参见 Barclay,*The Letters to Timothy*,xvi-xvii.

⑨ Kelly,*The Pastoral Epistles*,pp.32-33.

⑩ 这便是所谓的共同作者(co-authorship),详参 Prior,*Paul the Letter-Writer*,pp.37-45.

⑪ 彼前五 12;参见 P. H. David,*The First Epistle of Peter*(Grand Rapids:Eerdmans,1990),p.198.

⑫ 加六 11 的一句"请看我亲手写给你们的字是何等的大呢",显出他在信末署名时,可能因为视力的问题,要用很大的字去签名;又林后十二 7 保罗身上的刺,亦可能是他的眼疾。详参 R. P. Martin,*2 Corinthians*(Waco:Word,1986),p.414.

因此，找代笔人为他写成教牧书信是极有可能的事。[103]

除此之外，罗拉（Roller）进一步指出，在当时的罗马监狱中，由于囚犯常被捆绑，及住在颇为黑暗的囚室中，要亲手写信难乎其难，甚至找代笔人书写，亦不容许用所谓的默书式的代笔方式，而是由囚犯说其大意，然后由代笔人详细写下，在给原作者过目后便把信寄出。[104]无论如何，如果保罗在其晚年有意容许其代笔人有更大的自由和空间去代他写作，这样，其作品所反映的，自然是代笔人的语言风格多过保罗本人的风格，这一个可能的因素，可成为在教牧书信的措辞和句法上，与传统的保罗书信存在着迥异的一项合理的解释。

此外，艾利斯指出，如果保罗采用代笔人，则代笔的方式必定不是默书式，而与当时找代笔人写作的方式不无二样。譬若当时犹太大文豪约瑟夫在写其巨著时，肯定用了代笔人，但却绝少提及代笔人的身份。根据当时的写作，显出了代笔人与原作者之风格交相糅合于其作品中。[105]一般而言，原作者说出句子的意思，代笔人用自己的话按之写下来，最后才给原作者过目和认可。因此，代笔人一定会影响作品的措辞和风格。艾利斯总结说，按以上的剖析，反对作者为保罗的主张大部分都分崩离析，不能成立。[106]

再者，慕尔（Moule）及尼特都相信，在寻找谁是保罗的教牧书信代笔人，路加医生是一个可能性极高的人选。[107]而事实上，在路加的两本

---

[103] 至少保罗的六卷书信用了代笔人，此乃罗马书、帖撒罗尼迦后书、歌罗西书、哥林多前书、加拉太书及腓利门书；参见 Prior, *Paul the Letter-Writer*, pp. 46，48.

[104] 参见 Wansbrough, "The Pastoral Epistles", pp. 1209 - 1210.

[105] 研究包括了 Josephus，Trajan，Pliny 的著作和通信，他们都找了代笔人；参见 E. R. Richards, "The Role of the Secretary in Greco-Roman Antiquity and its Implications for the Letters of Paul", Unpublished Ph. D. dissertation, Southwestern Baptist Theological Seminary，Fort Worth，TX，1988；当然，亦有证据显示作者会故意以朗读的方式表达，借此训练自己说话时的音量，而代笔人便按字写下，详参 Prior, *Paul the Letter-Writer*, pp. 46 - 47.

[106] Ellis, *Pauline Theology*, pp. 105 - 107.

[107] 参见 C. F. D. Moule, "The Problem of the Pastoral Epistles: A Reappraisal", *BJRL* 47 (1965), pp. 430 - 452；Knight, *Commentary on the Pastoral Epistles*, pp. 48 - 51；其他学者包括了 Walter Lock, *A Critical and Exegetical Commentary on The Pastoral Epistles* (Edinburgh: T. & T. Clark，1924), xxix.

巨著路加福音和使徒行传内,只有三十七个字眼在教牧书信内出现,希伯来书则只有十个而已。[108] 再者,从保罗第一次于罗马坐牢,直到他再次被捕至殉道,路加可能经常陪伴着保罗。[109] 路加既有能力写成其两本巨著,[110]保罗找他作为代笔人是最自然不过的事。[111]

综上所论,除非我们有一个比传统说法更为完满的提案,否则,我们仍以保罗为教牧书信的原作者为一较少问题且合理的取向。

叁　受书人

在卷首语时,保罗已清楚表明他写信给提摩太及提多(提前一 2;提后一 2;多一 4)。[112] 除此之外,保罗更称提摩太为“因信主作我真儿子”(提前一 2),“我亲爱的儿子”(提后一 2),“我儿”(提前一 18;提后二 1),或直呼他“提摩太啊”(提前六 20)。作者又称提多为“照着我们共信之道作我真儿子的”(多一 4),以上的称谓,说明了保罗与他两位

---

[108] 详参 S. G. Wilson, *Luke and the Pastoral Epistles* (London: SPCK, 1979), p. 9.

[109] 使徒行传的“我们”再次出现于徒第二十七章,直至保罗到了罗马;可见使徒行传的作者路加,一直伴随着保罗;另参西四 14、门 24、提后四 11。

[110] 学者如 Quinn 相信,路加以教牧书信为他的第三本巨著,参 J. D. Quinn, “The Last Volume of Luke: The Relation of Luke-Acts to the Pastoral Epistles” in *Perspectives on Luke-Acts*, ed. C. H. Talbert (Macon: Mercer, 1978), p. 62,但他在提多书的注释中却没有肯定此立场,参见 J. D. Quinn, *The Letter to Titus* (New York: Doubleday, 1990), pp. 19 - 20.

[111] 支持此说法的学者有 Moule, “The Problem of the Pastoral Epistles: A Reappraisal”, pp. 430 - 452;相信其有可能的有 Fee, *1 & 2 Timothy*, *Titus*, p. 26;更有人以路加在保罗死后,托他的名义写教牧书信的,参见 S. G. Wilson, *Luke and the Pastoral Epistles* (London: SPCK, 1979),其他还有 Schott (1830)、Strobel 及 Quinn;关于此理论最大的弱点,便是在信内,保罗从来没有提及其代笔人的名字,这有违他一向的作风,参见 Robert Wild, “The Pastoral Letters” in *The New Jerome Biblical Commentary*, ed. R. E. Brown, J. A. Fitzmyer & R. E. Murphy (Eaglewood Cliffs: Prentice Hall, 1988), p. 892;此外,Prior 则主张大部分保罗书信都是用代笔人写的,然而,因为教牧书信是一卷个人性书信,故保罗反而不用代笔人,而是亲自写作,此成为了教牧书信的文笔与其他的保罗书简迥异的主因,参见 Prior, *Paul the Letter-Writer*, pp. 50 - 59;然而,此见解的问题是:另一卷个人性书信腓利门书,明显是由代笔人写成的(门 19)。

[112] 或如 Johnson 所言,是保罗写给他最重要的委托人(delegates),参见 Johnson, *The Writings of the New Testament*, p. 389.

侍奉的同工那份感情甚笃的关系,更展示他们之间委实存着一份推心置腹的情谊。以下是对提摩太和提多平生的素描:

(I) 提摩太

在新约里,提摩太此名字第一次出现是在使徒行传第十六章一至二节,当时保罗正在他第二次的宣教旅程中,早已有西拉同行,但到了路司得发现一位信主不久,但却是可造之材的门徒提摩太。[13] 由于提摩太在路司得出现,我们可以推想他大概是生于该处和长于该处。[14] 当然,此处没有指出他何时归主,但因为保罗称他为"因信主作我真儿子"(提前一 2),又于哥林多前书第四章十七节形容他为"在主里面,是我所亲爱、有忠心的儿子",我们可以推断,保罗作为他的属灵父亲,大有可能便是领他信主的那一位。

不过,提摩太的归主,可能并非一次性的突变,因为保罗在提摩太后书第一章五节曾指出,提摩太的信仰是受外祖母罗以及母亲友妮基影响,并且从小明白"圣经"(提后三 14～15)。事实上,使徒行传第十六章一节介绍提摩太的母亲为一信主的犹太人,父亲为希腊人。故我们可以推测,提摩太从小便受其已信主的外祖母及母亲信仰的熏陶,后来当保罗在第一次宣教至路司得时,提摩太进一步受到福音的感染而归信基督教。保罗既愿意发掘和提拔这位有深厚基督教背景、亦表现奇佳的门徒,于是便招募他加入其宣教的行列。

尽管如此,因提摩太尚未行割礼,此事势必构成日后侍奉的困难。由于其母亲是犹太人,日后在他宣教工作中所遇到的犹太人会以他为犹太人,若不行割礼,则会成为他们听信福音的阻拦,因为他们会以一个不行割礼的犹太人为叛教者,故必定会极力否决提摩太,与此同时,亦会排斥保罗和其所要传的福音。因此,保罗便为他行了割礼

---

[13] "提摩太"的原文 *Timotheos* 的意思是"崇敬神",参见 *ISBE*,4:857;Oden 认为可能是提摩太拥有先知讲道之恩赐,故得着保罗垂青,参见 T. C. Oden, *First and Second Timothy and Titus* (Louisville: John Knox, 1989), p.4.

[14] Kent, *The Pastoral Epistles*, p.16.

（徒十六3），⑮正式招募他入伍，成为保罗在侍奉上最亲密的战友。

当然，割礼对犹太教来说是一个入教的仪式（initiatory rite），故对犹太人来说不可或缺。但对深受耶稣基督和其福音所影响的保罗来说，其对割礼的定位是清晰可辨的，他表明割礼本身并不对人在福音里的地位有丝毫的增减（加二1～5），割礼可有可无。割礼不应成为他人信主的阻碍，若有人坚持要守割礼才能得救，保罗绝对不赞同。因此，保罗要求提摩太守割礼纯粹为了宣教工作的方便而已。

当保罗回应马其顿异象到了欧洲，开始其新一页的宣教事工时，他把提摩太带上路。也许在这时他为提摩太行按手礼（提前四14），表明他得着教会公开的承认及圣灵赋予侍奉所需要的恩赐，可以履行福音的使命。⑯ 自此，保罗对提摩太的信任毫无保留。例如，当保罗等在庇哩亚遇到犹太人极大的反对时，他留下西拉和提摩太做跟进的工作，自己孤身去雅典（徒十七10～14）。后来，提摩太从庇哩亚到了雅典，协助他的工作并把帖撒罗尼迦教会的实况告知保罗，⑰于是，保罗便再派提摩太去鼓励帖撒罗尼迦教会。稍后，当他在哥林多工作时，提摩太和西拉便归了队，提摩太更带来了有关帖撒罗尼迦教会令人振奋的好消息（帖前三6～8）。

到了保罗的第三次宣教时，保罗亦是与提摩太同工，在以弗所等地做福音的工作。并且差他到马其顿去（徒十九22），其中一个目的是要探望哥林多教会（林前四17，十六10～11），且代保罗澄清教会对他的误解。⑱ 提摩太亦曾被差往腓立比教会（腓二19），一般而言，保罗希望被差的提摩太能迅速回归（徒十七15），带回教会的消息及再次成为他工作的左右手。由此可见，提摩太常被保罗差派，成为他的特使去进行一些教会间的联络和通讯。

在保罗众多书简的卷首语内都包括了提摩太的名字（林后一1；腓

---

⑮ 但对提多则不然，因为提多是不折不扣的外邦人，故不用行犹太人的割礼；保罗的做法沿袭他一向的侍奉原则，为了福音向什么人便做什么人，旨在要得人，参见林前九19～23。

⑯ 参见提前四14的注释部分。

⑰ 当中涉及一些教会对他的误会，因为教会内有人散播谣言，主张保罗并不关心教会，才会不顾教会而一走了之（参见帖前第二章保罗的解释）。

⑱ 也许亦带着保罗致哥林多教会的第一封信（林前五9），此信今已不存在。

一 1;西一 1;帖前一 1;帖后一 1）。一方面因为这些教会与提摩太建立了关系,深深认识提摩太。⑲ 另一方面因保罗委实是以提摩太为他忠心耿耿的同工（参见罗十六 21）,故对他有以下的赞赏：

"与我同工的提摩太"（罗十六 21）。

"我们的兄弟在基督福音上作神执事的提摩太"（帖前三 2）。

"……他［提摩太］兴旺福音,与我同劳,待我像儿子待父亲一样"（腓二 22）。

保罗被押上罗马时,提摩太仍是与他同在（徒二十 4）,并伴他度过狱中的岁月（腓二 20～22）。按我们的推测,约在两年后,保罗便获释,曾经再次探望小亚细亚一带的教会,且留下提摩太于以弗所跟进一些福音的工作,⑳ 自己却往马其顿去（提前一 3）。当他写提摩太前书时,提摩太仍在以弗所牧养教会（提前一 2～3）,直到保罗于罗马再次被捕,提摩太显然仍在以弗所侍奉（提后一 18,四 9）。

虽然保罗对提摩太有极高的评价,但我们仍找到提摩太的弱点。首先,他似乎是一个性格较为柔弱的人,例如在写哥林多前书第十六章十节时,保罗要求教会善待提摩太,以排除他惧怕的心理。提摩太后书第一章六至七节保罗更有此提醒："为此我提醒你,使你将神藉我按手所给你的恩赐再如火挑旺起来。因为神赐给我们,不是胆怯的心,乃是刚强、仁爱、谨守的心",此节反映提摩太胆怯的性格,并且未能善用其恩赐于牧养工作上。再加上其他经节如："不可叫人小看你年轻"（提前四 12）;"你不要轻忽所得的恩赐"（提前四 14）;"你要谨慎自己和自己的教训"（提前四 16）;"提摩太啊,你要保守所托付你的……"（提前六 20）;"你不要以给我们的主作见证为耻"（提后一 8）;"我儿啊,你要在基督耶稣的恩典上刚强起来"（提后二 1）及"你要和我同受苦难"（提后二 3）等,在在显出提摩太在牧养工作中,当面对各方面的困难时有柔弱虚怯的表现,故保罗要多次作出以上励志性的教导。㉑ 不单如此,提

⑲ 一如 Oden 所提醒的,他们之间有着凡二十年的友情,即由约公元 46 年到 67 年,参见 Oden, *First and Second Timothy and Titus*, p.5.

⑳ 其主要的原因之一,便是提摩太曾经与保罗一同在以弗所侍奉共两年的时间,故提摩太与以弗所教会之间建立了良好和深厚的关系。

㉑ 详参 W. E. Hull, "The Man-Timothy", *RevExp* 56(1959), pp. 355 – 366.

摩太的健康亦蒙受重大的考验,因保罗如此说:"因你胃口不清,屡次患病,再不要照常喝水,可以稍微用点酒"(提前五 23)。这些都可能是提摩太那柔弱一面的提示。

除了保罗书信外,希伯来书第十三章二十三节亦说及一位提摩太。作者更表示提摩太曾被监禁,如今却被释放了。由于作者没有对此提摩太作任何的介绍,可见他是教会众所周知保罗的同工提摩太。[12] 如果此推想属实,则提摩太可能亦于保罗被处死后,因着信仰而被关在牢里,但终能获释,继续踏上侍奉之路。

(II) 提多

他是保罗另一位推心置腹的同工,[13]但新约对他的描写不多,以致我们对他的认识极为有限。[14] 他是个不折不扣的希腊人(加二 3),故保罗并不要求他像提摩太一样先行割礼,才准其加入宣教工作。然而,有一些犹太信徒却强烈要求外邦人,包括提多,要行割礼(参见徒十五 1~29),保罗却毫不让步地维护他自己的主张:外邦人不用行犹太人的割礼,也能成为神家里的人;以致提多得以成为一个十足的希腊信徒(加二 1~5)。

由于保罗称呼提多为"照着我们共信之道作我真儿子的"(多一 4),我们推想他可能是因着保罗的宣讲而归主,而从第二次宣教工作开始,提多便常与保罗一起,成为他亲密的战友(林后八 23),以致保罗在哥林多后书内称呼他为弟兄(二 13)及盛赞他为美好的同工,是与自己一同劳碌的(八 23)。由此观之,提多成了在保罗身旁备受重视的人,再加上他有一颗真挚的爱心,故保罗常派提多处理教会的事务,例如他

---

[12] P. E. Hughes, *A Commentary on the Epistle to the Hebrews* (Grand Rapids: Eerdmans, 1977), pp. 592 – 593.

[13] 提多(Titos)是一个普通希腊人的名字;曾立华指出,此名字意即"喜悦",参见曾立华:《云光彩现:新约人物剪影》,香港:圣道出版社,1994 年,页 104。

[14] 他的名字出现于 12 处的经文,即林后二 13,七 6、13、14,八 6、16、23,十二 18;加二 1、3;提后四 10;多一 4;而徒十八 7 的一个大有可能是指另一个的提多(虽然 Johnson 认为可能是同一个人,参见 Johnson, *The Writings of the New Testament*, p. 390);故其名字大部分见于林后。

派提多到哥林多教会去处理教会内的问题,因为提多对哥林多教会存着一份由衷的情谊,情真意切地盼望扶掖教会,化解存在的问题,且看保罗以下对他的形容:

"并且提多想起你们众人的顺服,是怎样恐惧战兢地接待他,他爱你们的心肠就越发热了。"(林后七 15)

"多谢神,感动提多的心,叫他待你们殷勤,像我一样。他固然是听了我的劝,但自己更是热心,情愿往你们那里去。"(林后八 16～17)

"……提多占过你们的便宜吗?……"(林后十二 18)

以上对提多的描述,使我们确定提多委实有善良和真挚的美德,甚适合做关顾和牧养的工作,以致产生显赫的成果,冰释教会对保罗的误会,把与保罗对峙的哥林多教会扭转过来,此举带给了保罗莫大的安慰(林后七 7)。[15] 继而,保罗又派他作收集人,收集耶路撒冷教会为饥荒所发起的筹款,他成功地完成任务(罗十五 26;林后八 6,16～24)。最后,更留下他于克里特,[16] 成为进一步建立难于牧养的教会的牧者。

奇怪的是使徒行传内完全没有言及提多的行踪,反而教牧书信却记载了他的情况,如在提多书内指出他曾与保罗同行,且留在克里特(一 5)。当保罗写提多书时,他仍在克里特侍奉,保罗在信内约他往尼哥坡里一起过冬(三 12)。之后,提摩太后书亦言及提多前往挞马太(四 10)。[17] 由于使徒行传都没有提及这些行踪,故提多到克里特侍奉的时段有以下三个可能的提议:[18]

　　a. 是当保罗在以弗所,或是在凯撒利亚被下在监里的时候。[19]

　　b. 是在使徒行传内某一次的宣教旅程中发生,但却没有被记录下来的。

　　c. 是保罗第一次于罗马被囚而获释后发生的。

我们相信第三个见解最有理据,因为提多书的措辞与目的,与其他

---

⑮ 哥林多教会内所发生的问题错综复杂,提多竟然能不负保罗的期望,化解了教会对保罗的误会,足见他确有领袖之才能;详参 C. K. Barrett, *Essays on Paul* (London: SPCK, 1982), pp. 118 - 131.

⑯ Oden 指出,克里特是在地中海一带,最被轻蔑、逼迫和误解的民族,参见 Oden, *First and Second Timothy and Titus*, p. 6. 另参一 12。

⑰ 位于马其顿省之北的沿海,即临亚得里亚海(Adriatic Sea)的城市。

⑱ 参见 *ISBE*,4:864.

⑲ 有关于此理论的内容及其存在的问题,参见 Guthrie, *The Pastoral Epistles*, pp. 17 - 18.

两卷教牧书信的内容相近,可见他们是在同一时段写成的,既然后者是于保罗第一次于罗马被囚后写成的,则提多书亦应如此。

提多的侍奉是成功的,因为教会传统以他为克里特的第一任主教。

最后,我们亦要注意,虽然作者保罗主要是写给两位主里多年的同工,但亦向他们所治理的属灵群体说话,故作者在卷末的祝福语道:"愿恩惠常与你们同在",这"你们"是第二人称的复数代名词,显示作者是向着一个群体说话。这样看来,作者期望除了提摩太和提多外,其他人亦可阅读这些书信,甚至在教会聚集时把信的(部分)内容诵读出来,供教会人士参考,所以我们亦可以说,教牧书信亦是致教会的书信。

肆　写作目的

教牧书信的共通点是三卷书函都是寄给个人的,即提摩太和提多。此时保罗的侍奉可说已走到人生的最后一程,他在提摩太后书第四章七节自言:"那美好的仗我已经打过了,当跑的路我已经跑尽了,所信的道我已经守住了"。由此可见,保罗深感他已完成主所托付的使命。因此,他所关心的,不再是他本人向外邦人传福音的使命和工作,乃是一些与他极为亲密的刎颈之交的处境,因而写成了教牧书信给他多年侍奉、忠心无变的同工:提摩太和提多。

在提摩太前书和提多书的字里行间,显出作者保罗正自由地侍奉,然而,提摩太后书却表明他成为阶下囚。提摩太后书可说如监狱书信一样是狱中书信。提摩太前书提到保罗曾离开小亚细亚的以弗所,[130]留下了提摩太,自己却去了马其顿(一 3),但在写信时,保罗极希望再次造访以弗所,以助提摩太一臂之力,处理教会的各项事宜(三 14)。[131]

提多书内同样暗示保罗曾到过提多所牧养的地方:克里特,后来留下提多于该处处理一些教会的事务(一 5)。保罗并指示提多要到雅典之北,希腊半岛的沿岸城市尼哥坡里与他会面,一同过冬(三 12)。但

---

[130] 关于以弗所的社会及宗教背景,参见 T. D. Lea & H. P. Griffin, Jr., *1, 2 Timothy*, *Titus* (Nashville: Broadman, 1992), pp. 78 - 80.

[131] 保罗曾于徒二十 29～30 向以弗所的长老们提出了异端侵袭的警告,如今,异端果真在以弗所肆虐,故保罗再次发出警告,但这次是向提摩太。

在未相会时,保罗感到有必要写信以助他们化解一些牧养上的疑难。提摩太后书内更显出保罗已失去了自由,被困于罗马的监狱内,不能抽身去见提摩太,唯有写信嘱咐他要带着他的外衣和皮卷来探望他(提后四13),与他一同度过可能是他在世上最后的一个冬天。又因保罗自知大限将至,故此信可说是他的遗言,是给密友之内心世界的剖白,字里行间那份在主里仿如慈父的真情跃然于纸上。

按以上的分析,保罗书信的受书人自然是提摩太和提多,信的内容约可分为三大类别:

a. 有关于教会对异端的抗衡。

b. 有关于信徒生活的指示。

c. 有关于对提摩太及提多的鼓励。[32]

顾名思义,教牧书信此书名本身可能存有误导成分,以为这三封信只与教牧有关,信徒可以忽略之,[33]但事实却绝非如此,因为信内涉及作教会领袖的条件、生活的方式和见证等,都与教会——属神的群体——息息相关。

伍　写作日期

我们已说过,不少批评学家否定教牧书信为保罗的作品,这样看来,他们都将其写作日期放在第一世纪末,或是第二世纪初,[34]例如根模(Kummel)认为是第二世纪的初叶,因为信内所反映的诺斯替主张仅属雏形,故不应是在第二世纪中叶,那时诺斯替主义已如日中天。[35]当然,有一些学者会将之放在第二世纪之中期。[36]尽管如此,按上文的分析,保罗是在第一次坐监被释放后写下教牧书信,然后再被捕入狱。

---

[32] 此处尤指提摩太后书,可能是基于保罗感受提摩太的工作难度颇高,故作出了多番劝勉。

[33] 此乃 Oden 的提醒,参见 Oden, *First and Second Timothy and Titus*, p.1.

[34] 如 Rist, Meade, Hanson, MacDonald 等,都以此为其写作日期,并且是在小亚细亚写成的。

[35] Kummer, *Introduction to the New Testament*, p.272.

[36] 其中如 Maxsen,引自 Carson, et al, *An Introduction to the New Testament*, p.373.

教父德尔图良指出,他是死于尼禄的治期内。[137] 优西比乌进一步力陈,
保罗死于尼禄第十三年,即公元 67 年。[138] 事实上,尼禄于公元 68 年自
杀,由此可见,教牧书信是在保罗第一次坐监之后,即约公元 61 年左
右,至 67 年之一段时间内写成的。[139]

关于写作地点方面,除了提摩太后书是在罗马,即保罗下监的地方
写成之外,我们不能确定提摩太前书及提多书在什么地方写成的。虽
然根特和斯托得(Stott)均认为马其顿是保罗写提摩太前书及提多书
的地方,[140]这论点是基于提摩太前书第一章三节的一句:"我往马其顿
去的时候,曾劝你仍住在以弗所……",然而,按这一节的授意,我们仍
不能肯定当保罗写信时仍留在马其顿。[141]

至于次序方面,除了提摩太后书应该是在保罗临终前所写的,故是
最后的一卷之外,我们亦难为提摩太前书与提多书定下一个写作的次
序。但由于提摩太前书与提多书的内容,比提摩太后书为接近,[142]而提
摩太前书的内容,又比提多书为丰富,[143]故本书在释经部分的次序,将
会是:提摩太前书、提多书及提摩太后书。

陆　神学主题

学者如汉森等主张教牧书信如提摩太前书,因为是将一些琐碎的

[137] Tertullian, *Against Heretics*, xxv.
[138] Eusebius, *Ecclesiastical History*, ii. p.22.
[139] Robinson 有另一个订定日期的构思,其阐论参见 A. T. Robinson, *Redating the New Testament* (Philadelphia: Westminster, 1976), pp.82‐83.
[140] Kent, *The Pastoral Epistles*, p.47ff; John R. W. Stott, *The Message of 2 Timothy* (Downers Grove: IVP, 1973), p.17.
[141] 当然,对于批评家来说,此三卷书应该出现于保罗被尊崇的地区,以致作者要假冒他的名义去写作,务求产生极大的影响力,又因保罗曾留在以弗所有三年的时间(徒二十 1~20),而提前一 3 又提及受书人是在以弗所,并且遇到异端的侵袭,故以弗所是一个非常适合的写作地点。
[142] 或如 Johnson 所言,在风格上,提多书介乎提摩太前书和后书之间,参见 Johnson, *The Writings of the New Testament*, p.403.
[143] 其可能的原因,便是以弗所教会的体制,较克里特教会来得成熟,因为以弗所教会早在保罗的第二次宣教时,已得了福音的传讲,而后者则可能是新近开始被建立的;而前者所遇到的问题又较为繁多,其中包括提摩太本人,实在需要人鼓励和提醒。

记录编辑成书,缺乏完整的写作策略,以致全书没有主题及顺畅的思路,[14]然而,这只是一些表面的证供而已。[15] 一如唐理信(Donelson)所言,不少学者已对教牧书信内的逻辑推理和文学形式作出研究,其结果表明教牧书信反映了一个贯彻始终的信仰生命之成果。[16] 细观教牧书信的教导是实际的,因保罗刻意对牧养教会及处理会务作出教导。然而,在这些实用性极高的训示背后有极为重要的神学理念。以下是一些重要的神学题旨之阐论。

(Ⅰ) 离经背道的错误

教牧书信内所反映的异端,大致上同属一系列的思想。此异端有以下特色:

(1) 品德上的乖谬

散布异端的人常有顾盼自豪的心态,以为自己可以胜任为教法师,故保罗形容他们为"想要作教法师,却不明白自己所讲说的、所论定的"(提前一7),他们甚喜爱律法,即摩西五经,且有一份好高骛远的心态,甚想成为众所瞩目的领袖。[17] 然而,他们的言论却只是一些荒渺无凭、无穷家谱的讨论(提前一4)。既然这些谬论与真理背道而驰,故他们的真面目其实不是教法师,而是爱说谎话的伪君子(提前四2),是魔鬼的爪牙(提前三6),引诱他人进入虚无飘渺的道理中。[18] 使人远离真理的福音,不再过敬虔的生活。

这群散布异端之人的心术是有问题的,他们自高自大,妖言惑众,残民以自肥,假敬虔之名,谋取暴利(提前六4~5),委实是江湖术士之

---

[14] Hanson, *The Pastoral Epistles*, p. 42.

[15] Bush 则认为,学者们太在意讨论作者的问题,反而忽视了提摩太前书实在是一卷个人书信,参见 P. Bush, "A Note on the Structure of 1 Timothy", *NTS* 36(1990), p. 152.

[16] L. R. Donelson, "The Structure of Ethical Argument in the Pastoral", *BTB* 18(1988), p. 108.

[17] 甚至成为长老或监督,故保罗才会在提前第二章详确地说明作教会领袖的条件,旨在要杜绝再容让这些假教师混水摸鱼。

[18] 其中尤以妇女们为甚,妇女易受引诱,主要的原因有二:(1)她们少受教育,故易因无知而受骗;(2)在当时的父系社会来说,女性常受忽略和歧视,但基督教却给予她们主里的自由,故她们易受异端教唆,意图跃身于教会的领导阶层,以提高自己的地位和自尊。

所为,是不折不扣的神棍。保罗更预言这种偏离真道的倾向,将会越发严重,因为人的罪性(即情欲)将驱使人沉溺于邪恶,以满足自己的欲望,于是,假师傅便乘势而起(提后四3～4),备受人们欢迎,可说是乱世出枭雄。而对活在情欲之中的人来说,这无疑是如鱼得水,正中他们的下怀,其中如克里特人那种邪恶的生活方式,可说是一个缩影(多一11～12)。

(2)思想体系的乖谬

教牧书信内所反映异端思想的体系,似乎不像第二世纪肆虐教会的各种诺斯替主义。骤看下,却是犹太教与诺斯替主义雏形的混合体,[⑭]其内容与歌罗西书内所反映的异端极为相近。这样看来,此异端的意识形态,成了初期教会时代的一种大趋势。

在分析下,倾向于犹太教方面的思想有:以拥有高尚的家谱为荣(提前一4;多三9);盼望成为教法师(提前一7);极喜爱讨论律法(提前一8;多三9);高抬割礼的地位(多一10);以上的言论非常犹太化(参见多一14),其结果是把信仰的焦点转移至非福音的主题上,此举无疑对基督教信仰构成严峻的威胁。

倾向于诺斯替主义的则有:贬低关乎肉身的活动,如反对嫁娶及禁戒食物(提前四3);[⑮]追求一些似是而非的学问(提前六20),而所谓的学问,证实他们是一群真认识神、独领风骚的天之骄子(多一16),这些学问包括荒渺无凭的话语(提前一4)、[⑯]世俗的虚谈(提前六20)、无穷的家谱和虚浮的话(提前一4、6)。以上都是一些禁欲主义的表现,目的要使其活在一种更为属灵的层面。然而,诺斯替主义亦有放纵肉体的主张,这是因为他们有些人认为,肉体与灵魂得救无关,故肆意放纵肉体亦不会影响灵魂的属灵境况。

---

⑭ 这亦是大部分学者的意见,参见 Guthrie, *The Pastoral Epistles*, p. 28; Kelly, *A Commentary on the Pastoral Epistles*, pp. 10 - 12;详细分析,参见 P. H. Towner, "Gnosis and Realized Eschatology in Ephesus(of the Pastoral Epistles)and the Corinthians Enthusiasm", *JSNT* 31(1987), pp. 95 - 124.

⑮ 当中可能亦有否定女性生产的价值,参见二15的注释。

⑯ 荒渺无凭在原文只是一个字:*Mythos*,意即"神秘",保罗用之旨在对比有真凭实据的基督教信仰,参见 Fee, *1 & 2 Timothy*, *Titus*, p. 41.

　　教牧书信内出现了亚历山大、许米乃和腓理徒三人,他们坚称身体复活是不会发生的(提前一 20;提后二 17~18),因为他们认为现在的属灵生活,已经是活在未来世界之中,故身体复活是莫须有的。骤看下,此主张与哥林多前书第十五章所反映教会内有否认身体复活的谬见相似,两者大概都是因为误解了保罗的教导,即信徒是已经与主同死、同葬和同复活(罗六 1~11),并且与主一同作王(参见林前四 8),再加上此处有禁欲主义,即否定肉身价值的思想,于是否定身体复活,以复活为一个内在属灵生命的更新之见解,便不胫而走了。[152]

　　无论如何,保罗指这些假师傅是狼披着羊皮,有敬虔的外表而没有敬虔的实意(提后三 5)。为了要完成福音的使命,提摩太等要做出以下决断性的行动:

　　　a. 要分外地谨慎(提后四 5),因为星星之火,可以燎原。异端有如毒疮,会越烂越大(提后二 17)。

　　　b. 阻止他们再在教会活动,甚至执行纪律,驱逐他们(多三 10)。因为他们会继续影响教会,使那些无知的信徒,尤其是妇女,误入歧途(提后三 6)。

　　　c. 不要与他们同伙,回避他们的空谈和私欲的追求(提前六 11;提后二 21~22)。因为唯有保持自己的圣洁,才能真正地救那些已被魔鬼掳去的人(提后二 26)。

　　　d. 坚定站立在自己那深厚的信仰传统上(参见提后一 5),追求真正敬虔的生活(提前六 11)。

　　　e. 回想自己如何从保罗此亦师亦友的属灵父亲身上所学习的事物(提后三 10~14)。[153]

　　　f. 返璞归真地勤读圣经(提后三 15~17),择善而固执之。如此,才能有力量去行各样的善事,完成作教师的职事(提后三 17)。

　　　g. 作一个教导纯正真理的教师(多二 1),以真理提醒各信徒,指导他

---

[152] Knight, *Commentary on the Pastoral Epistles*, p.414.

[153] 有关个人之榜样如何在教牧书信内发挥功能,参见 Benjamin Fiore, *The Function of Personal Example in Socratic and Pastoral Epistles* (Rome: Biblical Institute Press, 1986)。

们如何过真正敬虔的生活，并且装备他们以抗衡异端(提前四6)。

(II) 神论

在言及神的本质方面，保罗指出神是宇宙万物的主宰，是统管万物的君王(提前一17)，是万王之王，万主之主(提前六15)。他是独一的，也是独有至高无上权柄的(提前六15)，唯他配得尊崇和荣耀(提前一17，六16)。他是人未能看见，又是不能看见的神(提前一17，六16)，并且住在人不能靠近的光里(提前六16)，故神是与世人迥异的存在者。⑭他又是不死的和不朽坏的(提前一17，六16)，是永生的活神(提前三15，四10)，这一点成为信徒得救的指望，皆因他既是永生的，才能给予人永恒的生命。再加上他信实无变，永不说谎，必定将永生按着他的应许赐下(多一2)。

神既是创造主，亦是救赎主，故产生了相应的活动。例如，神既是创造主，他创造的美善显露于自然界中。在神的创造里，一切被造之物都是好的，人应该感谢着去领受神所供给的一切，而不应拘泥迂腐，自作主张，为食物划分善恶(提前四4)。再说，神是厚赐百物的(提前六17)，在他里面有莫大的恩典和慈爱，故他必然看顾属他的人，有见及此，人理应全然倚靠他，而不应倚仗无定的物质，包括钱财(提前六9～10、17)，甚至以此为荣。神所赐的美物，简单的如每日的食物，重要的如人的婚姻制度、家庭和教会的生活，都成为给予人享受的恩物，人必须善理之，如在食物上不做无谓的禁戒，但却要避免为之所辖制，其中如酒精，是一样要倍加注意的饮品(提前三3；多一7)，因为酗酒能使人乱性，沦为瘾君子；在生活的方式上，则要维持一夫一妻制度；亲子亦要有方；教会要有结构，因为这样才能保障教会的圣工，能有条不紊地进行等(提前三4～5、12；多一6)。

至于救赎主方面，保罗指出因着神的默示，人才能因读圣经而相信耶稣基督，得着得救的智慧，更能装备信徒，过正常的基督徒生活(提后三15～17)。再者，神既是信实和慈爱，故他的心愿意万人得救(提前

---

⑭ 故如巴特所言，神是"全然他者"(the wholly other)。

二 4），因此，每一个人都应该有机会去领受神的永生。⑮ 虽然从前的保罗是一个罪大恶极的人，但仍能蒙恩得救，足见他对世人的忍耐（提前一 15～16）。此外，他在万古以先已经定意要将恩典借着耶稣基督赐予那些蒙他圣召的人（提后一 9），并且在奇妙的安排下，到了所定的时候，借着降世为人的耶稣，显出他救赎的大计（提前二 4～6），又按着他的计划，真理的道得着传扬（多一 3），而保罗和提摩太等人，便是被蒙召的一群，为要达成他的计划而努力不懈。

总之，神便是父，并且以教会为他的家（提前三 5、15）。侍奉他的人便是他家中的执事，并且蒙他赐下信心和爱心以侍奉他（提前一14）。神既是独一无二的，信徒应该对他称颂不已（提前六 15）和尊崇有加（提前一 17），并且常常以祷告去敬奉和倚靠他（提前二 1～2；提后一 3）。还要敬虔度日（提后三 12），尤其要守着他所默示的圣道（提后一 14），并且不以给主作见证为耻（提后一 8），甚至要忍受苦难，尽上传道者的职分（提后四 5）。

(III) 基督论

教牧书信中的基督论是丰富的。首先，基督是与神同列的，他被誉为"基督耶稣"，此称呼总共出现了二十五次之多，⑯再加上他是大卫的后裔（提后二 8），在在强调了他那弥赛亚的身份。神是主，基督亦是主（提前一 2、12，六 3、14；提后一 2），更是将来要审判活人和死人的那一位（提后四 1），⑰也是差遣众使徒的主人（提前一 1；多一 1）。

基督既是弥赛亚，他曾降世为人，活在人间，要拯救罪人（提前一15）。"救主"此字出现于教牧书信凡十次，六次用在父神，⑱四次用在

---

⑮ 故神不只被某一小撮人认识，参见 Young, *The Theology of the Pastoral Letters*, p. 49；亦不是如诺斯替主义所强调的，只有一小撮人才得进入永生的门径。

⑯ 比起"耶稣基督"，"基督耶稣"明显强调了"基督"作为"耶稣"的头衔；当然，教牧书信内亦有少数的"耶稣基督"的出现，如提前一 16。

⑰ 在 15 次使用"主"中，有 13 次是直接或间接用在审判上的，参见 Collins, *Letters That Paul Did Not Write*, p. 113.

⑱ 提前一 1，二 3，四 10；多一 3，二 10，三 4。

基督之身上。⑲ 由此可见，父神与基督同时策划和完成救赎的大计。但在功能上，父神是计划者，基督则是执行者。借着基督的救恩，人得着恩惠、怜悯和平安（提前一 2；提后一 2；多一 4）。再者，基督不单只是救主，乃是"我们"的救主（提后一 10；多二 13），说明了这基督的经验（Christ's experience）与罪人息息相关，亦是罪人可以经验到的。

教牧书信特别提及耶稣基督是在神和人之间的中保（mediator；提前二 5），言下之意是神和人中间存在冤仇，彼此疏割（参见弗二 15～17）。可幸，基督能满足神和人之间的需求，使神及人可以建立关系。⑳他能满足神的要求，因为他本是真神降世（提前三 16），并且是无罪的。㉑他亦能满足人的要求，因为他是不折不扣有血有肉的人，他以人的身份，度过世上的一生。他的工作是为神和人之间筑桥，使圣洁的神能接受有罪的人，其方法便是舍身"作万人的赎价"（提前二 6），此处强调了基督那份甘心情愿的情操，以完成其代赎工作（substitutionary work），他是代替罪人受了罪的刑罚，使凡相信他的人，即他的信徒（参见提前四 10），都能从罪的捆绑中得着释放，成为无罪的、成圣的人，并且借着所赐的圣灵，使人真正经历重生和更新（多三 5～6），这样便能与圣洁的神和好了。这样的救法，只有基督一人能胜任，故他是实至名归的、独一无二的中保（提前二 5）。㉒

值得注意的是，教牧书信特别强调"显现"此字，㉓作者要借此带出基督那多方面的工作。㉔他的"显现"，是信徒的救恩，更是信徒的盼望，故即将离世的保罗，仍然深存盼望，言之凿凿地说："从此以后，有公义的冠冕为我存留，就是按着公义审判的主到了那日要赐给我的。不

---

⑲ 提后一 10；多一 4，二 13，三 6。

⑳ 此关系的建立，成了中保存在的目的，否则，中保便不必存在了，参见 *TDNT*，IV：601.

㉑ 他的复活、升天和得荣证明了他是义者。

㉒ 故基督是得救的唯一门径，参见 *NIDNTT*，1：375；此处保罗可能针对诺斯替主义的主张，即纯灵的神与纯物质的人之间，存在着众多的媒介（即"伊涌"[aeons]），故保罗申明，神与人中间，只有一个媒介。

㉓ *epiphaneia*.

㉔ 借着"显现"此主题，教牧书信将有关基督的神学，贯穿在一起，参见 Collins，*Letters That Paul Did Not Write*，p.112.

但赐给我,也赐给凡爱慕他显现[165]的人"(提后四8)。这些爱慕他"显现"的人中,包括了那善待保罗的阿尼色弗一家,他们同样会在那日得着主的怜悯(提后一15～18)。

当然,基督是父神计划的执行者,[166]故他在父神所定的日期便"显现"出来。他第一次的"显现"是降生于世上(提前三16),借着肉身"显现",此次"显现"显出了他对罪人的忍耐(提前一16)。[167]不单如此,借着道成肉身,更把死亡废去,透过福音将永不朽坏的生命"显现"出来(提后一10),此实乃神恩典、恩慈和慈爱的"显现"(提后一9～10;多二11,三4)。一言以蔽之,神在肉身"显现",委实是敬虔的奥秘,[168]在此保罗引用了初期教会一首关于基督的荣耀颂:"神在肉身显现,被圣灵称义,被天使看见,被传于外邦,被世人信服,被接在荣耀里。"(提前三16)[169]再者,基督第二次"显现"是在那荣耀大日的再临(提前六14),这亦是一切爱慕他"显现"的人得着公义冠冕的日子(提后四8)。

总括来说,基督两次"显现"之特色是:第一次是在肉身"显现",即成为不折不扣的人。第二次"显现"则以末世审判者的姿态出现。[170]故此,福音就是关于"神的显现"(divine epiphany)。[171]整体而论,教牧书信内的基督论,并不如批评学家所指称是贫乏和肤浅的,反而是全面和极有深度的,这无疑是年老的保罗,将他过去数年间的侍奉与早期在侍奉中所领受的真理,融会贯通后参悟出来的。

(Ⅳ) 圣灵论

比起基督论,圣灵论是比较弱的一环,然而,这并不削弱教牧书信在圣灵论上对新约神学的贡献。"圣灵"一字,在教牧书信内共出现了

---

[165] "显现"即是 *epiphaneia*.
[166] 故这显出他身为基督是顺服父神的。
[167] 肯定基督的成为肉身,旨在抗衡异端所主张肉身是邪恶的谬误。
[168] 对比异端那荒渺无凭的奥秘(提前一4)。
[169] 关于此节的解释,参见注释部分。
[170] Young, *The Theology of the Pastoral Letters*, p.63.
[171] Ibid., p.65.

五次,此五次罗列如后:

（1）提摩太前书

第三章十六节:"大哉,敬虔的奥秘,无人不以为然! 就是神在肉身显现,被圣灵称义,被天使看见,被传于外邦,被世人信服,被接在荣耀里。"

第四章一节:"圣灵明说,在后来的时候,必有人离弃真道,听从那引诱人的邪灵和鬼魔的道理。"

（2）提摩太后书

第一章七节:"因为神赐给我们的,不是胆怯的心,乃是刚强、仁爱、谨守的心。"⑰

第一章十四节:"从前所交托你的善道,你要靠着那住在我们里面的圣灵牢牢地守着。"

（3）提多书

第三章五节:"他[神]便救了我们;并不是因我们自己所行的义,乃是照他的怜悯,藉着重生的洗和圣灵的更新。"

首先,在提摩太前书第三章十六节里,保罗指出圣灵称基督为义,意即借着基督耶稣的复活,圣灵见证基督的一生,其降世、教导和被钉于十架,在在显出了他确是神所差派的,为要承担神拯救世人之大计,并且建立天国的丰功伟业。

毕竟,人之所以能够得着神的拯救,并不是靠着人的义行,而是完全出于神的怜悯。此怜悯的彰显便是圣灵的工作。保罗于提多书第三章五及六节说明了神借着救主耶稣基督,将圣灵厚厚地浇灌在信徒身上。此浇灌的事件,往往是与洗礼同步的,以致外在的洗礼行动,催生了内在生命的重生和更新,⑱这成为了信徒得以成圣的必经之途。

有关圣灵为信主之人所做的,还有的便是将神的恩赐给予属他的人,尤以是借着教会的按手礼,赐予那些被神选召的仆人-领袖。保罗便以这项真理鼓励提摩太,使他在按手礼中,借着圣灵所给予的恩赐,

---

⑰ 此处的"心"字,在原文是指"灵",故指圣灵,强调了在按手礼时,圣灵所赐的各项恩赐,参见 Kelly, *A Commentary on the Pastoral Epistles*, p. 160;另参本书注释部分。

⑱ 使徒行传所记载有关圣灵在洗礼中所扮演的角色,有时,圣灵在洗礼之中,降在领洗者身上,但有时则会在之前和之后;详参多三 5～6 的注释。

能如火挑旺起来（提后一 6～7）。[14] 论及属灵的恩赐，保罗早于罗马书第十二章六至八节，哥林多前书第十二章至十四章及以弗所书第四章十一至十六节有详尽的阐论。在教牧书信内，"恩赐"（*charismata*）一字共出现两次，都与作为领袖的提摩太有关：

    a. 提摩太前书第四章十四节："你不要轻忽所得的恩赐，就是从前藉着预言、在众长老按手时候赐给你的。"

    b. 提摩太后书第一章六节："为此我提醒你，使你将神借我按手所给你的恩赐再如火挑旺起来。"

这样看来，如沙斯曼（Schatzman）所主张，恩赐借着按手礼永远内住提摩太里面，[15] 成为他一生受用不尽的能力。当今的信徒，同样可以得着这种恩赐永远内住的福祉。然而，恩赐的目的，除了造就那获得恩赐的个别信徒外，更重要的是要装备信徒，使之能运用恩赐，凭着爱去服侍教会（林前十三 1～13），造就全会众，建立基督的身体，即教会。观此，作为神仆人的提摩太，更应抱这样的态度有效地运用这些恩赐，完成牧养群羊的职事。

总之，一方面，人不应因获得某些恩赐而妄自尊大，[16] 另一方面亦不应漠视这些恩赐，忘记了要将之运用得法，以达至造就教会的目的。

除此之外，圣灵既然默示神的众仆人，使他们受感写下圣经（提后三 16），他亦会继续其默示的工作，使受感的仆人如保罗一样，能预言将会发生的事。例如在末世将会有更多人离经背道，追随邪恶，喜好鬼魔的道理（提前四 1；参见提后四 3～4）。教会的众领袖，包括提摩太，同样要靠着圣灵，仰望他加能赐力，坚守信仰的传统（提后一 14），为信仰蒙受考验和苦难（提后一 8），[17] 并且誓死摒弃异端于教会门外。如此，才不愧为正统信仰的守护者和真理的传人（提前六 20），将纯正的道理，连续不断地在属神的群体中传递下去。

---

[14] 有学者以按手礼为授予职权的礼仪，详参提前五 22 的注释。

[15] Siegfried Schatzmann, *A Pauline Theology of Charismata* (Peabody: Hendrickson, 1987), p. 49.

[16] 这是哥林多教会所犯的毛病，以得着说方言的恩赐自负。

[17] 而保罗因福音被囚，亦可作为楷模，供其他众仆人学习；这是保罗在哥林多前书所侧重的，要效法他，因他效法基督（林前四 16，十一 1）。

(Ⅴ) 教会论

　　与其他保罗书信不同,教牧书信没有以"圣灵的殿"和"基督的身子"去比喻教会,却侧重教会是个属灵的"家"的理念。[178] 正因为这是教牧书信的重要题旨,历世历代的教会因要教导"教会是我家"的观念,于是多多地采用教牧书信的真理作为教导之基本素材和骨干。

　　保罗明言,信徒活在一个群体之中,此群体可以用人类的家庭制度作类比,此乃"神的家",而"这家就是永生神的教会,真理的柱石和根基"(提前三 15)。"真理的柱石和根基"意即教会是真理,即基督教的信纲,被高举和传扬的地方,个别地方教会和信徒务必要过与真理相称的生活,[179]借此产生强而有力支持真理的果效。[180]

　　在此我们切勿以为保罗既主张因信称义,救恩乃在乎神的恩典,非靠人的善行(弗二 8~9),则保罗一定对律法和善行有所抗拒。早于罗马书第三章三十一节时,保罗已表示他无意废除律法,乃要坚固律法。而于教牧书信内,他亦声称律法是好的(提前一 8)。学者桑德斯(Sanders)坚称,尽管律法不是得着称义的条件,信徒仍要过有德性的生活,遵守律例和法则,因为这是加入基督群体所必须践行的生活方式。[181] 而教牧书信明显述及有关这方面的教诲。其中如教导富有的信徒不应贪恋钱财(提前六 9~10)及拥财自重(提前六 17),反而要妥善地运用财富,广行善事(提前六 18)。[182] 再者,作为教会的领袖,当然亦

---

⑱ 有学者主张,教牧书信的作者是把已流行于教会内的"家庭规章"(household code),转化成为"神家的规章"(household code of God),如 Young, *The Theology of the Pastoral Letters*, p. 22。详参提前第三章的注释部分。

⑲ Knight, *Commentary on the Pastoral Epistles*, p. 181;如保罗于弗四 1 所言:"行事为人就当与蒙召的恩相称。"

⑱ 这便是"柱石和根基"的意思,参见 Lock, *A Critical and Exegetical Commentary on the Pastoral Epistles*, p. 44。

⑱ 详参 E. P. Sanders, *Paul, the Law, and the Jewish People* (Philadephia: Fortress, 1983), pp. 17 - 167。

⑱ 关于教牧书信内之财富与善行的研究,参见 R. M. Kidd, *Wealth and Beneficence in the Pastoral Epistles: A Bourgeois Form of Early Christianity?* SBL Dessertation Series 122 (Atlanta: Brill, 1990)。

要有美好的名声（提前三 7），且要先学会治理自己的家，才能照管神的家（提前三 5），正是"一家之不治，何以天国教会为"。

按以上的理解，在实际的层面上，保罗委实规划了实践教会为神的家此理念的方案，且看以下的分述：

（1）教会的领袖

要高举真理，使真理能畅通无阻地体现于神的家。作为家的领袖，应当振奋自强，作众信徒的榜样（提前四 12）。保罗所枚举的监督、长老和执事等职分，目的不是标榜教会内的等级制度，信徒如何步步高升，得着一官半职，以能扬名立万，名留青史。反而，领袖们要有羡慕善工的心（提前三 1），以服侍神的家为大前提，一切权利欲和好高骛远的奢望，都应敛迹于教会的领袖层。

领袖的职事可分为两大部分，先是在神的家内要以身作则，言传身教。[13] 而即使作为保罗特使的提摩太，亦要如此，虽然提摩太仍是年轻，但却要在"言语、行为、爱心、信心、清洁上，都作信徒的榜样"（提前四 12），这便是不叫人小看自己年轻的良方。

此外，在处理教会众多事务的时候，按着正意分解真理的道是作为领袖的首要任务（提后二 15）。因为教会是真理的柱石和根基，故领袖们要以"宣读、劝勉、教导为念"（提前四 13），并且无论得时和不得时，都要把纯正的道理传扬，在这日渐邪恶、异端横行的世代里，做成传道者的工作，如此才算是尽上属灵领袖的职分（提后四 2~5）。此外，管理教会大小事务，使各项圣工能有条不紊地进行，亦是不可匮乏的（提前五 14）。

能满足以上的要求，才能成为众信徒所敬重的领袖（提前五 17）。诚然，当时教会身处一个绝对父系的社会，女性的地位完全被漠视。然而，基督教的真理却指出在父神的家里，不论性别、种族和地位，都在基督里同归于一（参见加三 26~28）。因为所有信徒都因着信，成为神的

---

⑬ 基督、保罗和提摩太都成为被仿效的对象（提前一 16，四 12 起，六 11 起；提后一 13，二 8~10，三 10~12；多二 7 起）；以对比追求情欲的人的表现，如提前一 9~10 罗列的："……不法和不服的，不虔诚和犯罪的，不圣洁和恋世俗的，弑父母的和杀人的，行淫和亲男色的，抢人口和说谎话的，并起假誓的，或是为别样敌正道的事……"，这些可算是反面的典型，参见 Fiore, *The Function of Personal Example*, p. 201.

儿女。这样看来,在教会的领袖层里,有恩赐和灵命长进的女信徒亦应给予机会,成为神的使女,承担领导的工作,对神的家有所贡献。

总括来说,为教会的领袖们进行按手礼,表示他们得着圣灵所赐侍奉的恩赐,而正式负起领袖的职分,是不能草率了事、贸然进行的(参见提前五 22)。[14]

（2）男性信徒

主要是要有良好的祷告生活,故要举起圣洁的手祷告,而不是沉溺于忿怒和争论之中(提前二 8)。[15] 由此观之,祷告是过圣洁生活的不二法门,信徒实应用其手去做圣洁的事,如祷告。又由于身处男性社会的弟兄们,容易受群众压力的唆使,好逞强而堕入口舌之争,因此他们要刻意学习常与众信徒维持良好、和谐的关系,包括提摩太在内,都"不可争竞,只要温温和和地待众人……",而"惟有那愚拙无学问的辩论,总要弃绝……"(提后二 23～24)。

（3）女性信徒

这里篇幅比男性信徒的为长,可见发生在女性信徒身上的问题较为显著且多方面,主要可分为关于德行及服饰的指示。前者涉及要有恭敬及合宜的表现,如老年的妇女要在言语上节制,甚至能以善道指教少年的妇女,如何相夫教子,持家有道(多二 3～4)。又因当时妇女的工作范围主要是在家中,故其在家的表现最为重要。再说,妇女美好的品德,亦会从衣着方面显露出来,故她们亦要"以正派的衣裳为妆饰,不以编发、黄金、珍珠,和贵价的衣裳为妆饰"(参见提前二 9～10)。

在处理女性要顺服的论题上,提摩太前书第二章十一至十五节的一段,可说是极具争论性的。[16] 争论的核心是:此处所言的,是一个放诸四海皆准的通则,还是针对当时以弗所教会的实况而做的教导而已。综观整体新约的教导,我们相信在属神的群体内,男女信徒在侍奉上是平等的。并且保罗早于哥林多前书第十一章时,已接受女性可以公开

---

[14]　恩赐与职位的争论,参见 Schatzmann, *A Pauline Theology of Charismata*, pp. 84 - 93;事实上,恩赐决定信徒们的侍奉岗位,但却有例外之处,如保罗之成为信徒,是出于神的呼召。

[15]　此节的原文,在句子排列上是强调祷告的。

[16]　详参其注释部分的讨论。

地祷告和讲道。[⑰] 但却要守当时的风俗习惯,即要把头蒙上(林前十一6),以免把男女的性别混淆了。再者,当时的教会,身处一个父系社会,女性的地位很被轻视,韦特宁顿(Witherington)更指出,在罗马的世界里,女性的地位已比巴勒斯坦和希腊各地的为高。尽管如此,女奴犹胜于成为一有自由的女性,因为前者还可靠主人存活,而后者则不易找到生存的条件。[⑱] 在这种极之忽视女性的社会环境中,如果保罗容许教会中的妇女过分前卫,可能会导致外间社会对基督教此新兴的宗教产生误会,甚至是睥睨和对峙,以为基督教是反动和反社会的,如此便会酿成社会上的不安及传福音上的障碍,基于这种种因素,尽可能持守社会习俗是重要的。

毕竟,保罗曾用创造次序(Creation Order)表明:"起初,男人不是由女人而出,女人乃是由男人而出;并且男人不是为女人造的,女人乃是为男人造的"(林前十一8～9)。骤看下似乎男人比女人优胜,然而,保罗的用意,其实只是要哥林多教会的妇女们,不要被过度实现的末世论(over-realized eschatology)所荼毒,[⑲]反而要实事求是地接受在今世男女性别之不同。故只要在外在的表现上,能按照当时社会文化对女性的要求行事,便可以自由地在教会的聚会内祷告和讲道。

再说,保罗更在同一章,即哥林多前书第十一章十一及十二节内申明:"然而照主的安排,女也不是无男,男也不是无女。因为女人原是由男人而出,男人也是由女人而出;但万有都是出乎神"。诚然,在创造的次序里,女人的出处是男人,但在生育的事上,男人却由母亲而出。按此分析,男女双方是互为相依,平起平坐的。由此可见,保罗并没有贬低女性在教会内侍奉的地位,反而处处尊重有恩赐的姊妹们之侍奉。[⑳] 如艾利斯所言,除了一些实际环境性的因素限制了妇女的侍

[⑰] 对林前十一 2～16 之诠释,详参张永信:《哥林多前书注释》。

[⑱] Ben Witherington III, *Women in the Earliest Churches* (Cambridge:CUP, 1988), pp.22 - 23;这是一本研究新约时代女性的地位之佳作。

[⑲] 参见 A.C.Thiselton, "Realized Eschatology at Corinth", *NTS* 24(1978).

[⑳] 例如他在宣教上的同工百基拉(罗十六 3)和非比(罗十六 1)等,前者开始在哥林多与他同工,后者为他送信去罗马的教会,并且是坚革哩教会的执事,蒙他的赞赏。

奉外,保罗很清楚地在原则上和实际应用上确定了妇女的侍奉。⑩

总之,正如新约书信的出现,是为了回应一些在某时间、某地方、某环境的某些人所面对的问题,其教导具有特殊性(particularity)。⑫ 在教牧书信内,保罗同样是针对以弗所地方的特殊情况,才作出此番极为保守和克制的有关女性言行举止之言论。

由于在以弗所教会内散布异端的人的主要问题是热衷于教导,但却是东拉西扯,荒渺无凭(提前一 4、7),为免一群无知、多言,即"说长道短,好管闲事,说些不当说的话"(提前五 13),甚至是已经被牵引离开真道的妇女们继续泥足深陷(提后三 6～7),保罗强烈要求提摩太禁止妇女们教导。⑬ 反而要她们安守家中,尽上贤妻良母的责任,即"必在生产上"(提前二 15)的意思,⑭借此显出其圣洁自守,过敬虔的生活,即"若常存信心、爱心"(提前二 15)的含义,如此,便能脱离如夏娃一样,无知地被魔鬼引诱而犯罪的厄运(提前二 14)。

除了一般女信徒之外,亦有作寡妇的,其接受教会照顾的资格,也详细列明(提前五 3～10)。年轻的寡妇则应考虑再婚,使家庭成为其生活的焦点,否则,可能因感情的需要,在决定是否应继续守寡之事上犹疑不定(提前五 11),又或者因百无聊赖,投闲置散而给撒但机会诱惑其犯罪(提前五 14～15)。

(4)为奴仆的信徒

在当代的信徒中,不少是属奴隶阶层的,一如过往保罗的教导,他们蒙召时候是什么身份,信主后仍要维持该身份(林前七 20～24)。故此,作为仆人的,要凡事讨主人的喜悦,并且要顺服他,因为他是世上肉身的主人(多二 9)。如果主人不是信徒,则信徒对之更要恭敬有加,不应因自己已信了主而蔑视世上的主人,否则便会在主人的面前,损害了

⑩ Ellis, *Pauline Theology*, p.78.

⑫ 甚至保罗本人并没有以其书信为文献(literatures),留给后世研究,他所关注的只是眼前某教会所遭遇的问题要如何被化解。这一点,使我们不容忽视在研究这些书卷时,要慎重考虑其环境的因素,参见 Beker, *Paul the Apostle*, p.24.

⑬ 提前二 12 之一句"我不许女人讲道",和合本译作"讲道"的字,本应作"教导"(didaskein),再加上当时的妇女,大多数没有受过教育,故更不应担任教导的工作。

⑭ Fee, *1 & 2 Timothy, Titus*, p.75;参见此节的注释。

神的名和失去了活出真道的机会(提前六 1)。如果主人信了道,亦不应因为他是主里的弟兄而轻视他作为自己的主人,既然彼此都是信徒,更应履行信徒的生活方式:忠诚待人,过尊崇主道的生活(多二 10;提前六 2)。

　　总结来说,正如杨格所言,信心、爱心和忍耐是三个经常出现于教牧书信内的美德(多二 2;参见提前一 5、14,四 12,六 2、11;提后二 22,三 10),可说是每一位信徒都应该学习的美德。由此观之,信徒生活中的每一个环节,都成为他承担信仰责任的地方。⑲

---

⑲ Young,*The Theology of the Pastoral Letters*,p.37.

注释

提摩太前书注释

目录

壹 信首语
（一 1～2）

¹ 奉我们救主神和我们的盼望基督耶稣之命，作基督耶稣使徒的保罗，

² 写信给那因信主作我真儿子的提摩太。愿恩惠、怜悯、平安从父神和我们主基督耶稣归与你！

（I）引言

在古代，因为没有今日的发达科技，以信件互通消息是最普遍及自然的做法。事实上，犹太人亦早有采用信件作官方或私人的用途，在旧约中如以斯拉记第四章七至十六节、五章七至十七节所记载大臣与君王的沟通；尼希米记第二章（希伯来文"诏书"与"信"为同一字）及第六章十七至十九节时，都可作为一些代表性的作品。

希腊罗马的时代亦然，信件往来，因着交通的发达和商业的兴旺，比前更为繁多，并且有万多份信件留存至今。至于新约的书卷，比起一般的信件来说，在篇幅上较长。当然，犹大书和腓利门书较短，长的则有罗马书和哥林多前书等。就教牧书信来说，提摩太前书属于较长的，共有六章，而提多书则只有三章，故可算是最短的。大部分书信都是处境性的，旨在针对受众的属灵实况，写信人作出了切合时宜的指正和教诲。

正如绪论部分所提及的，教牧书信是个人书信，但亦有涉及更广泛之受众，故可能的情况，便与一般的书信一样，是要在聚会时被公开诵读，使全会众都能知道作者保罗的意思（参见帖前五 27）。由此观之，作者不时亦会写得合乎集体敬拜使用，采取了当时教会所流行的诗歌或富教导性的福音传统等。

一般来说，新约书简的格式大体上可分为：

a. 信首语：作者写出自己是谁，收信人是谁，再加上问安。

b. 信主体：作者作出教导、申辩、解说、澄清或指摘。

c. 信末语：一些最后的指示，再加上一个比较简单的祝福语。

按以上的分析，教牧书信可说是实至名归的新约书信，因为其格式与其他保罗书信大同小异。在信首语的开始部分，作者表明了自己的身份，一如保罗在其他的信件，如腓立比书、帖撒罗尼迦前后书和腓利门书，自称为基督的使徒。并且说明受书人是提摩太和提多。随即便是问安。值得注意的是，虽然此信为个人书信，毕竟，保罗仍是采用一个甚为官方的自称，旨在修辞上要建立权柄，[①]以致当提摩太或提多将保罗的建议实践于教会时，又或者当此信在教会中诵读出来时，会众能侧耳而听，恭谨地依保罗的训示而行。

在此，我们要注意的是，新约书信的卷首语和问安，与一般罗马世界的书信有迥异之处。这些迥异反映了以下三个重点：[②]

a. 基督教信仰影响着这些问安的卷首语，使本来简单的卷首语，被扩充成更有意义的祝福语。[③]

b. 卷首语及问安的内容颇为一致，可见此形式已成为当代教会书信往来的既定格式。

c. 因应受书人不同的需要，写信人因此会在卷首语中稍作改动，以产生切合时宜之效果。[④]

(II) 注释

一 1　"奉我们救主神和我们的盼望基督耶稣之命，作基督耶稣使徒的保罗"　在开始时作者保罗自言："奉我们救主神和我们的盼望基

---

① 所谓取信(ethos)的作用，参见张永信：《哥林多前书注释》，导论，"修辞学的作用"。

② 主要引自 Knight, *Commentary on the Pastoral Epistles*, p.57.

③ Fee 更指出，被扩充的卷首语反映出那信的紧急性，参见 Fee, *1 & 2 Timothy, Titus*, p.35.

④ 故即使是卷首语，亦因时制宜，非老生常谈之作；这正好反映福音如何扭转人生命的每一个角落，即使是写一封信，亦可带着从福音而来的改变，这一点亦成为受书人的提醒；当然，在新约的众书信中，雅各书的卷首语较为特别，大概作者意图借着书信的方式来教导，故卷首语显得较为单调。

督耶稣之命,作基督耶稣使徒的保罗",以介绍自己的身份。在原文的句子排列里,"保罗"与"使徒"二字是分别排在句子的最前方,并且是同位语(apposition)。"保罗"一字,其意即"微小",在使徒行传第十三章九节里,那称为"扫罗"的开始称为"保罗"了。自始之后,路加便以此名字来称呼他,以后在新约圣经的名人录中,便有"保罗"其人其事了。

既然保罗是一位众所周知的人物,他大可以在此处不多作自我介绍,而作为受书人的提摩太对保罗的身份最清楚不过。然而,保罗在写信时,习惯上总是加上介绍自己的职分,因为此职分与他存在的目的和侍奉的意义息息相关。再者,他亦有意要针对受书人,即除了提摩太外,还有其他的教会人士,使其信中的训言富权威和约束力,故有此自称。

继而,保罗自言是"使徒"(apostolos),此字的动词意即"差遣"(apostellō),此动词出现于大部分福音书及使徒行传内,[5]古希腊将"使徒"一字用于航运、商业和军事上,如指运货的船只等。[6] 但后来在宗教圈子里则成为一特用名词,指被某神明派出的使者,带有某神明的权柄。[7] 这个用法与新约的用法很接近。

对于巴勒斯坦的犹太人来说,因为海洋活动不多,故很少用此字。在希伯来文中,近似的字要算是 Salah(shlh)。七十士译本是以"差遣"一字来翻译希伯来文圣经之 Salah 一字的,[8]由此可见其紧密的关系。

无论如何,Salah 强调了那被差出的人,在执行职务时,其法定的地位有如差他的人一样(如撒上二十五 40 起;撒下十 4、6)。[9] 犹太拉比更表示,一个如此被差的人,可以在犹太婚姻制度的许配礼仪中,全权代表将要进入婚姻中的某一方。此外,被公会差出的,亦可以完全代表公会的职权,执行调查和税收等。[10] 按此分析,Salah 亦可能成为新

---

⑤　共出现了 135 次,只有 12 次出现于福音书及使徒行传之外。

⑥　*TDNT*,I:407 – 408;*TLNT*,1:187 – 188.

⑦　*NIDNTT*,1:127.

⑧　故 *apostellō* 一字,及其从属字 *echapostellō* 出现于七十士译本凡 700 次之多。

⑨　详参 *TDNT*,I:415.

⑩　*NIDNTT*,1:128.

约"使徒"一字的含义的背景。

不过，我们要注意的是，*Salah* 从没有用在宗教的活动上；此外，被差出的一位，其工作范围是被清楚界定的，故一旦工作完成，他便可以交差，其职位亦不再存在。这一点则与新约的用法不同。

到了新约的福音书，"被差"（*apostellō*）一字经常出现，但"使徒"（*apostolos*）一字则甚少，这观察说明了当耶稣在世时，曾经多次差遣门徒出去（有时是十二个门徒，如太十 1～十一 1；但亦有时是七十个门徒，如路十 1 起），作为他的代表人，执行传道的事工，此举成为一项经常性的培训活动。由此观之，福音书中的使徒，作为一种职分是尚未形成的，而只着重如犹太人的"差遣"，被差出去完成某一项使命。

后来，当耶稣被钉十字架而死时，门徒四散，使命感亦消失于无形。直到复活的主多次向门徒显现，一方面重整他们的信心（如约二十一 4～23），并且正式将大使命授予门徒（太二十八 19～20）。在升天得荣前夕，主更应许圣灵的降临，使门徒得着能力，执行传道的职事，将福音传至地极（徒一 4～11）。这些耶稣的遗言，成为门徒得着使命感，及日后成为代表耶稣的"使徒"之基本信念。

诚然，基督的显现，不单只是向十二门徒，还有其他的信众，例如按保罗的作证，主曾一次向五百多弟兄显现（林前十五 6）。尽管如此，当时教会所关注的是基督在世的训言和福音的传统，能毫无玷污、不折不扣地传扬下去，故曾与在世的主共同生活的十二门徒，自然成了有属灵权威的人士。观此，除了犹大因出卖主而自尽外，其他十一个门徒，及后来被选的马提亚（徒一 21～26），很快便在信徒群体中兴起，成为初期教会的领袖。他们亦深信自己的领袖地位，即作为使徒，是主所设立的，是被主特派的一群人，为要完成主的使命。⑪

既然"使徒"作为一种职分，在众教会中有教导及牧养的权柄（参见提前二 7；林后十三 10），严格来说是专指十二个使徒，因他们是见证复活之主及蒙他差遣的一群人（徒一 21～22；林前一 17）。但在广义上，

⑪ 犹太人以"事工"与"使命"几乎是同义词，故这亦是"使徒"出现的原因，奉派完成神的使命，参见 E. F. Harrison, *The Apostolic Church*（Grand Rapids：Eerdmans, 1985），p.151.

"使徒"亦包括其他曾经都见过主复活的人(如林前十五5～7),及一些被教会所差,成为其他教会的创始人之领袖。[12] 此类用法,则重视其工作之性质而非职分。[13]

保罗自称为"使徒",无论在广义上和狭义上,都是实至名归的。诚然,他并没有与曾在世的耶稣共同生活,亦不是在主复活后在四十天的时间内向门徒显现的时段,见过复活的主,从而得着他的差遣,这一点使他的使徒权柄常被挑战。毕竟,按路加的使徒行传所记,保罗亦属于见证复活的主,及蒙主差遣的人士,因为在大马士革的路上,复活的主在荣耀里向保罗显现,并且将向外邦人传道的职事托付了他(徒九1～12,二十二3起,二十六12起)。一如克兰菲尔德(Cranfield)指出,保罗虽然承认他是使徒中最小的,甚至不配称为使徒,然而他仍是不折不扣的使徒,因为他亦曾经见过复活的主(林前九1,十五8),他亦直接受复活的主的差遣(加一1)。[14] 事实上,亦只有保罗一人,能切实地将福音传到外邦各地,完成耶稣向门徒的授命。按此了解,无怪乎保罗直言不讳地自称为使徒。他在众教会的地位,亦与其他十二使徒同列。

保罗表明他是"作基督耶稣"的使徒,意即他能成为使徒,并不是出于自己的意思,又或者受他人的指使,乃是源于耶稣。[15]"耶稣"一字意即"神的拯救",在犹太人中,此乃一普通名字,[16]但却是神为那降世为人的圣子所起的圣名,在改名的同时,更说明他就是要将其子民从罪恶中拯救出来的弥赛亚(太一21;路一31)。[17]

---

[12] 详参 F. H. Agnew, "On the Origin of the Term *Apostolos*", *CBQ* 38(1976), pp.49-53; "The Origin of the New Testament Apostle-Concept: A Review of Research", *JBL* 105 (1986), pp.75-96;另参 *EDT*, pp.70-72.

[13] 至于在公元第二世纪末出现的所谓"使徒统绪"(Apostolic succession),旨在抗衡异端的侵袭,是根据徒一21～26提及选出马提亚以取代自杀的犹大一事件;但正如 Harrison 指出,当雅各殉道时,却没有再找人取代其位置,再者,作为使徒的条件,是他们曾经跟随过在世的主之门徒(徒一21～22),这一点,已否定使徒能传位的可能性,因为第二代的基督徒,根本不可能合乎这要求,详参 Harrison, *The Apostolic Church*, p.152.

[14] C. E. B. Cranfield, *Romans*, *A Shorter Commentary* (Grand Rapids: Eerdmans, 1985), p.2.

[15] *Christou Iēsou* 是表明来源的属格(genitive of origin)。

[16] 旧约通常译作"约书亚"。

[17] 参见 *NIDNTT*, 2:330-334.

　　"基督"一字在新约中出现凡五百多次。原本的意思为受膏者,希伯来文即是"弥赛亚"。[18] 在旧约中,膏立之行动有拣选、委任、授权和装备的意思,强调那人是被神所拣选的,被托以重要的职分。新约时代的犹太人眷恋大卫王朝的复现,被神差来复兴以色列国的一位将会是蒙神膏立,俨然为一大有能力的、超然的理想君王。事实上,在世的耶稣借着施洗约翰的洗礼,曾被圣灵膏立,开始了其弥赛亚的职事(路四18;徒四26,十38;来一9)。而当耶稣复活、升天和得荣后,门徒们便更清楚知道他就是那位众所冀望的弥赛亚,故由他所建立的群体,是一个末世性的、弥赛亚的群体,并且誉称他为"基督",成为一专用词。[19]

　　在此处,"基督耶稣"共出现了两次,可见保罗故意把过往比较常用的"耶稣基督"稍作变改,[20]其作用是要强调耶稣是那众所冀望的弥赛亚,是被神膏立的一位,[21]故于本章的第十五节他直言:"'基督耶稣降世,为要拯救罪人。'这话是可信的,是十分可佩服的"。这样看来,"基督"成为了"耶稣"的头衔;而他那使徒的职分,便是出于这位独一无二为神所膏立的"基督",即那曾经成为肉身的"耶稣"。

　　再者,他作使徒是"奉我们救主神,和⋯⋯基督耶稣之命"的。在此,保罗将"神"和"基督耶稣"并列,说明二者有等同的地位,因为二者同尊同荣。"命"即"命令",[22]在此之前,保罗常言自己是奉神旨意成为使徒(参见林前一1;林后一1;弗一1;西一1),而在提摩太后书里,他又恢复用"奉神旨意"(提后一1),由此可见,他要刻意在此处用"命令"一字,[23]究其原因可能有三:

---

[18]　*m-sh-h.*

[19]　详参张永信:《从预言看末世》,香港:福音证主协会,1991 年,页 138－162;*EDT*, pp. 582－585;更详确对此题目的研究,近期的作品有 James H. Charlesworth, ed., *The Messiah, Developments in Earliest Judaism and Christianity* (Minneapolis: Fortress, 1992).

[20]　我们不要产生错觉,以为只有在教牧书信内,保罗才用基督耶稣,早于罗六23及腓四7等处,保罗亦有用"基督耶稣";我们要注意于一16里,保罗又恢复用"耶稣基督"。

[21]　Knight, *Commentary on the Pastoral Epistles*, p. 59;另参 J. L. Houlden, *The Pastoral Epistles* (England: Penguin Books, 1976), p. 47;Houlden 认为二者根本没有分别。

[22]　*epitagē*, Zerwick & Grosvenor, *A Grammatical Analysis of the Greek New Testament*, p. 627.

[23]　在保罗的作品中,一般保罗都在"命令"之前加上 *kata* 一字;参见罗十六26;林前七6;林后八8。

a. 先前，保罗强调其使徒的职分有如旧约的先知，是回应神的呼召而承担起传道的工作，但如今他却锐意指出，其使徒的工作是在无可选择的情况下承担起来的，[24]因为这是神给他的"命令"，[25]保罗作为神的工人，蒙基督的赦罪大恩，只有感恩图报，又岂敢违命？

b. 正因此故，一如他在哥林多前书第九章十七节所自白的："我若甘心做这事，就有赏赐；若不甘心，责任却已经托付我了"，无论喜欢与否，他有责任去执行其使徒的职权，以使神的道能于各地和各教会中，不偏不倚地广传，如今他写此信，便是抱着这份态度而行的。[26]

c. 在提摩太前书中，保罗用了很多带命令的句式，如第三节的"嘱咐"；第五节的"命令"等，事实上，他为提摩太及教会定下一些教会生活准则，要教会以之为命令般遵守，故在此他要一致地强调，"命令"是他在书信中的重点。[27]

"神"被形容为"救主"，这当然是有旧约的先例可援，如申命记第三十章三节；诗篇第二十四篇五节、第六十五篇五节；以赛亚书第十二章二节；弥迦书第七章七节及哈巴谷书第三章十八节等，都描绘耶和华是一位拯救他子民的神。到了新约时代，此字常指异教神明，或一些备受尊崇的人，如被神化了的罗马君王等。但在新约圣经里，由于神的拯救是借着耶稣基督得以达成的，故保罗常称耶稣基督为"救主"（弗五 23；腓三 20；提后一 10；多一 4，二 13，三 6）。[28] 毕竟，在拯救的计划中，父神是策划者，基督是执行者，故父神是救恩得以达成的本源。

再者，保罗声称这位"救主"是"我们的救主"，显出作者与受书人有共同信仰作为基础。我们不要忘记，以弗所教会亦是本信的受书人，故

---

[24] 这可能有希腊罗马时期作为特使，是出自君王的命令所致的意思；参见 A. J. Hultgren, *I - II Timothy, Titus*（Augsburg Commentary on the New Testament, Minneapolis: Augsburg, 1984），p. 52.

[25] "命令"此字其实常与由君王所发出的命令有关，参见 F. Rienecker & Cleon Rogers, *Linguistic Key to the Greek New Testament*（Grand Rapids: Zondervan, 1976），p. 614.

[26] Kelly, *A Commentary on the Pastoral Epistles*, p. 40.

[27] 这亦与 Fee 的观点相似，参见 Fee, *1 & 2 Timothy, Titus*, p. 35.

[28] *sōtēr*，详参 *TDNT*, VII: 1012f；*EDT*, p. 975.

借着此描写,产生了修辞上感染力(pathos)的作用,强化了作者与受书人的关系,以致书内的训示易被受书人所接受。

在坚称自己的使徒职分,同时"奉救主神,和……基督耶稣之命"之余,保罗更形容基督耶稣是"我们的盼望",他早于罗马书第十五章十三节已言及神是使人有盼望的。在歌罗西书第一章二十七节他亦指出在信徒心里的基督,成为荣耀的盼望,皆因神给人的盼望完全聚焦于基督耶稣的救恩。正如后来保罗在殉道前所存的,得着永生赏赐的冀盼一样(提后四7～8),耶稣基督委实是人类得蒙救赎,包括今世从罪中得着释放,及来世得享永福的唯一途径。㉙ 韩哲生(Hendriksen)亦说明,保罗如此称呼基督耶稣,是要对眼前困难重重,以致在侍奉的道途上举步维艰的提摩太,产生励志的作用。㉚ 有见及此,无怪乎保罗声称基督耶稣是"我们"的盼望了。

一 2　"写信给那因信主作我真儿子的提摩太。愿恩惠、怜悯、平安从父神和我们主基督耶稣归与你"　在完成了自我介绍后,保罗表明他是"写信给那因信主作我真儿子的提摩太",提摩太便是此书的直接受书人,当然,在本信结语的祝福句中,保罗显然把受书人扩展至教会各人(六22)。提摩太与保罗之间,存在着一个独一无二的关系,便是"那因信主",直译作"在信仰里",㉛ 即在属灵的层面,提摩太成为保罗的"真儿子",此言之意有三大可能:

　　a. "真"并非要对比"假",或是"非法",而是一份亲密之情的表达,㉜
　　　强调了信任和挚爱。㉝
　　b. 提摩太由保罗栽培成才,故保罗看待他如儿子一样。

㉙ Kelly 指出此处的盼望有浓厚的末世性色彩,参见 Kelly, *A Commentary on the Pastoral Epistles*, p.40;大概保罗于晚年对见主面的盼望渐趋浓烈,故以此形容他将要见到的主。

㉚ Hendriksen, *1 & 2 Thessalonians*, *1 & 2 Timothy and Titus*, p.52.

㉛ *en pistei* 是形容一个范围。

㉜ *gnēsios*, Guthrie, *The Pastoral Epistles*, p.56; Knight, *Commentary on the Pastoral Epistles*, pp.63-64;对比 Rienecker & Rogers, *Linguistic Key*, p.614.

㉝ 虽然有学者以之为合法的儿子,即合法婚姻所生的,参见 Martin Dibelius & Hans Conzelmann, *The Pastoral Epistles* (Hermeneia, Philadelphia: Fortress, 1972), p.13;另参 Kelly, *A Commentary to the Pastoral Epistles*, p.40.

　　c. 提摩太可能是保罗带领信主的。[34]

　　继而,保罗的问安是"愿恩惠、怜悯、平安从父神和我们主基督耶稣归与你"。过往,保罗的问安语是"恩惠"及"平安",然而,这并非保罗的专用语,彼得的书信(彼前一 2;彼后一 2);约翰的著作(约贰 3;启一 4)等都有同样的问安。这样看来,此乃新约书信通用的问安方式。首先,在犹太人的问安里,"恩惠"和"平安"都是从神而出的,故此,基督教强调"父神"和"主基督耶稣"同是祝福的出处。再者,希腊人一般用的"安好"(*chairein*)一字,亦转成为"恩惠"(*charis*),而神的"恩惠",是指他救赎失丧了的罪人之行动,而借着耶稣基督彰显出来。[35] 如今,作为传道者的提摩太,委实需要神那持续不断的"恩惠",才能化解重重的翳障,直达完成工作的彼岸。

　　"平安"是犹太人之问安语,[36]指人处身于和谐、宁静、安全和整全的美境中。[37] 保罗的教导是,此美境亦要借着耶稣基督的救恩,带来"神与人"及"人与人"之间的和好才能达成的(腓四 6～7;罗八 6,十五 13)。基于此故,提摩太实在有责任使他人经历这种在基督里的平安,无论是直接传和平的福音(提后四 5),或间接透过平和的待人处事的态度(提后二 22～26)。

　　至于"怜悯"则较少于书信的问安语中出现,但却在提摩太后书第一章二节及犹大书二节的问安中见到。此字常因应别人在困苦中而生的情感,在基督教信仰里,此困苦尤指人因受罪的缠扰而生,其中包括故意敌挡神,但神仍对不配得的罪人动了怜悯之情,使他们在救恩中得着赦免。[38] 事实上,保罗本人便在极度反叛神的情况下反蒙神的怜悯,得着了救恩(提前一 16)。观此,保罗在这里是有意用"怜悯"此字,旨在针对受书人的需要,即提醒提摩太那些活在罪恶中的罪人(提前一 9～10),及离经背道的以弗所教会内的假教师(提前一 3 起),其叛逆程度实在使人

㉞ 参见绪论,"叁　受书人"。

㉟ 详参 *TLNT*,3:500 - 506;*TDNT*,IX:372 - 402;*NIDNTT*,2:115 - 124;*BAGD*,pp. 877 - 878.

㊱ *eirēnē*,参见创四十三 27;士十九 20;约二十 19、21、26。

㊲ 详参 *TLNT*,1:424 - 438;*TDNT*,II:417 - 418.

㊳ *eleos*,Rienecker & Rogers,*Linguistic Key*,p.614;*TLNT*,1:471 - 479.

齿冷，他们委实需要蒙神的"怜悯"，使他们能回转过来，得着神的赦免。

总之，神是"父神"，此称谓是要强调：

a. "父"有"源头"的含义，故神是生命和拯救之源。恩惠、怜悯和平安都是源出于父神。信徒借着基督耶稣的拯救，成了神的儿女，[39]得称神为"阿爸，父"（罗八 14～17；加三 26～四 7），得着父神的恩惠、怜悯和平安。

b. "父"有慈爱的意思，神如父亲一样，极希望万人都得救（提前二 4），对其儿女则更有无微不至的爱和坚定不变的保守（提前一 16），故他是可亲的，亦是可信靠的。

（III）结语

基督教信仰改变人生活的每一个角落，即使是普通书信往来的格式，亦显出信仰的影响，保罗把一般的信首语变成一方面是问安，另一方面亦能引带读者们归向神。毕竟，真正的"恩惠"和"平安"，在基督耶稣里才能找到，他实在是我们的盼望，故此一切人生的失望，都不应成为绝望。牧养的困难在在皆是，无一所教会是没有问题的，因为教会是由人所组成，虽然这些人都已蒙神救拔，开始了成圣的历程，但距离完全成圣的美境尚远，故此，教会不可能是完全的，牧者在牧养工作上必须常常仰望神的恩典，为他的信众祷告，因为生命是一项奥秘，要带来生命的改变，需要圣灵的工作和神对圣徒的保守（perseverance of the saints）。

---

[39] 此乃救恩论中"收养"（adoption）的含义。

贰 提摩太的差事
（一3～11）

(I) 引言

保罗建立教会的方式，是尽管他离开了那教会，心中仍常惦念着其发展，尤当教会发生问题时，他必然介入，竭尽所能去平息问题，并做跟进的工作，在此际他是借着得力助手提摩太，去进行跟进。

以书信的格式来说，在信首语之后是信的主体。在第一章里，保罗并没有如其他的书信一样为受书人感恩，反而开门见山地直言教会的问题，其原因可能有：

a. 教会的问题是严峻的，故他没有什么可为教会感恩之处。①

b. 保罗心中焦急，不愿花时间于其他事上，而要直接指斥错误的所在。

c. 感恩之言一般都在修辞上有情感性的作用，旨在与受书人建立关系，然因提摩太是保罗的"真儿子"，关系早已建立。再者，此处所描绘的问题，不是出于提摩太本人，故保罗不需要在此先以感恩之言使提摩太好过一点，才作出责备。

保罗的重点是要借此信提醒提摩太受托于以弗所教会的职事，是要制止那些散布异端教义的人，以免他们继续妖言惑众，为祸教会。保罗的做法是，先于第三至七节对那些错误的教导作出勾划，然后于第八至十一节提出正确的律法观。由此可见，这些假教师所传与"律法"的观念有紧密关系。

---

① 此乃 Fee 的见解，参见 Fee，*1 & 2 Timothy，Titus*，p. 39；然而，我们亦不要忘记，即使是哥林多教会如此的问题重重，甚至反对保罗，保罗尚且在信的开始部分，为教会所拥有的感恩（林前一4～9）；由是观之，这并不一定是主要的理由。

(II) 注释

3 我往马其顿去的时候,曾劝你仍住在以弗所,好嘱咐那几个人不可传异教,

4 也不可听从荒渺无凭的话语和无穷的家谱;这等事只生辩论,并不发明神在信上所立的章程。

5 但命令的总归就是爱;这爱是从清洁的心和无亏的良心、无伪的信心生出来的。

6 有人偏离这些,反去讲虚浮的话,

7 想要作教法师,却不明白自己所讲说的、所论定的。

8 我们知道律法原是好的,只要人用得合宜。

9 因为律法不是为义人设立的,乃是为不法和不服的、不虔诚和犯罪的、不圣洁和恋世俗的、弒父母和杀人的、

10 行淫和亲男色的、抢人口和说谎话的,并起假誓的,或是为别样敌正道的事设立的。

11 这是照着可称颂之神交托我荣耀福音说的。

　　一 3 "我往马其顿去的时候,曾劝你仍住在以弗所,好嘱咐那几个人,不可传异教" 为要使提摩太的记忆犹新,保罗指出:"我往马其顿去的时候,曾劝你仍住在以弗所……";使徒行传并没有记载保罗从以弗所去马其顿之时,曾留下提摩太,一如本书绪论所力陈的,此行程是在保罗第一次于罗马被囚获释后才发生的。以弗所是亚细亚省的省会,又是当代一重要的商港,罗马政府更给予其自由港的地位,拥有自治权,因有这优厚的条件,于是商贾林立,各类的宗教亦云集于此,亚底米女神的神庙(徒十九 23 起,亚底米相当于罗马神话中的戴安娜[Diana]),更因着其磅礴的气势而成为世界七大古迹之一,以弗所人亦以之自豪。

　　当保罗宣教至以弗所时,他用了两年的时间,将福音传至以弗所及其附近的城镇(参见徒十八 18～22,十九 1 起)。观此,建立以弗所教

会的使徒为保罗是实至名归的。而当时与保罗同工的还有提摩太等人，[②]可见教会是认识提摩太的，而提摩太本人亦对以弗所教会有充分的了解，正因这些因素，保罗留下提摩太以代表他继续处理教会内的问题。

保罗"劝"提摩太，提摩太前书内弥漫着教导性的字眼，如"劝"（二1）、"愿"（二8，五14）、"嘱咐"（六13）及"不许"（二12）等；[③]"劝"有催促之意，[④]因事态严重，要刻不容缓地处理异端的问题，故保罗对提摩太有此表现。提摩太要"嘱咐那几个人，不可传异教"，保罗对提摩太有如此的要求，可见他要提摩太代表他作为中间人，继续其于以弗所教会内教导的圣工。[⑤]

"嘱咐"此字在提摩太前书共出现五次，[⑥]是一更强烈的字眼，有吩咐、命令、训令（思高）和使人有深刻印象的意思；[⑦]"传异教"本为一个字眼，直译为"教导另外的东西"，[⑧]或作"传别样的教义"（吕本）；此形容反映如加拉太书（二4）和哥林多后书（十一4、12～15）所反映的，教会内有人散布一些与保罗所传的福音迥异的言论。艾利斯指出，与加拉太书和哥林多后书不同，这些假教师不是从外面进来的，而是在教会内兴起的。[⑨] 费依则相信，由于这群散布异教的人甚渴望成为教法师，[⑩]故他

---

② 虽然在侍奉的中途，提摩太被保罗派往马其顿去（徒十九21～22）。

③ 此类字眼，至少于提摩太前书中出现 11 次；参见 J. T. Reed, "To Timothy or Not? A Discourse Analysis of 1 Timothy" in *Biblical Greek Language and Linguistics*, ed. S. E. Porter & D. A. Carson (Sheffield: JSOT, 1993), p.107.

④ *parakaleō*, *BAGD*, pp.622‑623; Rienecker & Rogers, *Linguistic Key*, p.614.

⑤ 详参 Reed, "To Timothy or Not", pp.107‑108.

⑥ 另外四次为：五7，五21，六13，六17。

⑦ *parangellō*，黄锡木：《原文新约辅读》，香港：基道出版社，1994 年，页496；*BAGD*, p.618; Zerwick & Grosvenor, *A Grammatical Analysis of the Greek New Testament*, p.627.

⑧ *heterodidaskaleō*, *BAGD*, p.314；它是一复合字，在新约只出现于提摩太前书，即此处及六3；大有可能是保罗自己创作的字，参见 Knight, *Commentary on the Pastoral Epistles*, p.72.

⑨ E. E. Ellis, "Paul and His Opponent" in *Prophecy and Hermeneutic in Early Christianity* (Grand Rapids: Eerdmans, 1978), p.114.

⑩ 故保罗有意用"传异教"（*heterodidaskaleō*）一字，以对比"教法师"（*nomodidaskaloi*），表明这群自命为教法师者，其实是传异教而已；Earle, "1 Timothy", p.351, n 3.

们可能是一些长老。⑪ 然而,此推论存在两个问题:

    a. 何以保罗不直言他们其实就是一些长老?

    b. 何以保罗在写作监督或执事的条件里,不先列出要他们善于教导作为最重要的条件? 或要教导纯正的道理作为基本资格? 当然,保罗亦可能根本不承认他们有资格作长老,所以故意避讳如此称呼他们。无论如何,这些人所说的话,与纯正的福音全然迥异,大有取代福音之势,必须加以制止,以免危及全会众。⑫

    一 4 "也不可听从荒渺无凭的话语和无穷的家谱;这等事只生辩论,并不发明神在信上所立的章程"

    保罗的意思是,他们不可传另类的教义,亦"不可听从荒渺无凭的话语","听从"应译作"注意"或是"沉迷"(新译);⑬"荒渺无凭"一字直译为"奥秘"(myth),即指一些与事实不符的神话故事,⑭实在是无稽荒唐的传说(思高),不足为信;⑮至于此等神话的内容,按提多书第一章十四节所言:"不听犹太人荒谬的言语",可见这些人的教导与犹太教有关,而不是如一些学者所主张的,是诺斯替主义。⑯无论如何,当人不信从真道时,便会转而沉溺于此等虚无飘渺的信仰中(提后四 4)。

    此外,他们亦喜欢"无穷的家谱",⑰"无穷"即没有尽头,并且带有一浪接一浪、使人感到疲累不堪的意思,⑱这便是这些以家谱为骨干的教训之特点;"家谱"即族谱;⑲对于"无穷的家谱"在此处所指的是什

---

⑪ Fee,*1 & 2 Timothy,Titus*,p.40.

⑫ 有关这些人的教训,下文自有详论;另参 Robert Karris,"The Background and Significance of the Polemic of the Pastoral Epistles",*JBL* 92(12/1973),pp.549 - 564.

⑬ *prosechō*,其可能的意思,参见 Rienecker & Rogers,*Linguistic Key*,p.615.

⑭ *mythos*,ibid.

⑮ 黄锡木:《原文》,页 496;详确的解说,参见 *TDNT*,IV:762 - 795.

⑯ Kent,*The Pastoral Epistles*,p.77.

⑰ 有学者主张"荒渺的言语"其实与"无穷的家谱"一致,参见 Hendriksen,*1 & 2 Thessalonians,1 & 2 Timothy and Titus*,p.58;但或许前者是指一般性的形容,后者是指个别性的描述,作为此异教的特色。

⑱ *aperantos*,Fee *1 & 2 Timothy*,*Titus*,p.42;*BAGD*,p.83.

⑲ *genealogia*,黄锡木:《原文》,页 496。

么，学者并没有达至共识，其可能的意思有：

　　a. 一种诺斯替主义的雏形思想，即介乎纯灵的神和物质界之间的、无数的中间流溢物，这是不少教父的看法。[20] 然而，"家谱"与这些中间存在物是否尽然相同，实在是一个难于解答的问题。[21]

　　b. 指犹太教中人所高抬的纯正血统，并且追溯至族长时代各族长的事迹，以寓意的解经法，[22] 将之变成使人啧啧称奇的言论，以表示自己是独具慧眼，尽领风骚，俨然是出色的教法师。

　　综上所论，b 看法较可取，故此处的异教，大概是一种有诺斯替雏形特色的犹太教思想，以家谱为宣讲的骨干，漫无准则地肆意发挥。[23] 但此等东拉西扯，不着边际的理论，不单与福音完全扯不上关系，[24] 只会制造更多的不满和疑问，从而产生"辩论"，"辩论"[25] 在新约中只出现一次，故其准确含义不易掌握，可幸此字的从属字，却出现于提摩太前书第六章四节、提多书第三章九节及提摩太后书第二章二十三节，[26] 都指无意义的问辩，再加上此字本身有追溯的意思，[27] 故大概是指为了一些无关痛痒之事而起的，不必要的追问和争拗。

　　如斯无谓的争议，自然不能"发明神在信上所立的章程"。此处的"发明"，其实是从上一句保罗用作辩论的发"生"一字，将之代入此处用的，此字意即"引起"（新译），"激发"（参见思高），[28] 或是"导致"；[29] "在信

---

[20] Hanson，*The Pastoral Epistles*，p. 57；另参 Knight，*Commentary on the Pastoral Epistles*，p. 73.

[21] Kent，*The Pastoral Epistles*，p. 78.

[22] 如犹太人的禧年书（Book of Jubilees），对创世记中的家谱大肆发挥。

[23] 我们要注意，亦有学者如 Karris 认为此处的"异教"有诺斯替主义的思想，实在理据不足，参见 Karris，"The Background and Significance of the Polemic of the Pastoral"，pp. 549-564.

[24] Bernard，*The Pastoral Epistles*，p. 23.

[25] *ekzētēsis*，此字只出现于此处，再没有出现于其他的希腊作品中，参见 Hanson，*The Pastoral Epistles*，p. 57；故大概是保罗的创作，将 *zētēseis* 加上 *ek* 而成。

[26] *zētēseis*；*BAGD*，p. 339.

[27] Fee，*1 & 2 Timothy, Titus*，p. 42.

[28] *parechō*，Rienecker & Rogers，*Linguistic Key*，p. 615.

[29] 黄锡木：《原文》，页 496。

上"应作"在信里",㉚故此节更好的译法是"引发神的章程,使之实现于信仰中"。

"章程"是一个颇难决定其意思的字眼,其可能用法有三:

a. 此字原本是指家仆所做的工作,保罗曾以自己为神家里的管家,去做神作为他主人所托付给他的"职务"(administration;林前九17)。㉛

b. 有学者主张此字又可作"计划"(参见新译、思高)和"安排"(吕本)。㉜

c. 亚历山大里亚的克莱门特则以之为"训示"。㉝

按此字于歌罗西书第一章二十五节的用法,及在以弗所书第三章二及九节的意思,此字大概是指被托付给人的神的职事或职务。再者,一如史高特(Scott)所力陈的,此处保罗是针对两种活动,即假教师和神的工作而言,㉞故第一个见解最具可能性。总之,那些散布异教者本以为自己是称职的教法师,但却反而不能于基督教信仰中实现神的职务。

一5 "但命令的总归就是爱;这爱是从清洁的心和无亏的良心、无伪的信心生出来的"

毕竟,这些人却忘记了"命令的总归就是爱",㉟这一项绝对重要的真理;"命令"一字的动词,早于第三节时已出现过,㊱在帖撒罗尼迦前书第四章二节里,保罗以此字用作使徒所要传递的,关于耶稣基督

㉚ en tistei,指"在信的范围"(the sphere of faith),Bernard, *The Pastoral Epistles*, p. 24;故是指信仰。

㉛ oikonomia,林前九17和合本作"责任";支持此说的有 Bernard, ibid;Hendriksen, *1 & 2 Thessalonians, 1 & 2 Timothy and Titus*, pp. 59 - 60; Knight, *Commentary on the Pastoral Epistles*, p. 75; A. T. Robertson, *Word Pictures in the New Testament* (Nashville: Broadman, 1931), IV: 561.

㉜ *TDNT*, V: 152; RSV; TEV.

㉝ 参见 Knight, *Commentary on the Pastoral Epistles*, p. 75.

㉞ E. F. Scott, *The Pastoral Epistles*, The Moffatt New Testament Commentary (London: Hodder and Stoughton, 1936), p. 9.

㉟ 此句的开始部分有 de,是一转折连词(adversative conjunction)。

㊱ 故吕本及新译作"嘱咐"。

的训言。观此,此处是指福音所涵盖一切有关信徒生活的训令(参见思高)。[37] 这一切的训令的"总归",意即"目的"(思高),[38]"就是爱",此句的意思是基督教一切训示的目的,是要使人产生爱。[39]

"爱"是基督教信仰的标志。[40] 基督耶稣在世时亦已指出,信徒最大的诫命是要竭尽所能去爱神,其次要爱别人如同自己(太二十二37～40 等)。保罗于哥林多前书中亦力陈,教会的生活一定要以爱为出发点,以保障各拥有恩赐的信徒们能彼此协调和配搭,有如人的身体一样,各个肢体彼此合作无间(林前十二至十四章;参见弗四15)。在"家庭规章"(household code)中,保罗更以基督那份为教会舍己的爱,去指示作丈夫的,要以这份爱去对待妻子(弗五 25～26)。这样,基督教的爱是以基督那为罪人而自我牺牲的情操为蓝本。[41] 综观而论,一个能使人有裨益的训令,应该使听者更能学习和体会这种牺牲的爱才是,假教师的训言却适得其反,倒行逆施,徒增争论和纷争。

继而,保罗说明如何能产生这种爱,他列举了三个源头:

a. 清洁的心:"心"一般代表人内在的真面目。[42]"清洁"即没有罪的、不受罪恶污染;[43]在实际的层面,信徒需要常常自省,从罪中回转,从而得着神在基督里的赦免,才能持续得着一颗清洁的心。

b. 无亏的良心:"良心"是保罗常用的字,[44]此字本来的意思是"共同享有的知识"(shared knowledge),[45]后来用作形容一个人的

---

[37] *parangelia*,Knight,*Commentary on the Pastoral Epistles*,p.76;详参 *BAGD*,p.618.

[38] *telos*;Dibelius & Conzelmann,*The Pastoral Epistles*,p.18;详参 *BAGD*,pp.818 - 820.

[39] 而不是如新译所言:"这嘱咐的目的是出于爱。"

[40] *agapē*;有所谓"四种爱",参见冯荫坤:《真理与自由》,香港:福音证主协会,1982 年,页341 - 344。

[41] 关于爱的面面观,参见 Leon Morris,*Testaments of Love*(Grand Rapids:Eerdmans,1981);*NIDNTT*,2:538 - 547;*TDNT*,I:21 - 55;IX:114 - 146;*TLNT*,1:8 - 22。

[42] *kardia*,详参 *BAGD*,p.404;*TDNT*,III:605 - 613.

[43] *katharos*,黄锡木:《原文》,页 497。

[44] *suneidēsis*,林前八 10、12,十 25、27;林后一 12,四 2,五 11;新约出现凡 13 次。

[45] 是由 *sun* 及 *oida* 组合而成的。

自觉性,尤以形容其内心负面的及内疚的感觉;⑯观此,"良心"
是内在的、自我审查的机制;⑰"无亏"即良善、美好;⑱故全句意
即一个没有缺陷、不偏不倚的良知。⑲

c. 无伪的信心:"无伪"即没有虚假、⑳真实的;㉑"信心"在此处可
能是指"信仰",㉒即一个没有虚假的信仰,以致其所表现的敬虔
是真实无伪的(另参六 5)。但更大的可能是指"信靠",即一个
神与人之关系的基本原则,人要以"信靠"来与神建立关系;故
是指没有虚假的、信靠神的心。㉓

在此,保罗是要将真教师与假教师作对比,真教师的教学以爱为
终,并且有"清洁的良心、无亏的良心、无伪的信心"为本,㉔以此显出了
假教师的无良和错谬。总括来说,唯有真实敬虔的品德,才能在人的心
里催生出爱,作为教师者,必须要有言教和身教,如此才能使人生发爱
神和爱人的心。

一 6 "有人偏离这些,反去讲虚浮的话,

7 想要作教法师,却不明白自己所讲说的、所论定的"

但可惜的是,"有人偏离这些","偏离"原本指与所定的目标不合,
故引申指错失、失败或离开,㉕此字只出现于教牧书信(提前六 21;提后

⑯ 详参 TLNT,3:332－343;TDNT,VII:898－919;C. A. Pierce,*Conscience in the New Testament* (London: SCM, 1955);R. A. Horsley, "Consciousness and Freedom among the Corinthians: I Corinthians 8－10", *CBQ* (1978), pp. 574－589;Paul W. Gooch, "Conscience in 1 Corinthians 8 and 10", *NTS* 33(1987), pp. 244－254.

⑰ 吕本作"良知"。

⑱ *agathēs*,参见 RSV.

⑲ 故黄锡木:《原文》,页 497 作"良知"。

⑳ *anupokritos*,另参林后六 6;Rienecker & Rogers, *Linguistic Key*,p. 615.

㉑ 黄锡木:《原文》,页 497。

㉒ *pisteōs*,一般而论,当此字没有宾语(object)之时,便指信仰;*BAGD*,p. 669.

㉓ 此用法参见林后五 7;林前十三 7,13;关于旧约和新约的用法,参见 *TDNT*,VI:174－228.

㉔ 这是保罗常用的对比法,如情欲与圣灵的对比(加五 16～23)、自命不凡的信徒与愚昧卑微的使徒的对比(林前四 8～13)等。

㉕ *astochēsantes* 是 *astocheō* 的过去时分词,是由 *stochos* 意即目标,再加上 *a* 而成;参见 Zerwick & Grosvenor, *A Grammatical Analysis of the Greek New Testament*,p. 627;*BAGD*,p.117;作形容词使用,形容"有人"。

二 18)，都是形容那些传异教者的光景。由于此处用的是一过去时态的
分词，故指偏离已成一事实，再进一步的发展是"反去讲虚浮的话"，"反
去"意即转而朝着，[56]"讲虚浮的话"此字只再出现于提多书第一章十节，
指没有果效的说话。[57] 这些人士的问题是偏离了正确的目标，即以爱
为终极目标的训令，反去追求讲说一些不能产生实质果效的胡言。

他们这般的表现，乃由于他们"想要作教法师"，"教法师"即教导律
法的人，[58]并且到了第八节，保罗继续其对律法的阐论，由此可见，这群
人与犹太教有关，喜爱犹太人的律法，即摩西的律法，以之为教导的经
本；[59]但"却不明白自己所讲说的、所论定的"。"明白"在原文是现在时
态的分词，[60]故是指这些教法师们持续地不了解自己所说的，可见他们根
本的问题是缺乏理解力；"论定"意思是能确实和肯定地讲论；[61]保罗并非
反对人要说话肯定，乃是这群人对自己言之凿凿的伟论却一无所知。[62]

总之，一如古特立所提醒的，沉醉于寓意解经法的结果，[63]是把自
己的意思注入经文之内，任意联想，肆意演绎，胡乱发挥，如此，便偏离
了经文原本所要教导的。因此，这群人士虽然是善于辞令，但魅力不
足，其实是不学无术之辈。在此，艾尔（Earle）说得好：这群在以弗所教

---

[56] *ektrepō*；*BAGD*，p. 245；此字再加上 *eis* 明显是指转向另一目标；此字再加上"偏离"把这
些人在真理上的问题描写得栩栩如生；参见 Guthrie，*The Pastoral Epistles*，pp. 59–60.

[57] *mataiologia* 是由 *mataios*（"徒然"或"愚昧"）再加上 *logos* 即"说话"而成；参见 Dibelius &
Conzelmann，*The Pastoral Epistles*，p. 21；*BAGD*，p. 496.

[58] *nomodidaskaloi*（*nomos* 即律法，*didaskalos* 即教师）；此字出现于路五 17、徒五 34，都指
教导摩西律法的人。

[59] 在此，Schiffmann 指出，当犹太教发现基督教与他们甚为不同时，为了进一步排斥基督徒
于会堂门外，他们立了更清楚的律法以划清界线，参见 Lawrence H. Schiffmann，*From
Text to Tradition*，*A History of Second Temple and Rabbinic Judaism*（Hoboken：Ktav
Publishing House，1991），pp. 153–154；观此，律法的作用，在犹太教内成了很热门的题
目；这种趋势，可能促使这群人对律法有浓厚的兴趣。

[60] *noountes*，本出自 *noeō*，*BAGD*，p. 542.

[61] *diabebaioomai*，*BAGD*，p. 180.

[62] 此字只再出现于多三 8；参见 Knight，*Commentary on the Pastoral Epistles*，pp. 79–80；
故这群人可能以前曾是犹太教的人，或犹太教的一些门生，但其犹太教的色彩，与加拉太
书及歌罗西书中所反映的不同；他们乃是一群无知的宗教狂热分子；参见 R. C. H.
Lenski，*The Interpretation of St. Paul's Epistles to the Colossians*，*to the Thessalonians*，
to Timothy，*to Titus and to Philemon*（Minneapolis：Augsburg，1961），p. 506.

[63] Guthrie，*The Pastoral Epistles*，p. 60.

会内自命为教法师的人士,的确说了很多话,但全都是废话。⑭ 他们的
言行举止,委实与一般的江湖术士无异。

一 8 "我们知道律法原是好的,只要人用得合宜"

归结而言,这群自以为是、自命不凡的教法师基本的毛病,是错误
地理解律法,因为他们根本不知道设立律法的原委。在此,史高特相
信,这些人的问题是在其对律法的教导中,没有道德的目标(moral
aim),这样,即使其论调是深邃莫测,亦属徒然。⑮ 加尔文(Calvin)亦
回应,这些自命为教法师之教导,委实不能使人在敬虔上得着造就。⑯
故此,保罗解说道:"我们知道律法原是好的","我们"要对比上文的"这
些人",在修辞上把这些散布异教的人士,摒诸信仰纯正的群体(教会)
之外。在信仰纯正之群体内的人,都明白"律法原是好的","律法"乃指
摩西的律法,此见解有以下两点的支持:

a. 当保罗说律法时,一般都是指摩西律法(如加三至四章;罗十三
  9 起;腓三 6 起)。

b. 下两节所罗列的一些罪恶,反映了出埃及记第二十一章摩西要
  以色列人不可触犯的事项。

保罗本人并非反律法主义者,他是相信律法之效用的。事实上,
早于罗马书第七章十六节时,他已说明了这一点。⑰ 摩西所设立的律
例,如果能够"用得合宜","合宜"应作"合法",即"与律法的设计相
符";⑱这样,人必须要了解律法的作用,才能用之得法,对律法的教导
便能正确。

---

⑭ Earle,"1 Timothy", p. 351.

⑮ Scott, *The Pastoral Epistles*, p. 9.

⑯ John Calvin, *The Epistles to Timothy, Titus and Philemon* (Calvin's New Testament
  Commentary, Grand Rapids, MI: Christian Classics Ethereal Library, 1964), p. 192.

⑰ 另参罗七 12;保罗于其作品中如何用"律法"此字,参见 Heikki Raisanen, *Jesus, Paul and
  Torah: Collected Essays* (Sheffield: JSOT, 1992), pp. 69 - 94.

⑱ *nomimōs*;BAGD, p. 543;Rienecker & Rogers, *Linguistic Key*, p. 615. 此字是由律法一
  字演变而成,故保罗可能动用了修辞上的"文字游戏"(word play);参见 Simpson, *The
  Pastoral Epistles: The Greek Text with Introduction and Commentary*, p. 30.

一9 "因为律法不是为义人设立的,乃是为不法和不服的、不虔诚和犯罪的、不圣洁和恋世俗的、弑父母和杀人的"

保罗续称:"因为律法不是为义人设立的",此处的"律法"应该仍是指摩西律法而言,而不是一般的法例。在此,我们亦需要决定"义人"所指的是谁。在罗马书内,保罗强调了因信称义,故一个可能的解释是指信主之人,如此,律法便不是为信主之人而设的,因为他们已被主称为义了,故不为律法所指控。然而,此处大概是指一般已经遵守律法的人;[69]因为如此的解释,一方面能与下面一系列的犯罪者产生强烈的对比。另一方面,亦显出了这些假教师的毛病,他们的受众,即教会的信众,都不是违法者,但他们仍视若无睹地大肆鼓吹律法,以强化自己为教法师的形象。这种表现,说明了他们实在是对律法的作用一无所知。

然而,保罗却指出,律法是为那些违法者而设的,旨在显出他们的罪来,使他们知罪悔改。保罗更进一步很具体地罗列这些违法者,在此我们要注意的是:

a. 保罗在其他书信中,如哥林多前书第六章九至十节等处,[70]同样有对罪恶作出枚举,然而此处的清单却截然不同,[71]反映出保罗是针对此时以弗所教会的问题而部署的。

b. 这些违法者所犯的罪,反映了出埃及记第二十章所说的十诫。[72]保罗的安排,是要针对这群胡乱解释摩西律法的人。一个可能的情况是他们曾胡说八道地解释十诫,并且将之应用在教会内一群信了主的人士身上。[73]

c. 以下的描写,有一些是十诫中某些诫命的极端表现。[74]

---

[69] 又或者是靠着圣灵而行,故能满足律法的要求(罗八4),参见 Knight,*Commentary on the Pastoral Epistles*,p. 83.

[70] 另外有罗一27~32。

[71] 例如在两组名单中,只有"淫乱"(*pornois*)和"亲男色"(*arsenokoitais*)两个字相同而已。

[72] Dibelius & Conzelmann,*The Pastoral Epistles*,p. 23.

[73] 详参 N. J. McEleney,"The Vice of the Pastoral Epistles",*CBQ* 36(1974),pp. 203 - 219.

[74] Wild,"The Pastoral Letters",p. 896.

d. 此处不是说出各项的罪,而是犯这些罪的人,⑦目的要对比以上遵守律法的"义人"。

以下是对每一组犯罪者的解释:

a. 不法和不服的:此两种犯罪者之中间存在一连接词(conjunction),可见二者有紧密的关系,"不法的"直译为"没有律法者",即"无法无天的人"。⑦ 他们虽然知道有律法的存在,但却视而不见,故意违法。"不服法"又可作"不受约束者",⑦如违命的士兵任意而行,不受军官的指挥。这些人都是不认识神之人的特征,反映出保罗是指第一诫,以"除耶和华神之外,不可有别的神"为背景,指出这些人都是眼中没有神的人。

b. 不虔诚和犯罪的:"不虔诚"是一严重的字眼,不单没有宗教的热诚,且是积极地活在一没有信仰的生活里。⑦ "犯罪的"可说是不虔诚者的一个通称,在福音书内一般译作"罪人",⑦指那些不认真地守摩西律法的人。罗马书第一章二十一至二十五节保罗曾指出,罪人的思念,其虚妄和无知的表现便是敬拜偶像,即敬拜受造之物,背离造物的主。故此,此处可能反映第二诫,不可雕刻及拜偶像的背景。

c. 不圣洁和恋世俗的:"圣洁"是指一切在神设计下万物生存和生活的方式,故"不圣洁"便违反生命和生活的原则,破坏神的宇宙和生命之律。⑧ 按此了解,此处亦可能指那些不守安息日的,犯了第四诫的人士,他们不理会神所设立要人六日工作,第七

---

⑦ 因为这些罪都是作名词使用(substantival use),参见 Knight, *Commentary on the Pastoral Epistles*, p. 87.

⑦ *anomos*,参见新译。

⑦ *anupotaktos*, Zerwick & Grosvenor, *A Grammatical Analysis of the Greek New Testament*, p. 627.

⑦ *asebēs*,参见 *BAGD*, p. 114; Barclay, *The Letters to Timothy, Titus and Philemon*, p. 37.

⑦ *hamartōlos*,参见太九 10,十一 19;可二 15;路五 30,七 34。

⑧ *anosios*,参见 Barclay, *The Letters to Timothy, Titus and Philemon*, p. 37.

日休息的定律。"恋世俗"应作"亵渎神的"（参考思高），[31]尤指与神的名有关的事，[32]例如第三诫的妄称神的名字，实在有亵渎神之嫌。

d. 弑父母：名单到了这里，原文已没有"和"字的出现；"弑父母"直译作"重击父亲和重击母亲"，[33]第五诫表明要孝顺和尊敬父母，并且出埃及记第二十一章十五节更清楚指示："打父母的，必要把他治死"；故此等人破坏了人伦之最，实在是弃义忘本，十恶不赦。[34]

e. 杀人的：生命是神圣的，因为他们都是神所造的，人为万物之灵，有神的形象，反映了神的荣耀，故任何人都没有权肆意夺取别人的生命。此罪明显是针对第六诫，即不可杀人，而说的。

一10 "行淫和亲男色的、抢人口和说谎话的，并起假誓的，或是为别样敌正道的事设立的"

f. 行淫的："行淫"是指一般的性犯罪，性本是神所设计的，如果用之得法，能使人享受男女之爱、家庭之乐及传宗接代。然而，放纵式的、不循正轨的性行为，在关系上破坏了夫妻的关系，在社会上破坏了婚姻的制度，在个人上是得罪了自己的身体，而信徒的身体是圣灵的殿，故得罪身体便是得罪了神。

g. 亲男色：此罪是指淫乱中一项特别的、反常的性行为。此字基

---

[31] *bebēloi*, Zerwick & Grosvenor, *A Grammatical Analysis of the Greek New Testament*, pp. 627 – 628.

[32] Rienecker & Rogers, *Linguistic Key*, p. 616.

[33] 原文为两个字：*patrolōais* 及 *mētrolōais*，同是 *aloiaō* 的复合字，只出现于此处；关于其意思，参见 Knight, *Commentary on the Pastoral Epistles*, p. 85；亦有主张此处是针对尼禄王谋杀其母亲而说的，参见 F. M. Hitchcock, "Latinity in the Pastorals", *ET* 39(1927 – 1928), p. 347f.

[34] McEleney 认为此处有意反映这群假教师破坏家庭制度的那些言行，参见 McEleney, "The Vice Lists of the Pastoral Epistles", p. 209.

本上由两个字眼组合而成："男性"及"性交",[⑤]是一复合字,[⑥]
可译作"男妓",或是"同性恋者"。汉森指出,以弗所充满同性
恋者,故保罗针对此劣势而有此描写。[⑦] 无论如何,犯以上两项
罪的人,都触犯了第七诫的不可奸淫。

h. 抢人口:更好应作"拐卖人口的"(思高、吕本),[⑧]在当代,这无疑
是一项极大的贸易活动,以致罗马帝国奴隶处处可见。然而,
漠视人的自由,把人强行贬低如货品一样地在市场中买卖,无
疑是一项践踏人性的恶行,亦是一种偷盗之最的行为,[⑨]故是犯
了第八诫不可偷盗的罪。[⑩]

i. 说谎话的,并起假誓的:前者在新约只出现于此,[⑪]后者是说假
誓言的人;[⑫]二者都是意图把真理扭曲的人,与说真理的应有表
现背道而驰,[⑬]旨在伤害他人,或借之图牟利益,[⑭]这种损人利己
的行径,无疑为神所憎恶,故二者同时是针对第九诫不可作假
见证。

j. 或是为别样敌正道的事:此句应作"及其他敌对健全的教导

⑤　*arsenokoitēs*,*BAGD*,p.109;此字其意指男性进行性交,还是与男性进行性交,则难于决
定,毕竟,二者皆与同性恋攸关则是不争的事实,支持圣经并没有指斥同性恋的学者们,对
此字持不同之见解,认为保罗不是否定同性恋,而是不赞成误用同性恋,如 Ralph Blair,
An Evangelical Look at Homosexuality(New York:Evangelicals Concerned,1977),
p.6;亦有认为此字是指"招童妓",如 Robin Scroggs,*The New Testament and
Homosexuality Contextual Background for Contemporary Debate*(Philadelphia:Fortress,
1983)等;但亦有坚持此字是指一般同性恋,参见 David Malick,"The Condemnation of
Homosexuality in 1 Corinthians 6:9",*BibSac* 150(October-December 1993),pp.479 -
492.

⑥　只出现于此处,即提前一 10;即使在圣经之外的当代,亦没有此字出现,我们推想,可能是
保罗自创的字,详参 Malick,ibid,pp.481 - 492.

⑦　Hanson,*The Pastoral Epistles*,p.59.

⑧　*andrapodistēs*,*BAGD*,p.63.

⑨　这些人偷取了世上最美好的东西:人;参见 Dibelius & Conzelmann,*The Pastoral Epistles*,
p.23.

⑩　此处所言,可能亦反映提后三 6 所言的,那些偷进人家,牢笼无知妇女的假教师。

⑪　*pseustēs*,*BAGD*,p.900.

⑫　*epiorkos*,*BAGD*,p.296.

⑬　此信内常出现"有可信的话"等措辞;详参一 15 的注释。

⑭　参见 Hendriksen,*1 & 2 Thessalonians*,*1 & 2 Timothy and Titus*,p.70.

（或教训）之事物”（参见思高、吕本）；“正道”的“正”是带有“医疗”的意思，[95]意即“健康”“健全”，[96]与“病态”成对比。[97]“健全的教导”常出现于教牧书信（多一 9，二 1；提后四 3），和合本多译作“纯正的道理”，我们可以说“纯正”是“健全”的引申意思。[98]“健全的教导”在此处的作用，是要与第三节的“传异教”，即“传另外的教义”，形成对比。因此，“教导”此字本身虽然不带基督教信仰的含义，但此处却大有可能是指基督教教义而言。

保罗来到此间，以一句“敌对健全的教导之事物”作为结束，因为此句把一切余下的罪都涵盖起来。说明凡做事与健全的基督教教义相违的人，他们都需要律法的指正。为了以上的犯罪者，摩西的律法有如黑暗中的明灯，照出他们的幽暗，引导他们重返正途。

在此，我们亦要注意，保罗没有针对十诫的第十条，即不可贪心，而写出相应的犯罪者，可能保罗认为他的引例已极具说明作用。再者，“凡敌对健全的教导之事物”已包括贪心这项罪在内了。[99]

一 11 “这是照着可称颂之神交托我荣耀福音说的”

为了表示所言非虚，保罗坚称他所说的，是“照着可称颂之神交托我荣耀福音说的”，此处的“照着”是指上一句的“健全的教导”（参见思高），[100]故保罗继续形容他所谓“健全的教导”之本质；此句可作“［这教导］是按着可称颂之神的荣耀的福音之内容”（参见吕本）；[101]有见及此，这福音的特点，是“荣耀”的福音，如此，则荣耀是形容福音，意即福音本

---

[95] *hygiainō*，此医疗上的字眼可能来自路加医生。

[96] 黄锡木：《原文》，页 497。

[97] “健全的教训（或教导）”（*hygiainousa didaskalia*），参见 *NIDNTT*，2：169–171.

[98] Knight，*Commentary on the Pastoral Epistles*，p.89.

[99] 详参 ibid，p. 87；Hendriksen，*1 & 2 Thessalonians*，*1 & 2 Timothy and Titus*，p. 70；Hendriksen 以上面一项说谎话的和起假誓的，已经包括贪心在内，因为说谎的目的，是要得着利益，是出于贪心的动机。

[100] *kata*，参见 Knight，*Commentary on the Pastoral Epistles*，p.90.

[101] 此处连续出现了两个属格；先为“荣耀的”，后为“可称颂的神的”；林后四 4 亦有相似的结构，但在那处，保罗用了“基督”，而不是“神”。

身是满有荣耀的。[102] 然而,另一个可能的办法,是将"福音"与"荣耀"同位,意思是福音乃荣耀的彰显。[103] 我们要注意在此句中,保罗有意强调"神",因为他加上了一项描写,便是神是"可称颂"的,[104]故福音便是可称颂的神的荣耀,同样是将"神的荣耀"强化了,符合了保罗整体的思路,故此以"福音"等位于"荣耀"此取向应居先。

　　福音委实是神荣耀的彰显,而这福音亦是委托于保罗的,按原文句子的排列,"我"一字排在句子之末,亦有强调的作用,表示保罗所传的福音,并不是他个人的创作,如这群假教师随自己的私欲胡扯一番;而实在是受神所托的,装载着神的荣耀,并且是健全纯正的教导。这一点,保罗在下一个经段中有更详确的发挥。

(III) 结语

　　诗人曾说:"耶和华-我们的主啊! 你的名在全地何其美! 你将你的荣耀彰显于天。"(诗八 1)宇宙万物将神的荣耀显明,此乃"自然启示"(natural revelation),或作"普遍启示"(general revelation),然而,这些启示,总不及神借着基督耶稣赐下的特殊启示(special revelation),因为只有基督能将神的本性启示无遗,[105]而福音的核心是耶稣基督。按此推理,福音的内容必须要维持健全纯正,有见及此,在教会内作为真理的教师,可说是任重道远。

　　以弗所的教会内明显出现了一些以教师自居的人。我们不能肯定这群想作教法师的人究竟如何兴起,然而,肯定的是他们冀望成为在众人之上的教师,借其教训影响他人,毕竟,能站在众人面前成为众人所

---

[102] *to euangelion tēs doxēs*,其用法是描述的属格(genitive of description),即"荣耀的福音"(glorious gospel)。

[103] 故是同位语的属格(genitive of apposition),即是 the gospel, that is the glory...;此种属格之用法参见 Porter, *Idioms of the Greek New Testament*, p.94;或是如 Lenski 所主张的所有物的属格(genitive of possession),即"属于神荣耀的福音",参见 Lenski, *The Interpretation of St. Paul's Epistles*, p.513;但此意思有点不自然。

[104] *makarios*,此字形容在神里面拥有一切幸福,而神亦愿意将之赐给人,参见 Rienecker & Rogers, *Linguistic Key*, p.616;*TLNT*, 2:432-444.

[105] Wansbrough,"The Pastoral Epistles", p.1211.

瞩目的领袖,实在是人生一大快事。无怪乎雅各亦有警告:"我的弟兄们,不要多人作师傅,因为晓得我们要受更重的判断"(雅三 1),因为如果所教的正好反映其信仰立场,一旦立场有错便会受到判断。错谬的教导使人偏离真道,有如毁坏了某人的生命,神必追讨其责任,也必定审判。以弗所这群假教师的问题是不明白律法的作用,只对着一群已守法的人说律法,可说是风马牛不相及。事实上,律法是为不法者而设的,这群所谓的教法师,反而对不法者置若罔闻,这样,倒不如好像卡理斯(Karris)所主张的,既然其教导不能建立信徒,干脆闭口不言好了。[106]

毕竟,一个负责任的态度是重要的。为师者必须要:

a. 确定教导的目的,不是要自我标榜,或是一尝教学的滋味,乃是要如杨牧谷所言:"他若要对人讲解,他是希望别人明白真理"。[107] 因此,动机是重要的。

b. 在预备每一课时,要有充分的准备,以免临场发挥,因为即使是大有恩赐的人,能借急才或经验产生好果效的,仍属一个不负责任的态度。

c. 要有好的装备,在真道上充实自己,切忌哗众取宠,犯了不学无术的毛病。

d. 要言教身教,目的是要使人在爱里成长(一 5),而唯有一个以爱为本的教师,才能使他人感受到其教训中,潜存着爱的温暖,带着爱的信息,如春风催生受众爱心的幼苗,诱发受众去爱神和爱人。

---

[106] Robert J. Karris, *The Pastoral Epistles* (New Testament Message 17, Wilmington: Michael Glazier, 1979), p. 55.

[107] 杨牧谷:《得救、成长与事奉:教牧书信浅释》,台北:校园书房出版社,1989 年,页 20。

叁　保罗的自白及使命
（一 12～20）

12 我感谢那给我力量的我们主基督耶稣，因他以我有忠心，派我服侍他。

13 我从前是亵渎神的，逼迫人的，侮慢人的，然而我还蒙了怜悯，因我是不信不明白的时候而做的。

14 并且我主的恩是格外丰盛，使我在基督耶稣里有信心和爱心。

15 "基督耶稣降世，为要拯救罪人。"这话是可信的，是十分可佩服的。在罪人中我是个罪魁。

16 然而，我蒙了怜悯，是因耶稣基督要在我这罪魁身上显明他一切的忍耐，给后来信他得永生的人作榜样。

17 但愿尊贵、荣耀归与那不能朽坏、不能看见、永世的君王、独一的神，直到永永远远。阿们！

18 我儿提摩太啊！我照从前指着你的预言，将这命令交托你，叫你因此可以打那美好的仗。

19 常存信心和无亏的良心。有人丢弃良心，就在真道上如同船破坏了一般。

20 其中有许米乃和亚历山大，我已经把他们交给撒但，使他们受责罚就不再谤渎了。

（I）引言

　　在强调了福音实乃神荣耀的彰显，而他是被委托要传此福音后，保罗进一步指出他被委托的前因及目的，以致提摩太能重温福音那改变人生命的大能。一方面能表明保罗确实被基督委托以传福音的使命，更重要的是确定了福音实乃纯正的教导，能改变人的生命，那些自命为教法师虚假不真的教训，只会引起无谓的追问和争拗，于人却毫无益处。

保罗的部署是剖白自己如何被委以重任（一12），并如何从一罪人之最，蒙受基督的恩典成为使徒，产生了怎样的作用（一13～16），借此反映纯正道理所产生的功效。[①] 保罗在这一段开始了他在教牧书信内常引用一系列"可信的话"。继而，他写下了一则赞美颂（一17）以回应神那奇妙的救赎计划。最后，他直接提醒他的受书人提摩太要忠于其所交托的职事作为结束（一18～20）。

当然，福音的核心是那降世为人的基督耶稣，保罗在论及此事时，提出了神那慈爱和恩典的一面，此爱和恩典从他自己个人的改变中表露无遗。[②] 综观此段，神那宇宙性的爱和怜悯，借着保罗的笔触委实跃然于纸上。

(II) 注释

(i) 保罗的见证（一12～16）

一12 **"我感谢那给我力量的我们主基督耶稣，因他以我有忠心，派我服侍他"**

保罗开始回忆往事，借此向提摩太说明，福音那改变生命的大能，实乃神的宏恩所致。"我感谢"，"感谢"被强调了，[③]说明每当保罗回忆过往，感谢之心便油然而生。"感谢"的对象是"那给我力量的我们主基督耶稣"，"那给我力量的"为保罗的惯用语，[④]又可作"使我刚强的"；[⑤]此

---

① 亦有修辞上说理的作用。

② 汉森认为此段所描写的神那宇宙性的大爱，堪足与弗三7～8相比，参见 Hanson, *The Pastoral Epistles*，p.60.

③ *charis*，因位于句首；保罗一般都是用 *eucharistō*，但 *charin echō* 是一般书信的用法；Dibelius & Conzelmann, *The Pastoral Epistles*，p.26；注意此用法再出现于提后一3。

④ *endynamoō*，参见弗六10；腓四13；提后二1，四17。

⑤ 黄锡木：《原文》，页497。

处原本只是一个字,为一不定过去时分词(aorist participle),⑥与"基督耶稣"为同位语,故此,基督耶稣就是使保罗刚强的那一位,而此加力的行动,是已发生的一项事实,是保罗十多年来侍奉神的亲身体验,保罗之能够成为外邦人的使徒,建立无数的教会,成就天国的丰功伟绩,背后的因素是基督的加力,这是一不争的事实。

"基督耶稣"被称为"主",这是对在世的"耶稣",当其复活、升天、得荣后的一项尊称,一如保罗于腓立比书第二章九至十一节所言:"所以,神将他升为至高,又赐给他那超乎万名之上的名,叫一切在天上的、地上的和地底下的,因耶稣的名无不屈膝,无不口称耶稣基督为主,使荣耀归与父神"。而"主基督耶稣"亦是"我们"的,如此的描写对提摩太产生了三个可能的提醒:

    a. 保罗与提摩太等都是奉基督耶稣为主的一群人,与上文所提及的假教师们大相径庭,大有"道不同不相往来"的意思。

    b. 提摩太切要保守自己,单单服侍主基督耶稣。

    c. 提摩太亦可经历这位主基督耶稣的加能赐力,以达成他牧养以弗所教会的职事。

这位加能赐力的主基督耶稣,认为保罗是"有忠心"的人;在保罗的引用中,此字常带有"可靠"的意思,⑦这是主对保罗的评价;主"以"他为信实可靠的人,"以"即"认为"(新译、思高),是一不定过去时态的动词,⑧故可能是指保罗的生命被主改变的时候,即大马士革路上与复活的主相遇的经验,但问题是,在那时他尚未开始其使徒的工作,主又如何能认为他有忠心呢? 由此可见,这一个积极的评估,亦是出于主的恩典,由于主知道保罗将会是一敬业乐业、诚信可靠的使徒,故愿意"派"保罗"服侍他"。

    一13 "我从前是亵渎神的,逼迫人的,侮慢人的,然而我还蒙了怜悯,因我是不信不明白的时候而做的"

---

⑥ *endynamōsanti*;注意其前有 *tō*;是作名词使用。

⑦ *pistos*,参见林前四 2,七 25 的用法。

⑧ *hēgēsato* 是 *hēgeomai* 的不定过去时分词,参见 *BAGD*,p.344.

继而,保罗的回忆聚焦在他尚未有生命的改变时那些恶劣表现:
"我从前是亵渎神的,逼迫人的,侮慢人的",此三个形容词的意思分列
如后:

a. 亵渎神的:强调在论及神时用了不敬之话,⑨从前保罗实在说了
   很多针对基督耶稣的话,极力反对被钉十架的耶稣是那被神差
   来的弥赛亚。

b. 逼迫人的:该字只出现于此处;⑩当复活的主向保罗显现时,他
   曾告诉保罗,逼迫属他的人等同于逼迫主(徒九 4~5,二十二
   7~8,二十六 14~15),说明保罗那处处与基督的信徒为敌的
   恶行,实是一项残害人的行动。

c. 侮慢人的:是一极为强烈的字眼,含有暴力和忿怒之意,⑪强调
   那份不可一世、极具侵犯性、⑫把他人的权益和自尊公开践踏的
   言行。⑬

总之,以上这些恶劣的表现,成了保罗前半生的写照。⑭ 保罗动用
了三个形容词去说明他实在是罪人中的罪魁(一 15~16),借此对比下
文那丰盛的神恩。

他续称:"然而……",此乃一对比性的连接词;⑮"我还蒙了怜悯",
尽管他如此不肖,但仍"蒙了怜悯",此字是一被动式之动词,直译为"被
怜悯",⑯而又因其是过去不定时态,故保罗是回指基督耶稣在大马士
革的路上向他所施的怜悯。保罗解释他之所以获得主的怜悯,原因是
"因我是不信不明白的时候而做的","不明白"在原文的句子里位置靠
前,故得到了强调,"不明白"应译作"无知"较佳。⑰ 作为一个忠于其教

---

⑨ *blasphēmos*, *NIDNTT*, 3:341-345.

⑩ *diōktēs*,但其从属字 *diōgmos* 及 *diōkō* 则有多次的出现。

⑪ *hybristēs*, *BAGD*, p.839; Bernard, *The Pastoral Epistles*, p.31.

⑫ Simpson, *The Pastoral Epistles*, p.33.

⑬ 参见 Knight, *Commentary on the Pastoral Epistles*, p.95;那引用 Parry 的说话,又见
   Rienecker & Rogers, *Linguistic Key*, p.617.

⑭ 参见徒九 1~2,二十二 4~5、19~20,二十六 10~11 对他那份穷凶极恶的描绘。

⑮ *alla*.

⑯ *ēleēthēn*,为 *eleeō* 的不定过去时态被动语。

⑰ *agnoeō*,新译;思高;黄锡木:《原文》,页 498。

义的法利赛人,保罗只能按着自己所知道的,尽其所能,为宗教大发热心,以致采取了如此偏激骇人的行动(腓三 5～6)。[18] 由此可见,他不是明知故犯地去敌挡基督,而是不知道自己所做的,[19]正因为这样,他才可能在基督的怜悯下回转过来,一旦他知道从前的无知和错谬,便立刻改弦易辙,其改变是峰回路转,使人啧啧称奇的。如今的保罗,已经把过往为犹太教的狂热,看作有损,甚至是粪土了(腓三 7～8)。

一 14 "并且我主的恩是格外丰盛,使我在基督耶稣里有信心和爱心"

保罗自言,不单只在犯罪累累中,他还受了基督的怜悯,"并且我主的恩是格外丰盛","格外丰盛"意即高过普通的程度,[20]是一不定过去时动词,其主语是"恩",即恩典,故仍是指保罗得救时所经历的美事;又此字在新约只出现于此处,故是保罗特选的字,以突出此不同凡响的主恩,如巴克莱所说,主的恩典超过了保罗的过犯。[21] 此处的恩,保罗形容为"我主"的恩,"主"所指的有两大可能:

　　a. 指父神;因为毕竟父神是一切恩典的来源(一 2),而能够救人的福音,是父神荣耀的彰显(一 11),再加上下一句才言及"基督耶稣",按此授意,此处应该以"主"为父神。

　　b. 指基督耶稣;一向以来,保罗都称基督耶稣为"主"(一 12)。[22]

其中 b 可能性更大,因为此经文段落的思路非常以基督为中心(Christocentric),事实上,保罗亦从基督向他的显现经历神的恩典,这样看来,我们可以说保罗所言神的大恩,是从神借着基督耶稣向他显明的。

保罗见证此丰富的恩典说:"使我在基督耶稣里有信心和爱心";

---

⑱ 一如 Scott 所主张的,在此逼迫的事上,当时保罗的良心是无愧的,参见 Scott, *The Pastoral Epistles*, p.13.

⑲ 回应了耶稣在十字架上的一句话:"父啊,赦免他们,因为他们所做的,他们不晓得。"(路二十三 34)

⑳ *hyperepleonazō*, Rienecker & Rogers, *Linguistic Key*, p.617.

㉑ Barclay, *The Letters to Timothy*, *Titus and Philemon*, p.44.

㉒ 另参徒九 5,二十二 8,二十六 15 中保罗亦如此称呼基督。

"信心和爱心"在此句中的意思颇难确定,以下是对一些不同见解的分析:

a. 保罗因着当时教会对他的信心和爱心,得以经历神在他心里那恩典的工作。[23] 然而,这是一个理据薄弱的臆测。

b. 尼特指出,每当保罗同时用"信心"和"爱心"时,大都指着信徒对主的信靠和爱慕,[24]故是指保罗以信和爱,与基督耶稣建立关系,对比以前他对基督的无知;"在基督耶稣里"所指的,是信徒因着与基督联合(union with Christ)而生的一种为基督耶稣全然影响的存在状态。故此处保罗的意思是,因着基督那莫大的恩典,他能进入基督的丰盛里,与基督联合,建立一个与基督之间存在着信靠和爱慕的崭新关系。

c. 是指信徒的美德,因着主的恩典,保罗的生命有了截然不同的改变,借着主恩得以进入基督的生命,与他联合,于是,他便由一穷凶极恶的罪魁,变成了有信心和爱心此两大美德的使徒(参见加五6~7)。[25]

其中 b 及 c 不一定相互排斥,[26]但第三个看法最符合此处的思路,保罗有意要对比他的从前和如今,从前他是亵渎神,逼迫人和侮慢人的,如今他却拥有基督徒之两大美德:信心和爱心。[27]

　一15　"'基督耶稣降世,为要拯救罪人。'这话是可信的,是十分可佩服的。在罪人中我是个罪魁"

主恩典最具体的表现,当然是基督的道成肉身,此事成为保罗之所以能改变的基础。故在此时,出现了教牧书信中知名的"这话是可信

---

[23]　Barclay, *The Letters to Timothy, Titus and Philemon*, p. 44.

[24]　参见林前十三 13;弗一 15;提前三 13;多三 15, Knight, *Commentary on the Pastoral Epistles*, p. 98.

[25]　Fee, *1 & 2 Timothy, Titus*, p. 52;Guthrie, *The Pastoral Epistles*, pp. 64 - 65;罗三 23~25 及弗二 8 更指出,信心是一项信徒对主恩典的回应。

[26]　Kelly, *A Commentary on the Pastoral Epistles*, pp. 53 - 54.

[27]　一般而言,当信心与其他类似的信徒之表现并列时,都是指信徒的品德而说;*BAGD*, p. 669;"信心和爱心是信徒与其救主所建立的关系之可见表达",ibid;故此处可能要对比假教师们那种缺乏信和爱的表现;参见一 5。

的"(*pistos ho logos*)一句,㉘其出现总共有五次,且看以下的引列:

a. 提摩太前书第一章十五节:"'基督耶稣降世,为要拯救罪人。'这话是可信的,是十分可佩服的。"

b. 提摩太前书第三章一节:"'人若想要得监督的职分,就是羡慕善工。'这话是可信的。"

c. 提摩太前书第四章八至九节:"'操练身体,益处还少;惟独敬虔,凡事都有益处,因有今生和来生的应许。'这话是可信的,是十分可佩服的。"

d. 提摩太后书第二章十一至十三节:"有可信的话说:我们若与基督同死,也必与他同活;我们若能忍耐,也必和他一同作王;我们若不认他,他也必不认我们;我们纵然失信,他仍是可信的,因为他不能背乎自己。"

e. 提多书第三章四至八节:"但到了神-我们救主的恩慈和他向人所施的慈爱显明的时候,他便救了我们,并不是因我们自己所行的义,乃是照他的怜悯,藉着重生的洗和圣灵的更新。圣灵就是神藉着耶稣基督-我们救主厚厚浇灌在我们身上的,好叫我们因他的恩得称为义,可以凭着永生的盼望成为后嗣。这话是可信的……"㉙

在以上的五个经段中,每一处都出现了"这话是可信的",由此我们有以下的观察:

a. 此实乃一引用及推荐的公式,㉚目的要使读者们对所引用的内容有高度的评价,愿意接受其教导,故有修辞的作用。㉛

b. "可信的"(*pistos*)意即"可靠""信实"。㉜ 而尼特指出,按保罗的用法,"可信的"与神的信实有关,因着神的信实,他必须保证其信息能被可靠地传送(林后一 15～23),故保罗亦以信实和

㉘ 在此处,"这话是可信的"应位于句首。

㉙ 此处被引的经文有多长,是具争论性的,参其注释。

㉚ 注意此句之后有 *hoti* 一字,授意了以下乃被引的内容,参见 Knight, *The Faithful Sayings in the Pastoral Letters*, pp. 4 - 22.

㉛ 即取信的作用。

㉜ Robertson, *Word Pictures in the New Testament*, IV:564.

可靠的态度去引用之。㉝

c. 引用的内容时长时短，但都是当时流行于教会圈子的话，以致当读者如提摩太读到此处时，产生了亲切的感觉。㉞

d. 在以上五个经段中，其中有两个用了扩充了的公式，即除了"可信的"外，还加上"十分可佩服的"（*pasēs apodochēs axios*），"十分"意即"配得"，㉟"佩服"应作"接纳""接受"，㊱或"赞同"，㊲故此句可作"值得完全接纳"（新译、思高，参考吕本）。㊳ 按此理解，此扩充了引用的公式，更聚焦于提高读者们的接受程度。尼特更观察到，每当所引用的内容缺乏个人的接受和应用时，保罗便会动用此扩充了的公式，以作一项补上，旨在触发读者们去接纳和应用其所引用的教导。㊴

保罗在此间所引用的是"基督耶稣降世，为要拯救罪人"，此句来自流行于当代的福音传统，内容可能源于路加福音第十九章十节耶稣的说话："人子来，为要寻找、拯救失丧的人"，㊵但此处则不称耶稣为人子，而是"基督耶稣"，主要的原因是，人子是一个当耶稣在世时对自己那弥赛亚身份的自称，但其意思却是隐晦的，只适用于当耶稣在世上还未升天得荣的时候，到了耶稣复活、升天及得荣之后，他那弥赛亚的身份，已完全及公然被确立，故教会均尊称他为"基督"，不再称呼他为人子了。㊶

"基督耶稣"当然是强调耶稣那弥赛亚的身份，"降世"直译为"来到世间"，㊷此句的重点有：

㉝ 参见提后二2；Knight，*Commentary on the Pastoral Epistles*，p. 99.

㉞ 故在修辞上亦有感染力的作用。

㉟ *axios*，Zerwick & Grosvenor，*A Grammatical Analysis of the Greek New Testament*，p. 628.

㊱ 黄锡木：《原文》，页498。

㊲ *apodochē*，Rienecker & Rogers，*Linguistic Key*，p. 617.

㊳ 故此处有一强烈的个人性接受和应用（personal acceptance and appropriation）的意思，Knight，*Faithful Sayings*，pp. 25–29.

㊴ Knight，*Commentary on the Pastoral Epistles*，p. 100.

㊵ 参见 Karris，*The Pastoral Epistles*，p. 58.

㊶ 详参张永信：《启示录注释》，页337–346。

㊷ *ēlthen eis ton kosmon*.

a. "来到"乃是一不定过去时动词,意思是指一个完成了的行动,发生在历史中。毕竟,基督的降世深深植根于人类的历史,是不容否定的事实。

b. "世间"便是基督那历史性的行动所进入的空间。强调了他进入人类的生活范畴,取了肉身,与人类同住和认同。[43]

c. 此句亦含有基督在未来到世间之前,是已经存在了的(pre-existence)。如约翰所言,基督从父神那里被差来,住在我们中间(约一 14,三 19,十一 27,十二 46,十八 36～37),[44]故基督早已与父神存于永恒里。

d. 基督来世的目的是要"拯救罪人"。犹太人以"罪人"为那些不严守律法的人。但保罗常用之于普世人类的光景,包括了犹太人和外邦人,都是活在罪里(罗三 19～20、23),而在关系上,"罪人"与神疏离,[45]在行止上是那些"不法和不服的、不虔诚和犯罪的……"(提前一 9～10),或如保罗未信主时,那"亵渎神的,逼迫人的,侮慢人的"(第 13 节)光景。罪人的结局是沦亡(罗六 23),故需要基督耶稣的"拯救"。由此观之,"拯救"是将人从一个不利的环境救拔出来,进入一更美的境地。[46]为了成就救恩,圣子作出了虚己的行动,其中包括道成肉身、受苦、受死及降在阴间。继而,圣子亦得着高升,即复活、升天、坐在神宝座的右边及在荣耀里再来。[47]他救赎的结果是把人从罪恶的捆锁中救拔出来,进入爱子的国度,享受圣灵里的自由(罗八

---

[43] 一如 Bernard 所言:"永恒的道取了人性",参见 Bernard,*The Pastoral Epistles*,p.32;而唯有他是一完全的人,才能站在人的地位上替人赎罪,参见 M. J. Erickson,*Christian Theology*(Grand Rapids:Baker, 1984),2:721.

[44] "来到世间"此句常出现于约翰壹书及福音书。

[45] 罪的特色有:错失目标(missing the mark)、不敬虔(irreligious)、冒犯(transgression)、不正直(lack of integrity)、反叛(rebellion)、不信实(treachery)、反常(perversion)等,参见 Erickson,*Christian Theology*,2:567 - 575.

[46] *sōzō*,*TLNT*,3:344 - 357.

[47] Ibid.,2:769 - 779;关于救赎在旧约和新约的含义,参见 M. N. Ralph,*Plain Words About Biblical Images:Growing in Our Faith Through the Scriptures*(New York:Paulist, 1989),pp.206 - 229.

2)，并且与爱子同为后嗣，得着父神所赐今生和来世的应许，就是永生（弗一7～14）。

保罗更自言："在罪人中我是个罪魁"，"罪魁"直译为"罪人之首领"，[48]在以弗所书第三章八节里，保罗形容自己在众圣徒中比最小的还小。在哥林多前书第十五章九节里他亦自言："我原是使徒中最小的，不配称为使徒，因为我从前逼迫神的教会。"对于自己在未信主前的所作所为，虽然保罗本人是在无知的情况下做的（参见提前一13），但毕竟仍是残害了神的教会及阻碍了神的工作（加一13），故他心生悔意，才有此表达。[49]

一16 "然而，我蒙了怜悯是因耶稣基督要在我这罪魁身上显明他一切的忍耐，给后来信他得永生的人作榜样"

其实，保罗是要将其所引用的应用在自己身上，意即他诚然是一罪人，并且还罪大恶极，尽管如此，他仍得着基督的拯救。故他说："然而我蒙了怜悯"，"然而"显示思路的改变，[50]意即既然是一罪魁，保罗理应受神的刑罚，死在自己的罪里，不过，他反而能"蒙了怜悯"，此动词是不定过去时态，[51]保罗是回指在大马士革的路上，复活的主曾向他显现，使他生命得着改变这一个事实，整件事在在显出神那莫大的忍耐和"怜悯"。

保罗更认为他那奇妙的改变，目的[52]是借着"耶稣基督"[53]能"在我这罪魁身上"，即借着他本人那极为不配的生命，"显明他一切的忍耐"；"忍耐"是指神不将对人犯罪的怒气发在罪人的身上，以致毁灭他们，[54]

---

⑱ "罪人"取自上一句的"拯救罪人"；而"魁"（prōtos）本意为首先。

⑲ 当然，此表达亦是要带出基督那莫大的怜悯，参见下一句。

⑳ alla 是转折连词（adversative conjunction）。

㉑ ēleēthēn.

㉒ hina，强调目的。

㉓ 此处保罗用了耶稣基督，而不是基督耶稣，因为他的侧重点，不是耶稣的身份，乃是他对自己的忍耐。

㉔ makrothymia；神对人的忍耐，构成了信徒要对他人忍耐的原因和基础（提后四1～2），参见冯荫坤：《真理与自由》，页346。

所以,"忍耐"是神对罪人的爱的一部分,亦是他对人存有恩典的一项表现,[55]因着神有此属性,[56]故他愿意在其恩典里,给予罪人机会,能从罪中悔改(参见彼后三 9)。保罗的蒙恩,在在显出神的忍耐,以"给后来信他得永生的人作榜样","榜样"所指的,不单是例子,而是一出色的模范,[57]俨然是一原始版本,[58]成为先例,[59]以致在保罗之后那些信靠基督的人,同样得着所应许的"永生";"永生"指一个永远无尽的丰盛生命,是由现今开始,但其完全的实现,却要在主再来之大日,信徒进入来生时(六 12～15;提后四 6～8;多二 11～14)。

(ii) 保罗的颂赞(一 17)

一 17　"但愿尊贵、荣耀归与那不能朽坏、不能看见、永世的君王,独一的神,直到永永远远。阿们!"

神的恩典是奇妙的,他的忍耐历历在目,他在保罗身上的计划更是出人意表、周全至极的,说到这里,保罗不期然发出赞美之辞:[60]"但愿尊贵、荣耀……",此赞美诗可能出自当时教会内的一些礼仪,[61]但我们不能因而说保罗是一字不漏地抄袭,我们亦不能肯定所引用的哪些部分是原本的礼仪,哪些是保罗加上去的。然而肯定的是,当中的内容正适合保罗当时所要表达的心迹;"尊贵"指某人所应得的敬重,用在神身上时,是指神作为神配得人的尊重;[62]"荣耀"指神在彰显自己时那种光

---

[55]　有时又译作"宽容",彼后三 9;与 *hypomenō* 为同义词。

[56]　所以凡属于主的人,亦有此属性,故是圣灵的果子的其中一项,加五 22;参见 *NIDNTT*,2:769.

[57]　*hypotupōsis*, Lenski, *Interpretation of Colossians, Thessalonians, Timothy*, p.526.

[58]　Fee, *1 & 2 Timothy, Titus*, p.54;即"outline sketch", Kelly, *A Commentary on the Pastoral Epistles*, p.55;但 Bernard 反对此处不是说在时间上的先后,而是在程度上的先后,参见 Bernard, *The Pastoral Epistles*, p.32.

[59]　Simpson, *The Pastoral Epistles*, p.36;关于此处保罗身为一个榜样的作用,参见 Fiore, *The Function of Personal Example*, pp.198 - 201.

[60]　在保罗的作品中,每当他说及神的工作和计划时,常有此赞美的表达。

[61]　Dibelius & Conzelmann, *The Pastoral Epistles*, p.30.

[62]　*timē*, BAGD, p.825;Knight, *Commentary on the Pastoral Epistles*, pp.105 - 106.

芒万丈的情境，⑥③用在赞美神之时，表示赞美者愿意神那极为耀眼生辉的光芒能持续不息，又或者指按着神那份超然的荣耀，他能得着相应的赞美。⑥④

保罗的赞美将尊贵和荣耀，归与那"不能朽坏"和"不能看见"的独一真神，⑥⑤"不能朽坏"又可作"不灭的"，⑥⑥此字眼是要对比物质世界的必然现象：朽坏，但神是超乎物质之上的；物质有始有终，但他却无始亦无终，由永远的过去，存到永远的未来；"不能看见"说明了对人来说，神是隐蔽的，皆因他不是物质，而是灵，故不为肉眼所见。以上两项形容，显出了神的本性。

神又是"永世的君王"，⑥⑦此句强调了神的王权，是无涯无际的，无论是今生，或是来生，他的治权永不改变。⑥⑧ 他又是"独一的神"，⑥⑨因为在宇宙间，没有任何存在者可与神比拟，他是独一、唯我独尊、至高无上的。⑦⑩ 如此一位神实在配得一个"直到永永远远"的"尊贵荣耀"的赞美。"永永远远"直译为"世代的世代"（the ages of ages），并且每一"世代"都是复数的，⑦①强调了世代的连绵不绝，无涯无极的时间，只要神存在于一天，对他的赞美亦要持续不断，因为这是他配得的。

在此赞美辞结束之前，保罗加上了"阿们"，新约一般赞美辞的结束都有此部署，⑦②意即赞美者极愿所赞美的能完全地实现，故有真实的、

---

⑥③ *doxa*，*TLNT*，1：362 - 379；*TDNT*，II：233 - 253；*NIDNTT*，2：45.

⑥④ Knight，*Commentary on the Pastoral Epistles*，p. 106；*TDNT*，II：248.

⑥⑤ *aphthartos aoratos monos theos*，此措辞反映其受到希腊人对神的理解之影响，Dibelius & Conzelmann，*The Pastoral Epistles*，p. 31；但参考罗一 23 及西一 15 保罗在较早时相近的用法。

⑥⑥ *aphthartos*，黄锡木：《原文》，页 498。

⑥⑦ *basileus tōn aiōnōn*，此句亦出现于犹太人的经典多比传（Book of Tobias）十三 6、10；另参克莱门特一书六十一 2。

⑥⑧ 此句反映当时犹太人的理念，时间分为今世和来世，参见 Guthrie，*The Pastoral Epistles*，pp. 66 - 67.

⑥⑨ *monō theō*.

⑦⑩ 此乃基督教一神论之表达，参见林前八 6；亦是犹太教的神论，参见申六 4；玛二 10。

⑦① *tous aiōnas tōn aiōnōn*.

⑦② *amēn*，参见罗一 25，九 5，十一 36；加一 5；弗三 21；腓四 20；提后四 18；来十三 21；彼前四 11，五 11；犹 25。

由衷而发的意思。大概此信在以弗所教会聚会中被读出来时,保罗期望全会众同声说"阿们"以作回应。⑦

(iii) 保罗的委托(一 18～20)

一 18 "我儿提摩太啊! 我照从前指着你的预言,将这命令交托你,叫你因此可以打那美好的仗"

赞美之后,保罗打算重申他所交托受书人的使命(参见一 3),于是直接与受书人提摩太说话:"我儿提摩太啊",此实乃极为亲切的表达,提摩太既是保罗在属灵上的真儿子(一 2),保罗便以父亲的口吻呼唤他;"我照从前指着你的预言","预言"在新约的用法都指神的启示,⑦此处是指提摩太被按立受差遣之时,此事可能发生在使徒行传第十六章,当保罗选召了提摩太,要带他同往马其顿侍奉之时。我们推想,当保罗为提摩太行了割礼之后(徒十六 3),便举行差遣礼,此差遣礼有着预言,即启示的作用,如使徒行传第十三章一至四节所记述的,圣灵要差遣保罗和巴拿巴往外邦去做宣教的工作,于是便向教会启示其心意,教会便在禁食祷告后,行按手之差遣礼,作为回应。如今亦然,圣灵向保罗预言提摩太那未来的差使,借着按手差遣,保罗回应了圣灵的启示。

此"预言"既是指着提摩太而说,保罗便放心地"将这命令交托你";"这命令"被强调,⑦可见保罗非常关注提摩太是否重视、努力完成。"这命令"所指的,当然是指本章第三节保罗在去马其顿之时对提摩太的吩咐,⑦在此处,保罗更用了"交托"此字,含有好好地保存及传送下去的意思。⑦ 保罗强调他从基督得到了指令,要传纯正的道,如今,他

---

⑦ *TDNT*,I:337;如此的部署,大概亦有修辞的感染力之作用,以使受众成为参与者,投入作者的教导之中,以致能在心理上敞开,接受作者的教导。

⑦ *prophēteia*,新约出现凡十九次,如太十三 14;罗十二 6;林前十二 10,十三 2、8,十四 6、22等;此处是复数;*BAGD*,p.730.

⑦ 因位于句首。

⑦ 事实上,"命令"(*parangelian*)一字,与第 3 节的"劝"为同一字眼,然而,前者为名词而后者为动词。

⑦ *paratithemai*,*BAGD*,p.628;Knight,*Commentary on the Pastoral Epistles*,pp.107 - 108.

亦要求提摩太有此使命感,指出以弗所教会内那群假教师的错谬和否决他们。

保罗此项行动的结果是"叫你因此可以打那美好的仗",[78]保罗常用行军作战为比喻,其作用有:

a. 战争是有对象的,而信徒的争战对象便是撒但(一 20;弗六 12);此处则暗指那些假教师。

b. 在战场上,生死常系于一线,作士兵的[79]要有充分的心理准备,故作为基督的精兵,实在需要有整全的装备去打败敌魔(提后二 4;林后六 7,十 3~5;弗六 11~18)。

c. 基督已打败了魔鬼,故信徒必得在这场属灵的争战中得胜(林前十五 57)。

保罗更指出,此乃"美好的仗",意即虽然是一场激烈及要付上代价的争战,然而,这却是一场极为尊贵和有意义的仗,因为这是为了神的国度,为了福音的广传而战。有见及此,提摩太务要为此而努力,不负保罗所托及圣灵的启示。

一 19 "常存信心和无亏的良心。有人丢弃良心,就在真道上如同船破坏了一般"

此外,提摩太还要"常存信心和无亏的良心","信心"指信靠神的心,[80]"无亏的良心"已出现于本章第五节,指良善纯全的自我审查之良知。作为信仰真理之守护人,面对如此任重道远、与异端和假教师抗衡之职事,提摩太实在需要有内心世界的准备,即要有持守不变的信靠和纯全的良知。此良知极为重要,没有了它,后果便堪虞了。在此,保罗举出了实例:"有人丢弃良心","丢弃"带有粗暴和故意地拒绝的意思,[81]又因此字是不定过去时态,故此人是蓄意做了一个违背良知的决

---

[78] 注意此句是以 hina 为始的,故带出了接受此命令之后果。

[79] "打"(strateuō)一字,含有如士兵之争战之意,参见 Rienecker & Rogers, *Linguistic Key*, p.618.

[80] 此 pistis 亦可作信仰,但此处不宜有此解法,参见 Knight, *Commentary on the Pastoral Epistles*, p.110;对比吕本。

[81] apōtheō, Guthrie, *The Pastoral Epistles*, p.68;BAGD, pp.102-103.

定,其结果"就在真道上如同船破坏了一般","真道"应作"信仰"(新译、吕本);[82]"船破坏了"此字直译为"破毁了船"(另参林后十一 25),[83]此处保罗用了一个他个人曾有多次经历的比喻,便是在航海中因不慎而沉船,结果是船破人亡。由此可见,丢弃良心的结果是可悲的,在信仰上破了产,其信仰生命岌岌可危。

一 20　"其中有许米乃和亚历山大,我已经把他们交给撒但,使他们受责罚就不再谤渎了"

保罗进一步明言落得如斯下场的两个人物:"其中有许米乃和亚历山大","许米乃"只出现于教牧书信内(提后二 17),"亚历山大"则为一普通的名字,在新约共出现五次,[84]其中的三次,包括此处在内,都显出其与以弗所有关(徒十九 33;提后四 14～15),因此,此三次出现的亚历山大可能同属一人。保罗对此二人指名道姓,因为他们对受书人来说是熟悉的;"其中有"亦显出了他们二人只属这群人之佼佼者;在提摩太后书第二章十七至十八节里,另一位腓理徒被提及,他们都属于散布异教的狂热分子,故保罗不得不采取行动,于是当保罗途经以弗所时(一 3),除了留下提摩太外,还执行了教会纪律,故保罗说:"已经把他们交给撒但",此措辞早于哥林多前书第五章五节出现过,同样是与执行教会纪律有关;[85]"已经交给"显出了此乃一过去的事件;[86]表示保罗已做了此行动,"交给撒但"当然是一非常的措辞,[87]"撒但"的权势虽然已被基督打败(林前十五 55),毕竟,他仍是今世的王(林后四 4),故"交给撒但",便是将不愿从罪中悔改的人驱逐出教会

---

[82] 因有在 *tēn*,在 *pistin* 前,故宜作信仰,参见 Bernard, *The Pastoral Epistles*, p. 36.

[83] *nauageō*,是由 *agnumi* 意即"破毁",加上 *naus* 即"船只"组成,在这里则作象征,参见 *BAGD*, p. 536.

[84] 可十五 21;徒四 6,十九 33;提后四 14。

[85] 参见 M. Goguel, *The Primitive Church* (New York: Macmillan, 1964), pp. 224 – 246; G. Lampe, "Church Discipline and the Interpretation of the Epistles to the Corinthians", in *Christian History and Interpretation: Studies Presented to John Knox*, ed. W. R. Farmer, C. F. D. Moule & R. R. Niebuhr (Cambridge: CUP, 1967), pp. 337 – 361.

[86] *paredōka* 是 *paradidōmi* 的不定过去时态:*TLNT*, 3:13 – 23; *TDNT*, II:169 – 172.

[87] "撒但"(Satan)意即敌人;参见 *NIDNTT*, 3:468;故是把那人交给他的敌人魔鬼。

（excommunication），⑧而落入世界，即撒但的管治范围中。此措施的结果，是当事人不再能得着教内人的支持，丧失了作为信徒应有的权利，包括不能领圣餐和不能侍奉。在此处，当然是立刻使许米乃和亚历山大不能再充当教师的职事，终止了他们在教会内借着其错误的教导，继续他们破坏的活动。

此两名自命为教师的人，借着被交给撒但便"受责罚就不再谤渎了"，"受责罚"亦可作"受管教"或是"受教导"，⑧可见教会纪律的执行，对当事人来说，实在有积极的效用，使他从愚蒙中觉醒，恍然大悟于自己实在犯了大错；"谤渎"显出了此二人之所作所为，实在罪大恶极，他们自以为教导律法的真义，其实正在谤渎神，把纯正的真理变成一派胡言，侵犯了信仰的圣洁，弄污了纯正的圣道，如今他们的恶行被终止，教会亦因而能持守在信仰上的圣洁无瑕，达到了执行教会纪律之目的。

（III）结语

基督耶稣的救恩，是神丰盛恩典的最具体之表达，即使罪大恶极如保罗，仍蒙神以厚恩相待，因此，保罗心被恩感，把生命都豁了出来，侍奉神亦倍加努力和分外劳苦（林前十五 9～10），并且锲而不舍地把纯正的道理，不折不扣地传递下去，神的恩惠成了保罗侍奉的澎湃动力，长久不息地推动着他以此终老。

然而，福音亦有其使人震惊的一面，它将人类划分为二，一如耶稣在世所言："你们不要想我来是叫地上太平；我来并不是叫地上太平，乃是叫地上动刀兵"（太十 34）。信服福音的，要与反对者不合，二者并没有妥协之余地，甚至如果有必要，要将那些破坏分子摒诸门外，以维持属神群体的圣洁，正是长痛不如短痛，教会需要执行纪律，其原因便是在此。

---

⑧　Earle, "1 & 2 Timothy", p. 356；此措辞亦有出现于蒲草纸中，带有咒诅成分，参见 A. Deissmann, *Light From the Ancient Near East*（New York：G. H. Doran, 1927），pp. 302 - 303.

⑧　*paideuthōsin*，是被动语，黄锡木：《原文》，页 499；Zerwick & Grosvenor, *A Grammatical Analysis of the Greek New Testament*, p. 629.

　　每一个人的背后,都有一个值得深思猛省的故事,尤其在神恩典之下所发生的事情。保罗并没有忘记他的出身,其未信时候的所作所为,实在令人齿冷。虽然这些不快的事已成过去,而保罗亦曾表示,要忘记背后的成败得失,以能努力面前,向着神为他所立的标竿直跑(腓四13～14),然而,在适当的时地回忆及重提旧事,却有着以下的好处:

　　a. 作为自我的提醒,明白尽管今日有骄人的成就,但如果没有主的怜悯,自己仍是死在过犯中;如此的反思,能使人不亢不卑地继续侍奉神。

　　b. 作为感恩的触发点;人都倾向消极的思想,对不满意的世界及身旁发生的事抱怨,又或者埋首于繁忙的工作间,所思想的都是工作和生活的需要,忽略在神面前属灵的活动,以致眉心紧蹙,不能放开怀抱,但如果能够回首于神在自己身上奇妙的工作,则必然重燃信靠神的心,以致有信心去面对明天。

　　c. 作为对福音能力的委身;一如保罗在此处的个人分享,其目的是要借之使他人重拾对福音的委身,努力将福音广传,使人同样得着福音那股改变生命的能力。

　　d. 作为非信徒的样版;引导其信服福音,这是福音见证的果效,在布道的活动中,不妨加插个人得救的见证,使未信的受众对福音那改变人生命的能力有实例可见,故能帮助他人信服福音。

　　尽管如此,最重要的还是信徒个人生命的见证,成为了纯正的道的体现。基督既然成了肉身,住在人群当中,彰显父神的恩典和真理(约一14),作为他的信徒,亦要效法此榜样,进入人群当中,活出福音来,以实现道成肉身的神学理念,如此,才能使他人从信徒的行事为人上,体验基督教信仰的真实性。保罗的改变,可说是戏剧化的,由一逼迫教会的、穷凶极恶的犹太教徒,成为极爱教会、柔和慈爱的使徒,正因为他的改变真实无伪,历历在目,故他不耻于向别人作出生命改变的见证,亦能俯仰不愧于天地地侍奉神,执行其使徒的权柄。这一点,与那些教法师自命不凡的态度大相径庭,后者的问题是他们根本没有经历福音改变生命的大能,以致他们的教导,只是一些道听途说,充其量亦只是一些个人性的主观见解,而不是经过因着接触福音的主,将福音与自己生命的整合融贯而生的道理,这样看来,真假教师那最明显的分野便是在此。

肆 聚会中的祷告
（二 1～7）

1 我劝你，第一要为万人恳求、祷告、代求、祝谢；

2 为君王和一切在位的也该如此，使我们可以敬虔、端正、平安无事地度日。

3 这是好的，在神我们救主面前可蒙悦纳。

4 他愿意万人得救，明白真道。

5 因为只有一位神，在神和人中间，只有一位中保，乃是降世为人的基督耶稣。

6 他舍自己作万人的赎价，到了时候，这事必证明出来。

7 我为此奉派作传道的，作使徒，作外邦人的师傅，教导他们相信，学习真道。我说的是真话，并不是谎言。

（I）引言

在处理过教会内有关假教师的问题后，保罗转而关注教会聚会时的种种表现。由于以弗所教会内所发生的事显得颇为个别性，故此处保罗的教导，亦显得仔细和特殊，其中尤以对女信徒在教会内应有的种种言行（二 8～15），都是很处境性的。然而，对于一间正受异端影响的教会来说，却是重要的，因为在假教师的妖言困惑下，再加上聚会的混乱，教会的危机便变得严峻，以致可能成了一个危殆不可收拾的困局，后果堪虞。

在这一段内，保罗先力陈祷告的重要、类别（二 1）及内容（二 2），并且说明为万人祷告的目的及动力，是出于对那愿意万人得救的神的心意之了解（二 3～7）。

以上有关祷告的教导，可能反映以弗所教会内正酝酿一些关于祷告的疑问,甚至连代表保罗的提摩太亦不知如何应对,这样看来,作为一位在祷告上有极丰富经验的属灵长者,详细地向提摩太说明祷告的种类及内容,以致提摩太能对聚会中的祷告得心应手,从而教导会众走向正途。

(II) 注释

(i) 祷告的重要(二 1~2)

二 1 "我劝你,第一要为万人恳求、祷告、代求、祝谢"

在这一节的开始应该有一"所以"的字,[1]故此节承上接下,意即对于祷告的教导,其实与上文假教师之祸有关,可能这群假教师鼓吹一种反政府、反君王的理论,又或者在祷告的事上显得很自私,只顾个人利益,漠视他人需要,保罗才因时制宜,作出以下教导。

保罗"劝你",即提摩太;我们要注意,原文没有指明保罗是劝谁,由于这一段经文是指信徒在聚会中的情况,故保罗是指全会众而言。由此可见,"劝你们",而不是"劝你",是一个更好的译法。"劝"字早于第一章三节用过;[2]"第一要为……","第一"有最重要的意思(参见新译),[3]"为万人恳求……"是极为重要的,因为如果在崇拜聚会中,正确的祷告能为如何亲近神定下正确的态度,祷告的内容,亦反映出信徒对其所敬拜之神的了解程度。[4]

此处出现了"恳求、祷告、代求、祝谢"四个对祷告不同的形容,[5]其意思罗列如下:

---

① *oun*,位于"我劝"之后。
② *parakaleō*,参见其注释,此处为现在时态。
③ *prōton pantōn*,Guthrie,*The Pastoral Epistles*,p.69;这是大部分学者的意见,虽然有人主张这表示在时间次序上,祷告是一系列教导的第一项,参见 Kent,*The Pastoral Epistles*,p.95.
④ 参见 Peter O'Brien,*Introductory Thanksgivings*,引自 Knight,*Commentary on the Pastoral Epistles*,p.114.
⑤ 腓四 6 亦有相近的枚举。

a. 恳求：此字的字根有"需要"的意思，[6]指某人能很幸运地觐见君王，能将自己的需要向他陈说，[7]故此种祷告侧重将自己的需要，带到父神的面前。

b. 祷告：此字指一般的祷告，其用法与"恳求"相近，恳求可能是指为某些特别的需要而祷告，而此处则是指一般的需求。[8] 再者，"恳求"的对象，可以指别人，而"祷告"则一定是以神为对象，[9]故此字的敬拜味道极浓。

c. 代求：此字只出现于此及第四章五节处，其基本意思是自由自在地与之相遇，引申有充满信心、有胆量地见面的意思。[10] 毕竟，此字的译法要看上下文的授意，此处的下一节无疑有为别人祷告的指示，故作"代求"。

d. 祝谢：应作感恩、谢恩（新译、吕本、思高）；[11]在百般需要之中，信徒亦不忘要为神已应允的祷告和丰盛的供给谢恩，并且为神已经做在他人身上的事而感恩。

学者费依主张，此处保罗无意将祷告分门别类，因为此四种祷告彼此间都存在相近的特色。[12] 无论如何，保罗的重点却是信徒在聚会中的祷告，主要是向外的，是要为"万人"，即所有的人（思高）[13]祈求和感谢的，而不强调个人与神的属灵交通，[14]因为个人与神的属灵交通，应该是在个人的敬拜中达成的。一如在哥林多前书第十四章中保罗力陈，恩赐和聚会的目的，是要造就他人，不是造就和标榜自己。[15]

---

⑥ *deēsis*，Barclay，*The Letters to Timothy，Titus and Philemon*，p. 57；*TDNT*，II：40.

⑦ Rienecker & Rogers，*Linguistic Key*，pp. 618–619.

⑧ *proseuchē*，Knight，*Commentary on the Pastoral Epistles*，p. 114.

⑨ Barclay，*The Letters to Timothy，Titus and Philemon*，p. 57.

⑩ *enteuxis*，Hendriksen，*1 & 2 Thessalonians，1 & 2 Timothy and Titus*，p. 92；信徒可以自由无惧地来到父神的面前，皆因基督所成就的救恩。

⑪ *eucharistia*，黄锡木：《原文》，页 499。

⑫ 重点应在为万人祷告上，参见 Fee，*1 & 2 Timothy，Titus*，p. 62.

⑬ *pantōn anthrōpōn*，直译是"所有的人"。

⑭ Scott，*The Pastoral Epistles*，p. 19.

⑮ 我们推测，以弗所教会内的假教师，便是犯了此毛病，即使是祷告也极度自我中心，旨在高举自己，提升自己的形象。

二 2　"为君王和一切在位的也该如此,使我们可以敬虔、端正、平安无事地度日"

祷告和代求的对象,除了是为万人外,还有是"为君王和一切在位的","在位的"直译为"居显赫地位者",[16]意即有权力和地位的人士(参见思高),[17]故是指政府的官员而言。作为信徒,不单是天国子民,亦是地上的国民,故不单要被动地服从政府(罗十三 1～7),还要主动地为当权者祷告。其结果,[18]便是"使我们可以敬虔、端正、平安无事地度日",此句应译作"使我们能在全然的敬虔端正里,过平安无事的人生"(参考吕本、新译);"敬虔"指从心底里对神或人的尊敬,在宗教上,常指个人对神应有的宗教表现,包括其信仰及生活,[19]此字常出现于使徒行传,[20]大都指信徒因着认识神而生的一种属灵品德和表现(徒三 12,十 2,7);"端正"表示一份凝重的态度,即正视生命的庄严,对生命抱严肃的态度,[21]作为基督徒应该明白,过基督徒生活是一项要付代价的行动,故要严肃地正视之,由此而产生的一种生活方式。"敬虔"和"端正"诚然是基督徒人生所要追求的目标,但却需要有一个"平安"及"无事"的环境才能达成;"平安"此字只出现于此,意即静谧,不为外来因素扰酿,[22]"无事"同样有此含义,[23]故二者是同义词,有强调的作用。

能有一个稳定的政府,以能过平静的日子是重要的,早于犹太人被掳时,耶和华神借着耶利米先知于耶利米书第二十九章四至七节,已对被掳的犹太人有以下的训言:"万军之耶和华以色列的神对一切被掳去

---

⑯　*en hyperochē*, Rienecker & Rogers, *Linguistic Key*, p.619.

⑰　黄锡木:《原文》,页 499。

⑱　因以下一句是用 *hina* 为始,表示结果。

⑲　*eusebeia*, BAGD, p.326;此字复现于三 16。

⑳　故可能保罗是在路加的影响下用了此字,详参本书绪论关于作者问题的讨论;另参 *TDNT*, VII:175－185.

㉑　*semnotēs*,黄锡木:《原文》,页 499;Bernard, *The Pastoral Epistles*, p.40.

㉒　*ēremos*, BAGD, p.349;Knight, *Commentary on the Pastoral Epistles*, p.117.

㉓　*ēsuchios*, BAGD, p.350;只出现于此及彼前三 4,按彼前的用法,指信徒内心世界的安静,故此字可能指内心世界的安宁;参见 Hendriksen, *1 & 2 Thessalonians*, *1 & 2 Timothy and Titus*, p.95.

的……如此说：'你们要盖造房屋，住在其中；栽种田园，吃其中所产的。娶妻生儿女，为你们的儿子娶妻，使你们的女儿嫁人，生儿养女。在那里生养众多，不至减少。我所使你们被掳到的那城，你们要为那城求平安，为那城祷告耶和华；因为那城得平安，你们也随着得平安。'"

正因有以上的训示，被掳的犹太人仍然可以从政，其中如以斯帖、以斯拉、尼希米和但以理等人，便是一些能积极地影响异教政府的成功例子。又当保罗进行其宣教工作时，因着地方势力，尤以是犹太人对他的反对，群情汹涌，使他要暂时放下福音的工作，这些情况是常出现的，其中尤是使徒行传第十九章二十三至四十一节所记述的，在以弗所宣教的一役，更是一典型的事例。由此可见，一个稳定的政府能使信徒过平安无事的生活，这样才有一个良好的环境，培育信徒之敬虔和端正的人生态度。

(ii) 祷告的基础(二3～7)

二3　"这是好的，在神我们救主面前可蒙悦纳。
　　4　他愿意万人得救，明白真道"

保罗首先很清楚说明，为万人和君王祷告，"这是好的"，"好"或作"美好"(新译、吕本、思高)，[24]如此的祷告活动委实是一件美事，因为其涉及君王、政府、信徒能平安无事地度日，以能活出敬虔端正的生命等；[25]并且"在神我们救主面前可蒙悦纳"，"神"与"我们救主"是同位语，如此称呼神，因为要引出下一句他愿意人得救的心肠；[26]"我们"的作用，便是把作者和受书人，即提摩太和教会都连在一起，强调了他们之间那共有的信仰之对象，成为聚会中公祷之基础，因为他们都是向着同一位救主祈求。[27]

为万人及君王祷告，完全与作为救主的神的心意吻合，因为"他愿

---

[24] kalos，BAGD，p. 401.

[25] 故"这是好的"，与"可蒙悦纳"是有不同的指向，后者指"在神我们救主面前"，参见 Bernard, The Pastoral Epistles, p. 40.

[26] sōtēr 即救主，sōthēnai 即得救；参见一1对"救主"的解释。

[27] 在修辞上亦有感染力的作用。

意万人得救"，由此可见，一个平安稳定的环境，是对神实现他那拯救万人的计划有利，因为信徒能在其中畅通无阻地广传福音，使人"明白真道"。反而，乱世可能会为假教师营造环境，成为他们兴起能以妖言惑众的时机，正所谓"混水摸鱼"和"乱世出枭雄"；"明白真道"直译为"进入真理之属灵理解中"，[28]"真理之属灵理解"可能是一专用指信徒归信(conversion)的措辞，[29]总之，神是一胸怀普世的救主，他的心意是要世上所有的人，都明白真道，重生得救，与假教师那种只顾自己利益的心态和祈求，可说是南辕北辙，实有天壤之别。[30]

二 5　"因为只有一位神，在神和人中间，只有一位中保，乃是降世为人的基督耶稣"

保罗继续他的解说："因为……"，意即以上所言属实，其原因基于两个重要的真理，[31]先是"只有一位神"，继而是"只有一位中保"。在以弗所芸芸众多的神祇中，一神论是重要的，因为只有那至高无上的创造者才配受信徒的敬拜，并且有能力去成就信徒的所想所求，成为信徒祷告的唯一对象；"中保"此字意即一位站在两方的中间人，有作调解的用意，[32]此处便是"在神和人中间"的中保；[33]旧约的犹太人以摩西为神和人之间的中间人，借着他与神立约，建立了以律法为主导的恩约。但此约已因犹太人的顽梗失效，他们需要一个新约，是写在心版上的(耶三十一 31～34)，故需要一个新约的中保，以产生有永远果效的恩约(来八 6～13)。

到了新约时代，犹太人相信神和人中间存在着有很多天使，神的启示和奥秘要靠天使传给他们；对真理不明白之处，亦要靠天使为之解

---

[28]　*epignōsin alētheias elthein epignōsin* 是一保罗喜用的字眼，如腓一 9；但全句的用法只出现于教牧书信，参见提后二 25，三 7；多一 1。

[29]　因为"属灵理解"不单是指理性上的知道，并且有"接受"和"经验"的意思，参见来十 26；Dibelius & Conzelmann，*The Pastoral Epistles*，p. 41.

[30]　此处亦可能反映假教师那诺斯替主义的属灵精英主义(spiritual elitism)。

[31]　"因为"(*gar*)所指的，主要是在第 6 节的一句，作万人的赎价，这一点成了要为万人祷告的主因。

[32]　*mesitēs*，参见 *BAGD*，pp. 507～508；黄锡木，《原文》，页 499。

[33]　亦出现于加三 20；来八 6 及九 15；"神"和"人"都是形容中保的属格。

释,故此,天使成了真理的传递者。㉞ 在后来的诺斯替主义里,无数的天使更成为神和人之间的中间人,借着他们,纯物质的人才能到达纯灵的神那里。㉟

然而,以上的犹太人的论调,纯属片面之辞,甚至是虚幻不真的,虽然天使确是神的仆役,为要执行神的指令,但天使是被造之物,并不足以完全代表神,成为神和人之间的中保。唯有一位真正的中保,便是那"降世为人的基督耶稣",此句原本只有三个字,即"人""基督"及"耶稣",而"人"与"基督耶稣"是同位语;㊱前者强调中保的人性,㊲他是全然的人,故能代表人受罪的刑罚以救赎人,又因他没有罪,并且全然顺服父神,甘心情愿虚己受死,故其所做的,为父神所接纳,基于此故,凡在他里面的信徒,借着他亦可以蒙神悦纳;㊳后者强调了中保由神所选派,是真正的弥赛亚,故他亦是神的代表,俨然是实至名归的神和人之间的中保。

以上的一句及以下的"舍自己作万人的赎价",大有可能是保罗引用流行于当代教会口传的教义传统,他的目的可能有二:

a. 假教师极强调律法,借之发挥自己的谬论,诚然律法有其重要之处,但对基督教来说,信仰的焦点并不是律法,而是那超越颁律法之摩西的基督耶稣(来三 1～6),故保罗在这里有此部署。

b. 此教训是在处理教会聚会时的问题,而信徒的敬拜和祷告之所以成为可能,是因为基督耶稣的中保职分,及他所成就的救赎(来十 1～25)。

㉞ 这是典型启示性作品的世界观。

㉟ 故此处可能是要反驳受诺斯替主义雏形所影响的假教师。然而,保罗并没有用较长的篇幅去处理或明言此问题的存在,故我们只能以之为一个可能的推想,而更不应因有中保的教导,便认为此书是写于第二世纪初,这时诺斯替主义已风起云涌。此外,亦有资料显示,女人在某些宗教中是必然的中保,她们在一些神庙中担任女祭司,参见 Richard C. Kroeger & Catherine C. Kroeger, *I Suffer Not a Woman* (Grand Rapids: Baker, 1992), pp. 72-74;这样看来,无怪乎保罗要于第 12 节处不许女人教导和管辖男人了。

㊱ *anthrōpos* 及 *Christos Iēsous*.

㊲ 此理念早于罗马书中出现,在那里保罗以末后的亚当去引出基督的人性(罗五 12 起,又林前十五 21 起)。

㊳ 故祷告不会徒然,而是蒙父神悦纳了(二 3)。

二 6　"他舍自己作万人的赎价,到了时候,这事必证明出来"

此神与人中间的中保,竟然"舍自己作万人的赎价",此理念,可能出自耶稣于马可福音第十章四十五节所说的,他来到世间的目的,是要舍命作多人的赎价。"舍"是不定过去时态,⑨是指一件发生于基督被钉十字架时的事实;"赎价"一字只出现于此处,是由一出现于马可福音第十章四十五节及马太福音第二十章二十八节的,同样被译作"赎价"的字的复合字,⑩如果要与福音书中的那一个"赎价"的字,在译法上显出其不同的话,此处可作"替代性的赎价"(substitionary ransom)。无论如何,此复合字更为强调基督的救赎代替罪人承担罪所带来的恶果和刑罚。⑪

正因为基督所成就的救赎,是为"万人",即所有的人,证明了他果真是不愿意一人沉沦,而极愿万人得救,明白真道(二 4),这成为了教会要为万人祷告的主因。

保罗续称:"到了时候,这事必证明出来","到了时候"此句原本可能是一句习语,⑫故全句可作"适得其时的见证",或作"到了适当的时候,这事就证明了"(新译);"时候"是复数,指一个时段,⑬可能是耶稣第一次降世的整个事迹;"证明"即见证或证据,⑭指基督那舍己成为赎价的事件,已"证明了"神切切实实地进行拯救万人的工作,以实现他那愿意万人得救、明白真道的意愿。

二 7　"我为此奉派作传道的,作使徒,作外邦人的师傅,教导他们相信,学习真道。我说的是真话,并不是谎言"

基于有此不可抹煞的历史"证明",保罗便被"奉派",⑮每当保罗提

---

⑨　*dous*,不定过去时分词,在其前加上冠词 *ho*,故是作名词使用。

⑩　*antilutron*,*BAGD*,p.74;是由 *lutron*,即于福音书内作"赎价"的字,再加上 *anti* 而成。

⑪　*anti* 常有"代表"(on behalf of, in place of)的意思,参见 Porter, *Idioms of the Greek New Testament*, pp.144‑145;另参 *TDNT*, IV:349;*NIDNTT*, 3:1171‑1215.

⑫　*to martyrion kairois idiois*;虽然 *kairois* 是复数,但这只是习语的用法,参见 Knight, *Commentary on the Pastoral Epistles*, p.124.

⑬　*kairois*,Knight, *Commentary on the Pastoral Epistles*, p.124.

⑭　*martyrion*,黄锡木:《原文》,页 499。

⑮　*etethēn* 是不定过去时态被动语,故指已发生于他身上的事实。

及基督的救恩时，或多或少会联想到自己曾被基督委托的往事，此处亦然；⑯"奉派"表明了他不是自把自为地自封为传道人及使徒，乃是出于神的命令（一1）；成为"传道的"，或作"宣讲者"，强调了其公开传扬的工作；⑰此字的两个从属字常出现于新约，⑱用作形容耶稣及使徒们宣讲的活动及内容，保罗有意用此字把宣讲的工作凝聚成一项职事，这便是他被委托的重任；"使徒"则早于本书第一章一节出现；⑲虽然在原文"传道的""使徒"及"师傅"均是同位语，故和合本将此三项放在一起，⑳然而，在原文的句子里，到了此处应有一句插入语："我说的是真话，并不是谎言"，此插入语的目的是要支持他作为使徒，并不是虚假的。因保罗之作为使徒与其他的十二个使徒不同，故常被别人质疑和攻击，保罗因此亦常大费唇舌，为己辩护；㉑"作外邦人的师傅，教导他们相信，学习真道"，此句应作"在信仰和真理上，作外邦人的教师"，故"师傅"即教师，此字强调了教导真理的工作；㉒"信"应作"信仰"，指福音的信息（message）；"外邦人"㉓是多神论者，对福音一无所知，完全没有一神论的信仰基础，故教导他们基督教信仰及真理是一项极为重要的职事，亦正因这缘故，保罗才不厌其详地以书信的形式教导提摩太等人。

　　无论如何，保罗被委派为宣讲者和使徒，尤以是为外邦人的教师，不单证明了基督已在适当的时候降世为人，成就救赎，更证明了神那爱万人的心；因此，为万人祷告大有理由，不容忽视。

(III) 结语

　　祷告是重要的，因为借着祷告，信徒直接与神沟通。祷告的内容亦

⑯　其他的如一11～12；林前十五3～11；林后五18、20；弗三7；西一25。

⑰　*kērux*，*BAGD*，p. 432；提前二7；提后一11；另参彼后二5。

⑱　*kērygma*，*kērussō*，参见 *TDNT*，III：696.

⑲　详参其注释。

⑳　*kērux*，*apostolos*，*didaskalos* 均为主格。

㉑　如林前九1～2；加一11～二21。

㉒　*didaskalos*.

㉓　*ethnōn*，此字的用法，参见 *BAGD*，p. 217；*NIDNTT*，2：793‐795.

反映出信徒所关注的是什么。如果只为自己的需要祷告，漠视他人的需要，这是极为自我中心的祷告，事实上，今天教会敬拜的通病，便极为自我中心，敬拜只注重造就自己，例如所唱的诗歌，是要撩起自己的情感，以能衍生兴奋的感受，(54)所听的道亦希望能合乎自己的要求，(55)甚至讲员能像那些娱乐明星一样倾力地表演，极尽视听之娱。所祷告的亦是希望自己能“空空而来，饱满而归”，然而，这一切都非敬拜神的主旨。

真正的敬拜是要倒空自己，排除一切自私自利的欲念，存着一颗清洁的心，抱着委身于神的态度，如此才能遇见神，借着神与人的相遇，敬拜者的生命与神契合，产生在灵中与基督联合的美境；如此，神生命的丰盛，便借着常与信徒同在那基督的灵注入信徒的生命里，结果使信徒生命得着振兴，灵命大大提升，从而得着力量，为主而活。合乎神心意的祷告是借着敬拜与神相交，此相交深化了信徒对神的认识，其中一项的认识，便是了解到神是创造万物的主，亦是救赎万人的主；人不论如何叛逆和顶撞他，都是他所造的，都有着他的形象，每一条生命都是宝贵的，故他极愿万人得救，不愿一人沉沦(彼后三 9)。(56) 故此，为万人的救恩祷告，就是最具体地先求他的国和他的义，在教会聚会时的公祷更应如此，唯有这样才能触发教会向外拓展的心态，激励教会有传福音的心志，投入社会发挥见证的功能，以福音的真理影响人群。

为执政的和掌权的祷告是重要的，以免教会产生一群良好的信徒，但却是差劲的公民(good Christian but poor citizen)，对政治极为冷漠，只求教会成为他们逃离社会的避难所。作为一国公民，信徒不单是被动地奉公守法，交税服役，还需要主动地为政府祷告，以致从政者能宅心仁厚，广施仁政，真正地为人民请命，以致民生得着照顾，信徒能身

---

(54) 唱诗的目的是要借之赞美神，故此，如果在选诗方面以能帮助信徒的心灵，投入敬拜之中，达至赞美的功效，这才是正确的目的。

(55) 当然，讲道的作用是要向信众陈明神的真理，使他们从中有所得着及提醒，但行道才是听道的目的。

(56) 因此，浪子比喻的主角(路十五 11 起)并不是浪子，其焦点亦不是浪子如何堕落和回转，而是那位爱浪子到底、常常等候浪子回归的父亲，父神便像这个父亲一样，昼夜等候罪人的悔改。

处一平稳安静的社会中,无后顾之忧地侍奉神及传福音。⑤ 华人教会
的敬拜实在应该更多为政府祷告。⑥

　　再者,我们切勿忘记,信徒之所以能够敬拜神,是因为基督耶稣成
为了神和人之间的中保。他有全然的神性,故能将神的属性及关乎救
恩的真理向人传达。⑤ 他亦有全然的人性,故能完全代表人,成为大祭
司,为人类的罪献上祭物。此祭物便是他自己的生命,他没有犯过罪,
故将他自己作为祭物献给神,此祭物得以全然蒙神接纳,成为永远有效
的赎罪祭,一次献上,永不用再献。⑥ 从此,凡他所代表的人,都因着他
的功劳,蒙神的悦纳,于是,信徒们便能坦然地到父神面前敬拜侍奉他,
得着他的福祉(来十 19~25)。

---

⑤　所以,在为宣教士祷告的时候,更要为他们身处的社会及国家祷告,以致国家的政策能对
　　传福音有利;我们不要忘记,邪恶的政权之背后有一股邪恶势力支配着它,故为政府祷告,
　　是一场属灵争战。

⑥　早期的教父常有为社会祷告,参见杨牧谷:《得救、成长与事奉》,页 42。

⑤　约一 18;在世的耶稣借着洗礼,圣灵全然降在他的身上(太三 16~17),这是因为他是全然
　　的神,才能全然得着圣灵的丰盛,又因为他是全然的人,故开创了圣灵全然居住在人里面
　　的先河,亦因为这样,耶稣能将圣灵分给在他里面的人,即信徒,而此给予的行动,便是在
　　他升天得荣后,五旬节时圣灵的降临(徒二 1~13);详参 Thomas Torrance, "Come,
　　Creator Spirit, for the Renewal of Worship and Witness", in *Theological Foundations of
　　Ministry*, ed. Ray Anderson (Grand Rapids: Eerdmans, 1979), pp. 370 - 372.

⑥　旧约的会幕,没有设计可坐下的家具,说明祭司献祭的工作是不能停顿的,可见犹太人的
　　献祭,实际上没有赎罪的果效,但基督把自己献上,因能产生永远的功效,故能坐下来,即
　　坐在父神宝座的右边(来十 11~12;西三 1)。

伍　聚会中的男女
（二 8～15）

8 我愿男人无忿怒，无争论，举起圣洁的手，随处祷告；

9 又愿女人廉耻、自守，以正派衣裳为妆饰，不以编发、黄金、珍珠，和贵价的衣裳为妆饰，

10 只要有善行，这才与自称是敬神的女人相宜。

11 女人要沉静学道，一味地顺服。

12 我不许女人讲道，也不许她辖管男人，只要沉静。

13 因为先造的是亚当，后造的是夏娃，

14 且不是亚当被引诱，乃是女人被引诱，陷在罪里。

15 然而女人若常存信心、爱心，又圣洁自守，就必在生产上得救。

（I）引言

此经段记述在保罗对教会聚会敬拜的教导中，[①]在第一章，保罗明言他留下提摩太于以弗所的目的，是要制止假教师那破坏无益的活动（一 3），而且他更要求提摩太努力抗衡假教师的入侵，打那美好的仗（一 18）。继而，他于第二章的开始便着手处理教会聚会时所产生的问题，先为公祷，然后是此段经文所指的，男女信众于聚会时的表现。由于公祷的问题，大有可能是因为受着假教师的影响所造成，如今男女在聚会中所发生的问题，亦可能是如此。这一个要点是了解此经文的重要线索。

此段可分为两个部分，先为对聚会中男人应有的表现，后为对女

---

① 持相反意见的有 B. W. Powers, "Women in the Church: The Application of 1 Tim. 2:8 - 15", *Interchange* 17(1975)，pp. 55 - 59.

人在聚会中所发生的问题作解答。第二部分很明显占了此段大半的篇幅，亦是近代学者极为关注的、并且引起多番争论的经文段落。② 连同哥林多前书第十一章二至十六节、十四章三十四至三十六节，此三段经文成了研究在新约里，女性于教会侍奉的圣经基础之必争之地。③

主张女性必须服膺于男性的学者们都从这一段经文处得了重大的支持，因为保罗明言他不许女性讲道，也不能辖管男性（第 12 节），而且女性应以家庭为其重要的工作，不应在教会内做领导性侍奉（第 15 节）。然而，愈来愈多学者不以为然，他们了解到保罗正针对一个独特的情况，这情况在在威胁着以弗所教会内部之稳定，因此，保罗才做出言辞如斯保守的训示；如果将保罗所指示的抽离现场，应用于当今的教会，可说是误解了保罗的原意。

无论如何，解释此经文段落诚非易事，如"女人"是指一般的女性，还是指已婚的妇女，即妻子？"辖管"此字在新约只出现于此，其确实的意思是什么？ 保罗引用创世记有关于男女的创造次序（creation order），其用意是什么？ 第十五节的一句女性"必在生产上得救"又是什么意思？ 何谓"得救"？ 如何可以因着生产而得救？ 其与信心、爱心和圣洁又有什么关系？④ 面对这一系列的问题，作为负责任的研经者绝对不能草率了事，以免背离了保罗的原意。

总之，在解释此经文段落时，我们务必要顾全上文下理、历史背景、整个教牧书信的提示，甚至其他有关保罗论及女性侍奉的经文。如此，才能拼合出整幅周全诠释的图画，而不致以偏概全，剥夺女性在教会内侍奉的正当权利。

---

② 此经文段落是那些将妇女侍奉排斥于领导层之外的核心，参见 Bruce Baron，"Putting Women in Their Place: 1 Timothy 2 and Evangelical Views of Women in Church Leadership"，*JETS* 33（December 1990），p. 452.

③ 甚至有人认为提前这段经文，是唯一明言女性侍奉要受限制的经文，参见 W. Liefeld，"Women, Submission and Ministry in 1 Corinthians" in *Women*，*Authority and the Bible*，ed. A. Mickelsen（Downers Grove: IVP, 1986），p. 149.

④ 这些问题的提出，参见 Alan Padgett，"Wealthy Women at Ephesus I Timothy 2: 8 - 15 in Social Context"，*Interpretation*，XLI（1987）.

(II) 注释

(i) 教导男信徒(二 8)

二 8　"我愿男人无忿怒,无争论,举起圣洁的手,随处祷告"

保罗先以教会中的男信徒为指示的对象;此节之前应有"所以"一字(新译、吕本),⑤显出以下所言与上文有联系,上文论及教会公祷的目的及内容,此处同样以祷告为主题;"男人"为复数,⑥故是指在聚会中那些领导祷告的男信徒,他们实在需要知道带领祷告的态度。按原文的句子排列,此节应译作"所以,我愿意男人在各处祷告,无忿怒、无争论地举起圣洁的手"(参考吕本);"各处"可以指无论在何时何地,即无论在什么地方都要祷告,亦可指在不同地方的聚会时,都要祷告,⑦故保罗愿意见到男信徒在各地方的聚会里,都勇于承担起祷告的侍奉。⑧　不单如此,他们祷告的态度,是要"无忿怒"及"无争论","忿怒"是一种人情感的表现,其出现于新约凡三十多次,大多带有贬义,其中尤其是耶稣对人发怒的严厉教导(太五 22～24),⑨毕竟,信徒不应以其他信徒为敌人,或以之为泄愤的对象,以"忿怒"去对其他的肢体;"争论"此字可作"怀疑"⑩或"争论",⑪大概前者是对神而后者是对人而言,鉴于"忿怒"是对人的,此处亦然,故"争论"是合理的译法。

一言以蔽之,祷告要没有阻拦和制绊,与他人维持良好的关系是必

---

⑤ *oun*.

⑥ *tous andras*.

⑦ *en panti topō*;Knight,*Commentary on the Pastoral Epistles*,p. 128;Lock,*Pastoral Epistles*,p. 30;C. K. Barrett,*The Pastoral Epistles*(New Clarendon Bible;Oxford;Clarendon,1963),p.54;此表达方式源于犹太人。

⑧ 保罗此言可能是针对当时教会内有一群刻意低贬男性地位的妇女,参见下文的剖析。

⑨ *orgē*,BAGD,pp.582-583;十二使徒遗训(*Didache*)十五 4 指出,信徒的祷告要以福音书中的主为榜样。

⑩ *dialogismos*,黄锡木:《原文》,页 499;*TDNT*,II:98.

⑪ Dibelius & Conzelmann,*The Pastoral Epistles*,p.45.

要的条件(参见彼前三 7),故男信徒要以这样正确的态度去"举起圣洁的手",这无疑是一祷告的动作。韩哲生指出,犹太人祷告的动作有很多,而"举手"是代表一种完全仰赖神的态度;[12]"圣洁"指信仰生活的虔诚和清洁,[13]故"圣洁的手"[14]可说是象征一个信徒应有的、不为罪恶所困的祷告生活,而唯有一个远离罪恶的生活,才能使人的祷告直达圣洁的神面前,并且配得成为教会的领导人(三 2),在聚会中领导会众祷告。

(ii) 教导女信徒(二 9~15)

二 9 "又愿女人廉耻、自守,以正派衣裳为妆饰,不以编发、黄金、珍珠,和贵价的衣裳为妆饰,

10 只要有善行,这才与自称是敬神的女人相宜"

由此节开始直到十五节,保罗转而向"女人"作出教导。细观其内容,其实不单论及聚会时的情况,亦涉及"女人"其他的活动层面,即家庭。所以,保罗是以"女人"在聚会中应有的表现作开始,把讨论的范围,延展到其他的生活层面,如家庭生活等。

首先,此处的"女人"一字,亦可作"妻子",[15]此译法的支持点有:

a. 第十五节论及女人可借着生产得救,可见保罗是指已婚的妇女说的。

b. 第十三至十四节保罗引用亚当及夏娃为例证,他们既有夫妻的关系,故此处亦是论及已婚的妇女。

c. 自以弗所书第五章二十二节始,保罗同样用此字去形容妻子与

---

[12] 他的枚举和对每一项动作的解释,参见 Hendriksen, *1 & 2 Thessalonians*, *1 & 2 Timothy and Titus*, pp. 103 - 104.

[13] *hosios*, *BAGD*, p.589.

[14] *hosious cheiras*, Knight 认为手代了人一切的活动,故圣洁的手是有一个圣洁的生活,参见 Knight, *Commentary on the Pastoral Epistles*, p.129;但这是不必要的解法,因为"举手"此行动本身,已是一祷告的动作。

[15] *gunaikas*;支持此取向的有 Paul Barnett, "Wives and Women's Ministry (1 Timothy 2:11 - 15)", *Evang Rev Theol* 15(4,91), p.321.

丈夫的关系。⑯

d. 此段的内容与彼得前书第三章一至六节的措辞相似,其内容涉及妻子要如何对待丈夫。⑰

然而,"女人"一字更应该是指普通妇女,原因罗列如后:

a. 虽然彼得前书第三章一至六节与此处的内容有相近之处,但亦有明显的不同,如妻子有未信主的丈夫,并且彼得是以撒拉为例,而非以夏娃为预表。

b. 以弗所书及彼得前书等经文,被称为"家庭规章"(household code),但此处的上文下理,是以教会的聚会为背景。⑱

c. 此处的"女人"之前没有冠词,故是指一般女性。⑲

d. 按上文对男性祷告方面的教导,如果此处的女人是指妻子,则男人便应作丈夫了,但祷告的职事,不可能只限于已婚的男信徒,故上文的男人不大可能是指丈夫,而此处的女人亦不应解作妻子。

e. 一般来说,当保罗并论夫妻的关系时,都会集中解说两者的相爱及互相顺服的关系(西三 18～19;弗五 21～33),与此处所涉及的其他的各样事项不同。

f. 如果保罗只论及已婚的妇女,即妻子,那些未婚者岂不是不在保罗所教导的对象之内? 我们要注意当保罗写哥林多前书第七章时,他是有条不紊地处理已婚妇女的问题(第 2～7 节),继而是未婚和寡妇(第 8～9 节),还有是已订婚的处女(第

---

⑯ 事实上,此字在新约中多用作指妻子,其经文参见 Gordon P. Hugenberger, "Women in Church Office: Hermeneutics or Exegesis? A Survey of Approaches to 1 Timothy 2:8 - 15", *JETS* 35/3 (September 1992), p.354, fn.57.

⑰ Ibid, pp.355 - 357.

⑱ Ann L. Bowman, "Women in Ministry: An Exegetical Study of 1 Timothy 2:11 - 15", *BibSac* April-June(1992), p.197.

⑲ Fee, *1 & 2 Timothy*, *Titus*, p.71; D. J. Moo, "1 Timothy 2:11 - 15: Meaning and Significance", *TrinJ* 1(1980), p.63;对比弗五 22,后者是有一冠词的,故是 *hai gunaikes*,是为妻子;但 Zerwick & Grosvenor, *A Grammatical Analysis of the Greek New Testament*, p.630 有不同的看法;另参 Hugenberger, "Women in Church Office", p.253;事实上,上一节的"男人"(*tous andras*)也有一冠词。

36～38 节），但在此处，保罗亦没有以另外的篇幅对未婚的妇女说话（对寡妇则于五 9～16），由此可见保罗在此处是有意包括二者。

由此观之，此处可能的情况是，教会内大部分都是已婚的妇女，或出现问题的主要是已婚的妇女，故保罗的教导反映他是以她们为主要的对象，[20]但他的教导同时亦包括在聚会中所有的女信徒。[21]

我们要注意的是，此节之开始有一"同样"之字，[22]是回指上一节的"我愿"一动词，故此处作"又愿"（和合本）；保罗在指示过男信徒在聚会中祷告的重要及态度后，如今针对聚会中的女信徒说话。女信徒要"廉耻……为妆饰"，此句更好应作"穿正派的衣服，以廉耻及自守妆饰自己"（参考思高），[23]在原文里，"正派"及"妆饰"实为同一个字，含有富秩序及有规律的意思，[24]故作"正派"，或"端正"（思高）；[25]"廉耻"只出现于此，其意思是要自我尊重，不因忽略自重而引来他人的轻看，使自己蒙羞。[26]"自守"一字于本章十五节再度出现，是指因有良好的决断力及善于自我克制而产生了娴淑温柔的表现，[27]总之，保罗先以一个正面指导训示妇女们不单要在外表上穿着端正得体，亦不要忘记对内在品德的培育；"廉耻"及"自守"都极为重要，是信主的妇女所应持有的内在美。

毕竟，当妇女出现于公众场合时，注意自己的容颜及打扮是免不了的，但以弗所教会的妇女在聚会时，常盛装打扮，借此引起他人的注意，及标榜自己的地位，这样，保罗因应此毛病作出以下含负面的教诲："不以编发、黄金、珍珠和贵价的衣裳"以上一系列的描写，在在反映此群妇

---

⑳ 例如要女人顺服男人、女人在生产上得救等。

㉑ 这是大部分学者的见解，如 Witherington，*Women in the Earliest Churches*，p. 121.

㉒ *hōsautōs*.

㉓ "妆饰自己"亦可以拨入下一句用，参考新译。

㉔ *kosmios*，再现于三 2；出自 *kosmos* 一字，意即世界，引申有规律之意；*TDNT*，III，867；*BAGD*，p. 446.

㉕ 参考和合本于三 2 对此字的译法。

㉖ *aidōs*，*BAGD*，p. 21.

㉗ *sōphrosynē*；*BAGD*，pp. 809-810.

女们属富有人家,㉘而当代富有的妇女不单借其奢华的打扮去突出自己,还会在其他的场合,借金钱上的慷慨施与,㉙及出众的言语抬高自己的地位,争取别人的尊重。因此,我们相信以弗所教会内此类的妇女,将自己的势力在教会的各层面扩张,甚至威胁男性的领导地位,因此,保罗才会于下文,即第十五节处,直言不讳地命令她们不可教导及管辖男人。㉚

"编发"又可作"鬈发"(新译),显出其刻意地为自己的头发作打扮,㉛"黄金"及"珍珠"都是名贵的饰物,㉜此番描绘反映出此群妇女可能真的是穿金戴银,珠光宝气地去教会聚会,再加上"贵价的衣裳",她们刻意把自己打扮得雍容华贵,实在极奢华之能事。

然而,保罗指出借过分的妆饰去引人注意,以显示自己重要的做法实在错误,㉝反而,"只要有善行"作为妆饰,才"与自称是敬神的女人相宜","敬神"一字只出现于此,是由一"神"字及带有敬虔之字根所组成,故作"敬神";㉞此字常为犹太人所用,㉟可能是那些有犹太教倾向的假教师所采用的字眼,而保罗有意套用此字,以校正假教师及这群妇女对"敬神"所存的错误观点;再者,此句应作"然而,借着善举,才合乎

㉘ 详参 Barnett,"Wives and Women's Ministry",pp. 225－228;J. B. Hurley,*Man and Woman in Biblical Perspective. A Study in Role Relationship and Authority*(Leicester: IVP, 1981),p. 199;在当代,位居政府要职的女性,其中一个条件是富有及慷慨;有关小亚细亚一带妇女居显要地位之研究,参见 E. Fiorenza,*In Memroy of Her*(New York: Crossroad, 1983),p. 249;A. H. M. Jones,*The Greek City from Alexander to Justinian*(Oxford: Clarendon, 1940),p. 175;A. J. Marshall,"Roman Women and the Provinces",*Ancient Society* 6,(1975),pp. 109－127.

㉙ Wendy Cotter,"Women's Authority Roles in Paul's Churches: Countercultural of Conventional?" *NovT* XXXVI (October 1994),p. 364.

㉚ 而这群妇女对真理的造诣是肤浅的,参见提后三 7 的暗示。

㉛ *plegma*,故又可作精致的发型,黄锡木:《原文》,页 500;本指一切被编织而成的物件,*BAGD*,p. 673.

㉜ 关于黄金(*chrysos*),参见彼前三 3;启十七 4,十八 16;珍珠(*margaritai*),参见太十三 45;启十七 4;*TDNT*,IV:472.

㉝ Witherington,*Women in the Earliest Churches*,pp. 119－120.

㉞ *theosebeia*,大概与二 2 之"敬虔"(*eusebeia*)同义;参见 *BAGD*,p. 358.

㉟ 参见 Paul Trebilco,*Jewish Communities in Asia Minor*(Society for New Testament Studies; Cambridge: CUP, 1991),p. 146.

称为敬神的女人"(参考思高);"善举"原文位于句子之末,故有强调的作用,旨在对比那些外表的珍贵饰物;"善举"亦是复数,[36]指信徒的一切言行举止,举手投足都应该有"善",即良好道德的表现。[37]

总括来说,将注意力放在衣着和打扮上是浪费时间的,敬虔的女性应将时间和精力放在行善上。事实上,彼得亦有相近的教导,他更引撒拉为例,以她的温柔安静及顺服丈夫的美好品德,作为一切全心仰望神的女性之楷模(彼前三 3~6)。

二 11 "女人要沉静学道,一味的顺服"

保罗续称:"女人要沉静学道",此句可作"女人要在沉静中,全然顺服地学习";"沉静"此字应作"安静"(quiet),而不是"不许作声"(silence),[38]究其原因有:

    a. 每当保罗指不许作声时,他常用另一个希腊字。[39]

    b. 反而,此字带有要存一个学习的态度等候神的意思,故"安静"的目的,是要专心致意于"学习"。[40]

    c. 保罗早于哥林多前书第十一章时已表明,妇女在会中可以祷告及讲道,故不会在此处不许女性在聚会中作声。[41]

"学习"是命令语,[42]可见保罗有意强调妇女要存谦卑学习的心态,并且要在安静中学习,使她们不至于在信仰上不学无术。提摩太后书第三章六至七节提及,有一些被假教师吸引的妇女,她们因着被自己的私欲引诱,常常犯罪,这些罪可能包括在提摩太前书第五章十三节所谈及的,过投闲置散的生活,喜爱说长道短,好管闲事,胡扯一番,结果便是在学习真道上全然失败。有见及此,保罗要妇女们"安静",专心于

㊱ *ergōn agathōn*,直译为"美善的工作"。

㊲ 故 *agathon* 含有道德意味,参见 Knight, *Commentary on the Pastoral Epistles*, p.137.

㊳ *hēsuchia*, P. B. Payne, "Libertarian Women in Ephesus: A Response to Douglas J. Moo's Article, '1 Timothy 2:11 – 15: Meaning and Significance'", *TrinJ* 2(1981), pp.169 – 170.

㊴ 即 *sigaō*,如林前十四 28、30、34; *BAGD*, p.757.

㊵ Kroeger & Kroeger, *I Suffer Not a Woman*, p.104.

㊶ Bowman, "Women in Ministry", p.198.

㊷ *manthanetō*,是现在时态,说明保罗是要妇女们持续地学习下去。

"学习"，实在对她们有益。

其实，保罗的训令在当代来说已是一种开明的表现，因为犹太拉比从不鼓励犹太妇女在聚会中学习，例如巴比伦塔木德（Babylonian Talmud）坚称："男人来是要学习，女人来是要聆听"；[43]此外，女人还要"全然地顺服"，"顺服"常出现于新约，[44]是描述一种服膺于某人的关系，如信徒要服从父神（来十二 9）、基督（弗五 22；腓三 21），又要彼此顺服（弗五 21），顺服掌权者（罗十三 1、5），作妻子的要顺服丈夫（西三 18；弗五 21～22；彼前三 1、5）等。"全然顺服"有强调的作用，反映这些妇女确实在顺服的功课上出现问题，以致不单影响了夫妻的关系，甚至阻挠了教会内领袖们进行领导监察的工作，保罗才有此番措辞。此处没有特别提及向谁顺服，合理的推想是要向教会的领袖们顺服，尤其向监督、长老和执事，因为保罗正在谈论教会在聚会中的事宜，但保罗在此不注明对象，可能是要她们存一"全然顺服"的态度，过于以某些人为顺服的对象，因为她们的问题是在观念和态度上均有错误。

二 12　"我不许女人讲道，也不许她辖管男人，只要沉静"

继而，保罗发出一道禁令："我不许女人讲道，也不许……"，"我不许……"[45]此句之前有一"然而"，[46]此乃对比上一节的要妇女们学习和顺服，这些都是保罗要求妇女们去做的，如今却要道出一些不许她们做的事情，便是"讲道"，此字应作"教导"；此字在新约中出现近一百次，大部分是指对众人的教导，[47]是教师的工作，此工作主要是有系统地将旧约圣经及使徒的教训教导会众（林前四 17；提后二 2）；教导是一项恩

43　引自 Knight, *Commentary on the Pastoral Epistles*, p. 139.

44　此处为 hypotagē，其从属动词 hypotassō 常用于新约；参见 *TLNT*, 3：424－426；*TDNT*, VIII：39－46.

45　因着"不许"（epitrepō）是现在时陈述语气不定式（present indicative infinitive），因此，有人认为保罗是要把此禁令普及化，以致普世教会都要如此，如 Douglas J. Moo, "The Interpretation of 1 Timothy 2：11－15：A. Rejoinder", *TrinJ* 2（1981）, p. 199，但这是言过其实的。

46　de.

47　didaskein，只有三次是用作对个人的教导，参见 R. B. Zuck, "Greek Words for Teach", *BibSac* 122（April-June 1965）, pp. 159－160.

赐,需要圣灵给予(林前十二 28;弗四 11)。[48] 骤看下,保罗禁绝妇女在聚会中做任何教导的工作,然而,在提多书第二章三至四节里,他却力劝年老的妇女教导年轻的妇女,可见保罗无意废除一切妇女的教导工作。亦有人主张,此处是指不可教导男性,但经文本身并没有此含义。更有人力陈,女性因而不可在教会内成为教师,或是被按立为牧师,因为牧师与教师原属一项的职事(弗四 11),但这种言论无疑是把此句的解释过分简化,漠视了新约圣经所记载保罗对于妇女侍奉的观念。

保罗对妇女的侍奉,采取了一个开明的态度。首先,在他侍奉的日子里,非比(罗十六 1~2)、百基拉(徒十八 2~4;罗十六 3)等女性领袖,都与他建立了良好的侍奉关系,前者更备受保罗欣赏,是坚革哩教会之执事;后者与他同工多年,在初期教会时期极负盛名,享誉当代,甚至善于辞令的亚波罗,亦曾在她及其丈夫的教导下受益(徒十八 24~26)。再说,早在加拉太书第三章二十七至二十八节里,他已说明:"你们受洗归入基督的,都是披戴基督了,并不分犹太人、希腊人、自主的、为奴的,或男或女,因为你们在基督耶稣里都成为一了。"在此,罗奥(Lowe)强调,当保罗论及外邦人与犹太人在神的面前有身份上的平等(status equality)时,其必然的结论,便是在教会内功能上的平等(functional equality),[49]既然犹太人与外邦人共同享有一致性的权利,为奴和自主的亦是一样,则男性和女性亦当如此。因此,在救赎的群体,即教会里,无论犹太人或是外邦人,或自主的为奴的,或男或女,都同为后嗣,同享救恩之福,同拥有侍奉的权利。[50]

继而,在哥林多前书第十一章里,保罗早已表明妇女可以在聚会中祷告及作先知讲道(十一 5),[51]只要她们在侍奉中,不把男女的性别混

---

[48] Bowman,"Women in Ministry", p. 200.

[49] S. D. Lowe," Rethinking the Female Status/Function Questions; The Jew/Gentile Relationship as a Paradigm", *JETS* 34/1 (March 1991), pp. 59 - 75.

[50] Wendy,"Women's Authority Roles", pp. 371 - 372.

[51] 有学者认为作先知讲道,与作教师是不同的,前者具有获得性权柄(derived authority),由圣灵直接传授,但后者是一种要得到受众纳其权柄后才能生效的教学工作,故不能相提并论;如 Moo,"The Interpretation of 1 Timothy 2:11 - 15: A Rejoinder", p. 201;但这种切分法是不必要的,教导同样是一种恩赐,故其权柄亦是被传授的,而先知的讲道同样是要得着听众的认同、甚至评审,才能发挥功效。

淆,不与社会及教会的传统大相径庭(十一 5～6、13～16),违反了神创造男女两个性别的原委,故他引用创造次序以支持其论点(十一 8～9)。(52)

一言以蔽之,信徒凭着圣灵所赐的恩赐,于教会内以爱及造就他人的态度(林前十二 27～十四 12),去服侍众圣徒,建立基督的身体,即教会(弗四 11～16)。在侍奉的层面,男女是平起平坐,齐头并进,共谋天国的大事,并不因着性别而带来分歧。(53)

按以上的了解,保罗吩咐女人不能讲道,即教导,主要是因为此处的妇女受假教师的影响,接受了一些类似诺斯替主义的理论,以作为女性代表的夏娃,在才智上都优胜于代表男人的亚当。再者,她们都是一群富有的人士,在当时富有代表权力,一般妇女都难于从政,要的话其基本条件是要有经济的实力,并且乐于捐钱,这样,我们不难想象这群富有的女性可能以为自己既然有钱财,便可以借之而问鼎管治教会的权力,(54)肆意地在聚会中教导真理,来争取他人的注意力,(55)但却是不学无术之辈,如果容许她们教导下去,一方面会继续传递一些错误的思想,另一方面亦会影响其他男性,甚至提摩太,去执行领导的工作,其中尤以是驱逐假教师的行动。所以,这只是一个在特殊情况下的非常甚至是迫不得已的措施。(56)

---

(52) 对十一 8～9 之诠释,参见张永信:《哥林多前书注释》。

(53) 持上述见解的福音派作品有 Paul Jewett, *Man as Male and Female* (Grand Rapids: Eerdmans, 1975); G. Bilezikian, "Hierarchist and Egalitarian Incultureations", *JETS* 30 (December 1987), pp. 425 - 426; D. Scholer, "Feminist Hermeneutics and Evangelical Biblical Interpretation", *JETS* 30 (December 1987), p. 418; R. Pierce, "Male/Female Leadership and Korah's Revolt: An Analogy?" *JETS* 30 (March 1987), pp. 4 - 5; G. Fee, "Reflections on Church Order in the Pastoral Epistles", *JETS* 28 (June 1985), pp. 146, 150; D. Scholer, "1 Timothy 2:9～15 and the Place of Women in the Church's Ministry" in *Women, Authority and the Bible*, ed. A. Mickelsen (Downers Grove: IVP, 1986), pp. 193 - 219.

(54) 当时有些富有的妇女的确借着其财势争取社会上的地位,参见 Wendy, "Women's Authority Roles", p. 364.

(55) 罗马的妇女,如要在政治上有影响力,亦不容许借着其言论或突出的政治姿态去实现其目的,参见 ibid., p. 366.

(56) Baron, "Putting Women in Their Place", p. 456;按保罗的教会论,信徒不分性别,都凭恩赐侍奉,这是一个通则,但在此处则有另一条更高的原则要采用,便是为了全教会的益处,亦即是爱心的原则;禁止妇女作教师,信徒凭恩赐侍奉的原则就被凌驾了;事实上,如果犯事的是男性,则同样保罗会禁止他们作教师,教牧书信内的许米乃、腓理徒等假教师便是一实例了。

总之,这群妇女的问题是很希望成为教师,借着教导去影响他人,博取注意和尊重,一如第九节她们以盛装打扮的意图一样,但却是胸无点墨,实在不宜做教导的工作。

此外,我们要注意,保罗在此并没有表明他不许女人教导什么人,有人认为此处是指男人,但这是不必要的推测,尤以是保罗在下一句明言不许女人"辖管男人",可见他是要将不许女人对男人所做的,规划在"辖管"此问题上。

除了不许女人作教师教导外,保罗还不许女人"辖管男人";由于此处保罗不是教导夫妻之间的关系,故"男人"应是指一般的男信徒。"辖管"一字其实际意思殊难决定,哈利斯(Harris)坚称此字意即"用权力去控制";[57]但如果属实,则保罗可以用另一个更为普通的,译作"有权柄"的字,[58]无必要选此奇特的字眼,可见此处是有特别的意思。[59]卫尔斯(Wilshire)借着一电脑资料库对此字于当代的用法作出研究,以下是一些研究所得的撮要:[60]

出现的文献	意思
公元前二世纪之波利比乌斯(Polybius)	凶杀者
公元前一世纪之马加比三书	禁令或权柄
公元前一世纪至公元一世纪之 犹奥多罗斯·西库路斯 (Diodorus Siculus)	罪恶的作者、支持暴力 的人
公元前一世纪至公元一世纪之 斐洛·尤迪厄斯(Philo Judaeus)	谋杀自己的人
公元一世纪之约瑟夫(Josephus)	纵容罪恶的人

---

[57] *authenteō*, Timothy J. Harris, "Why Did Paul Mention Eve's Deception. A Critique of P. W. Barnett's Interpretation of 1 Timothy 2", *EQ* 62(1990), p. 342;另参 G. W. Knight III, "AUTHENTEŌ in Reference to Women in 1 Timothy 2:12", *NTS* 30 (1984), pp. 143 - 157. 详参本书"再版序"有关的讨论。

[58] *exousiazō*.

[59] Bowman, "Women in Ministry", p. 201.

[60] Leland E. Wilshire, "1 Timothy 2:12 Revisited: A Reply to Paul W. Barnett and Timothy J. Harris", *EQ* 65:1(1993), pp. 46 - 47.

公元一世纪之提摩太前书 　第二章十二节	？
公元二世纪之亚历山大里亚的阿庇安 　（Appian of Alexandria）	谋杀犯、纵容邪恶的人
公元二世纪之黑马牧人书	建塔的人
公元二世纪之爱任纽	权柄
公元二世纪之哈玻克拉奇翁 　（Harpocration）	谋杀犯
公元二世纪之普律尼科司 　（Phrynichus）	用己手杀人

按以上的表列，此字无疑带有强烈的贬义，[61]并且在公元一世纪之时段，以此字为辖管的意思是罕有的，反而是带有煽动暴力，甚至是谋杀，即取人生命，以达到目的之意思。[62] 如果此分析属实，将"辖管"译作"粗暴地对待"是一较佳的表达，意即保罗禁止妇女们粗暴地对待男人。[63]

何以这群妇女会对教会内的男性有这种异常的行径？其原因可能有二：

a. 她们受了假教师某种禁欲主义的荼毒，对于嫁娶等事甚感厌恶（参见四 3），并且不以生儿育女为己任（参见第 15 节），这种思想当然遭到教会内的男性及其丈夫的反对，于是她们对其丈夫，甚至教会内其他的男性心生反感，故她们粗暴地对待男性，以发泄内心不满的情绪。[64]

---

[61] Ronald W. Pierce, "Evangelicals and Gender Roles in the 1990s: 1 Tim. 2:8-15: A Test Case", *JETS* 36/3 (September 1993), p.349.

[62] Wilshire 是用"煽动暴力"作界定，参见 Wilshire, "1 Timothy 2:12 Revisited", p.48；另参 L. E. Wilshire, "The TLG Computer and Further Reference to AUTHENTEŌ in 1 Timothy 2:12", *NTS* 34(1988), p.130.

[63] 亦有将此句作"不许女人以自己为男人的本源"，故下文保罗指出事实上，是亚当先于夏娃被造，参见 Kroeger & Kroeger, *I Suffer Not a Woman*, pp.101-103；坚持传统译法，即以之为"管辖"的有 Andrew C. Perriman, "What Eve Did, What Women Shouldn't Do: The Meaning of AUTHENTEŌ in 1 Timothy 2:12", *TB* 44.1(1993), pp.129-142.

[64] 她们可能借教导抒发其不满之情，参见 Wilshire, "1 Timothy 2:12 Revisited", p.49.

b. 保罗在第十三至十四节内引用亚当及夏娃为例，主要是驳斥这些妇女，因为她们相信既然是亚当犯罪，引致全人类都陷在罪里，则夏娃便优于亚当了，[65]因此，保罗才会作出指正。无论如何，这种错误的思想，亦增加了她们对男性的厌恶和反感。

基于以上的理由，保罗才会不许以弗所教会内的妇女们"辖管男人"，即粗暴地对待教会内的男性，还要求她们"只要沉静"；"沉静"早于第十一节已出现过，[66]故此句应作"然而却要安静"，借此平息她们心中的愤慨。

二 13　"因为先造的是亚当，后造的是夏娃，
　　14　且不是亚当被引诱，乃是女人被引诱，陷在罪里"

到了此处，保罗引用了创世记第一至三章的内容，作为他的论证，他说："因为先造的是亚当，后造的是夏娃，且不是亚当被引诱，乃是女人被引诱，陷在罪里"；创世记第二章记录了夏娃是如何造成的，耶和华神用泥土造了亚当，但为了要为他找一个伙伴，耶和华神在亚当熟睡时，取了他的一根肋骨，造成了夏娃，所以在时间上，亚当是先被造的，此谓之"创造次序"；早于哥林多前书第十一章八节时，保罗已动用过此次序，但那处的重点却在女人是由男人而出的，强调了出处和本源，旨在指出因为男女的出处不同，证明了男女是有性别之分的，[67]当然这里的重点不是出处，乃是在时间上亚当与夏娃的被造是不同的。[68]　保罗

---

[65]　详参此二节的注释。

[66]　*hēsuchia*，参见其注释。

[67]　对林前十一 8 之诠释，参见张永信：《哥林多前书注释》。

[68]　诺斯替主义有把男女性别融为一体的主张，参见 R. Grant, *The Secret Sayings of Jesus*（New York：Doubleday, 1960），p.80；如一诺斯替主义著作多马福音（Gospel of Thomas）论及，西门彼得曾向耶稣示意，要求马利亚离开信徒群体，因为她不配得着生命，但耶稣则回答，马利亚将被变成男性，并且如男性一样成为灵，能以进入天国；参见 J. Doresse, *The Secret Books of Egyptian Gnostics*（New York：Viking, 1960），p.370；故此处是针对教会内有此见解的妇女；然而，若是这样，则保罗理应采用林前十一 8 的方法，以女人是出于男人，或是男人是女人的头，作为论据，但此处却非如此，可见这群妇女的问题，与哥林多教会的女性们在本质上不同。

的论点是,如果以弗所的妇女们以为在任何的事上,女性都领先于男性,以致可以随意粗暴地对待男性,她们便抹煞了一个历史的事实,便是亚当(男人)是先于夏娃(女人)被造。(69) 再者,如果真的要分谁先谁后的话,在犯罪的事上,却是夏娃(女人)犯罪先于亚当(男人)。(70)

"被引诱"是过去不定时态,保罗是指一项完成了的行动,发生于人类历史:在伊甸园里,夏娃被魔鬼引诱而吃了禁果;(71)保罗于本书稍后论及魔鬼借着假师傅的道理引诱人犯罪(四 1～2),这情况实在有如昔日魔鬼借着蛇,引诱夏娃犯罪一样,此雷同的情况成了保罗引用此段旧约故事的原因;"陷在罪里"直译为"进入罪里",(72)"罪"一字原意为"超越了范围"(transgression),故可作"过犯";(73)"进入"一字为现在完成时态,此表达有强调的作用;(74)总之,全句"乃是女人被引诱,陷在罪里"显为重点,由此可见,保罗要借之针对当时发生于以弗所教会女信徒身上的一些问题,此问题与被魔鬼引诱而犯罪的事有关。

在此,保罗引用男女之"创造次序",及夏娃受魔鬼的引诱而比亚当先犯罪,其目的何在? 学者们提供了五个可能的理由:

a. 既然保罗引用此段创世记的经文,他有意使其教导有普遍性的应用(universally applicable),要证明女性比男性软弱,因为女性是后于男性被造。再者,亦是女性,即夏娃先犯罪,可见女性是不及男性的,故在教会内,女性不能领导男性。(75)

然而,我们早已说过,此处保罗是针对一个特殊的境况而说话,其中

---

(69) 故有修辞之说理的作用;参见 S. G. Lingenfelter, "Formal Logic or Practical Logic: Which Should Form the Basis for Cross-Cultural Theology?" 引自 "Evangelicals and Gender Roles in the 1990s", p. 350;在林前十一 14,保罗表示人的本性,亦可作为女人要有长头发的指引,此处亦有同样的功用,详参 Pierce, "Evangelicals and Gender Roles in the 1990s", pp. 350 - 351.

(70) 故有讽刺的作用。

(71) *exapatētheisa*,有被成功引诱的意思,参见 Rienecker & Rogers, *Linguistic Key*, p. 621.

(72) *en parabasei gegonen*.

(73) *parabasis*, Rienecker & Rogers, *Linguistic Key*, pp. 621 - 622.

(74) 即 dramatic use.

(75) E. F. Brown, *The Pastoral Epistles* (London: Methuen, 1917), p. 20; S. T. Foh, *Women and the Word of God: A Response to Biblical Feminism* (Philadelphia: Presbyterian, 1980), pp. 123 - 124.

尤其是受假教师影响的妇女，因此，将之一概而论有以偏概全之嫌。

b. 保罗的言辞极其保守，因为他受犹太人拉比观点的影响，此实乃当时犹太人的见识。[76]

然而，此主张漠视了虽然保罗曾经是犹太拉比，但他亦于大数长大，受希腊文化的熏陶。更重要的是他在大马士革路上与复活的主相遇，从此，他便把过往看为美的事，现在都看作有损的，甚至以之为粪土（腓三4～9）。由此观之，保罗的神学源自犹太教，但却因着认识基督而焕然一新。在妇女侍奉观上，他力陈不论外邦人还是犹太人，又或者是男还是女，都在基督里同归于一（加三26～29），这样，此论调实有妄断之处。

c. 此处保罗是教导女人如何作妻子及顺服其丈夫，故其言辞与其他新约有关夫妻的关系看齐。[77]

不过，我们早已为此经段定位，即此处保罗是谈论在聚会中的男女，而非谈及家庭中的夫妻关系。

d. 保罗的引用旨在作为例证，以支持他在此处的论点，故有修辞的作用，以提高他教导的说服力。按此了解，他并不是在教导一个可放诸四海皆准的原则，即女性不能领导男性。[78]

e. 保罗针对当时教会内一些妇女的论调，她们错误地理解保罗对于因着亚当犯罪，罪便入了世界的主张（罗五12起），认为因着亚当的犯罪，以致连累全人类都陷在罪里，故轻视男性，对之不敬，甚至想控制他们。为了化解她们的错谬，保罗才针对此事，指出了在时间上，亚当先于夏娃出现，严格来说，先犯罪的不是亚当，反而是夏娃（即女性），借此一挫这群妇女的气焰。

其中 d 和 e 基本上是可以兼容的，其理据亦较充分，原因如下：

（i） 以弗所教会的妇女，受着假教师的影响（五15；另参提后三

---

[76] K. Stendahl, *The Bible and the Role of Women: A Case Study in Hermeneutics* (Philadelphia: Fortress, 1966); Jewett, *Man as Male and Female*, pp. 111 - 147; V. Mollenkott, *Women, Men and the Bible* (Nashville: Abingdon, 1977), pp. 20 - 25.

[77] Hugenburger, "Women in Church Office", pp. 354 - 359; 他特别将此处与彼前三1～6作比较。

[78] 反过来说，保罗其实为了要抗衡假教师的主张，以女性为次等于男性；保罗却指出女性仍可借着生产得救（第15节），即生出救主基督耶稣，详参 Payne, "Libertarian Women in Ephesus", p. 179ff.

6),已到了极为危险的窘境,然而,她们还是不自知地极活跃于教会的工作(五 13),实在有如昔日夏娃一样,不单受魔鬼的欺哄,还影响了亚当,后果何等严重(另参四 1~2)。故保罗才会重提旧事,以夏娃的事件为一预表(type),将之应用于此,不许她们作教师,以免重蹈覆辙。

(ii) 在细观经文的措辞后,我们发觉保罗在论及创造次序时,他同时用了亚当和夏娃两个专有名词;但到了被引诱的事上,他却只用亚当,而以"女人"代入了夏娃。由此可见,保罗有意指出这正好是这群妇女问题的所在:受引诱而犯罪,如今,魔鬼同样是借着假教师引诱她们,要把她们陷在罪中(参见四 1~2)。

(iii) 我们已说过,早于哥林多前书第十一章八节时,保罗已有论及男女的创造次序,但却没有论及夏娃被引诱的事件,但在此处却作此部署,可见保罗是针对着他的受众,处理存在于她们中间的一些特殊问题,才作出这样的回应。

(iv) 受了假教师的影响,此群妇女对于创世记第三章存在着偏差的见解,她们相信夏娃凌驾亚当,[79]而亚当的犯罪,代表了男性的缺点,故对男性,尤以其丈夫,采取了不敬不服、甚至要控制他们的态度。如果此劣势继续发展下去,必导致教会领导阶层的分崩离析,并且引起社会的不安,怀疑教会倡导一些反动的主张。如果这些理论真的引发当时的父系社会、家庭制度及夫妻关系的震荡,势必引起社会对教会的敌视和排挤,这样,便会拦阻了福音的传播。[80] 因此,保罗才会同样地

---

[79] 此见解亦可能来自诺斯替主义,因诺斯替主义曾将夏娃形容为一个女英雄,成为了亚当得着知识的媒介,故吃禁果不但不是罪过,反而是带给亚当知识的创举,参见 K. Rudolph, *Gnosis: The Nature and History of Gnosticism* (Edinburgh: T. & T. Clark, 1984), pp. 97 - 99; C. Kroeger, "1 Timothy 2:12 - A Classcist's View" in *Women, Authority and the Bible*, ed. Mickelsen (Downers Grove: IVP, 1986), pp. 235 - 238; Kroeger & Kroeger, *I Suffer Not a Woman*, p. 144.

[80] 正因为这样,保罗并没有以废除奴隶为首要的任务(林前七 20~24),反而主张在可能的情况下,传道者,包括了他自己,应该与群众认同,对什么人便作什么人,以使人同得福音的好处(林前九 20~23)。

　　以夏娃代表女性,指出其实女性亦是如此软弱,并不显得优
　　胜于男性。[51] 这可说是以其人之道,还治其人之身的做法。

(v) 保罗早于哥林多前书第十一章时,已有提及创造的次序,即男
　　先女后,他既于此处重提此次序,又何必要于第十四节再加上
　　是女人先被引诱?[52] 因为事实上,虽然是女人先被引诱,但却
　　因着亚当的不慎,才使全人类陷在罪里,亚当亦难辞其咎,[53]保
　　罗理应明白这一点(罗五12起),故他没有理由在此间作一个
　　片面的论证。这样看来,保罗是就着他的受众,有意聚焦于夏
　　娃(女人)的错失,作为提醒;其意即虽然亚当亦犯了罪,但却
　　是夏娃受魔鬼的诱惑,即以弗所教会的女性同样是受了魔鬼
　　借着假教师的谬论带来的诱惑(四1),以致陷入险境。

　　综观而论,一如费依所说的,在引用旧约时,保罗大多数直引经文,
但此处却引用从经文而出的真理,[54]由此观之,保罗正在就着当时一些
被错解了的经文,即创世记第一至三章作出校正,针对当时教会内发生
的问题,作出此番特殊的引用和教导。按此剖析,我们不能因这一段经
文便结案陈词,主张在普世的教会内女性不能领导和教导男性;甚至轻
看女性,视之为弱者。

　　二15 "然而女人若常存信心、爱心,又圣洁自守,就必在生产上
得救"

　　最后,在严责过后,为了鼓励这群妇女,保罗说:"然而女人若常存
信心、爱心,又圣洁自守,就必在生产上得救",[55]"然而"带有转变性意
思,[56]故除了以上对女性负面的教导外,还有正面的、积极性的教诲;此
句"生产上得救"的"得救"位置在先,故有强调的作用;"生产"直译为

---

[51] 注意"陷在罪里"原文是"进入罪里",有强调的作用,故保罗是要标榜夏娃犯罪的事件,以
　　纠正这群妇女扭曲了的见解。
[52] 林前第十一章处,保罗在引用创造次序后,于第12节时却说:"因为女人是由男人而出,男
　　人也是由女人而出",此节无疑支持男女平等。
[53] Barron, "Putting Women in Their Place", p. 455.
[54] Fee, *1 & 2 Timothy, Titus*, pp. 73–74.
[55] 故此句有修辞的感染力之作用。
[56] *de*.

"生孩子"(children bearing)；[⑧⑦]问题是,此处的"得救",是指什么层面上得救? "生产"应作字面解,还是比喻性的? 这些都是使学者争论不休的疑难,[⑧⑧]以下是一些主流的见解:

- a. 保罗在此要针对禁欲主义的思想,因为当时的妇女受了这些思想的影响,以婚娶和生养为犯罪;故取"生产"的字面意思,把"得救"当作"蒙保守",意即"生产"本是人犯罪受咒诅的一部分(创三 16),"生产"实在是一个很大的考验。如果女性真的不能生产,没有儿女,反而是一种羞辱。能生养儿女,对人类的延续作了重大的贡献,这样便能蒙神的保守。[⑧⑨]

- b. "必在生产上得救"可译作"虽然她要生产,仍可得救",意即虽然夏娃,作为女性的代表,要经历生产之苦,但仍会蒙神的拯救。[⑨⓪]

- c. 由于"得救"的主位是单数的女性,[⑨①]故此句可作"借着生产,她将会被救拔",故是回指上一节的女人,即夏娃,因此,此处仍是在论及夏娃。保罗的意思是,虽然是因着夏娃受引诱先犯了罪,而生产之苦亦是一项咒诅(创三 16),但神却应许夏娃的后裔将会得胜魔鬼(创三 15),故是指借着生产后裔,救主得以出生,以达成了救恩,此方法是以"得救"指救恩,并且取"生产"的字面意思。[⑨②] 此见解的优点如下:[⑨③]

- (i) 由第十三节开始,保罗专注于创世记开头三章的教导,故同样,此说法将焦点维持在此范围内。

[⑧⑦] *teknogonia*，*BAGD*，p.815；Rienecker & Rogers，*Linguistic Key*，p.622.

[⑧⑧] Guthrie 认为此段乃教牧书信内最难解释的经文之一,参见 Guthrie, *The Pastoral Epistles*, p.77.

[⑧⑨] Dibelius & Conzelmann，*The Pastoral Epistles*，49；但问题是不少敬虔的妇女都因生产而死亡,如何称得上蒙保守；详参 Kent, *The Pastoral Epistles*，pp.112 - 113.

[⑨⓪] Scott，*The Pastoral Epistles*，p.28；但问题是,我们是否可以将 *dia*,即"借着",解作"虽然"。

[⑨①] *sōthēsetai*.

[⑨②] Kent，*The Pastoral Epistles*，pp. 114 - 116；Knight，*Commentary on the Pastoral Epistles*，pp.146 - 147；Oden，*First and Second Timothy*，pp. 100 - 102；A. Spencer，"Eve At Ephesus"，*JETS* 17/4(1974)，p.220.

[⑨③] 虽然 Fee 指出此论调的问题是,保罗从来没有引用创三 15 以带出救恩,亦没有论及和重视道成肉身的耶稣是出于夏娃或是马利亚的,参见 Fee, *1 & 2 Timothy, Titus*，p.75；但保罗针对以弗所教会的问题才作出以上的言论,这是可以理解的。

(ii) "生产"一字在原文是有一冠词的,故可能指某一个生产,即弥赛亚的出生。[94]

(iii) 注意下一句的"常存",保罗用了一个复数字,[95]故是"若她们常存……",而不是指着夏娃而论,由此可见,保罗先以夏娃虽陷在罪中,但却蒙神赐予得救的应许,此事实可作为一项借镜,应用于以弗所教会内妇女的身上,只要她们存着"信心、爱心,又圣洁自守",亦能得着神的拯救,即得着神的救恩。

(iv) 我们早已提及假教师的禁欲主张有涉及否定婚娶,甚至生育的价值(参见四1~2),故保罗有意继续引用创世记第三章的事件,并且聚焦于夏娃的后裔将会打败魔鬼的应许,旨在纠正禁欲主义那些错误的思想。

d. 以"生产"为喻意解,代表了妇女应有的责任,即生儿养女(吕本、现中),[96]"得救"指能免受魔鬼的引诱,陷在罪里(第14节)。这样,保罗是要妇女们放下作教师的野心,安于本分,成为贤妻良母,如此,反而会使她们不致因着受假教师的妖言迷惑,肆意教导,散布虚妄之言,被魔鬼引诱而犯罪。[97]

按以上的分析,c 及 d 都很具说服力,但除了以上所列举过的、对 c 的支持要点外,对其极为不利的地方亦不少,且看以下的一些枚举:

(i) 如果保罗真的是用"生产上得救"指神对夏娃的应许,何以保罗不更清楚地表达而要如斯隐晦?[98]

(ii) 如此理解创世记第三章十五节,在犹太拉比中是没有任何先

---

[94] *tēs teknogonias*,Rienecker & Rogers,*Linguistic Key*,p. 622;详参 Oden,*First and Second Timothy*,pp. 101 - 102.

[95] *meinōsin*.

[96] 黄锡木:《原文》,页 500;Bernard,*The Pastoral Epistles*,p. 49;Earle,"1 Timothy",p. 362;Kelly,*A Commentary on the Pastoral Epistles*,p. 69;S. Jebb,"A Suggested Interpretation of 1 Timothy 2:15",*ET* 81/7(1970),p. 221;相近的意思,便是以"生产"为"教育儿女",参见 Dibelius & Conzelmann,*The Pastoral Epistles*,p. 48;又或者是以家务为首务,参见 Hanson,*The Pastoral Epistles*,p. 74.

[97] Fee,*1 & 2 Timothy*,*Titus*,p. 75.

[98] 他既说了借着生产得救,应进一步说明其意思,参见 Bernard,*The Pastoral Epistles*,p. 49.

例可援,而保罗本人亦从来没有表示过他有此见解。⑨

(iii) 夏娃又如何可以借着其后裔,即弥赛亚的救恩而得救?

这样,把 d 稍作修改,将会是较少问题的一个选择,就是将本作喻意性解法的"生产",取其字面意思,即指生孩子,⑩故是指妇女要谦卑下来,接受神为她们所安排的怀孕生子。⑩ 我们早说过,倾向于犹太教思想的假教师,受了犹太教的影响,认为生产是不洁的,而诺斯替主义亦以性爱及生产为得救的拦阻,⑩故这些受了假教师影响的妇女们,亦抱着这些见解。有见及此,保罗便针对此错误的理解作出调校,即生产是好的,并不是犯罪。至于"得救",是与"常存信心、爱心,又圣洁自守"相关的,故是指信主的妇女,她们若能持守信仰的美德,定能蒙神的拯救,不致陷在罪中。

"女人若常存"原本是复数,⑩故可作"女人们若常存";按此了解,保罗把夏娃及以弗所的妇女们都包括在内;"常存"即维持着、持续于某种状态,尤指要持续地在某范围和层面中;⑩女人是要维持在"信心"和"爱心"里,此两项信徒的美德早于第一章十四节用过,是蒙恩得救之人的表现;"又圣洁自守","圣洁"是新约一个重要的字眼,⑩在此处是指一个过程,即信徒已经得救,并且开始过成圣的生活;⑩"自守"于第九节时已出现过,用作形容女信徒应有的品德,其意即自我克制,这实在是此群有自把自为倾向的妇女们所应学习的;故此句可作"及有自我克制的圣洁",即她们的成圣生活当有自我克制的表现。

毕竟,"信心""爱心"和"有自我克制的圣洁",都是信了主的人才能产生的,故全节的意思是,女人可以在生产上,因着其继续在信仰上成

---

⑨ 虽然教父如爱任纽曾表示有此理解,参见 Hanson, *The Pastoral Epistles*, p.74.

⑩ Robertson, *Word Pictures in the New Testament*, IV:570－571.

⑩ Calvin, *The Epistles to Timothy, Titus and Philemon*, p.219.

⑩ Krijn van der Jagt, "Women are Saved Through Bearing Children (1 Timothy 2:11－15)", *Bible Translator* 39/2 (April 1988), p. 207; David R. Kimberley, "A Possible Understanding of a Difficult Text", *JETS* 35/4 (December 1992), p.485.

⑩ *meinōsin*.

⑩ *menō*, *BAGD*, pp.504－505.

⑩ *hagiasmos*, *BAGD*, p.9.

⑩ 应用在妇女及此处,其范围便是在家庭和教会中过成圣的生活。

长,而得着拯救。[10]

归结而言,教导的工作极为重要,不论男女都不能随便晋身教师的行列,如果其教导与真理不合,不论是男,如亚历山大和许米乃等(一20),还是女,如此处的妇女,都不能被纵容,实应立时终止其活动,以免其谬论会如毒瘤一样(提后二 17),影响全体教会,后果便不堪设想了,提摩太实应接纳保罗的训言,贯彻地执行,以挽救教会的团结,不致陷入土崩瓦解之窘境。

(III) 结语

虽然圣经内有不少属灵原则是显而易见的,在任何时代都适用,尽管教牧书信能为牧养教会提供重要的导引资料,然而,我们要谨记的是,保罗正面对发生于第一世纪六十年代以弗所教会内所发生的问题,此处保罗的词锋,特别针对在信仰和生活上出现了严重问题的妇女,她们的问题是什么,保罗并没有详确的描述,这里,我们只能借着书信内的言辞,及一些历史背景的研究,拼出一幅有说服力及可理解的图画,如此才是负责任的释经态度。正因此故,我们千万不要贸然将保罗那些特殊性的处理法大众化,以致产生了错误的侍奉观,错待了我们的弟兄和姊妹。

当时的妇女,整体来说都是被轻视的一群,她们少有受教育,经济全赖丈夫的供应,生活圈子只停留在家中或菜市场,置身于官场的更是寥寥可数。因此,不少异教常以提高女性地位的口号,去吸引女性入教,其中如诺斯替主义,便把犯罪的夏娃,演绎成给予亚当奥秘和知识的女英雄。虽然当保罗写教牧书信时,诺斯替仍是羽翼未丰,但已渐渐兴起,其理论已借着一些假教师散布开来,吸引了一些希望能抬起头来、甚至扬名立万的女信徒。她们的气焰高涨,意气风发,大有凌驾于其他教会领袖之势。因此,保罗才会作出了一段制约女性侍奉的言论。我们断不能因此而将之普及化,把那些灵命长进和具备知识而又有恩

---

[10] 故保罗并非主张女人靠着作贤妻良母,即靠善行而得救,参见 Fee, *1 & 2 Timothy, Titus*, p. 76.

赐的姊妹摒诸教会领袖阶层之外。

　　然而，在正视和争取妇女权益的同时，作为现代的信主妇女，亦不要因为社会上鼓吹"女性解放""与男性平起平坐"的言论，而不耻于被别人轻看，誓要在教会内掀起革命浪潮，以致触发一场论战，导致教会分门结党，产生了阋墙之争，这样便重蹈昔日以弗所教会的女信徒之覆辙，多么使人遗憾。毕竟，作为基督耶稣的门徒，实应处处为基督的身体着想，以爱及造就他人为己任（林前十四 1～5）。这样，才符合作为基督救赎群体的儿女之本色。

　　再者，在这个事事讲求包装的时代，保罗要求妇女要以敬畏取代外在的装饰，实在值得我们注意。现代人只关注外在的表现，忽略内在品德的培育，已达到极为严峻的地步。且看现代的男女在化妆品的需求上所费不菲，也许，作为一种礼貌上的需要，轻妆淡抹是可以理解的，然而，作为信主的儿女，内在生命的成长才最重要。此外，在今日的华人教会里常存着一种生活方式，是以忙碌和成就取代涵养，不少信徒，甚至教会的领袖，其所讲求的，便是工作要有成就，而不是内在生命能一天新似一天。这些把信仰外表化的趋势，都是值得我们深思猛省的反常现象。

陆　教会中的领袖
（三1～16）

1　"人若想要得监督的职分，就是羡慕善工。"这话是可信的。

2　作监督的，必须无可指责，只作一个妇人的丈夫，有节制，自守，端正，乐意接待远人，善于教导，

3　不因酒滋事，不打人，只要温和，不争竞，不贪财；

4　好好管理自己的家，使儿女凡事端庄顺服。

5　人若不知道管理自己的家，焉能照管神的教会呢？

6　初入教的不可作监督，恐怕他自高自大，就落在魔鬼所受的刑罚里。

7　监督也必须在教外有好名声，恐怕被人毁谤，落在魔鬼的网罗里。

8　作执事的，也是如此：必须端庄，不一口两舌，不好喝酒，不贪不义之财，

9　要存清洁的良心，固守真道的奥秘。

10　这等人也要先受试验，若没有可责之处，然后叫他们作执事。

11　女执事也是如此：必须端庄，不说谗言，有节制，凡事忠心。

12　执事只要作一个妇人的丈夫，好好管理儿女和自己的家。

13　因为善作执事的，自己就得到美好的地步，并且在基督耶稣里的真道上大有胆量。

14　我指望快到你那里去，所以先将这些事写给你。

15　倘若我耽延日久，你也可以知道在神的家中当怎样行。这家就是永生神的教会，真理的柱石和根基。

16　大哉，敬虔的奥秘，无人不以为然！就是神在肉身显现，被圣灵称义，被天使看见；被传于外邦，被世人信服，被接在荣耀里。

(I) 引言

　　对提摩太来说，提摩太前书是重要的，因为它在论述完聚会中的男

女信徒应如何自处之后,如今论及教会的领袖,此处有两种主要的职分出现,先为监督,后为执事。基本上,保罗并没有谈及这些职分的工作内容是什么,因此,我们只能从保罗所列的,作这些领袖的条件中去推想。

第一至七节论及监督的职责,第八至十三节则是执事,第十四至十五节保罗更说明他写信给提摩太的目的,然后以一首赞美诗(第 16 节)作结。[1] 在此,费依指出大概监督和执事,都是属于教会的长老,而且按使徒行传第二十章十七及二十八节,与提多书第一章五及七节的授意,长老与监督是彼此可更换的称呼(interchangeable terms)。[2] 事实上,早在腓立比书中已有监督一词出现(一 1),基于此故,我们没有必要以监督为在第二世纪才出现的主教(bishop)一职。

学者奥登(Oden)提出,到了侍奉的末年,年老的保罗明白,教会将会继续存留下去,故教会需要有坚强的领袖领导教会,把信仰传统保存下去,这样,教会需要体制;正因此故,保罗便设立作监督和执事的一些条件,实在是因时制宜的做法,以致教会能继续维持下去,保罗的贡献实在功不可没。[3]

无论如何,由于本章没有论及监督和执事的工作内容,因此,我们相信此时以弗所教会的体制,只属雏形,谈不上什么等级制和主教制。在此,学者奎恩(Quinn)认为,这些作监督及执事的条件,可能源于按立礼中对受按者的吩咐,故其实是按立礼中礼仪的某些部分。[4] 然而,这只是一种推测,理据并不充分。平心而论,要成为监督和执事,自然需要有属灵恩赐为条件,如善于教导(第 3 节)、管理(第 4 节)和服侍,这亦是新约教会各属灵领袖出现的原因,即是因着需要,基督将各项恩赐给信徒,使他们在各层面上侍奉神,以建立基督的身体,即教会,此处

---

[1] 此实乃一早期教会的诗歌,详参 Robert H. Gundry, "The Form, Meaning and Background of the Hymn Quoted in 1 Timothy 3:16", in *Apostolic History and the Gospel*, ed. W. Ward Gasque & Ralph P. Martin (Grand Rapids: Eerdmans, 1970), p.203.

[2] Fee, *1 & 2 Timothy, Titus*, p.78.

[3] Oden, *First and Second Timothy*, p.139.

[4] Jerome D. Quinn, "Parenesis and the Pastoral Epistles: Lexical Observations Bearing on the Nature of the Sub-genre and Soundings on its Roles in Socialization and Liturgies", *Semeia* 50(1990), p.199.

亦不无二样。

我们亦不要忘记,以弗所教会正在受假教师的侵袭,已经对教会造成一定的影响,这样,保罗不得不对教会领袖的甄选不厌其详地论述;说明除了恩赐外,其他的品德操守亦不可匮乏。如此,便更能阻止任何假教师混进教会的领袖阶层内危害教会。以上都是保罗在此时所关注的,这亦可以解释,何以保罗不为监督和执事的工作内容作任何详确的界定,反而聚焦于其条件。⑤

(II) 注释

(i) 作监督的资格(三 1~7)

三 1 "'人若想要得监督的职分,就是羡慕善工。'这话是可信的"

此节出现了第二句"可信之话"(faithful sayings),详细的解释参见第一章十五节。⑥ 原文"这话是可信的"位列在先,基于此故,这句话可能是回指上一节,即第二章十五节的女人在生产上得救的经文。再者,教牧书信内的可信之言,在引用时通常都与救恩有关,这更加提高了是回指上一节的可能性。然而,和合本的处理法,即将之拨入第三章一节内,以形容"人若想要得监督的职分,就是羡慕善工",是更为有理由的做法,其原因有:

    a. 第二章十五节并不像是箴言,故不大可能是一被引用的句子。⑦

    b. 保罗有意将此片语置于句子之先,有承先启后的作用。否则,便显得唐突了。

    c. 当时有不少教会中人,有意要成为监督,而事实上,假教师及第

---

⑤ 关于监督、长老和执事的分工之研究,参见 Knight, *Commentary on the Pastoral Epistles*, pp. 175 – 177.

⑥ 有古抄本将 *anprōpinos* 代入"可信"(*pistos*),详参 J. Lionel North, "Human Speech in Paul and the Paulines: The Investigation and Meaning of *anthrōpinos ho logos* (1 Timothy 3:1)", *NovT* XXXVII 1:50 – 67.

⑦ Kelly, *A Commentary on the Pastoral Epistles*, p. 72.

二章九节起所提及的妇女们,便是其中的例子,但他们的动机不纯,故保罗才在此处引用当时一句流行于教会有关人若要成为监督,便是羡慕善工的名言,以作澄清。

d. 尽管假教师自命为教师或长老,把教导工作弄得一团糟,但监督的工作是神圣的,实在是善工,值得尊重。

e. 在下文,保罗罗列了作监督的条件,要求实在很高,为免教会现任的监督们气馁,他指出了想作监督的便是羡慕善工,这一点并非虚言,而是值得信靠的,故此公式有励志的作用。⑧

被引用的话,便是"人若想要得监督的职分,就是羡慕善工","想要得"此字原意是"伸出双手",引申有"希求""争取"或"意欲做某事"之意,⑨此字与"羡慕"大概是同义词,⑩后者更有专心致意的意思;⑪"监督"是地方教会的领袖,其字的意思本为"从上俯视下来"(oversight),故有"监察"之意,大部分中文译本都作"监督",新约教会以之为一牧养和管理全教会之圣工的职事。⑫ 由于提多书第一章五及七节将长老和监督共同论述,故一般学者对于监督和长老此两种职事有以下的结论:

a. 他们可能是同属一组的人,以管理和教导为主要的工作。⑬

b. 他们都是地方教会的领袖。⑭

c. 并且是以一个组别出现在教会,如雅各书第五章十四节说及当人病重时,可以请教会的长老们来(注意此处的长老为复数),

---

⑧ 可能亦有修辞上感染力的作用,以便能与那些已作为监督者建立良好的关系。

⑨ oregō, BAGD, p. 583;此字没有贬义,参见 Guthrie, The Pastoral Epistles, p. 80;另参 TLNT, 2:591-592 之 oregomai 的解释。

⑩ epithymeō, BAGD, p. 293;故新译本将前者作"渴慕",后者为"爱慕"。

⑪ Guthrie, The Pastoral Epistles, p. 80.

⑫ episkopē, BAGD, p. 299;EDNT, 2:35;除了教牧书信外,监督亦有出现于腓一1;徒二十28;彼前二25(指主耶稣)。

⑬ 一个可能的猜想,便是在长老团中,有一位是被选为监督的,参见 Walter F. Taylor, Jr. "1-2 Timothy, Titus" in The Deutero-Pauline Letters, ed. G. Krodel (Minneapolis: Fortress, 1993), p. 81.

⑭ 每一处地方教会有多于一位长老,其主因是每一个长老负责每一所家庭教会,故地方教会是由多个家庭教会所组成的;而长老一字可能涵盖了监督和执事;详参 Gordon D. Fee, "Reflection on Church Order in the Pastoral Epistles", pp. 145, 147.

为病人抹油、祷告和求医治。这样看来，长老和监督的领导，是团队的领导方式。[15]

总之，如此崇高的牧养工作，自然是每一位有志于侍奉神的人所冀盼的，不过，要得到此职分，却要符合下文所枚举的一些条件。

三2　"作监督的，必须无可指责，只作一个妇人的丈夫，有节制，自守，端正，乐意接待远人，善于教导"

此节之前应有一句"所以，必须的是……"，[16]由于不少人，包括假教师在内，都以得到监督的职分为夙愿，故保罗不得不详确地列明"作监督的"条件。[17] 以下的一系列条件，[18]大体上有两个焦点：

a. 个人的品德及成熟。

b. 领导的能力。

故所"必须的"，是要"无可指责"，[19]当然，人总不免会有瑕疵，故其意思不会是指毫无破绽；但作为教会的领袖，尤以是要做管理、教导，甚至执行纪律的工作，一定要在其本人的品德上，及在教会的侍奉履历上，没有任何明显可被别人攻击的地方，这样，其领导才能使人心服。

"只作一个妇人的丈夫"，丈夫一字之前没有冠词，故又可作男人，即"只作一个妇人的男人"，其意思可能有五：

a. 指已婚者，故作监督的，必须要已婚。[20] 保罗此言针对假教师的

---

⑮ 有意见认为长老与监督在本源上是不同的两组人，长老实为一组别的人，组成了长老团，成为使徒传统的承继人，而监督及执事，才是两种由地方教会选出的职分，参见 Frances M. Young, "On Επίσκοπος and Πρεσβύτερος", *JTS* 45 (April 1994), pp. 142–148；后来的发展则是每一所教会有多位长老，但监督则只有一位，前者成了后者的助手，参见 *EDT*, pp. 157–158；又关于旧约的长老与新约教会的长老之介绍，参见 *IDB*, 2：72–75.

⑯ *dei oun*.

⑰ 此处的"监督"（*episkopos*），与上一节的，即 *episkopē* 稍有不同，但都作同一用途；*BAGD*, p. 299；Knight, *Commentary on the Pastoral Epistles*, p. 155；由于此节的监督，是有冠词的，更显出了此乃一职分。

⑱ 在当代作为君王巨宰等，亦有类似的清单作为条件，参见 Kelly, *A Commentary on the Pastoral Epistles*, p. 74.

⑲ *anepilēmpros*, 此字的字根有"捉"（*lambanomai*）的意思，参见 Zerwick & Grosvenor, *A Grammatical Analysis of the Greek New Testament*, p. 630；故有被人捉住的用意。

⑳ Wild, "The Pastoral Letters", p. 897, 因为教会是神的家，故他亦应有自己的家。

谬论,主张婚姻是不洁的(四 3)。但此句有"一个"此字,[21]故有
强调的作用,如果只是指已婚,又何必有此措辞。

b. 指在婚姻生活上要忠贞,即对妻子忠心。因此,即使妻子死了,
作监督的,仍不可再娶,[22]故此,此人一生只有过一个妻子。[23]
然而,此看法背离了保罗过往的主张,即丈夫或妻子若死了,另
一方可自由再嫁娶(罗七 2～3;林前七 39);再说,到了第五章
九节论及寡妇如何有资格记名上册时,保罗亦指出,她只作一
个丈夫的妻子,然而,在此句的开始却有"从来"一字,[24]故保罗
的意思是,在她的过去,只曾有过一个丈夫,即使其丈夫死了,
她仍没有再嫁。但此处却没有"从来"一字,可见保罗并没有这
个意思。

c. 指作监督的,不可以是一个离婚的人,因为此罪势必令他不能
成为众信徒的领袖。[25] 然而,若是如此,则何以保罗不明言
之,却要如此婉转地表达作监督的不能离过婚,或是再
婚者?[26]

d. 指要在性生活上圣洁。

e. 指必须要维持一夫一妻的婚姻制度,因为这是神造人时,原本
所定下的原则。[27]

其中 d 和 e 的主张更为可取,而且不一定相互排斥,尤以是原文
"妇人"和"丈夫"之前都没有冠词,故作者是强调一男一女的婚姻制度。

---

[21] *mais*.

[22] 在当时这等行为是被称扬的,参见 Kelly, *A Commentary on the Pastoral Epistles*, p. 75; Hanson, *The Pastoral Epistles*, p. 75.

[23] Alfred Plummer, "The Pastoral Epistles" in *The Expositor's Bible*, ed. W. Robertson Nicoll (London: A. C. Armstrong & Son, 1903), 23:120-121.

[24] *gegonuia*,详参其注释。

[25] George Peters, *Divorce and Remarriage* (Chicago: Moody Bible Institute, 1970), p. 32.

[26] 当然,Glasscock 认为离婚并不是一种十恶不赦的罪,故不可能其一生都不能成为监督,参见 Ed Glasscock, "The Husband of One Wife Requirement in 1 Timothy 3:2", *BibSac* (July-September 1983), pp. 248, 252.

[27] Robert Saucy, "The Husband of One Wife", *BibSac* 131 (July 1974), pp. 229-240.

在当时的希腊社会,作为丈夫唯一的法律责任,是要养活妻子而已,[28]故此,妻子被亏待是常见的。然而,不论是作监督或执事,同样都需要善待妻子,以作全教会的榜样。总之,此处的重点在于其品格和品德上成熟的表现,[29]毕竟,如果作监督的在性生活上放纵,不忠于妻子,又如何能称得上无可指责呢?

"有节制"意即头脑清醒,及有自制力;[30]"自守"亦出现于提多书第一章八节和二章二及五节,[31]其从属字亦有出现于新约的其他书卷,[32]此字的用法同样与酒精有关,强调在自制中那份聪颖及富心思的素质;[33]"节制"及"自守"同样在彼得前书第四章七节一并出现,大概是同义词;"端正"早出现于第二章九节,意即有规律,和合本作"正派",是形容女性应有的衣装,[34]用在男人的身上,便是"端正"(和合本)和"庄重"(新译),而带着能够有规律地处理自己内在生命,及外在教会事务之意思;[35]"乐意接待远人",此字常用来形容信徒对客旅所应有服侍的态度(罗十二 13;来十三 2;彼前四 9),作为领袖的,更应成为此善行的楷模,才能使人折服;[36]"善于教导"无疑是作为长老和监督的必备条件,故提多书第一章九节对作为长老和监督的要求,是要"坚守所教真实的道理,就能将纯正的教训劝化人,又能把争辩的人驳倒了",这是他们要善于教导的原因,他们必须熟悉基督耶稣的教训和使徒的传统,以致他们以纯正的道理教导人,牧养全会众。

三 3   "不因酒滋事,不打人,只要温和,不争竞,不贪财"

---

28 详参 D. M. Schaps, *Economic Rights of Women in Ancient Greece* (Edinburgh: University Press, 1979), p. 75.

29 Glasscock, "The Husband of One Wife", p. 249.

30 *nēphalios*,此字常指在酒精的饮用上自律,故有此引申的意思,参见 *BAGD*, p. 540; Knight, *Commentary on the Pastoral Epistles*, p. 159.

31 *sōphrōn*.

32 参见 *TDNT*, VII: 1097 – 1104; *EDNT*, 3: 329 – 330.

33 *BAGD*, p. 810; Knight, *Commentary on the Pastoral Epistles*, p. 159.

34 *kosmios*,参见其注释。

35 Rienecker & Rogers, *Linguistic Key*, p. 622.

36 *philoxenos*,黄锡木:《原文》,页 501; *EDNT*, 3: 427;参见多一 8。

"不因酒滋事"是由"不"及"沉溺于酒"而组成的字眼,[37]故可作"不要沉迷于饮酒",或"不酗酒";[38]"不打人"又可作"不用暴力者",这大概与前一项有关,即当人饮醉时会乱性,胡乱打人,又或者指一个常诉诸暴力去解决问题的人,这些都不是作为牧养群羊的领袖所应有的表现;[39]"只要温和"是"有仁慈、宽容和忍耐"的意思,[40]故是指对人应有的态度,亦是作为群羊的牧人所不可或缺的,与"打人"成了对比;"不争竞"亦即祥和,[41]对比假教师常常为不重要的事情争论不休(一 4);"不贪财"此字直译为"不爱金钱者",[42]故有不贪财物之意,此项禁令的原因有:

a. 耶稣早于马太福音第六章二十四节及路加福音第十六章十三节中已力陈,神与玛门(钱财)同样可以成为信徒侍奉的对象,信徒必须二取其一。因此,如果作为监督者常以钱财为念,他必在牧养教会上分心。

b. 人贪爱钱的结果,便是离开真道,受尽煎熬(六 6～10)。

c. 贪爱钱财显出了其倚靠的对象并非神,而是不定的财物(六17)。

d. 贪财显出那人不满现况和神的安排,因而亦失去知足之心(六 6)。

e. 作为全教会的监督,工作上可能涉及理财方面,故很容易陷入敛财的网罗里。

三 4 "好好管理自己的家,使儿女凡事端庄顺服。

5 人若不知道管理自己的家,焉能照管神的教会呢?"

保罗转而关注监督在家庭中的表现:"好好管理自己的家"之"管

㊲ mē paroinon,又出现于多一 7;BAGD,p.634.

㊳ 黄锡木:《原文》,页 502。

㊴ plēktēs,BAGD,p.675;公元四世纪的使徒法令(Apostolic Constitutions)亦有此禁令;Kelly, A Commentary on the Pastoral Epistles,p.77.

㊵ epieikēs,EDNT,2;26;Rienecker & Rogers, Linguistic Key,p.622;出现于腓四 5;多三2;雅三 17;彼前二 18。

㊶ amachos,BAGD,p.44;Knight, Commentary on the Pastoral Epistles,p.160.

㊷ aphilargyros,Rienecker & Rogers, Linguistic Key,p.160.

理"，原意为"站在前面"，[43]常用在对家庭和教会的领导上（如三 12，五 17），故有"管理和引领"的意思；[44]"使儿女凡事端庄顺服"，"端庄"用在男性身上，可作"尊严""受尊重""严谨"和"圣洁"，故是一项美德，故作执事的，亦须拥有之（三 8、11；多二 7）；[45]"顺服"有"服从"的意思；[46]"照管"是未来时态，[47]说明在时间上，管理自己的家在先，照管神的教会在后；在此，保罗曾指出，为父亲的不应惹儿女的气，使他们失了志气，并且有责任用主的教训去教养儿女（西三 21；弗六 4）。因此，"人若不知道管理自己的家，焉能照管神的教会呢？"[48]"教会"原文意即被召出来，本是用作招聚军队于一处，[49]但加上"神的"作为形容时，[50]便指一个聚集一起属神之群体，是为"教会"；而后一句是一修辞性的问题，答案是一个明显的"不能"，究其原因有四：

　　a. 如果某人常激怒自己的儿女，使他们失去了志气，他必以同样的方法对待所牧养的信众。

　　b. 作为监督者，要善于教导，但他既不能以主的训令教导儿女，证明了他根本没有教导的能力。

　　c. 如果其儿女表现欠佳，正是"有其父必有其子"，由此反映出其父亲的真面目，所以，即使那人在教会里表现出众，但其私生活却有问题，亦不适合作监督，因为保罗曾要求，教导工作是要从清洁的心、无亏的良心、无伪的信心和真挚的爱心作出发点的（一 5），故装扮出来的爱心和热心，不足以使某人成为教会的领袖。

　　d. 教会是神的家，是真理的柱石和根基（三 15），牧养教会的工作，无论在量和质上，都比单单管理自己的家更为困难和复杂，尤

---

[43] *proistēmi*.

[44] *BAGD*，pp.713－714.

[45] *semnotēs*，*BAGD*，p.754.

[46] *hypotagē*，已出现于二 11。

[47] *epimelēsetai*；出自 *epimeleomai*，参见 *BAGD*，p.296.

[48] 新译本把这一句当作括弧里的话，但这是不必要的；注意第四节的"管理"一字，而此处亦用"管理"此字，可见保罗是以管理自己的家，与管理教会是同一种性质的工作。

[49] *ekklēsia*，参见 *TDNT*，III：501－536；*NIDNTT*，1：291－307.

[50] *theou*，此乃一保罗常用的措辞，如林前一 2，十 32，十一 16、22，十五 9；林后一 1；加一 13；帖前二 14；帖后一 4；提前三 5、15。

以当时的以弗所教会,常要与异教争战(一 18)。所以,牧养自己的家,成了是否胜任牧养神的教会之试金石。[51]

三6　"初入教的不可作监督,恐怕他自高自大,就落在魔鬼所受的刑罚里"

由于在教会里出现的假教师,可能是入教未深,故保罗提及另一个作监督的资格:"初入教的不可作监督",原文只有两个字,便是"不可"及"初信者",[52]作监督的要有此条件,其原因有:

　　a. 以弗所教会所出现的假教师,可能就是一些入教未深之人,故对真道一知半解,强解律法(一 7),胡扯一番,已堪足鉴戒了。

　　b. 作监督的,要善于教导,如果初入教者对真理的认识未能全面,自然不能胜任教职了。

　　c. 初入教者未受过考验,不知其属灵的耐力如何。

　　d. 初入教者未能在会众中建立公信力,在领导时难于使人折服。

　　e. 保罗明言:"恐怕他自高自大,就落在魔鬼所受的刑罚里。"

"自高自大"即心高气傲;[53]又因为此字是一过去时不定分词,是形容"落"的,因着"自高自大",于是便"落在魔鬼所受的刑罚里";[54]此句原文是"落入魔鬼的刑罚",因此,"魔鬼的刑罚"有两个可能的意思:

　　a. 魔鬼做在他身上的刑罚。[55]

　　b. 魔鬼所受到的刑罚(和合、新译、吕本、思高、现中)。[56]

第一个解法的支持,是在于下一节的"魔鬼的网罗"是解作魔鬼布

---

[51] 古语云:"一室之不治,何以天下国家为",亦是此理。

[52] "初信者"(neophytos)直译为新被种植的,参见 *BAGD*,p. 538;故是比喻性用法;此希腊文后来变成了英文的 neophyte.

[53] typhoō,黄锡木:《原文》,页 501。

[54] typhōtheis,故是状语(adverbial)之表示因果的(causal)用法,但亦可作表示时间的(temporal)用法,即在自高自大之后,便落入魔鬼的刑罚里;H. E. Dana & J. R. Mantey, *A Manual Grammar of the Greek New Testament* (Toronto:Macmillan,1955),pp. 226 - 227.

[55] 此乃主格的属格(subjective genitive);Kelly, *A Commentary on the Pastoral Epistles*,p. 79.

[56] 此乃宾格的属格(objective genitive).

下的网罗。故此处亦应采取相应的解法,即由魔鬼布下的刑罚。然而,这解法的问题是,新约并没有以刑罚来形容魔鬼所能带给信徒的;反之,在第二章十四节保罗用"引诱"来形容魔鬼对夏娃所做的,其实,此处亦是以创世记第三章为题,论及魔鬼亦因自高自大,以致遭受神的审判(创三 14～15),所以,凡自高自大的亦必重蹈魔鬼的覆辙(参考现中),故第二个见解较可取,因符合此处的意思。

"魔鬼"此字本身有控诉和欺骗之意,⑤故于第三章十一节、提摩太后书第三章三节及提多书第二章三节处均译作为"说谗言",⑱路加福音第十六章一节记载了一不义的管家被别人"控告",便是其动词;⑲此字只出现于新约及七十士译本,特别形容魔鬼,以勾画其奸狡的一面;⑳"刑罚"可作"判决"(思高),或"审判"。㉑

总之,属灵的骄傲在在显出了某人对侍奉只存肤浅的见解,实在不足为用,哪能当上监督的要职?

三 7　"监督也必须在教外有好名声,恐怕被人毁谤,落在魔鬼的网罗里"

最后,"监督也必须在教外有好名声",在第二节中"必须"早已出现,以说明紧随出现的,都是作监督者必须具备的素质,如今保罗再用"必须",因为是第二次用,故是"也必须";此项是作监督的最后一项,"在教外"直译为"从那些外面的人",㉒以信仰的群体为参照点,"外面的人"便是此群体之外的人,即教外人;"好名声"直译为"良好的见证",故全句为"监督也必须从教外人中得着良好的见证"。㉓

按原文的句子排列,"见证"处于强调的位置,故作为监督的候选人,必须要在社会中,尤其是与他紧密接触的圈子里,建立良好的声

---

⑤　*diabolos* 本是一形容词,在前加上冠词及以单数出现时,便作魔鬼,参见 *BAGD*,p. 181.

⑱　*diabolous*,因为是一复数字,并且没有冠词,故作"说谗言"。

⑲　即 *diaballō*,参见 *BAGD*,p. 180.

⑳　详参 *NIDNTT*,3:468 - 474;*ISBE*,4:340 - 344.

㉑　*krima*,*BAGD*,pp. 451 - 452.

㉒　*apo tōn exōthen*;参见帖前四 12;西四 5。

㉓　*martyrian kalēn*.

望，以致在世俗人中亦享美誉。否则，"恐怕被人毁谤"，"恐怕"即以致不会；㉔"毁谤"带有侮辱和使之羞耻之意，㉕大概是从教外人而来的，其原因保罗没有说明，总之作为一个在教会内渐渐兴起的信徒，如果不能为教外人接纳，一旦当他贵为监督后，教外人再加以诸多挑剔，甚至恶意中伤，问题便会出现了。当然，在大部分情况之下，这类事件双方都要负责任，㉖即挑剔者与被挑剔者都有不是之处，然而，即使双方都有错，但主耶稣曾经教导说："你们的仇敌，要爱他！恨你们的，要待他好！咒诅你们的，要为他祝福！凌辱你们的，要为他祷告！"（路六27～28）所以，作为信徒，总要以爱化恨，化干戈为玉帛，这样问题才得到解决，㉗故此人总要忍让，使冲突可以终止，这一种做法是在教会内作仆人-领袖的必备条件。

"落在魔鬼的网罗里"，"落"指物件的下跌，在此有象征性，即"陷入"；㉘"网罗"又可作陷阱（新译）、圈套，㉙路加福音第二十一章三十四节有"捕捉雀鸟"之意，罗马书第十一章九节以此字形容人遇到始料不及的不测，总之，此字带着浓厚的负面意思；"陷入网罗"是一惯用语，形容属神的人被魔鬼或罪恶所困；㉚故此处的"魔鬼的网罗"指魔鬼布下的陷阱，㉛全句的意思便是，如果某人没有好声誉，而被外人毁谤侮辱，他便会中了魔鬼的诡计，成为它的囊中物，变成它的爪牙，以达成它要破坏那人和教会的奸计。㉜

㉔　*hina mē*，表示其结果。
㉕　*oneidismos*，此字亦出现于罗十五 3；来十 33，十一 26，十三 13；*BAGD*，p. 573；Knight，*Commentary on the Pastoral Epistles*，p.165；Rienecker & Rogers，*Linguistic Key*，p.623.
㉖　Robertson，*Word Pictures in the New Testament*，IV：573－574.
㉗　更何况神愿意万人得救，如果作为教会的领袖，不能得到外界人士的好感，教会又如何能将福音带给他们，参见 Wild，"The Pastoral Letters"，p.897.
㉘　*empiptō*，*BAGD*，p.255；Knight，*Commentary on the Pastoral Epistles*，p.164.
㉙　*pagis*，黄锡木：《原文》，页 501。
㉚　Dibelius and Conzelmann，*The Pastoral Epistles*，p.54.
㉛　*pagida tou diabolou*，即主格的属格；而不是指落入魔鬼陷入的网罗里；Guthrie，*The Pastoral Epistles*，p.83.
㉜　可能的情况是，那人会与毁谤他的人对峙，以致事情恶化，影响了社会对全教会的观感，这样，教会便无从向外界传福音，而神愿意万人得救的心愿便无法实现了，如此魔鬼的计谋便得逞了；又或者是按提后二 26 的授意，被毁谤者的心思全为魔鬼的恶念所充满，成了他的俘虏。

总括来说,在甄选监督时,不单考虑那人的素质和恩赐,还有魔鬼的存在;不称职的监督,必定为教会制造破口,成为魔鬼攻击教会的机会,故必须要谨慎而行,绝不能马虎了事。

(ii) 作执事的资格(三8～13)

三8 "作执事的,也是如此:必须端庄,不一口两舌,不好喝酒,不贪不义之财"

保罗续称:"执事的也是如此"其意即为执事者,亦要符合这些条件,一如作监督的一样;"执事"一字本意为饭食的侍应生,[73]或仆人,[74]耶稣曾经教诲他的门徒,要服侍他人,作他人的仆人如他自己一样,即作仆人-领袖(太二十26～28;可十43～45)。自此,教会的领袖,都以"执事"自称,其中尤其是保罗(林前三5;林后三6;弗三7[另参六21,新译];西一23、25,四7),这是广义的用法。然而,除了监督之外,尚有另一种教会的职分,便是"执事"(腓一1),此乃狭义的用法;[75]监督和执事此两种职分同时出现于此章,显明二者的工作不同,前者主要是管理和教导,后者则如其字所显示的,是服侍性的工作,[76]正因此故,执事的资格并没有善于教导一项。

再者,此处的"执事"是复数,[77]说明是多于一人作执事,如使徒行传第六章一至六节所出现的,总共有七位被选出来负责管理饭食的领袖。保罗开始枚举作执事的条件,他首先以一正面的形容作开始:"必须端庄","端庄"是形容人的严肃和配受尊重;[78]随之便是三项的否定:

a. 不一口两舌:"一口两舌"此字只出现于此,[79]其动词和名词有

---

[73] *diakonoi*,TDNT,II:88.

[74] *BAGD*,pp. 183 - 184.

[75] *TDNT*,II:89 - 93.

[76] 参见第10节的"叫……作执事"(*diakoneitōsan*)一字,其意即"让之服侍"。

[77] *diakonous*.

[78] *semnos*,BAGD,p. 754;TDNT,VII:191 - 196.

[79] *dilogous*;波利卡普亦以此为凡作执事者的鉴戒,参见 Bernard,*The Pastoral Epistles*,p. 57.

"重复"的意思，[80]用以形容人说话时，对不同的人，说不同的话，[81]故有不诚实、不诚恳的意思。[82] 这种表现显出了个人品德上那种不专一，即诡诈的缺点，故说话时口不应心，信口开河，对人对事都缺乏诚意。承担教会服侍性的工作，常会接触有需要的信徒，此缺点将使他的人际关系恶劣，破坏教会内的和谐。

b. 不好喝酒：这意思与第三节的"不因酒滋事"相仿；此句直译为"不沉迷于大量的酒"，[83]"沉迷"是被动语，其主动语的意思是专注于或委身于某事，[84]故此处有沉迷于饮酒的用意，实在是被酒奴役（多二 3），不能自主。

c. 不贪不义之财："贪不义之财"在原文是一个字，意即贪于赚取，[85]即贪于赚取钱财，大概管理钱财是执事的工作之一，故构成有此缺点的人的一大引诱。

归结而言，作执事要有自控能力，先是对自己的言语，跟着便是酒精，最后便是财物。

三 9　"要存清洁的良心，固守真道的奥秘"

继而，作执事者"要存清洁的良心，固守真道的奥秘"，此句应作"以清洁的良心固守真道的奥秘"，"良心"早于第一章五节出现过，指人的内省机制，即良知；"清洁的良心"即存着纯一不杂的良知，以此态度去"固守真道的奥秘"；"真道"应作"信仰"；[86]"奥秘"指本被隐藏的，神对人类的救赎大计，如今却因着耶稣基督，已经向人显明了，[87]故此，"信仰的奥秘"（新译）有四个可能的意思：

[80] Hanson，*The Pastoral Epistles*，p.79

[81] Barclay，*The Letters to Timothy*，*Titus and Philemon*，p.85.

[82] 黄锡木：《原文》，页 501；*BAGD*，p.197.

[83] *mē oinō pollō prosechontas*.

[84] *prosechō*，黄锡木：《原文》，页 501；Knight，*Commentary on the Pastoral Epistles*，p.168；是被动语的现在时态分词，故是指一种经常的习惯，参见 Rienecker & Rogers，*Linguistic Key*，p.623.

[85] *aischrokerdēs*，BAGD，p.24；Rienecker & Rogers，*Linguistic Key*，p.623.

[86] *pisteōs*.

[87] *mystērion*，BAGD，pp.531-532.

a. "奥秘"其实与"信仰"为同义词,故可作"奥秘,即基督教信仰";[88]全句的意思是按自己纯净良知所指示的,持守基督教信仰,亦即如今被揭示出来的真理。

b. "信仰的奥秘"指人理性所不能理解,但却借着耶稣基督被启示出来的所有真理。[89]

c. 指那被揭示出来的,关乎基督教的信仰。[90]

d. 指奥妙难测的信仰(mysterious faith)。然而,这样理解"奥秘"背离了保罗一贯的用法。

其实,a 和 b 接近,又按保罗的用法,"奥秘"其实已足够代表基督教信仰,因此,在此处保罗加上了"信仰"有强调的作用,故第一、二及三个解法都有共通点,都可以接受。诚然,作执事者,并不是以教导为其主要的工作,但其为教会的领袖,只要在信仰上有忠虔笃敬的表现,如使徒行传中的腓利及司提反(徒六 5),他们虽然只是管饭食的,但在信仰上却是不屈不挠的战士,前者成为初期教会知名的传福音者(徒八26~40),后者甚至为信仰而摆上自己的生命(徒七 1~56)。因此,当保罗写这一项条件时,可能便以此二人为榜样。

三 10 "这等人也要先受试验,若没有可责之处,然后叫他们作执事"

为了谨慎其事,保罗更加上一项措施,作为品质的保证:"这等人也要先受试验","这等人"当然是指执事的候选人;"要先受试验"是被动命令语,[91]故指"这等人"是要受考验的对象;这里,保罗有意强调此项措施,即对其作评估,包括他正面的品德,即"端庄"及反面的品性,如"不一口两舌"等。要作此评估可能涉及:

a. 要有充分的时间,因为时间是最好的考验。所以,初信者同样不宜做此工作(参见第 7 节),因为他们的信仰和品德的表现,尚有待证实。

---

[88] 故是同位语的属格,Dibelius and Conzelmann,*The Pastoral Epistles*,p.58;有此倾向。

[89] Kelly,*A Commentary on the Pastoral Epistles*,p.82.

[90] *to mystērion tēs pisteōs*,Knight,*Commentary on the Pastoral Epistles*,p.169;"信仰的"是所述内容的属格(genitive of reference)。

[91] *dokimazesthōsan*;乃出现 *dokimazō*;参见 *BAGD*,p.201.

b. 要得全教会信任，即有公信力，这样信徒才能放心，让他们参与各项的侍奉。

c. 要由容易的、不太重要的圣工做起，因为在小事上忠心，成为他们能在大事上忠心的凭据（路十九 17）。⑫

"若没有可责之处"，"没有可责之处"此字与第二节的"无可指责"是同义词，⑬指在品德上没有明显的缺陷，这是评检的结果。有了此结果，"然后叫他们作执事"，"叫他们作执事"此字是命令语，⑭有强调的作用。

三 11 "女执事也是如此：必须端庄，不说谗言，有节制，凡事忠心"

继而，"女执事也是如此"，由于在原文"女执事"本是"女人"的意思（参考思高），⑮于是学者对于其是指执事的妻子，还是指女性执事（和合本）争议不休，并没有达至共识，⑯支持前者的理由有：⑰

a. 此节之后，保罗又回复论及作执事的，故他不大可能在此间突然加插一句，特别提及女执事，而应该在完结了论男执事之后，才向女执事说话才对。然而，如果此处是指女执事，则下一句亦同样可以是以她们为对象，即作执事的，无论男女，都要有良好管理家庭的见证。

b. 下一句是论及执事要好好管理自己的家，如果此处是指执事的妻子，则符合了下文的思路。

---

⑫ 至于检察的机制，则难于决定是否有一由提摩太领导的评检小组，还是由全会众的意见作准，虽然 Bernard 反对前者，参见 Bernard, *The Pastoral Epistles*, p. 58.

⑬ *aneglētos*；*BAGD*, p. 63；出现于林前一 8；西一 22；多一 6～7；"若……之处"（*ontes*）是现在时态分词，是形容"叫他们作执事"此动词，故是用状语解释原因。

⑭ *diakoneitōsan*.

⑮ *gunaikas*.

⑯ 除了以上两个主张外，尚有两个少人争议的见解，参见 Jennifer H. Stiefel, "Women Deacons in 1 Timothy: A Linguistic and Literary Look at 'Women Likewise...' (1 Tim. 3:11)", *NTS* 41(1995), pp. 451 – 454.

⑰ 支持此说的有 Hanson, *The Pastoral Epistles*, pp. 80 – 81；Knight, *Commentary on the Pastoral Epistles*, pp. 170 – 171；参见新译；吕本；现中。

c. "女人"一词在教牧书信内,大都是指"妻子"(三 2、12,五 9;多一 6)。

然而,卡理斯指出,如果此处真的是指男执事的妻子的话,他亦应加上"他们的"以作提示;[98]再说,何以在论监督时,又不提及他们的妻子,如今却要特别论及作执事的妻子呢?[99] 故以之为执事之妻子的看法问题颇多。 反而,支持女执事之见解的理由较为充分,[100]如:

a. "也是如此"早于论及监督和执事的资格时出现过,每一次都是指开始了另一组的职分,此处亦然,即女性为执事者。

b. 原文的"执事",当言及是女性时,并没有一特别字眼去形容之,例如罗马书第十六章一节的非比,同样是以"执事"一字形容她,故此,决定其是否指女性执事,便要看上下文的意思,有见及此,保罗以"女人"一字去说明他是在说女性执事。

c. 下一节保罗又回复用"执事"一字,如果此处是指执事的妻子,则此字大可省略,可见保罗是在完结了论及女性执事后,重新回到他先前的论题上,即作"执事"的资格。

d. 此处论及"女人"的资格,如同论及监督和执事的资格一样,可见她们同样是教会内的公众人物,以服侍为己务,故指女执事是有理据的推论。

无论如何,如此细述她们的条件,在在说明她们亦是服侍教会的一群人。[101] 她们"必须端庄",此字已在第四节出现,是形容监督的儿女,

---

[98] Karris, *The Pastoral Epistles*, pp. 75 - 76;即 *tas gunaikas autōn*.

[99] 当然,一个很小的可能性,便是为妻的,亦被选为执事;Kent, *The Pastoral Epistles*, p. 136;由此可见,在初期教会中,整体而论,女性侍奉只能到达执事的位分,而不能成为女监督;另参 Hanson, *The Pastoral Epistles*, p. 81. Hanson 认为由于作监督者的妻子是年老的,故为信徒所熟悉,反而,执事较年轻,其妻子亦年轻,未经考验,故要特别提及之;然而,这种说法欠缺说服力,因为如果因着年老,在教会日久,便不用提及其资格,则作为监督者,既要年纪较长,而又在教会已久的,保罗又何必要去阐论作监督者的资格呢?

[100] 支持此说的有 Barclay, *The Letters to Timothy, Titus and Philemon*, pp. 86 - 87;Bernard, *The Pastoral Epistles*, pp. 58 - 59;Fee, *1 & 2 Timothy, Titus*, p. 88;Kelly, *A Commentary on the Pastoral Epistles*, pp. 83 - 84;Kent, *The Pastoral Epistles*, pp. 135 - 136;Stiefel, "Women Deacons in 1 Timothy", pp. 442 - 457.

[101] Oden, *First and Second Timothy and Titus*, p. 149.

及第八节形容执事的应有品格；⑩由此可见，"端庄"是一种在教会内无论担任何种职分的领袖都不能匮乏的表现；"不说谗言"直译为"不作说谗言者"（复数），⑩"谗言者"其单数再加上冠词常被译作魔鬼（参见第 7节），⑩无论如何，此字的重点是以言语犯罪；⑩故"作说谗言者"委实成为了魔鬼的爪牙，以胡言乱语攻击教会内的人，破坏教会的合一；有"节制"此字亦于第二节中形容监督的应有品格，意即头脑清醒及有自制力；⑩"凡事忠心"，"忠心"即诚实可靠，⑩早于哥林多前书第四章一至二节里保罗已有言："人应当以我们为基督的执事，为神奥秘事的管家。所求于管家的，是要他有忠心"，保罗对自己有此要求，对作为领袖的女执事亦不无两样。

　　三 12　"执事只要作一个妇人的丈夫，好好管理儿女和自己的家。

　　　　13　因为善作执事的，自己就得到美好的地步，并且在基督耶稣里的真道上大有胆量"

保罗再论述作执事的资格："执事只要作一个妇人的丈夫"，故此处指男执事，此要求同样是对监督的；"要作"是命令语，⑩是一项必须的要求；保罗并没有特别要求作女执事的，同样要作一个丈夫的妇人，主要是因为女性在当时的社会地位很低，故在婚姻上，她们多是被欺负者，反之，男性可以三妻四妾，或随己意休妻再娶，这样，每次提及男性领袖，即监督和执事，他都有此声明。

"好好管理儿女和自己的家"，监督亦然（第 4 节），由是观之，家庭成为作神家中领袖的试金石，并且屡试不爽。在结束论述作执事的资格时，保罗对要承担此职事的人加上了鼓励，一如他于本章开始时，对作监督者励志之辞（第 1 节），其用意是，尽管要成为执事诚非易事，然

---

⑩　*semnos*.

⑩　*diabolous*；提后三 3；多二 3。

⑩　参见第 7 节注释内对"魔鬼"此字的解释。

⑩　Knight，*Commentary on the Pastoral Epistles*，p.172.

⑩　*nēphalios*，此字常指在酒精的饮用上自律，故吕本作"能戒酒"。

⑩　*pistas*.

⑩　*estōsan*.

而,付上此代价是值得的,"因为善作执事的","作执事的"直译为"那作服侍工作者",[109]说明了执事工作的内容,是以服侍性的圣工为主,如探访、理财、济贫等;"自己就得到美好的地步","地步"在句子排列上处强调的位置,指在其属灵生命上,因着善于服侍变得更为成熟,灵命被提升而成长;"地步"亦可作"位分"(新译),[110]故是指他作了实至名归、声誉超著的执事。[111]

继而,"并且"他能"在基督耶稣里的真道上大有胆量","胆量"是指能言之凿凿和释然地公开说话(林后三 12,七 4;腓一 20);[112]这份胆量,是指"在基督耶稣里的真道上"的,"真道"应作"信仰"(吕中、思高、现中),[113]或是"信心"(新译),[114]全句直译为"在信仰里(或信心里),即在基督耶稣里的一个(信仰),大有胆量地宣讲"。按此理解,则"真道"应译作为"信仰"是较合宜的,因为所宣扬的不会指信心,而是指关于基督耶稣的信仰。总之,善作执事者,其侍奉的胆量必然大增,甚至对其信仰,亦能勇于传讲,这便是使徒行传中司提反和腓利所表现的,前者在面对死亡的威胁下,仍然放胆地为其信仰作见证(徒七 1~58),后者亦成为初期教会声名远播的传福音者(徒二十一 8)。

(iii) 小结(三 14~15)

三 14 "我指望快到你那里去,所以先将这些事写给你"

在论完教会之两项职事后,保罗解释何以他有以上冗长的论说:"我指望快到你那里去,所以先将这些事写给你",此句应译作"我将这些事写给你,尽管我希望能快到你那里去","你"当然是指提摩太,"快"原是指速度(speed),故有"短期"或"不久"(新译)的意思;[115]"这

---

[109] *hoi diakonēsantes*,作名词使用。

[110] *bathmos*;黄锡木:《原文》,页 502。

[111] 而不是指能升上更高的职级,即监督或长老;对比 Hanson, *The Pastoral Epistles*, p.81.

[112] *parrēsia*,黄锡木:《原文》,页 502;*TDNT*, V:871-872;故思高作"大胆地宣扬"。

[113] *pistei*, Fee, *1 & 2 Timothy, Titus*, pp.89-90.

[114] Knight, *Commentary on the Pastoral Epistles*, p.174.

[115] *tachos*, *EDNT*, 3:338; Zerwick & Grosvenor, *A Grammatical Analysis of the Greek New Testament*, p.631.

些事"当然是指刚论说完有关作监督和执事的各项条件,但亦可以指由第二章开始的论述;故全句的意思是虽然保罗甚愿能于短期内造访提摩太,但因为他不在以弗所,故要写信传达以上重要的指示。

三 15　"倘若我耽延日久,你也可以知道在神的家中当怎样行。这家就是永生神的教会,真理的柱石和根基"

此句解释了即使保罗有意要尽快造访提摩太,但却仍要写信给他的原因:"倘若我耽延日久",此一假设性句子,显出了这是有可能发生的事,[16]由于保罗仍在其他地方侍奉,[17]未能如他所愿在短期内到达提摩太处,[18]故他必须写信给提摩太,以致[19]"你也可以知道在神的家中当怎样行","行"乃被动语,本是指来来回回地往来某地,但其象征性用法,是指能实际地应用一些原则,[20]这便是保罗所希望达成在提摩太身上的目的,即提摩太能够在以弗所教会应用保罗在此信中所教导的。

此外,新约以不少实物去形容那属神的、末世性的弥赛亚群体,此处则喻之为"神的家",路加福音第十五章十一至三十二节记述了耶稣的一个比喻,形容父神如慈父一样,等待他的浪子回家,故罪人如能悔改回转,便是回到父神的家里,为父神所接纳。故信主的人,与主耶稣同为后嗣,成为父神的儿女。自此,信徒们以弟兄姊妹互称,是属神家里的人,一如保罗于以弗所书第二章十九节所说的:"这样,你们不再作外人和客旅,是与圣徒同国,是神家里的人了"。

一如信徒在自己的家中,需要有"家庭规章"去指示他们如何行事,[21]如今在"神的家"中亦然。保罗续称"这家就是永生神的教会","永生神"是旧约对神的形容,尤其是在被掳期之后,[22]如此形容神,是

---

[16] 因 *ean* 再加上 *bradunō*(现在时主动虚拟语气,present active subjunctive)是第三类条件句;故是指一个可能发生的事实。

[17] 可能是身在马其顿。

[18] 此情况,对保罗来说,已不是第一次了,如罗一 13;帖前二 17～18。

[19] 原文在此句之前有 *hina*,即是指目的或结果。

[20] *anastrephō*,*BAGD*,p.60。

[21] 如弗五 22～六 9;西三 18～四 1;彼前三 1～7。

[22] *theou zōntos*,如王下十九 4;但六 20 等。

因为：⑬

    a. 神是不朽坏的，与会腐朽的偶像截然不同（帖前一 9）。

    b. 他是生命之源，赐人生命的主，赐予信徒永生（提前一 16）。

    c. 他给予人生命力，去侍奉他（帖前一 9）。

而神的家，便是"永生神的教会"，是属于永生神的；亦是"真理的柱石和根基"，"真理"此字常出现于新约，约翰福音常以之形容耶稣基督（约一 14、17，四 23～24，十四 6 等），教牧书信亦出现凡十四次，是指由基督而出唯一绝对之信仰。⑭"柱石"此字在七十士译本中，曾形容所罗门王所建的圣殿那些重要的柱子，⑮故此处亦有这样的用意，是喻意性用法，说明神的家，即教会，承托着基督教的信仰；再者，亦是真理的"根基"，此字虽然只出现于此处，但以建筑物为喻，则早出现于哥林多前书第三章九至十五节；此处意即坚固的根基，⑯同样有"稳健地支撑着"的意思。

总之，神的家既贵为基督教信仰的基要支柱和根基，那么对家内的圣工，信徒是不能怠慢行事的，提摩太务必要遵守保罗的吩咐，有条不紊地处理家中各项事务，使神的家得着复兴，基督教信仰便能牢牢地建立在地上，广传于人间。

(iv) 赞美(三 16)

三 16 "大哉，敬虔的奥秘，无人不以为然！ 就是神在肉身显现，被圣灵称义，被天使看见；被传于外邦，被世人信服，被接在荣耀里"

在结束这一段时，保罗以一赞美之诗作结，此段赞美诗有以下的特点：⑰

---

⑬ 取材自 Knight，*Commentary on the Pastoral Epistles*，p. 181.

⑭ *alētheia*；详参 *TLNT*，I；66 - 86；*TDNT*，I；232 - 247.

⑮ *stulos*，出现于王上七 15～16；又王下二十五 13 起；代下三 15 起，四 12 起。

⑯ *hedraiōma*，Zerwick & Grosvenor，*A Grammatical Analysis of the Greek New Testament*，p. 631.

⑰ 以下的点列多取材自 Knight，*Commentary on the Pastoral Epistles*，pp. 182 - 183；另参 Gundry，"The Form Meaning and Background of the Hymn"，pp. 202 - 221.

a. 第一句,即"大哉,敬虔的奥秘,无人不以为然",是由保罗本人发出的感叹语。但后六句却是保罗引用当时流传于教会的一首信经或赞美诗。[128]

b. 后六句是以一前置词(antecedent)作开始,[129]其所形容的,并没有出现于本段内,故是形容被引用的原版本内的一个名词。

c. 承接上一点,由于引用的内容是形容基督耶稣,故我们推想,此原版本的名词,便是基督耶稣。

d. 其内容显得有极浓厚的礼仪味道,故可能是在初期教会内常被传诵的信经或赞美诗。

e. 由于六句的动词都是用过去不定时态,故其内容,是描述耶稣道成肉身,达成其救赎工作。[130]

f. 按此了解,此六句是按基督在世时,以时间上的先后次序,达成了救赎的大功。由他的成了肉身,直到他的升天得荣。[131]

g. 由于是诗歌体裁,此六句可分为三组,两句两句为一组。

h. 在三组内,其两句是有对比作用的,即第一组的"肉身"对比"圣灵";第二组的"天使"对比"外邦";第三组的地上的"世人"对比天上的"荣耀"。

i. 按此分析,此六句之间,存在着交叉对称的排列,即 a-b, b-a, a-b。

首先,当保罗想起神的家实在蒙神的大恩典,永生神的教会俨然是基督教信仰的中流砥柱时,赞美之心便油然而生,[132]所以他说:"大哉",此字有伟大、超然、极其重要的意思;[133]在当时向某神明赞美时,常有此措辞,[133]更何况对这位独一的永生神,其奇妙的作为更是配得如此的颂

---

[128] 以其内容是富诗体的,故大概是一首赞美诗多于信经,参见 Dibelius & Conzelmann, *The Pastoral Epistles*, p.61;但其主题却与使徒信经相近,故 Oden 以之为信条式诗歌(creedal hymn),参见 Oden, *First and Second Timothy and Titus*, p.44.

[129] *hos*,意即 who.

[130] 是忆述救恩的各项事实,参见 Dibelius & Conzelmann, *The Pastoral Epistles*, p.61.

[131] Barrett, *The Pastoral Epistles*, pp.65-66.

[132] 相近的做法有罗十一 33～36。

[133] *mega*.

[134] 参见徒十九 28 以弗所人对其女神亚底米的赞美。

赞;"敬虔的奥秘","敬虔"与第二章十节的"敬神"为同义词,[133]指人对神那应有的、宗教性之表现,包括了他的信仰和生活(faith and practice);[136]"奥秘"早于第九节已出现过,其前有冠词,可见是指借着耶稣基督而揭示出来的"神的计划"无疑;"敬虔的奥秘"指耶稣的一生,其对神那敬虔的信仰和生活之方式,已完全被启示出来了。[137]

"无人不以为然"此字只出现于此,[138]而本来是排在句子之首,故处于强调的位置,直译为"有谁不承认",[139]故意思不容否定,是形容"大哉"的,[140]即有谁人会质疑此敬虔奥秘之伟大呢?继而,保罗便开始了他的引用,旨在证实"敬虔的奥秘"那伟大之处。以下是对此六节引句之解释:

a. 神在肉身显现:原文没有"神"字,[141]只有一前置词,上文已指出其所形容的应是耶稣,故应作"他[基督耶稣]在肉身显现";由于显现是过去不定时态,[142]再加上"在肉身",[143]故是指圣子的成为肉身,取了人的样式,是作为先存的基督(pre-existent Christ),[144]向世人显现的开始。

b. 被圣灵称义:"称义"在此处并非如保罗在罗马书所用的,指信徒因信称义,而是一般的用法,指被称为无罪,显出了被检控者其实是无辜的,他的自辩是真实的,[145]故此处是指在世的耶稣,

---

[133] 前者为 *eusebeias*,后者为 *theosebeias*.

[136] Scott,*The Pastoral Epistles*,p. 40.

[137] 故"敬虔的"(*eusebeias*)是定义的属格(genitive of definition)。

[138] *homologoumenōs*.

[139] Scott,*The Pastoral Epistles*,p. 40;或作"大家都宣认地";黄锡木:《原文》,页 502;即是"公认"。

[140] 是一阿提革语分词副词(Attic participial adverb),参见 Simpson,*The Pastoral Epistles*,p. 60.

[141] 和合本的译法可能受一些抄本的影响,即将"神"代入此处,取代了前置词,参见 Scott,*The Pastoral Epistles*,pp. 40 - 41.

[142] *ephanerōthē*;此字是被动语,故暗指神是将圣子显出来的一位,即圣子是由父神差来的。

[143] 此处可能在抗衡诺斯替主义的思想,即因为物质是邪恶的,耶稣既是纯灵的神,便不可能取了一个身体。

[144] 这是此处的暗示,参见 Bernard,*The Pastoral Epistles*,p. 63.

[145] *edikaiōthē*,参见太十一 19;路七 29;罗三 4。

自称是弥赛亚，但却不为犹太人接纳，甚至要被重判钉十字架而死，然而"圣灵"⑭却使他从死里复活，证明了耶稣是神的儿子，如他自己所宣告的，是众所冀望的弥赛亚，如此便得着了平反（参见彼前三 18；另参罗 1：4）。⑭

以上一组强调了基督的显现，包括了他降生为人及其弥赛亚的身份。

c. 被天使看见：一如克里索斯托所言，神成为人，人成为神，已足以让目睹此奇景的人和天使赞叹此奥秘了。⑭ 毕竟，此处的重点在于复活的基督如何被天使看见，表明了他是得胜主，甚至灵界，亦得睹其胜利的雄姿，以致雀跃万分，在他的宝座前敬拜他，作为庆祝。⑭ 再者，天使亦曾为复活的主报信（太二十八 5～7；可十六 5～7；路二十四 4～7），并在主升天时向众门徒解说升天的意义（徒一 9～11）。总之，基督的显现带来了惊天动地的成果。

d. 被传于外邦："外邦"又可作"列国"，⑮因为下一句说及"世人"，故"列国"是较佳的取向，⑮故"被传于列国"，强调了福音被广传于普世的国族中。基督的大使命成了门徒的首要任务，将基督的福音，由犹太人传至外邦世界，为列国所听见。⑮

以上一组侧重了基督被传诵于天上和人间，此实乃他被显出来所触发的盛事。

e. 被世人信服："信服"即信靠；⑮"世人"原文为世界，但此处是指

---

⑭ 在原文只有"灵"字，大概是指圣灵，即借着圣灵的工作，在世的耶稣被称为义；Fee, *1 & 2 Timothy, Titus*, p.92；Knight, *Commentary on the Pastoral Epistles*, pp.183‐184；Scott, *The Pastoral Epistles*, p.41；以之为"基督在灵里被称义"的，有 Bernard, *The Pastoral Epistles*, p.63；Dibelius and Conzelmann, *The Pastoral Epistles*, p.62.

⑭ 全句有耶稣基督被高升（exalted）的意思；Dibelius and Conzelmann, ibid.

⑭ 引自 Oden, *First and Second Timothy and Titus*, p.45.

⑭ 参见启五 6～14。

⑮ *ethnesin*.

⑮ Kelly, *A Commentary on the Pastoral Epistles*, p.91；*TDNT*, II：364‐372.

⑮ 而如今，以弗所教会之存在，已是此言的明证，故"传"（*ekēruchthē*）仍是过去不定时态。

⑮ *episteuthē*，是过去不定时态被动语，故主语为基督。

住在世界上的人,故为"世人";被传诵的结果,便是"被世人信服",这一个"传"及"信"的过程,早为保罗所强调(林前十五 11;另参罗十 14～15)。

f. 被接在荣耀里:"被接"意即被提升,一般用作形容主的升天和得荣;[154]"荣耀"意即光芒万丈,用以形容神,则是指他那超然至尊的一面;"在荣耀里"亦可指"在神那里";[155]故全句是指基督被提升至神的地位,又或者是他为神所接纳,与神在一处;当然,"被接在荣耀里"最简单直接的意思,便是他得着了荣耀。[156] 这一个佳境的达成,可以是指在主升天之时,又或者指将来主的再来。在此,史高特则认为是指主再来得国之时,他将进入其永远荣耀的国度里,完成了他荣耀的工作。[157] 但由于此处的动词是过去不定时态,再加上以上一系列的描写,都集中于已发生了的、主在世的救赎工作,故是指主的升天和得荣是较合理的诠释。[158]

以上一组强调了基督被接纳,包括了天上和人间,作为他被传诵的结果。总括来说,教会要坚守这被千古传诵的基督事件,对于教会领袖的选举,又岂容有失。提摩太实在需要恭谨地执行保罗所提选举领袖的秘方,成为杜绝假教师和假先知偷袭教会的良方。

(III) 结语

教会是神的家,这个理念极其重要,实应将之尽早教导每一位加入教会的信众,以致他们对教会有家的理念,对家有归属感,并且努力地尽上作为家庭一分子或管家的责任。

古语有云:"国有国法,家有家规",教会作为属灵的家,亦应有其属

---

[154] *anelēmphthē*,过去不定动词,且是被动语;如徒一 2、11、22;路九 51。

[155] 亦即是进入父神的荣耀里,参见 Oden, *First and Second Timothy and Titus*, p. 45.

[156] Fee, *1 & 2 Timothy, Titus*, p. 94.

[157] Scott, *The Pastoral Epistles*, p. 42.

[158] 参见 W. B. Wallis, "1 Timothy" in *The Wycliffe Bible Commentary*, eds. C. F. Pfeiffer & E. F. Harrison (Chicago: Moody, 1962), p. 1376.

灵的传统和法则，不少人以为既然是信主的人，已经得着了真自由，就可以在神的家任意妄为，甚至为所欲为，一舒自由的筋骨，且以民主为题，其实要把个人内心的不满，诉诸群众压力，以求达到自己所认为合乎真理的原则。然而，问题是要治理好一个家，是否需要有章法？是否需要循序渐进？对基督徒来说，是否需要以爱为本，先付上祷告，并以爱心说诚实话，存同舟共济的心，与全会众共度困难的日子？

不少人自小不喜欢自己的家，对家没有归属感，并且不满家中各人的作风，因此，当他加入属灵大家庭时，同样存有不满的态度，不知道如何去处己处人，于是便难于对家有归属感，成为了主日基督徒（Sunday Christian），对于神家里的其他事情，采取不闻不问的态度。

再者，有些人自幼便独来独往，甚至独断独行，并没有认真地学习如何过群体的生活；一旦加入了属灵大家庭，仍是我行我素，自把自为，对于在上的带领者，常存着蔑视和反叛的态度，极不服从权柄，致使人际关系极为恶劣，自己仍不自知，这些都是使人扼腕慨叹的事。因此，对每一位独行侠的观念，教导他们如何过群体生活，在会友班中是极为重要的一课。

毕竟，教会的存在，已经足以使人赞叹，虽然不少教会百孔千疮，艰苦经营，以弗所教会亦不例外。尽管如此，我们仍不应绝望，因为教会的存在，正是神那奇妙的救赎计划中不可或缺的部分。毕竟，就整体而论，教会仍然是真理的柱石和根基（三 15），是此歪曲幽暗的世代之明灯，引导罪人回归父家。这样看来，任何对教会消极的言论，都应该平衡以神的大能和信实，因为他曾应许："阴间的权柄不能胜过他［教会］"（太十六 18）。

教会既是真理的支柱，信徒们便应以此为念，并且以此模样，努力建立教会。要紧的是，真理不单只是要被确认，还要被传扬和活出来，因为真理的奥秘包括信仰和生活。今天正统教会的老毛病，仍然是只重视簇拥着真理，昂然认为自己是已经得道，因而沾沾自喜，顾盼自豪，大肆口诛和笔伐异己分子，甚至到了无爱失德的地步，如此地高举真理，但却忘记了命令的总归便是爱（一 5），岂不如假教师一样，在侍奉的动机上出了问题？那清洁的心、无亏的良心和无伪的信心（一 5）又在哪里呢？

　　此外，今天华人教会讲真理讲得太多了，非常高尚堂皇，信徒也喜欢听这些高格调的道理，因为确是娓娓动听。况且，偶然心中亦会泛起一股冲动，因着内疚感的作祟，便向神立志，要刚强起来，为主而活。然而，当回到自己生活的圈子里，在社会和人群中生活的时候，又变回老模样，生活方式、处事手法、人生观和价值观等，根本与世俗人无异，于是真理便被封杀于教会大门之外，信徒亦徒然内疚，出路无望，甚至饮恨而殁。

　　因此，教会所需要的是一些实事求是的道理，具体教导信众如何在生活中经历和践行真理的道理，从而经历救赎主的加能赐力，以致信仰能生活化，真理才能被实践出来，内疚亦全消，灵命便活泼旺盛。如此，教会才是实至名归的真理的柱石和根基。

　　再者，贵为教会的领导，无疑是荣幸的，因能成为神家的当家，蒙神和人的尊重，有今生和来生的福祉，多么使人羡慕。故所抱的态度要不亢不卑，不亢者是因为有些人会因自信十足，傲视同群，昂然伫立于侪辈之上，骄傲和自恃蒙蔽了眼睛，使他们经不起魔鬼的引诱，误入它的陷阱里（三7），实在使人惋惜。不卑者是因为有些人则在此认命，认为自己没有恩赐，能力不足，不能胜任，故裹足不前，失去了上好的侍奉之福分（三13），以致属灵生命亦停滞不前，多么使人遗憾。甚或他的情况如：轻看此职事，反而把时间花在建立个人的功业上，追名逐利；不愿意作众人的仆人，因为任劳任怨的生活并不易过，等等，都是不正确的侍奉态度，信徒委实应该察纳保罗的励志之言："'人若想要得监督的职分，就是羡慕善工。'这话是可信的。"（三1）

柒　真假教师
（四 1～16）

1 圣灵明说,在后来的时候,必有人离弃真道,听从那引诱人的邪灵和鬼魔的道理。

2 这是因为说谎之人的假冒;这等人的良心如同被热铁烙惯了一般。

3 他们禁止嫁娶,又禁戒食物,就是神所造,叫那信而明白真道的人感谢着领受的。

4 凡神所造的物都是好的,若感谢着领受,就没有一样可弃的,

5 都因神的道和人的祈求成为圣洁了。

6 你若将这些事提醒弟兄们,便是基督耶稣的好执事,在真道的话语和你向来所服从的善道上得了教育。

7 只是要弃绝那世俗的言语和老妇荒渺的话,在敬虔上操练自己。

8 "操练身体,益处还少;惟独敬虔,凡事都有益处,因有今生和来生的应许。"

9 这话是可信的,是十分可佩服的。

10 我们劳苦努力,正是为此,因我们的指望在乎永生的神;他是万人的救主,更是信徒的救主。

11 这些事,你要吩咐人,也要教导人。

12 不可叫人小看你年轻,总要在言语、行为、爱心、信心、清洁上,都作信徒的榜样。

13 你要以宣读、劝勉、教导为念,直等到我来。

14 你不要轻忽所得的恩赐,就是从前藉着预言、在众长老按手的时候赐给你的。

15 这些事你要殷勤去做,并要在此专心,使众人看出你的长进来。

16 你要谨慎自己和自己的教训。要在这些事上恒心,因为这样行,又能救自己,又能救听你的人。

(I) 引言

在论述完作监督及执事的各项条件后,保罗又想起了那些想作领袖的假教师的许多严重错误,其中是禁止嫁娶及食物的论说,于是他又稍作解释(四 1~5)。继而,保罗又想起要挽救以弗所教会,脱离假教师那些属乎鬼魔的妖言,成为实至名归的真理柱石和根基,其关键之所在便是提摩太,于是,保罗转而继续指教提摩太;而其言词及内容,则变得更为个人化,因为在第六至十六节中,"你"一字频频出现,显出保罗以提摩太的属灵父亲自居,对提摩太如儿子般谆谆训诲,把敬虔之道倾囊相告,其目的是要他对其教诲刻骨铭心,以致成为忠虔的真教师;因为唯有提摩太成为值得别人欣赏和学效的真教师,才能救自己不致成为假教师,同时亦能救那些偏离正道的人(四16)。

(II) 注释

(i) 假教师的特点(四 1~5)

四 1 "圣灵明说,在后来的时候必有人离弃真道,听从那引诱人的邪灵和鬼魔的道理"

"圣灵明说"即圣灵对以下的光景早有预告,"圣灵"原文只有"灵"一字,但因其前面有一冠词,再加上此处的文理,无疑是指神的灵,即"圣灵";"明"字只出现于此处,其意即"清楚地"或"绝无错误地",又或是"表达明晰地";[1]而大概圣灵是借着在世的耶稣,[2]甚至是某新约的先知,说出了以下的话。事实上,福音书中亦有记载,耶稣基督常对门

---

[1] *rhētōs*, Lock, *The Pastoral Epistles*, p. 47; *BAGD*, p. 743.
[2] Knight, *Commentary on the Pastoral Epistles*, p. 188;Knight 认为按启示录中常出现的圣灵的话,其实便是耶稣基督对教会的启示,如二 7、11、17、29,三 6、13、22;故此处亦然。

徒提出了假先知以妖言惑众的警告，③这些资料都为保罗所掌握，于是
他于此引用；并且"说"一字是现在时态，④表明了保罗相信，昔日圣灵
所预告的，今天仍有效，并且正好在今天实现了。

圣灵所说的，便是"在后来的时候……"，此句与"末世"其实是同义
词，⑤初期教会以教会的出现和主再来之前的日子为"末世"，并且相信
教会便是神所拣选的、一个末世性的弥赛亚群体，其存在显出了末世已
来到，主再来亦迫在眉睫。然而，在这段日子中，"必有人离弃真道"，
"必有人"应作"有些人"(思高、现中)；⑥"真道"本意为"信仰"，因其前
有一冠词，故是指基督教信仰；⑦"离弃"此字日后演变成为英文的
apostasy，即离经叛道，此处是用未来时态，⑧是因为当圣灵预告此言
时，这些事尚未发生，保罗用此时态，主要表示其引用的真实性，⑨及如
今的应验，正合乎圣灵先前的预告。

无论如何，他们离弃了基督教纯正的信仰，反去"听从那引诱人
的邪灵和鬼魔的道理"，"听从"有专心留意的意思；⑩"引诱人的"应作
误导的或欺骗的；⑪"邪灵"原文为复数的"灵"字，⑫故不可能是指圣
灵，⑬而是指圣灵之外的灵，与先前所论及的"圣灵"成为对比，而灵
有真实圣洁的灵，即圣灵，亦有虚假污秽的灵，即众邪灵；故首一句
应作"专心听从那误导的众灵"，由此可见，参与这些误导人的教训
的人士不只一个，说明了在末世时，假教师将风起云涌，大举进侵
教会。

---

③ 如太二十四 10～11、23～26；可十三 22。

④ *legei*.

⑤ 前者为 *en hysterous kairois*，后者为 *en eschatais hēmerais*，参见提后三 1。

⑥ *tines*.

⑦ *tēs pisteōs*.

⑧ *apostēsontai*；出自 *aphistēmi*，参见 *BAGD*，p.126.

⑨ 故在修辞上有说理的作用。

⑩ *prosechō*，*BAGD*，p.721；是现在分词，形容上一句"有些人"的，故是作形容词使用。

⑪ *planos*，*BAGD*，p.672.

⑫ *pneumasin*.

⑬ 当然除了启示录中出现的七灵是指圣灵(一 4，三 1，四 5，五 6)，则属例外，因为七是有象
征性意思，意即完全，其既为七，故"灵"亦复数。

　　"道理"即教导或教训；因其为复数，[14]故是指各类属于鬼魔的教导，又或者是由鬼魔而出的教导；[15]"鬼魔"亦是复数，福音书中有记载它们的活动，称它们为污鬼，常附在人的身上，引起各类身体和心理的反常现象，[16]它们大概是撒但的随从，一如天使在神面前等候神的差遣，完成神的旨意，它们是服侍撒但，实现撒但的奸计之爪牙。此处保罗的授意，是假教师们都成为这些邪灵和鬼魔的住所，亦成为撒但的喉舌，借其说话和言论，误导人离开正确的信仰，跟从了魔鬼。

　　四 2　"这是因为说谎之人的假冒；这等人的良心如同被热铁烙惯了一般"

　　"这是因为"并不在原文中，然而，这一节无疑要进一步解释邪灵和鬼魔的工作，如何可以误导有些人离经叛道，而其媒介，便是"说谎之人的假冒"，此句应作"在假冒里的说谎者"；[17]"假冒"即虚伪（新译）；[18]虚伪和"说谎者"都重复着一个主题：假教师的伪善；以下一句，即"这等人的良心"，是形容"说谎者"的，而应作"这等人自己的良心"；尼特主张，如此的措辞要强调他们的良心，因着自己的罪所影响，进入了自欺欺人的窘境；[19]不过，"自己的"亦可能只是有强调的作用；[20]"良心"早已出现于一章五节及十九节，[21]指人的内省机制，即其对己及对事物的评估系统，尤其是在道德方面。

　　而其良心"如同被热铁烙惯了一般"，此句其实在原文中只是一个字，指奴隶被主人用热的金属烙上记号，[22]表示永远属于主人，故此处指这

————————

[14]　*didaskaliais*.

[15]　*daimoniōn*，前者为描述的属格，后者为表明来源的属格。

[16]　如太十一 18；路七 33，八 27；约七 20，十 20 等；参见 *BAGD*，p. 168.

[17]　"说谎者"（*pseudologōn*）是现在分词，直译为"说假话的"，是作名词使用。

[18]　*hypokrisis*，只出现于此处，*TDNT*，VIII：569；Zerwick & Grosvenor, *A Grammatical Analysis of the Greek New Testament*，p. 631.

[19]　*tēn idian suneidēsin*，Knight, *Commentary on the Pastoral Epistles*，p. 189.

[20]　Simpson, *The Pastoral Epistles*，p. 65.

[21]　*suneidēsis*，参其注释。

[22]　这有圣经之外的文献支持，参见 Simpson, *The Pastoral Epistles*，p. 65；亦是思高的授意。

假教师的良心，已卖给了邪灵和鬼魔，属于其主人撒但了；㉓此字是现在完成时态，显出了他们正存活于这种困境中，产生了背离真理的言论和生活。

总之，假教师无疑是撒但的随从，并且大言不惭，到处散布误导人的谎言，为要执行魔鬼的计划，使人离经叛道，走向灭亡之路。

四 3　"他们禁止嫁娶，又禁戒食物，就是神所造，叫那信而明白真道的人感谢着领受的"

到了此处，保罗直截了当地指出假教师一些误导人的言论："他们禁止嫁娶"，"禁止"是现在时态分词，仍是形容上一节的"说谎者"，此字有吓阻和不容许之意；㉔我们已有提及，诺斯替主义常视性爱、生儿养女、婚娶为达致救恩的拦阻。再者，犹太人的爱色尼派（Essenes）亦持这些主张，无怪乎每个爱色尼人都独身；㉕故受到这些理论影响的假教师们，便大肆主张奉行独身主义。而此言论大有可能影响教会内一些妇女，以致她们轻看嫁娶，漠视生儿育女的责任，然而，此论调明显是背离了神的创造命令（creation mandate），即神造男造女是要人借着婚姻生育儿女，以达致管理大地的目的，这样才能荣耀造物主（创一 26～30）。再者，虽然保罗本人亦独身，㉖但他于哥林多前书第七章里，已表白了此实乃神所赐的恩赐，而婚姻亦是另一种神所赐下的恩典（七 7、28），因此，禁止婚娶、独身为上的论调不合真理，故促使保罗要于第三章十五节处作出纠正。

再说，他们"又禁戒食物"，"禁戒"亦是继续形容上一节的"说谎者"的，其有规避，即避而远之的意思，㉗"食物"的可能意思有二：

㉓ *kekautēriasmenōn*，是形容"说谎者"的分词；Guthrie, *The Pastoral Epistles*, p. 92；Lock, *The Pastoral Epistles*, p. 48；另一个可能的解法，便是以之为麻木了，故其良心不能再分是非黑白，失去了内省的作用，这亦是和合本、吕本和现中的意思，参见 Rienecker & Rogers, *Linguistic Key*, p. 625.

㉔ *kōlyontōn*, Zerwick & Grosvenor, *A Grmmatical Analysis of the Greek New Testament*, p. 631.

㉕ 参见 Simpson, *The Pastoral Epistles*, p. 65.

㉖ 至于他曾否结过婚则难下定论。

㉗ *apechesthai*，参见黄锡木，《原文》，页 503 有关 *apechō* 的解释；此字其实是一不定式，故是需要一意思是"命令"的动词，但作者并没有写出来，因为他假设读者能会意；Zerwick & Grosvenor, *A Grammatical Analysis of the Greek New Testament*, pp. 631‒632.

a. 指肉类的食物；[28]于是，"禁戒食物"，回避肉食如洪水猛兽，以为肉类本身是邪恶的，于是奉行"禁肉主义"，显出了诺斯替主义主张的禁欲主义。

b. "食物"亦可以指一般的食物，而"禁戒食物"便是以某类食物为不洁和禁忌。[29]

由于其原文是复数，故是指一些食物，这样，第二个看法应居先；犹太人的爱色尼派，亦有相近的看法和措施，他们认为如此克制自己的身体，便能更圣洁无瑕，不沾世俗的尘埃。因此，我们很难确定，这些假教师受犹太人的禁欲主义影响，还是为诺斯替主义的雏形思想荼毒。毕竟，这种做法，显出了其基本观念的错误——将神所创造的世界划分为二，有些是纯洁的，有些却是邪恶的，于是保罗在下文做出了一番纠正。

"就是神所造，叫那信而明白真道的人感谢着领受的"，"就是"所指的，当然是刚提及的"食物"，但亦可远指嫁娶，[30]食物和婚姻都是造物主手中的杰作，其目的是要人存感谢的态度去"领受"。[31]保罗又说明这些感谢着领受的人，便是"那信而明白真道的人"，此句直译为"那些信徒和那些明白真理的人"（参考吕本），"那些明白……的人"本是一分词，是现在完成时态，作名词使用，并且是复数，[32]强调了这些人，便是现今仍能明白和了解真理的人，即他们有了解真理的能力；"那些信徒"和"那些明白真理的人"无疑都同属一类别，即基督耶稣的信徒。

　　四 4　"凡神所造的物都是好的，若感谢着领受，就没有一样可弃的"

此段之首，有"因为"一字，[33]故是进一步的解释，何以人可以自由自在地"领受"食物和婚娶之事；"凡神所造的物都是好的"，此句直译为

---

[28] *brōma*，Knight, *Commentary on the Pastoral Epistles*，p. 190；Knight 如此理解；但此字充其量是指固体食物；*BAGD*，p. 147.

[29] Guthrie，*The Pastoral Epistles*，p. 92.

[30] *a*，其前置词一般都是先前最接近它的名词，故是"食物"。

[31] *metalēmpsis*，此字在新约中只出现于此。

[32] *epegnōkosi*，故是作名词使用。

[33] *hoti*.

"每样神的被造之物是好的"，㉞"每一样被造之物"包括了一切存在的东西，"神的……"指从神而来的，㉟故全句可作"因为每一样从神而来的被造之物都是好的"，保罗当然是以创世记第一章为题，因为当神在创造世界时，都称每一样被造之物为好的，㊱由此可见，物质本身并不邪恶，因为都是造物主的作为，并且都依造物主的旨意而存在。㊲

　　"若感谢着领受"或作"当感谢着领受之时"，㊳"就没有一样可弃的"，"可弃"此字在新约只出现于此，意即被拒绝或被丢掉，㊴保罗在此一再强调要感谢着领受，因为能够如此行，说明了其接受了造物主为各样被造之物作的安排，并且确认所领受的东西，都是那厚赐恩惠的主所赐的。

四 5　"都因神的道和人的祈求成为圣洁了"

　　在总结这一段时，保罗再次解释何以信徒可以领受一切被造之物："都因神的道和人的祈求，成为圣洁了"，㊵"成为圣洁"是在句子之首，故处强调位置，其所形容的，乃是上一节的"凡神所造之物"，即每一样被造之物；"成为圣洁"是被动语的分词，㊶此处并非表示其原本为不圣洁，如今却被圣洁化了，而是指食物的洁净，是可以被接受的；㊷"神的道"之意思则分析如下：

　　a. 指基督耶稣，因为他是成了肉身的神的道，即借着基督的启示，信徒明白被造之物都是洁净的。然而，以"神的道"形容基督，

㉞　因被造之物，即 *ktisma* 为单数，故 *pan* 应作"每一样"，而非"所有"。

㉟　*theou*，是表明来源的属格。

㊱　如创一 10、12、18、21、25。尤其是一 31；*kalon*，即"好的"，此字出现于七十士译本中的创一 31。

㊲　正因为这样，圣子亦取了人的身体，成了肉身，住在人间，他升天后所差的圣灵，亦以人的身体为殿，永远内住在信徒中（林前三 16～17）。

㊳　但亦可作一条件句子，即以"如果"为始，参见 Knight, *Commentary on the Pastoral Epistles*, p.191；"领受"（*lambanomenon*）为一分词，形容"可弃的"，故是作副词使用。

㊴　*apoblētos*，是一由动词构成的形容词（verbal adjective）；黄锡木：《原文》，页 503；Rienecker & Rogers, *Linguistic Key*, p.626.

㊵　*gar*，即"因为"，故此句是一解释。

㊶　*hagiazetai*，是作形容词使用。

㊷　对比 Scott, *The Pastoral Epistles*, p.46.

并没有在教牧书信中出现过。

b. 在创世记中,神说话造了宇宙万物,意即因为万物都是借着神的话而成的,故都是可接受的。但问题是此处的"成为圣洁"是现在时态,如果是回指创世时的情况,则应用过去时态才是。[43]

c. 指耶稣于马可福音第七章十九节有关食物的教导。[44] 但何以保罗不直言是基督的话?

d. 指圣餐的饼和杯,因为基督是与圣餐同在的,信徒理应毫无保留地接受。[45] 然而,此说虽然颇具创意,但却流于隐晦和造作,故欠缺说服力。

e. 指福音的信息,即在那些信而明白福音的人来说(参见第 3 节),食物都是可以接受的。[46] 但如果保罗真的有这个意思,他可以用下一节的"真道的话语"[47]来作表达,无疑更为清晰。

f. 按此句之下文是"祈求",故指在饮食用膳之前,如犹太人一样,以神的话语作为感恩的祷告。[48]

归结而论,e 和 f 的解释问题最少,而 f 则更合乎此处的思路;"祈求"早于第二章一节出现过,[49]和合本作"代求",由于此字的具体意思要看上文下理,故此处指为所要享用的食物祈求;保罗的意思是,因信徒存正确的态度,以感谢的心来享用,一切的食物都是可以接受的。假教师那番禁戒食物,将之分为洁净与不洁净,是没有理据的,亦违反了神创造万物的原委。

(ii) 真教师的本色(四 6~16)

四 6 "你若将这些事提醒弟兄们,便是基督耶稣的好执事,在真

---

[43] 参见 Guthrie, *The Pastoral Epistles*, p. 94.

[44] Simpson, *The Pastoral Epistles*, p. 66.

[45] Hanson, *The Pastoral Epistles*, pp. 88 - 89.

[46] Fee, *1 & 2 Timothy*, *Titus*, p. 101.

[47] *tois logois tēs pisteōs*.

[48] Dibelius & Conzelmann, *The Pastoral Epistles*, p. 64; Lock, *The Pastoral Epistles*, p. 49; Scott, *The Pastoral Epistles*, pp. 46 - 47.

[49] *enterxis*;参见其注释。

道的话语和你向来所服从的善道上得了教育"

　　在论说完假教师在食物和婚娶的错谬后,保罗转而直接向提摩太做出一些个人性教导,因为提摩太既然被保罗委派,服侍以弗所教会,他必要在教导和生命表现上,对信众产生积极的感染力,故"你若将这些事提醒弟兄们","这些事"自然是指上文,但亦可能指由第二章开始,一切教会所需要知道的教训;而信主的人,都以"弟兄"相称,这是本于耶稣在世时曾表示:"看哪,我的母亲,我的弟兄,凡遵行我天父旨意的人,就是我的弟兄姐妹和母亲了。"(太十二 49～50)[50]再者,信主的人都成为父神的儿女,与基督同为后嗣(弗一 5;加三 26),如此,以弟兄姊妹相称是自然的事,而教会是神的家,故在家中的成员,自然都是弟兄了。

　　"提醒"此字直译为放在下面,[51]但一般有教导和指示的意思,[52]再加上其为分词,故可作条件句子的用法,即"如果……指出";如果提摩太能将保罗所论说和教训的,指示教会中的弟兄姊妹,"便是基督耶稣的好执事","好"处强调的位置,意即卓越、出色,[53]"执事"早于第三章保罗论作执事的职分时出现过,保罗亦曾以此自称(林前四 1),此处当然是非专用名词,指一切服侍主耶稣的仆人和使女,故是"基督耶稣的……执事",一如保罗是"基督耶稣的使徒"一样(一 1)。

　　此"好执事",亦是"在真道的话语和你向来所服从的善道上得了教育"的一位,"得了教育"意即得着培养,[54]"真道的话语"应作"信仰的话",[55]"信仰"指基督教的信息,即从基督教信仰而出的话语;"善道"直译为"好的教导";[56]"你向来所服从的"是现在完成时态,[57]指直至今天仍未有停过的一项行动;"服从"应作紧随,[58]提摩太一向是跟从那好的

[50]　*adelphoi*,另参可三 35。

[51]　*hypotithemenes*,Rienecker & Rogers,*Linguistic Key*,p. 626.

[52]　Knight,*Commentary on the Pastoral Epistles*,p. 193.

[53]　*kalos*.

[54]　*entrephomenos*,黄锡木:《原文》,页 503;Zerwick & Grosvenor,*A Grammatical Analysis of the Greek New Testament*,p. 632.

[55]　*tois logois tēs pisteōs*.

[56]　*kalēs didaskalias*,故能产生"好执事"。

[57]　*parēkolouthēkas*.

[58]　*parakoloutheō*,Rienecker & Rogers,*Linguistic Key*,p. 626.

教导,因为他自小便受教于祖母罗以和母亲友妮基(参见提后一5)。之后,亦追随保罗左右,受他的教诲,如今借着此书信,亦受教于保罗;提摩太如果能将保罗在此信中所教导的指示众信徒,便真的是受了美好培育的好执事了,而培育提摩太的,便是基督教的道理和教导。

四7　"只是要弃绝那世俗的言语和老妇荒渺的话,在敬虔上操练自己"

但除了要依照保罗的训示,去指导信众外,还要对某些事物有所摒弃,故"只是要弃绝那世俗的言语",原文本没有"言语";"世俗的"本与"老妇的"一同形容"荒渺的话";"只是"应作"但是";[59]"弃绝"又可作拒绝,[60]是命令语;"世俗的"此字于第一章九节用过,和合本作"恋世俗的",意即亵渎神的;故全句应为"但却要拒绝亵渎神的,老妇的荒渺之话","老妇的荒渺之话"是一句当时哲学界辩士们常用作讽刺对方所说的,全是一派胡言,有如老年妇人们在闲谈时胡扯的,[61]当然,此处保罗特别采用此表达,反映以弗所教会内一些妇女的过分言论(参见五13)。总之,这些都是提摩太所要回避的和刻意拒绝的。

反而,[62]他要"在敬虔上操练自己","操练"此字指身体上的操练,[63]早于哥林多前书第九章二十四至二十七节已有采用运动的比喻,强调要操练身体、使之有节制的重要。[64]虽然保罗否定了在食物和婚娶上奉行禁欲主义,但他并不鼓吹没有节制、放纵私欲的生活,他要求提摩太用运动员操练身体的精神去操练"敬虔",即基督教信仰和生活;在此,保罗于腓立比书第二章十二节所说的:"……就当恐惧战兢做成你们得救的工夫",实有异曲同工之效。

四8　"'操练身体,益处还少;惟独敬虔,凡事都有益处,因有今生

---

[59] *de*.

[60] *paraiteomai*,黄锡木:《原文》,页503。

[61] *graōdeis*,*BAGD*,p.166;Fee,*1 & 2 Timothy*,*Titus*,p.103.

[62] 因此句有 *de* 一字,即"然而"。

[63] *gymnasia*;*BAGD*,p.166;此字后来演变成英文的 gymnasium(体育馆)。

[64] 并且提后二5又再用此比喻。

和来生的应许'。

9　这话是可信的,是十分可佩服的"

此处出现了教牧书信中第三个"可信的话"的公式,故保罗是在引用当时流行的句子,然而,究竟此引句是第八节,还是第十节,则难于取决,因为二者都有可能,不过,第八节的可能是居先的,主要有两大原因:

　　a. 其看来是一句格言,故保罗是引用一句格言。

　　b. 教牧书信此引用的公式,有两个表达,一为只有"这话是可信的"(三 1)一句,一为"这话是可信的,是十分可佩服的"(一15);后者是一扩充的公式,旨在加上一项个人的回应,即"十分可佩服的",意思是值得完全接纳的,但前者却因为所引的已有个人的回应在其中,故没有了扩充的部分。按此了解,第八节明显缺乏个人回应的内容,故此处用了扩充的公式,[65]反而第十节则有个人的回应在其中,故可能性不大。

此格言便是"操练身体,益处还少;惟独敬虔,凡事都有益处,因有今生和来生的应许",[66]此句之前有一"因为",[67]大概是保罗加上的,旨在支持上一句所要求提摩太的,要锐意操练敬虔,而引出下面的引句。此引句有以下的特点:

　　a. 此格言无疑是出自福音的传统,明显是路加福音第十八章二十九至三十节耶稣之言:"我实在告诉你们,人为神的国撇下房屋,或是妻子、弟兄、父母、儿女,没有在今世不得百倍,在来世不得永生的"。[68]

　　b. 主要是一对平行句,即"操练身体,益处还少",对比"惟独敬虔,凡事都有益处"。然后加上一项解释,以鼓励别人依其内容而行。

　　c. 此平行句其实是有比较的作用,即"操练身体"对比"敬虔";"益

---

[65]　详参 Knight, *Commentary on the Pastoral Epistles*, p.198.

[66]　Fee, *1 & 2 Timothy, Titus*, p.105;Fee 认为被引用的部分是由"惟独敬虔"开始,然而,"操练身体,益处还少"一句,明显是与下一句"惟独敬虔,凡事都有益处"有平行的作用,可见此乃格言居多。

[67]　gar.

[68]　其他相关的经文有可十 29～30;太十九 29。

处还少"对比"凡事都有益处"。

d. 其对比的性质是,"操练身体"有外在的良好收效,但"敬虔"的本质,则有内在生命美好的成果。

e. 外表的益处总不及内在的收益,因为前者的益处与生命的应许无关,后者则包括今生和来世的应许。

f. 解释的一句"因为有今生和来生的应许"直译为"有现今和未来生命之应许",而"生命"与"应许"的关系,便是所应许的,乃有价值的生命,[69]故"如今和未来生命的应许"其实便是"永生"的意思。[70]

诚然,"操练身体"是有益处的,保罗从来没有否定对身体的欲望要有节制,然而,良好的体格或在赛场上胜出,所得的赏赐都只在今生派上用场,但敬虔的应许却是得着永生。[71]故此,过敬虔的生活是丰盛生命的开始。而此真理"是可信的,是十分可佩服的","十分可佩服的"即是值得信靠的,[72]并且应该被全然接受。当保罗在第三章一节中引用另一句话时,他只用"这话是可信的",如今保罗却加上了"是十分可佩服的",其目的是要提摩太作出回应,俯纳此雅言,锐意在敬虔上操练自己(第7节)。

四 10 "我们劳苦努力正是为此,因我们的指望在乎永生的神。他是万人的救主,更是信徒的救主"

以上所言,委实可信可靠、值得接纳,故保罗说:"我们劳苦努力正是为此",[73]"劳苦"大有劳碌至疲惫不堪之意,[74]可以指肉身上或心灵上

---

[69] *epangelian zōēs*, *zōēs* 是宾格的属格,"生命"(*zōē*)此字是指有价值的生命,一如基督在福音书中所应许的,赐予信徒丰盛的生命(约十 10;另参六 33、51);但亦有可能是同位语属格,意即这应许便是生命。

[70] Fee, *1 & 2 Timothy*, *Titus*, p.104;Fee 亦有此意思,故永生有现在和未来两个元素,即永生是已经开始实现于现今,但其完全的兑现,则要等到未来。

[71] 保罗亦可能是针对某些假教师的言论,即将操练身体,成为人生的首要任务,参见 Lenski, *Interpretation of Colossians*, *Thessalonians*, *Timothy*, *Titus*, *Philemon*, p.635.

[72] 参见提前一 15 的相关注释。

[73] 此句之首有 gar 一字,意即"故此"。

[74] *kopiaō*, BAGD, p.444;Bernard, *The Pastoral Epistles*, pp.69 - 70.

的劳苦；㊅"努力"亦有尽力追求的意思，㊆此处侧重于努力达到目标，㊇而与此句意思和结构相似的一句，早于歌罗西书第一章二十九节出现过。在那里，保罗说："我也为此劳苦，照着他在我里面运用的大能尽心竭力"，而译作"尽心竭力"的，便是此处的"努力"一字，而上文提及保罗致力于传扬基督，使人借着认识基督而能够认识神，故此处保罗亦有这样的意思；"劳苦"和"努力"的目标，便是在第十一节开始的，他对提摩太要好好地教导别人的要求。

因为保罗要在第十一节开始，指示提摩太要作真教师，故他于此处不单只说自己是劳苦和努力地传扬主，并且加上提摩太在内，故他用了"我们"，又解释了其劳苦和努力的原因，㊈是"因我们的指望在乎永生的神"，"指望"是动词，㊉故应作"因为我们仍盼望永生神"，"永生神"可以指永活的神，或指给予生命的神，㊿按上文所提及的，敬虔能给予生命的应许的意思，此处大概是强调神是生命之源，故他便是那给予生命之应许的一位。这样，保罗等才盼望永生的神。

"他是万人的救主，更是信徒的救主"此句是形容"神"的；"救主"此字用于圣经之外，常指一个满有丰盛恩典的人，当在危急之时，成为拯救者；㉛"万人的救主"的意思，当然不是指万人都将得着神的救恩，以致达至普世得救的情景。㉜早于第二章一至七节里，保罗已表明神希望万人得救，因此基督耶稣降世为人，并且舍己作万人的赎价。这样，救恩已为万人预备，然而，要经历救恩的果效，却需要个人的回应，向神做出信靠

㊅ Knight, *Commentary on the Pastoral Epistles*, p. 202.

㊆ *agōnizomai*, Zerwick & Grosvenor, *A Grammatical Analysis of the Greek New Testament*, p. 632;注意此处有些版本以 *oneidizometha*（即"受咒骂"）代之，但按西一 29，则应是"努力"，况且，其意思于此亦不吻合，参见 Lock, *The Pastoral Epistles*, p. 52.

㊇ *TDNT*, I：136 - 139.

㊈ *hoti*，意即"因为"，故"因我们……"

㊉ *ēlpikamen*，是现在完成时态，故是指保罗等至今仍存此盼望。

㊿ *theō zōnti*，前者以 *zōnti* 为描述的属格，后者则为表明来源的属格。

㉛ *sōtēr*, *TDNT*, VII：1003 - 1021；F. W. Danker, *Benefactor：Epigraphic Study of a Graeco-Roman and New Testament Semantic Field*（St. Louis：Clayton, 1982）, pp. 324 - 325.

㉜ 保罗如此称呼，可能是针对当时罗马的帝王之被诩为万人的救主，参见 Steven M. Baugh, "Savior of All People：1 Tim. 4：10 in Context", *WTJ*（1992）, pp. 337 - 338.

的行动，^㊸故保罗续称："更是信徒的救主"；在此，史杰德（Skeat）解释，"更是"此字一般都作"尤其是"（especially）的意思，^㊷然而，在不少圣经之外的文献中，常被用作"即是"（that is），作为一个对上文进一步的阐释，此处亦应如此。^㊶按此了解，此句应作"他是万人的救主，即是信徒的救主"，意即唯有信徒，即那些以信心投靠神的人，才能真正得着这位希望万人都得救的神的救恩。

四 11　"这些事你要吩咐人，也要教导人"

从"是十分可佩服的"一句的授意，此处保罗更进一步清楚地要求提摩太一定要回应保罗的教导，故"这些事你要吩咐人，也要教导人"；"这些事"指紧临的上文，即由第七节开始的教导，其重点是要提摩太学习敬虔之道，以致他能得着今生和来世的裨益；"吩咐人"及"教导人"均为命令语，由此处起，直到下一章，保罗用了一系列命令词调的动词，要求提摩太必须按他的教诲行事，因为作为真教师的提摩太，在牧养教会的事上，一定要有方向感，并且要明是非、定对错，言传身教地指示信徒那当走之路。

"吩咐"是指由君王、耶稣和使徒等权威人士所发出的指示和训令，^㊻这样，提摩太既然是基督耶稣的好执事（四 6），又是满有恩赐的真教师（四 14），便应理直气壮地"吩咐"信徒走那当走之路；提摩太亦要"教导"人，因为他是真教师，实在有必要将真理教导信众，免他们误入歧途；以上两个动词均为现在时态，故提摩太务要常常执行"吩咐人"和"教导人"^㊼的职事。

四 12　"不可叫人小看你年轻，总要在言语、行为、爱心、信心、清

㊸ 例如在沙滩上的救生员，无论游泳者是否向他求救，他仍被称为救生员，但唯有那些被溺者向他求救，得着他拯救时，他才是实际地成为被救者的救生员，此处称呼神是救主的情况亦然，唯有人向他呼求时，救恩才会实现在其身上，参见 ibid., pp. 332 - 333.

㊷ *malista*，参见黄锡木：《原文》，页 504。

㊶ 引自 Hanson, *The Pastoral Epistles*, p. 92.

㊻ *parangellō*, *BAGD*, p. 618.

㊼ *parangelle*, *didaske*.

洁上，都作信徒的榜样"

保罗继续他的训示："不可叫人小看你年轻"，此句直译为"让没有人小看你年轻"，"小看"又可作"藐视"或"不当作一回事"，⑱是命令语，再加上"没有人"，⑲此句可作"不要使人藐视你年轻"；"年轻"应作"青年"，在当时，由少年直到四十岁的人，都被称为青年人，⑳当保罗写此信时，提摩太大概是三十来岁，故提摩太亦属青年之辈。韦斯德（Wuest）则主张，其实青年与年迈纯属相对，例如四十岁对于当兵的人来说，已属年老，但作为国家的宰相，或地方教会的领袖，则无疑是年轻的。㉑ 事实上，比起以弗所教会内的长老，㉒提摩太是显得年轻的，在领袖阶层来说，实在是青年小伙子。

然而，"年轻"不应成为提摩太建立领导权柄的阻拦，诚然，提摩太不能使自己年迈，借着年纪去争取别人的信任，竖立属灵权柄。毕竟，单凭年纪不能使别人对己心悦诚服；正因此故，保罗为提摩太开了一个处方，便是："总要在言语、行为、爱心、信心、清洁上，都作信徒的榜样"，"总要"原文是"不过"，㉓意即保罗要提摩太从挂心于年纪的问题，转而专注于以下的项目："作信徒的榜样"在这一句是在先的，并且以"榜样"为首，㉔故是被强调的，"榜样"不单是指作为一个样板，而是有"主动地成为他人学效的对象"之意；㉕"要作"亦是命令语，㉖说明这是保罗要求提摩太注意的事。

早于第一章十六节里，保罗已言及自己成为别人的榜样，如今提摩

---

⑱ *kataphroeitō*，黄锡木：《原文》，页 504。

⑲ 即加上 *mēdeis*.

⑳ *neotēs*，参见 Simpson，*The Pastoral Epistles*，p.69；此字常出现于七十士译本，如箴五 18；玛二 14；保罗在参与杀害司提反时，亦被称为"青年人"（徒七 58，新译本），那时他约三十岁；Marvin Vincent，*Word Studies in the New Testament*（Grand Rapids：Eerdmans，1946），IV：250；Vincent 认为提摩太约有三十八至四十岁。

㉑ K. S. Wuest，*Wuest's Word Studies*（Grand Rapids：Eerdmans，1952），pp.72‑73.

㉒ 甚至比较起一些假教师，亦属年轻。

㉓ *alla*，是一强烈的转折连词。

㉔ *typos*，参见 *TDNT*，VIII：248‑250.

㉕ 参见 Bernard，*The Pastoral Epistles*，p.71.

㉖ *ginou*.

太亦然，^⑰提摩太所要关注的，不是年纪的大小，乃是自己生命的成熟和在众人面前的表现，一如费奥理（Fiore）所分析的，"言语"及"行为"是榜样的范围，而随之的三项，是强调作榜样之人的德性，^⑱以下是对其逐一的解释：^⑲

  a. 言语上：可以是指私人的说话，^⑩但亦可指公开的言论。由于以弗所教会内已涌现了假教师，他们的言论已带给教会不少的破坏，再加上一些无知的妇女的说长道短（五 13），实在是一些荒渺的话，提摩太必须防范自己陷入此困局中，反而要借着言语，如下一节所提及的"宣读、劝勉、教导"，建立信众的生命。

  b. 行为上：泛指基督徒生活的方式，即其行为举止，^⑪提摩太要活出一个真信徒的样式，一如保罗于以弗所书第四章二十至二十四节的训示："你们学了基督……就要脱去你们从前行为上^⑫的旧人……又要将你们心志改换一新，并且穿上新人……"

  c. 爱心上：此处所指的和第一章十四节的"信心和爱心"一样，指信徒的美德，此美德因着信徒与主联合而生，亦是对神恩典的回应。有了爱心作为其生命的内涵，提摩太便可以举手投足都有属灵成熟者的表现。如此，才能使信徒心服。

  d. 信心上：作为一项美德，信心是指因着信靠神，产生了满有信心的表现，相信神是大有能力的，故面对侍奉上的困难时，不至于失望和绝望，反而是大有胆量地领导信徒而行。

  e. 清洁上：此字一般的意思是洁净，^⑬在此处则有道德上的含义，即存一高尚的品格，讨厌污秽而喜爱光明的事，以致在行为上，

---

⑰ 保罗这样的表达亦见于腓三 17；帖后三 9。

⑱ Fiore，*The Function of Personal Example*，pp. 209 - 210；其中两项，即信心和爱心，亦出现于一 14 当保罗论及自己成为榜样之时。

⑲ 有些抄本在五项中再加上"在灵性上"（*en pneumati*），但这些抄本显得不可靠。

⑩ *en logō*，Hendriksen，*1 & 2 Thessalonians，1 & 2 Timothy and Titus*，p. 158；因没有冠词，都是指人的话，而非神的道。

⑪ *anastrophē*，BAGD，p. 61.

⑫ 与此处的"行为上"为同一个字眼。

⑬ *hagneia*，BAGD，p. 10；Knight，*Commentary on the Pastoral Epistles*，pp. 206 - 207.

显出了其正直无私的性格。

总括来说，保罗要提摩太聚焦于做一个成熟的传道人和牧师，以致其品德和行为，都显出真教师的本色，如此才使其他的信徒，包括年迈者，信服提摩太，甚至以他为学习的榜样。

四 13　"你要以宣读、劝勉、教导为念，直等到我来"

继而，"你要以宣读、劝勉、教导为念"，到了此处，保罗集中于教导作为教师的提摩太，在言语方面应有的侍奉；"为念"其实是此句的主要动词，其意为"专注"，[104]亦是命令语，故此句应作"你要专注于宣读、劝勉、教导"（参考新译、思高），所"专注"的，共有三项：

a. 宣读：即诵读出来，可以是公开的或私人的，[105]但由于在其他两次新约中的出现，此字都是指在聚集时的诵读，[106]故此处亦然，[107]故是指提摩太要在教会聚会时，专注于宣读这一个项目。在犹太人的会堂敬拜里，宣读摩西五经和先知书是不可或缺的一项，基督教的集体敬拜源自会堂敬拜，故亦以宣读圣经为重头戏，其所宣读的，不单只是旧约圣经，还有一些新约的著作，如保罗的书简，包括了此处保罗所写的，[108]因为在权威上，这些作品是与旧约正典等量齐观的（参见彼后三 15～16）。[109]

b. 劝勉：此字意即教诲，[110]含有劝慰，[111]及警告之意；[112]曾出现于使徒行传第十三章十五节，亦是紧随着"宣读"之后，可见此字是指对刚读过的经文的一项跟进，故可能是指借着解释经文，引

---

[104]　*prosechō*，早出现于第一节，即"听从"一字；参见其注释。

[105]　*anaginōskō*，Zerwick & Grosvenor，*A Grammatical Analysis of the Greek New Testament*，p. 632.

[106]　徒十三 15；林后三 14。

[107]　参见黄锡木：《原文》，页 504。

[108]　保罗常在其著作中表示，他期望教会在聚集时，诵读其书信的内容，使全会众能知道他的教导，如帖前五 27；西四 16。

[109]　另参提后三 16 中关于"圣经"一字的注释。

[110]　*paraklēsis*，Zerwick & Grosvenor，*A Grammatical Analysis of the Greek New Testament*，p. 632.

[111]　黄锡木：《原文》，页 504。

[112]　Hendriksen，*1 & 2 Thessalonians*，*1 & 2 Timothy and Titus*，p. 158.

发会众的回应，从而达致警告和劝慰的成效。[13]

c. 教导：即对神话语，包括了保罗于此信中所阐释的教导，尤其是教导一些不容忽略的事实及勾画一些属灵的原则，使信众晓得如何将经文落实于生命中。提摩太作为真教师，无疑要以此工作为念。在犹太人会堂的敬拜里，紧随着读经之后，便是以经文教导会众，使他们进一步明白如何回应和践行所读的经文，这是耶稣在世时常做的，[14]保罗亦在其宣教的工作上，有此措施，[15]提摩太作为真教师，务必要以此方向去演绎神的话。

"直等到我来"本位于此节之首，成为了提摩太要专注于领导集体敬拜的时限。当然，保罗不是表示，当他来到以弗所之后，提摩太便可以忽略教导的工作。然而，由于他本人不能在以弗所教会做领导的工作，尤其是在集体敬拜中作领导，故他留下提摩太作为代表人，直到他重回以弗所教会，再度承担起领导的工作，提摩太才可以松一口气，不再作为保罗的代表人。一言以敝之，提摩太不能半途而废，辜负保罗所托真理教师的职事。

总括来说，以上三项都与教会的集体敬拜有关，再加上第二章第一及二节关于祷告的教导，构成了集体敬拜的必备内容，[16]这实在是提摩太所要专注的，因为他的个性畏怯（提后一 7），并且是一青年领袖，怕被人轻看，故在众人面前，实在要刚强壮胆，在领导祷告和神话语的职事上发挥其真理教师的本色。

四 14 "你不要轻忽所得的恩赐，就是从前藉着预言、在众长老按手的时候赐给你的"

此外，保罗亦提醒提摩太，"不要轻忽所得的恩赐"，"轻忽"即"忽略"（新译），[17]是现在时态的命令语，表示经常性地忽略；提摩太切莫经

---

[13]　详参 Knight, *Commentary on the Pastoral Epistles*, p. 208.

[14]　参见太四 23；可一 21；尤其是路四 16～22。

[15]　如徒十三 14～41，十四 1 等。

[16]　参见 Hultgren, *I - II Timothy, Titus*, p. 85.

[17]　*ameleō*, TLNT, 1：87 - 91；黄锡木：《原文》，页 504。

常性地忽略"所得的恩赐",此句应作"你的恩赐",此处不强调恩赐是被赐予的,而留待下面一句才有此措辞,原因是保罗是强调提摩太既已得着此恩赐,便应尽心竭力,作神百般恩赐的好管家(彼前四 10)。

"恩赐"指由圣灵赐给信徒各项侍奉的才干,[⑱]其作用是要造就教会,使教会中的信徒,能互相服侍,肢体配搭侍奉,建立基督的身体,即教会(林前十二 4～28;弗四 11～16)。恩赐亦是因着基督的升天和得荣,神赏赐给基督的恩典,故此,基督便能将所得的恩赐赐给在他里面的人,即信徒(弗四 7～8)。

保罗形容这些恩赐,"就是从前藉着预言、在众长老按手的时候赐给你的";[⑲]"预言"一般的用法,都是指人被圣灵感动下而发出的启示;此处亦提及"众长老按手的时候",[⑳]"按手"是一种古老的礼仪,早于民数记第二十七章十八至二十三节里,摩西已借着按手之礼,将约书亚引荐给以色列全会众,借之给他尊荣,以能日后代替自己作以色列人的领袖。由此可见,按手礼是有委任、传授权柄之意思。在新约的时期,犹太人亦有按立长老的礼仪,但其是注重职分的封立。新约的用法却侧重于职事的分派而不是职分的封立。使徒行传第六章六节同样出现了按手礼,是在选举出七位承担管理饭食的领袖之后的一项公开仪式,由使徒们,即教会的领导群体,按手于此七人的头上,故亦有授权和委任的意思。当然,新约强调信徒凭所得的恩赐侍奉,因此,此项仪式,亦有确认"被按手的人拥有所需恩赐"的用意。

使徒行传第十三章一至三节再一次出现了按手礼,此处亦由地方教会的领袖群体,按手在保罗和巴拿巴的头上,有授权、委任和分派的意思,作为对圣灵在各人心中做感动工作之回应,于是,保罗那伟大的宣教工作便展开了。此处的按手礼,同样借着"众长老",即地方教会的

---

⑱　并非指提摩太得着教师此职分,H. P. Liddon, *The Epistles to Timothy*（Minneapolis: Klock & Klock Christian Publishers, 1978, repr.）, p. 47;此处用 *charisma*,此字强调此乃神的恩典;但于林前十二 1 则用另一个字 *pneumatikōn*,和合本译作"属灵的恩赐",此字明显说明这些恩赐是从圣灵而来。

⑲　此说话亦暗示了恩赐永居于提摩太的身上,故提摩太可以即时拥有之,但亦可以忽略其存在,然而,提摩太亦可将之如火挑旺(提后一 6);Karris, *The Pastoral Epistles*, p. 87.

⑳　此句原文是"众长老的按手"（*tōn cheirōn tou presbyteriou*）,"众长老"是宾语的属格。

领袖群体，⑫按手在提摩太的头上而成。⑫ 保罗在此说明，此按手礼原来是有"预言"，即有启示的作用，此启示便是提摩太被赐予恩赐，⑬此恩赐是由圣灵赐予，使提摩太有能力去承担所分派的工作。

　　圣灵如何启示提摩太有侍奉的恩赐，这是一个颇难解决的问题。⑭按使徒行传第十三章一至三节所授意的，圣灵如何借着安提阿教会的众领袖，按手在保罗和巴拿巴的身上，确定和分派他们做宣教工作为例，我们的推想是，圣灵在保罗及众长老的内心工作，使他们都有感动，要拣选提摩太作教会的领袖，于是，便举行按手礼，作为此感动的回应。保罗相信，如果圣灵果真有此感动，则他必赐予提摩太足够侍奉的恩赐，使他胜任。按此理解，保罗便可以说，借着众长老的按手礼，提摩太被确立为领袖，承担牧养教会的职事，并且得着圣灵所赐给每一位侍奉者必备的恩赐。

　　由于"所得的"是过去不定时态，⑮而"恩赐"又是复数，⑯故保罗是表明一项事实：提摩太是满有恩赐的人，足以应付在侍奉中各类圣工所需要的能力，其中尤其是十一节所论及的宣读、劝勉和教导，使提摩太能成为实至名归的真教师。我们不能确定此按手礼是在何时何地进行，有可能是当保罗要留提摩太在以弗所教会，以进行处理各项教会事务时发生的（一 3），更有可能是早于提摩太被保罗发掘、加入保罗的宣教工作时进行的（徒十六 1～3）。毕竟，提摩太已经有了充分的资源，使他能胜任此职，只要他不妄自菲薄，忽略这些侍奉的恩赐。

---

⑫ 有学者主张，此处的众长老（*tou presbyteriou*）是一长老团体（a body of elders），故此处是指一按立团，以主持按立礼（ordination），目的是要按立提摩太为长老，然而这理论有待商榷，参见 *TDNT*，Ⅵ：654 - 656；Fee，*1 & 2 Timothy，Titus*，p. 111；Hanson，*The Pastoral Epistles*，pp. 94 - 95；要注意的是，提后一 6 显出了保罗亦有份于此按手礼，由此可见，并不是有一固定的按立团去进行按立礼的。

⑫ 有关于按手礼和按立礼的研究，参见 M. Warkentin，*Ordination：A Biblical Historical View*（Grand Rapids：Eerdmans，1982），pp. 16 - 28.

⑬ "所得的恩赐"应作"被赐予的恩赐"（*ho edothē*），故赐予恩赐者，便是圣灵。

⑭ 有人以此处为按立长老的按立礼，故此处便是在按立礼中的一项礼仪，是由会众中的先知或长老发出的，参见 Hultgren，*I - II Timothy，Titus*，p. 86；但这是理据不足的揣测。

⑮ *edothē*.

⑯ *charismatos*.

四 15　"这些事你要殷勤去做,并要在此专心,使众人看出你的长进来"

有见及此,保罗续称:"这些事你要殷勤去做,并要在此专心",此句直译为"这些事你要殷勤去做,你要在这些事里";"这些事"所指的,大概是紧临的上文,即提摩太要作信徒的榜样,并且在领导教会聚会时振奋,在宣讲圣道的职事上发挥那些神所赐予的恩赐;"殷勤"是现在时态的命令语,[⑰]意即要持续不断地认真于某事(参见新译),[⑱]故有实践的意思;[⑲]此句本是"你要在这些事里",其意思即要全人投入于这些事,故有委身于、全神贯注于(思高),或全心全意于这些事的意思。[⑳]

要持续不断地认真及全神贯注于这些事的目的,是要"使众人看出你的长进来",[㉑]此句直译为"使你的长进,能显明于众人","长进"是一常出现于哲学界的字眼,为哲学教师所乐用,以形容门下学生的进步;[㉒]此处大概是指在学习作领袖的表现上有精进;"显于"有清楚和明显的意思;[㉓]故提摩太亦要有学习的态度,使其进步,能明晰地显于教会内信众的眼前。如此,才能使会众心服,提摩太才能有效地领导教会,完成其真理教师之职事。

四 16　"你要谨慎自己和自己的教训。要在这些事上恒心,因为这样行,又能救自己,又能救听你的人"

在结束这一段时,保罗继续他一连串的训示,此处是最后的两项:[㉔]"你要谨慎自己和自己的教训",此为第一项训示;"要在这些事上

---

⑰ meletaō,参见 Knight,*Commentary on the Pastoral Epistles*,p. 210;Rienecker & Rogers,*Linguistic Key*,p.628;注意保罗用此字,而第 14 节的"忽略"则是 ameleō,二者之间存在着文字游戏的作用。

⑱ 此字亦有"以此为职务"的意思,参见 Lock,*The Pastoral Epistles*,p.54.

⑲ 黄锡木:《原文》,页 504。

⑳ "要在"(isthi)是命令语;Rienecker & Rogers,*Linguistic Key*,p.628.

㉑ hina,作"使",强调了目的和结果。

㉒ prokopē,Lock,*The Pastoral Epistles*,p.54;*BAGD*,p.714.

㉓ phaneros,*BAGD*,p.860;Rienecker & Rogers,*Linguistic Key*,p.628;此字在教牧书信内,常用作形容神的彰显,但此处为一般性的用法。

㉔ 注意从十一节开始,保罗不断地采用命令语的动词。

恒心”则为第二个;“谨慎”即“留心”,或“注意”(思高),⑬是语带命令,故作“要留心”;所“要留心”的,包括了对“自己,和自己的教训”,二者缺一不可,亦不能厚此薄彼。⑬

"要留心自己"所指的是提摩太需要致力于敬虔的操练(第 7 和 8 节),并且要有佳美的领导表现(第 15 节);⑬"要留心于自己的教训"是指在聚会时主领宣读、劝勉和教导的事上(第 12 节);第二个训令是"要在这些事上恒心","这些事"是指"要留心自己和自己的教训"此两件事;⑬"恒心"有持续、坚持、锲而不舍的意思,⑬是命令语,故作"要恒心";提摩太不能稍微怠慢于留心自己及自己的教导,这是"因为这样行,又能救自己,又能救听你的人","救"一般指救恩,⑭即人得着神的拯救,教牧书信亦然,强调人能脱离罪恶的刑罚和魔鬼的陷阱(三 7),新约常言及即使信徒已信主得救,但仍要恐惧战兢地做成自己得救的工夫(腓二 12),因此,提摩太亦要存此态度去过脱离罪恶的生活,以能得着拯救。再说,听见提摩太纯正有力的宣讲之信众,亦能因而摆脱假教师那些似是而非的教导,得以反璞归真,弃恶择善,得着拯救。

因此,保罗解释了何以他要求提摩太慎己和小心自己的教导工夫,因为此乃与别人的生死存亡攸关。总之,神的拯救,必然是借着人作为媒介,再加上了圣道的宣讲,而兑现于他人的身上,这无疑成为了做真教师这一份极为神圣的工作的最重要之原因。

(III) 结语

在末世的时代,邪魔歪道风起云涌,异端邪说亦比比皆是,综观现

---

⑬ *epechō*, Zerwick & Grosvenor, *A Grammatical Analysis of the Greek New Testament*, p. 632.

⑬ Kelly, *A Commentary on the Pastoral Epistles*, p. 109.

⑬ 因此,作为教师,其内在的生命及外在的表现同样受到注意,Earle,"1 Timothy", p. 375.

⑬ Knight, *Commentary on the Pastoral Epistles*, p. 210.

⑬ *epimenō*, Zerwick & Grosvenor, *A Grammatical Analysis of the Greek New Testament*, p. 633.

⑭ *sōseis*, *TDNT*, VII: 995.

今几大异端,如耶和华见证人、摩门教、安息日会、统一教等,都是近二百年内形成的,再加上现在仿如宗教及哲学之大熔炉的新纪元运动(New Age Movement),这世界已弥漫着一股非常浓厚,挥之不去的魔气,直逼真理的柱石和根基之教会。教会究竟如何与之抗衡? 如何胜过它们,以致真理的光辉能普照大地,驱散那阴霾之浓雾? 这实在是值得教会深思猛省的问题。

毕竟,教会所拥有的是神的真理,那改变生命的"善道"(第 6 节),作为教会的牧者要专注于作神话语的职事,其中尤其是主日敬拜中神话语的宣讲,因为此宣讲能达至劝勉人、警戒人及教导人的功效(第 13 节),要收此美好的成果是要付出高昂代价的。传道人本身必须要有充分的时间,先让神的道向自己说话,从中领受圣灵借着神的道对自己的喂养。此一过程能保障传道人本身亦是听道行道的人,当他宣讲时,能现身说法地把真理体现,亦能放胆地讲说,因为如果传道人本身对神的道根本没有回应,亦不刻意遵行,在宣讲时,便会受到魔鬼的攻击为伪君子,并且将会成为教会的破口,给魔鬼留地步。

不单如此,传道人亦要将经文变成可供理解,易于牢记的讲章。这样,传道人需要对讲道法和教学法有所了解。一如耶稣在世时,常用拉比的教学法,如比喻、夸张、重名法(hendiadys)等,引用格言和旧约圣经等,并且随时随地,因材施教,务求深化门徒对其教诲的印象,并且还差遣圣灵,成为门徒的保惠师,引导门徒进入真理。当今之世,传道人亦应采用良好的教学处方,运用现代之视听教材,务使信众了解圣经的真理。[40]

为了深化讲坛信息于信众的心中,一些措施值得采用,如:

a. 事前讲出下周要讲的经段,要求会众预先查看,并且提供一些参考书籍,以供查经之用。

b. 在宣讲时,采用投影仪将讲章大纲印出来,或刊登于敬拜程序表的背面,以收视听之效。

c. 谨记讲章的每一个要点和真理,除了要有充分的讲解外,还要加上实例,以照明真理如何应用。

---

[40] 这便是一个"以学生为中心"(student-centered)的教学法。

d. 讲道后,要求会众静默数分钟,反思讲章的内容,与自己个人的关系。

e. 预先安排一些有恩赐的信徒对信息作回应,此回应的重心是要把信息应用于个人的生命里,这样,回应的信徒最好能有属灵的经验,以致在回应时,能反省一下应用真理时的心得,或是鉴戒,或是借镜,以收举一反三之效。⑭

f. 鼓励信徒于是周晚上,细读所宣讲的经段,重温一下其中的信息。

g. 如果可能,在是周的团契小组聚会中,以之为讨论的中心。

以上都是一些可行的提案,无论如何,教会的敬拜聚会,信徒都济济一堂,静候传道者宣讲从上头而来的信息,以满足他们干涸的心灵,因此,宣讲与教导,必须成为每周众多事工的重头戏。其中尤其是释经式讲道,即将圣经的各书卷,继章续节地向会众诠解及应用,假以时日,便能将全本圣经的内容及整全的真理,向全会众传授,必收牧养的成效。

---

⑭ 这些回应信息的人,一定要给予充分的指示和示范,使他们能掌握回应的技巧,在经过几番的评选后,假以时日,便能训练出一群精于此道的人士。

捌　　处理教会内各人
（五 1～六 2）

1　不可严责老年人，只要劝他如同父亲；劝少年人如同弟兄；

2　劝老年妇女如同母亲；劝少年妇女如同姐妹，总要清清洁洁的。

3　要尊敬那真为寡妇的。

4　若寡妇有儿女，或有孙子孙女，便叫他们先在自己家中学着行孝，报答亲恩，因为这在神面前是可悦纳的。

5　那独居无靠、真为寡妇的，是仰赖神，昼夜不住地祈求祷告。

6　但那好宴乐的寡妇正活着的时候也是死的。

7　这些事你要嘱咐她们，叫她们无可指责。

8　人若不看顾亲属，就是背了真道，比不信的人还不好，不看顾自己家里的人，更是如此。

9　寡妇记在册子上，必须年纪到六十岁，从来只作一个丈夫的妻子，

10　又有行善的名声，就如养育儿女，接待远人，洗圣徒的脚，救济遭难的人，竭力行各样善事。

11　至于年轻的寡妇，就可以辞她，因为她们的情欲发动，违背基督的时候就想要嫁人。

12　她们被定罪，是因废弃了当初所许的愿；

13　并且她们又习惯懒惰，挨家闲游；不但是懒惰，又说长道短，好管闲事，说些不当说的话。

14　所以我愿意年轻的寡妇嫁人，生养儿女，治理家务，不给敌人辱骂的把柄；

15　因为已经有转去随从撒但的。

16　信主的妇女，若家中有寡妇，自己就当救济她们，不可累着教会，好使教会能救济那真无倚靠的寡妇。

17　那善于管理教会的长老，当以为配受加倍的敬奉；那劳苦传道教导

人的,更当如此。

18 因为经上说:"牛在场上踹谷的时候,不可笼住它的嘴";又说:"工人得工价是应当的。"

19 控告长老的呈子,非有两三个见证就不要收。

20 犯罪的人,当在众人面前责备他,叫其余的人也可以惧怕。

21 我在神和基督耶稣并蒙拣选的天使面前嘱咐你:要遵守这些话,不可存成见,行事也不可有偏心。

22 给人行按手的礼,不可急促,不要在别人的罪上有份,要保守自己清洁。

23 因你胃口不清,屡次患病,再不要照常喝水,可以稍微用点酒。

24 有些人的罪是明显的,如同先到审判案前;有些人的罪是随后跟了去的。

25 这样,善行也有明显的,那不明显的也不能隐藏。

六1 凡在轭下作仆人的,当以自己主人配受十分的恭敬,免得神的名和道理被人亵渎。

2 仆人有信道的主人,不可因为与他是弟兄就轻看他;更要加意服侍他,因为得服侍之益处的,是信道蒙爱的。你要以此教训人,劝勉人。

(I) 引言

作为全教会的领袖,不单要有充分敬虔的操练,在聚会时有良好的领导,在宣讲真理时能愉快胜任;同样重要的,便是在日常生活中,如何与不同的信徒相处;如此,才能深入地了解和影响会众,并且在生活的层面上,实事求是地帮助信徒成长。有见及此,保罗便花了以下的一段篇幅,详确地去教导提摩太在这方面应有的知识。

在处理各阶层和年纪的信徒的事上,其中一项重要的通则,是以教会为神的家,因此,面对信徒便是面对家人,对待神家里的人,有如处理自己的家务一样。当然,在细则上必有不同之处,①然而,一如第三章五节所言,作监督的一项重要条件是先管理好自己的家,此处亦然,提摩太实在有如监督,亦是神家的家长,以此态度去处理神家的事务。

　　此处所论及的各等信徒,包括了老年人(五 1)、少年人(五 1)、老年妇女(五 2)、少年妇女(五 2)、寡妇(五 3～16)、长老(五 17～19)及为奴仆的(六 1～2)。当然,保罗无意论尽教会内所有的人士,他乃针对提摩太和教会的需要,作出一些重要的提醒,②其他更仔细的指示,则要等候他再次造访以弗所教会时才作出指导(参见三 15)。

(II) 注释

(i) 对老年人和少年人(五 1～2)

　　五 1　"不可严责老年人,只要劝他如同父亲;劝少年人如同弟兄;
　　　　2　劝老年妇女如同母亲;劝少年妇女如同姐妹,总要清清洁洁的"

　　此处可分为四类人士:

　　a. 老年人:对待的方法,是"不可严责老年人,只要劝他如同父亲",前一句为反面的禁止,后者为正面的指示。"严责"可作"重击"或"尖刻地责备",③前者是指身体上,后者是指语言上的攻击,④此处当然是指后者;"老年人"即老年男人,与"长老"为同一字,⑤然而,因此处的文意无疑是指上了年纪的人,以对比

---

① 处理教会内各人所遇到的问题,并没有什么一、二、三秘笈,乃是要用属灵的智慧及待人的艺术,因时制宜,才能收效,保罗恐怕提摩太在此道上不熟练,才以较长的篇幅去指示他。
② 例如年轻寡妇及长老的问题,可能是与假教师有关,参见相关的注释。
③ *epiplēxēs*,新约只出现于此,是 *epiplēssō* 的不定过去时虚拟语气(aorist subjunctive);加上了 *mē* 成为了劝诫式虚拟语气(hortatory subjunctive)。
④ Zerwick & Grosvenor, *A Grammatical Analysis of the Greek New Testament*, p.633.
⑤ *presbyteros*,是单数字,故是类别的(generic)用法。

下一组的"少年人",故应作"老年男人";"只要劝他","只"应作
"然而";⑥"劝"有鼓励及教导的意思,⑦因是命令语,故作"要
劝";保罗不单只希望提摩太不会伤害老年的信徒,还期望他能
帮助之,故要劝他"如同父亲";此处强调提摩太对待老年人要
如儿女对父亲的尊敬一样;⑧毕竟,老年人是不宜严责的,正如
犯了错的父亲,亦不应受儿女尖锐的责备。否则,即使其在理
性上知道自己错了,但在情感上却极为难受和难堪,反而会阻
碍了他们的改过迁善。

b. 少年人:对待的方法是"劝少年人如同劝弟兄",原文的"劝"字,
是从上一句借过来的;"少年人"即青年男子,虽然他们的年纪
较提摩太为轻,或与提摩太相若,但亦不能因而例行性地严责
他们,反而要待之如"弟兄"(参见罗十六 17),即如家中的同
辈,大有兄友弟恭的意思。⑨

c. 老年妇女:对待的方法是"劝老年妇女如同母亲","老年妇女"
此字在新约只出现于此,⑩提摩太要待之如待自己的生母一
样;⑪一如对待老年男人,老年妇女亦不可严责,要劝之以理,才
能使其受劝告。

d. 少年妇女:对待的方法是"劝少年妇女如同姐妹",一如待"少年
人"一样,要以家中的"姐妹"之情待之。最后,保罗还加上一句
"总要清清洁洁的"作为提醒,此片语直译为"以全然的清洁",
"清洁"此字早于第四章十二节用过,是提摩太要作信徒榜样的

---

⑥ *alla*,是一强烈的转折连词。

⑦ *parakaleō*,Rienecker & Rogers,*Linguistic Key*,p.628;按六 2 此字与教训一字并排,故
其亦有教导的作用。

⑧ 而不是如 Ramsay 所主张的,保罗真的要提摩太叫那些老年的男信徒为父亲,参见 Lock,
The Pastoral Epistles,p.55.

⑨ 此处"弟兄"一字是侧重其为平等和彼此可以如此相交的一面,参见 Robertson,*Word
Pictures in the New Testament*,IV:583;如亚里士多德所言,对待同志和兄弟,是要用自
由言论和凡物公用的原理,引自 Barclay,*The Letters to Timothy*,*Titus and Philemon*,
p.104.

⑩ *presbyteras*,可作女长老,但此处应作老年女人。

⑪ *mēteras*,指生母。

其中一项品德，⑫此处特别是指向青年妇女；⑬作为青年传道人
(四 12)，提摩太实应存着清洁无歪的动机，并且在行动上，亦
要光明磊落地与年轻妇女相处，⑭以免借着其为主内姐妹之
名，进行不寻常的行为和交往。

总括来说，教会存在于社会之中，其成员必须要有高尚的道德生
活，彼此既如一家人，以爱相系，关系至为密切，同时亦不应存有任何越
轨的行为，其中尤以作为教会的领袖，以免对内损害教会的圣洁，破坏
了传道人的名声，对外亦必将受到社会的歧视，阻碍教会福音的工作和
圣道的宣扬。

(ii) 对寡妇(五 3～16)

五 3 "要尊敬那真为寡妇的"

保罗开始了对寡妇的教导，其篇幅颇长，由此可见，以弗所教会内的
妇女，存在着一些严重的问题。"要尊敬那真为寡妇的"，此句直译为"要
尊敬寡妇，真寡妇"(参见思高)，"尊敬"此字不单有给予敬重的意思，还
有要在物质上提供其需要之意；⑮"寡妇"意即被遗下来没有丈夫的妇
人，⑯由于在古代妇女地位低下，求生技能不足，社会亦难于容许她们出
外工作，故妇女都要靠家人，包括丈夫和儿女们的接济，故寡妇亦不能靠
自己维生。因此，犹太人早已有制度，去解决在以色列的群体中，关于寡
妇的问题(如出二十二 22～23；申二十四 17～21，二十六 12～13 等)。

到了新约的教会，同样因着需要，寡妇亦得着特别的关注，其中尤
以在物质上的供应(参见徒六 1～6)，此处保罗亦沿用了这传统，要求
提摩太厚待寡妇。⑰ 然而，在寡妇中，有一些是实至名归的守寡，但有

---

⑫ *hagneia*，参见其注释。

⑬ Kent, *The Pastoral Epistles*，p.163.

⑭ 参见 Lock, *The Pastoral Epistles*，p.55；一如 Lock 所言，清洁包括了动机、言语和行为。

⑮ *timaō*，*BAGD*，pp.824 - 825；*TDNT*，VIII：179.

⑯ *chēra*，参见 *TDNT*，IX：440 - 465.

⑰ 故保罗不是在此开创新制度，乃是要教会小心地实践这些制度而已，Jouette M. Bassler,
"The Widows' Tale：A Fresh Look at 1 Tim. 5：3 - 16"，*JBL* 103/1(1984)，pp.23 - 41.

一些却非如此，提摩太有必要小心地查验。

五 4 "若寡妇有儿女，或有孙子孙女，便叫他们先在自己家中学着行孝，报答亲恩，因为这在神面前是可悦纳的"

"若寡妇有儿女或有孙子孙女"，"孙子孙女"此字在新约只用于此，可作"后裔"，但此处应作"孙儿"；[18]此句之前有一转折连词，[19]显出以下所言，不是真算寡妇的，因为既然有了儿女和孙儿，便应该投靠他们；故此，"便叫他们先在自己家中学着行孝，报答亲恩"，"学着"是命令语，故作"便叫他们……学着"，更好应作"要他们学习"，[20]而"他们"是指那些寡妇的儿孙们；所要学习的，便是"先在自己的家中行孝"及"报答亲恩"，故此句可作"要他们学习在自己的家中行孝，报答亲恩"。

"在自己家中行孝"此句当中有一"首先"之字，[21]故作"先在自己家中行孝"；"行孝"此字其实是"敬虔"一字，早出现于第四章八节，[22]是指人的宗教性，即信徒在信仰和生活上，都要显出其信仰的特质，此实乃对其所信的神所应负的责任。所以，作为信主的儿孙，[23]亦应"在自己的家中"对其无依无靠的亲人，显出敬虔的本色，[24]尽上责任，照料为寡妇的母亲或祖母。

"报答亲恩"此字直译为"给回补偿于先人"，"给回"的东西，是指给予那人所需要的；"补偿"此字在新约只出现于此，[25]亦有给回的意思；故全句意即"给回所欠的"，[26]其对象便是"祖先"，[27]此字直译为"那些以

---

⑱ *ekgonos*；*BAGD*，p. 237；Knight，*Commentary on the Pastoral Epistles*，p. 217.

⑲ *de*，Porter，*Idioms of the Greek New Testament*，p. 208.

⑳ *thanetōsan*.

㉑ *prōton*.

㉒ *eusebeia*，此处是不定式（infinitive）。

㉓ 这是此处所反映的，即保罗是对着信了主的家人说话；故信徒必须在其家中，发挥其信仰的果效；保罗恐怕有人以为教会既然如家庭一样，于是便将本应自己照顾家中寡妇之责任交给了教会。

㉔ 此乃健全的敬虔之表现，参见 Kelly，*A Commentary on the Pastoral Epistles*，p. 113.

㉕ *amoibē*，Zerwick & Grosvenor，*A Grammatical Analysis of the Greek New Testament*，p. 633.

㉖ 参见 Knight，*Commentary on the Pastoral Epistles*，p. 219.

㉗ *progonois*，此处是复数，Rienecker & Rogers，*Linguistic Key*，p. 629.

前出生的"（forebear），再加上冠词，说明了此处是指这些儿孙的先人，即他们的父母等；"给回所欠的先人"其意译便是"回报亲恩"；以上为一条件句子，大概是一真实的假设，㉘可见保罗相信以弗所教会内，存在这一类有儿孙的寡妇，故他加上一句鼓励的说话："因为这在神面前是可悦纳的"，"在神面前"即在神的眼前，被他评审；全句的意思，便是如此的学习，是为神所悦纳的，一如他接纳在教会聚会中的祷告一样（二 3）。

总之，保罗是要教会内凡有亲人是寡妇的，都当尽己所能，去照顾她们，以免教会负此责任，因为有些真为寡妇的必须要教会承担她们的生计。

五 5　"那独居无靠、真为寡妇的，是仰赖神，昼夜不住地祈求祷告"
然而，"那独居无靠、真为寡妇的"，此句应作"然而，真为寡妇的，及那被遗下来孤独的"；㉙"那被遗下来孤独的"此字，㉚很恰当地形容了那些完全没有亲人照顾的寡妇如今凄凉的光景，她们无依无靠，唯有"仰赖神，昼夜不住地祈求祷告"，"仰赖神"应作"盼望神"（新译；参见吕中），㉛即将盼望寄存于神（参见思高），故引申有倚靠的意思；㉜又此字是现在完成时态，强调这些真寡妇如今仍活在此光景中；"祈求"和"祷告"早于第二章一节出现过，㉝前者侧重为自己的需要而祈求，后者则是指一般性的求告，这些寡妇因为孤苦无告，唯有向神"昼夜不住"地祈求祷告，盼望神能为她们解决心灵和肉身上的需要。

㉘ 是第一类条件句，强调其为一事实；Dana & Mantey, *A Manual Grammar of the Greek New Testament*, p.289.

㉙ 此句之首有 *de* 一字，故具转折性。

㉚ *memonōmenē*，Zerwick & Grosvenor, *A Grammatical Analysis of the Greek New Testament*, p.633；此字是现在完成时态的分词，故强调被遗下来的结果，是何等地孤苦；是作名词使用，与"真为寡妇"为同位语。

㉛ *ēlpiken*，Guthrie, *The Pastoral Epistles*, p.101；早出现于四 10，和合本作"指望"；另参 *TDNT*, II:531.

㉜ 在当时，有称为"神的寡妇"之美名，引自 B. W. Winter, "Providentia for the Widows of 1 Timothy 5:3–16", *TB* 39(1988), pp.98–99.

㉝ 即 *deēsis* 及 *proseuchē*；于二 1 处，前者被和合本译作"恳求"。

　　"昼夜不住"的"不住"本是动词,即继续、持续;[34]"昼夜"直译为"晚上和早晨",是保罗的惯用语,[35]亦有持续不断之意,故全句是指这些寡妇的祈求和祷告不分昼夜、持续不息,足见其对神的盼望和倚靠一点也不虚假。对待此等寡妇,教会作为神的家有责任去照料她们,作为神对她们的祈求之应允。

　　五 6　"但那好宴乐的寡妇正活着的时候也是死的。
　　　 7　这些事你要嘱咐她们,叫她们无可指责"

　　对比起以上一群真为寡妇的,便是那些"好宴乐的寡妇",[36]此句直译为"那些自我放纵而活着的人";[37]在原文中,全句其实是一个字,此字是一阴性字,并且此句是与上一句作对比,故是指有此类生活方式的寡妇,她们虽然是"活着",[38]但却"是死的",后者为现在完成时态的动词,[39]故表示这种自我放纵的生活方式所带来的恶果,便是"即使其仍然有生命活着,但在属灵的生命上完全破了产",寡妇之名无疑名存实亡,不配受教会的尊敬(第 3 节)。

　　在此,保罗并没有明言这些寡妇如何自我放纵,也许是指第十一至十三节所指出的一些年轻寡妇的问题。在当时,有些寡妇因为要维持生计,便沦为妓女,如果在神家中发生这些事,当然是使人非常震惊和遗憾的,故保罗叮嘱提摩太:"这些事你要嘱咐她们,叫她们无可指责","这些事你要嘱咐"此句早于第四章十一节出现过,[40]"这些事"是指以上有关于寡妇的教导;[41]"嘱咐"是语带命令,意即提摩太务必要如此

---

[34]　*prosmenō*,Zerwick & Grosvenor,*A Grammatical Analysis of the Greek New Testament*,p.633;再加上是现在时态,则更强调其持续不断的一面。

[35]　*nuktos kai hēmeras*,参见帖前三 10;提后一 4。

[36]　此句之首,有一 *de* 字,是转折连词。

[37]　*hē spatalōsa*,参见思高;是 *spatalaō* 的现在时态分词,Zerwick & Grosvenor,*A Grammatical Analysis of the Greek New Testament*,p.633;作名词使用。

[38]　*zōsa*,是现在时态分词,作形容词使用,形容"那自我放纵而活着的人"。

[39]　*tethnēken*.

[40]　*tauta parangelle*,四 11 和合本作"吩咐",有命令和训示的意思。

[41]　Guthrie,*The Pastoral Epistles*,p.101.

行;“叫他们无可指责”,㊷“无可指责”此字亦于第三章二节出现过,㊸意即没有任何明显可被攻击的罪,作监督的应有如此的表现,作信徒,包括寡妇在内,亦应如此。

五 8　“人若不看顾亲属,就是背了真道,比不信的人还不好,不看顾自己家里的人,更是如此”

为了要进一步解释,何以作儿孙的,要照顾自己家中守寡的母亲或祖母,保罗说:“人若不看顾亲属”,㊹“看顾”意即供给,㊺“不看顾自己家里的人,更是如此”此句应放在前面,故全句为“人若不看顾亲属,尤其是自己家里的人”;“自己家里的人”指家中成员,即近亲;㊻“更是如此”应作“尤其是”(参见吕本);㊼保罗的意思是,人实应供给自己的亲人,尤其是近亲的需要,否则,“就是背了真道”,“背了真道”应作“否认信仰”,㊽“否认”是现在完成时态;“信仰”处句中强调的位置,㊾故强调了此人活在此信仰的光景中;“比不信的人还不好”,因为不信者,包括外邦人和犹太人,都会有回报亲恩的意识,这是人间常存的伦常关系。在此,莱西(Lacey)指出,古希腊雅典立下了法案,规定为儿女的必须奉养双亲,违法者势必受到处分。㊿ 由此可见,作为信徒,如果连此人间之律都违反,无疑比教外人更差劲,实在是一点敬虔的样式都没有,(51)等同

㊷ *hina*,即“叫”,强调了目的和结果。

㊸ *anepilēmptos*,参见其注释。

㊹ 此乃第一类条件句,故此假设是一事实,以弗所教会内确有此事发生;因此,保罗才不厌其详地作出解释。

㊺ *pronoeō*, Zerwick & Grosvenor, *A Grammatical Analysis of the Greek New Testament*, p. 633.

㊻ *oikeios*, Rienecker & Rogers, *Linguistic Key*, p. 629; Knight, *Commentary on the Pastoral Epistles*, p. 221.

㊼ *malista*,黄锡木:《原文》,页 505。

㊽ “背了”(*ērnētai*)应作“否认”,黄锡木:《原文》,页 505;当然“否认信仰”亦有背道的含义;Knight, *Commentary on the Pastoral Epistles*, p. 221.

㊾ *tēn pistin*,位于句子之先。

㊿ W. K. Lacey, *The Family in Classical Greece* (London: Thames and Hudson, 1968), pp. 116 - 118.

(51) 参见第 4 节对“行孝”(*eusebein*)此字的注释。

于否认了自己的信仰。

对保罗来说，信仰是要在现实的生活中寻找的，因为敬虔的生活，便是信仰的内容，如果对自己的亲人如此不敬不孝，其信仰只是一种口头的侍奉（lip service），并没有在生活上实践出来，这岂不是像法利赛人一样，为在世的耶稣所指责（太七 19～23），尽管他们称呼神"主啊，主啊"，亦无缘于天国，因为他们那生命的果子，显出了其为假门徒，即其生活否定了口头所坚称的信仰（参见多一 16）。

五 9 "寡妇记在册子上，必须年纪到六十岁，从来只作一个丈夫的妻子"

到了此处，保罗论及有一些特别的"寡妇"，是"记在册子上"的，意即登记；[52]学者对于这类寡妇为何要记在册上，存着不同的见解，那些相信教牧书信是于第二世纪成书的人士，主张此处是指于第二至第四世纪教会所出现的寡妇的职位。这些职位是被教会公认，受教会照料，但却有责任要专心祈祷及照顾孤儿等工作。[53] 然而，这是一理据薄弱的主张，因为如果此处真的是指要选出一些寡妇，使之承担寡妇的职位，则何以要"六十岁"这么高龄才有资格？[54] 在论及监督时，都没有这年龄的限制，此处若指一职位，则同样应该如此。由此看来，此处的"记在册上"，[55]大概是指一些符合条件，受到教会公开认可，而可以长期接受教会周济的老年寡妇；[56]当然，使徒行传第六章一至六节早有提及耶路撒冷教会因着寡妇的需要，选了七位领袖去照顾她们。对比此处寡妇记名上册的措施，当然是较为进步的，不过，此时的以弗所教会，已经

---

[52] *katalegō*，黄锡木：《原文》，页 505。

[53] 参见 Bernard，*The Pastoral Epistles*，pp. 80‑81；Dibelius & Conzelmann，*The Pastoral Epistles*，pp. 74‑75 及 Plummer，"The Pastoral Epistles"，6：424.

[54] Guthrie，*The Pastoral Epistles*，p. 102.

[55] *katalegesthō* 是被动语，故她们是被记名。

[56] Knight，*Commentary on the Pastoral Epistles*，p. 223；虽然 Knight 主张这些被记名的寡妇，亦会参与一些侍奉，如第 10 节所说及的，另参 Fee，"Reflection on Church Order"，p. 148. 然而，按经文的本意，第 10 节是指条件，而不是说其工作的内容，故我们只能推测，在记名上册后，尽管教会没有要求她们要继续如此行，但她们亦会自愿如此行，成为她们的侍奉。

成立多年,其制度比起成立不久的耶路撒冷教会较为妥善,自是顺理成章、可以理解的情况。

再者,她们"必须年纪到六十岁",此片语直译为"要不少于六十岁"(参考吕本),即六十或以上的年纪,这样的年纪,当然不会指一个侍奉所必须的年纪,乃是一个受到教会照顾的岁数。"六十岁"在当代亦算是年迈,[57]无疑是必须要别人照顾,而且亦有足够的时间,以其生命证明其合乎上册的资格。

"从来只作一个丈夫的妻子"的"从来",[58]说明了在死了丈夫之后,此寡妇并没有再嫁,[59]诚然为一个最理想的婚姻状况,即在一生人中,只有过一个配偶,[60]又这一句是形容那不少于六十岁,可记名上册的寡妇,意即这成为能记名上册的资格之一。

五 10　"又有行善的名声,就如养育儿女,接待远人,洗圣徒的脚,救济遭难的人,竭力行各样善事"

"又有行善的名声"应作"有善行的见证"(新译);"见证"是被动语,指其善行被别人见到,[60]亦是现在时态,指其善行经常性地被别人看见;[62]这些善行包括以下的五项。[63]

a. 就如养育儿女:[64]"养育儿女"此字在新约中只出现于此,其意可

---

[57] 而且,可能的情况是,到了此年纪,女性在情欲上的需要已成过去,这样便可作为一保障;参见 Kelly, *A Commentary on the Pastoral Epistles*, p. 115;又或是已过了可以再婚的年龄,参见 Fee, *1 & 2 Timothy, Titus*, p. 119.

[58] *gegonuia*,是现在完成时态的分词,作形容词使用;强调直到现今,此寡妇仍然存着这样的身份,即只作过一个丈夫的妻子。

[59] 对比三 2 在论及作监督的资格时,只是要作一个妇人的丈夫,而没有"从来"一字;此处不应该是指其对丈夫的忠贞而论,参见三 2 的注释。

[60] 参见林前七 8;退而求其次,因着实际的需要,再嫁亦是可以接纳的,参见下文。

[61] *martyroumenē*,有"被证实"的意思,参见 Zerwick & Grosvenor, *A Grammatical Analysis of the Greek New Testament*, p. 633;作形容词使用。

[62] 故其引申的意思是有好的声誉,参考吕本、和合本。

[63] 首四项是特殊项,最后一项是一般项,Fee, *1 & 2 Timothy, Titus*, p. 121.

[64] 此处开始了以 *ei* 即"如果"为首的,一连串的条件句,是第一类条件句,故以下的假设都是一事实,Knight, *Commentary on the Pastoral Epistles*, p. 224.

以是指抚育自己的儿女，⑥甚至是他人的儿女，例如孤儿；⑥养育的性质，不单只是在食物上的供应，还包括了心灵上的帮助，亦是养育的范围；⑥又因此处是用过去不定时态，故是指一项已成的事实；无论如何，作为基督徒之妇女，实应有贤妻良母的表现。⑥

b. 接待远人：更好应作"善待远人"；⑥此字在新约亦只出现于此，本为两个字组成，一为陌生人，后为接待，故即接待陌生人，有好客的意思。⑦ 在当时，招待客旅是一项被重视的美德，显出其真实的爱心和慷慨，尤其是招待传道者。⑦

c. 洗圣徒的脚："圣徒"即借着基督得以成圣的人，故是指信徒；⑦此句指在接待客人时服侍客人洗脚，在世的耶稣亦曾有此行动，⑦说明了信徒，即使是领袖，亦要如此谦卑地服侍别人（约十三5～14）。

d. 救济遭难的人："救济"即帮助，尤其是那些有需要的人；⑦"遭难的人"亦可指受到压迫的人，是保罗常用的字眼；⑦我们无从知道这等人如何遭遇患难，然而，此处的意思是清楚的：一颗怜悯和爱人的心，是基督徒妇女所应持有，更是要记名上册的寡妇们所不可缺少的。

⑥ *teknotropheō*，*BAGD*，p. 816.

⑥ 后来的教会凡加入了寡妇此职分的人士，有责任去照顾孤儿，参见 Simpson，*The Pastoral Epistles*，p. 60；但此处是强调资格，注意其为过去不定时态，即是一既定的事实。

⑥ Dibelius & Conzelmann，*The Pastoral Epistles*，p. 75.

⑥ 一如二15所强调的，参见其注释。

⑥ *exenodochēsen*，是 *xenodocheō* 的过去不定时态；黄锡木：《原文》，页506；此句亦有"如果"一字。

⑦ Zerwick & Grosvenor，*A Grammatical Analysis of the Greek New Testament*，p. 634.

⑦ 如太十40，二十五35；罗十二13，十六23；来十三2；彼前四9。

⑦ 此字本为一分词，即 *hagiōn*，故是作名词使用。

⑦ 故此处的"洗"（*niptō*）是有部分被洗的意思（partial washing），故是指洗脚；Simpson，*The Pastoral Epistles*，pp. 74-75；黄锡木：《原文》，页506。

⑦ *eparkeō*，*BAGD*，p. 283；只出现于教牧书信内，即此次及第16节；Knight，*Commentary on the Pastoral Epistles*，p. 224.

⑦ *thlibomenois*，是 *thlibō* 的现在时态分词，*BAGD*，p. 362；亦是作名词使用；此字出现于林后四8，七5～6。

e. 竭力行各样善事：此句是一总结，"竭力行"此字直译为"紧随着"(参考吕本)，⑦⑥故有竭力追求和委身于某事的意思。

总之，作为被教会公开表扬，及长期受到教会照顾的寡妇，要在各样的善行上，包括对其家人或陌生人，都要先显出基督徒妇女的一些高尚美德，⑦⑦例如爱心和谦卑等，作为敬虔的证据。

五 11　"至于年轻的寡妇，就可以辞她，因为她们的情欲发动，违背基督的时候就想要嫁人"

反而，"至于年轻的寡妇"，⑦⑧对比那些可以有资格记在册上的，六十岁或以下的寡妇，则有全然不同的看待，便是"可以辞她"；"辞"即"拒绝"(吕本、思高)，⑦⑨是语带命令，故作"要拒绝"；所"要拒绝"的，当然是第九节所提及的"记名上册"，故此句应作"反而，你要拒绝年轻的寡妇登记上册"。

此项拒绝的行动，是基于一项可能发生的事实："因为他们的情欲发动违背基督的时候"，此句当中有一个"每当"的字，即"因为每当她……"，强调了一个极有可能发生的机会；⑧⑩"情欲发动，违背"的原文实为一个字眼，在圣经中只于此次出现，本是由两个字组成，先为"反对"，后为"强烈的性欲"，⑧①故发生了此情形的结果，便是"想要嫁人"，"嫁人"即结婚；⑧②而所"反对"的人，保罗指出便是"基督"，此处的意思有以下数个建议：

a. 基督是教会的新郎(林后十一 2)，故再嫁便是不忠于基督了。⑧③

---

⑦⑥ epakoloutheō，黄锡木：《原文》，页 506；Rienecker & Rogers, *Linguistic Key*, p.630.

⑦⑦ 注意以上一系列的条件，都是以过去不定时态表达的，即是指一些人所共证的、美好的行为。

⑦⑧ 此句之首亦有 de 一字，即转折连词。

⑦⑨ paraiteomai，BAGD，pp. 621–622；Zerwick & Grosvenor, *A Grammatical Analysis of the Greek New Testament*, p.634.

⑧⑩ hotan，Knight, *Commentary on the Pastoral Epistles*, p.226.

⑧① katastrēniaō，ibid；BAGD，p.506.

⑧② gameō.

⑧③ Bernard, *The Pastoral Epistles*, p.83；Kelly, *A Commentary on the Pastoral Epistles*, p.117；Kent, *The Pastoral Epistles*, p.173.

　　但若是这样,则任何妇女要结婚,自然地便成为反对基督的人,保罗从来没有这种属灵观。

b. 再婚是指她要下嫁非信徒,这是保罗所反对的(林前七 39)。[84] 然而,若是这样,保罗理应清楚地阐明这一点。

c. 按波利卡普致腓立比人书(*Epistel of Polycarp to the Philippians*)第四章三节的提示,在记名上册时,各寡妇都要作一誓言,公开表示将尽其余生,专心服侍基督,以他的事为念,不会再嫁,如今却出尔反尔,毁了盟誓。[85] 但这个理论是将后来才发展的礼仪,代入了此间,是一理据不足的见解。

d. 这些年轻寡妇的问题,是因着性欲的需要,"就想要嫁人",于是,即使是登记了作寡妇,亦势将反悔。此反悔的行动,显出其不能服膺于作寡妇的限制,即在服侍主的事上,有如真寡妇一样的专心(参见第 5 节),是为"反对基督"的意思。[86]

我们相信 d 是最直接了当、合乎此处文意的主张。

五 12　"她们被定罪,是因废弃了当初所许的愿"

　　"她们被定罪"直译为"她们得到判断","判断"在此处的用法,应该不带着咒诅和刑罚的含义,[87] 因为保罗并不以再嫁为有罪(参见第 14 节),年轻寡妇再嫁,本没有罪。然而,如果她们已在教会登记了,表示她们终身为主守寡,如今却"废弃了当初所许的愿",便应该被判断为不对了。故此,年轻寡妇不宜加入此记名册上。

　　"当初"即首先,[88] 是形容"所许的愿";"废弃"有搁置在一旁、拒绝或破坏的意思;[89]"所许的愿"原文是"信","首先的信"的意思颇难决

[84] Fee, *1 & 2 Timothy, Titus*, p. 121.

[85] Hultgren, *I – II Timothy, Titus*, p. 89.

[86] Lock, *The Pastoral Epistles*, p. 60.

[87] *krima*,参见林前十一 29、31、32、34;Knight, *Commentary on the Pastoral Epistles*, p. 226;对比各译本的译法。

[88] *prōtos*,出现于二 13,作"先"。

[89] *atheteō*, Knight, *Commentary on the Pastoral Epistles*, p. 226; Robertson, *Word Pictures in the New Testament*, IV:586; Zerwick & Grosvenor, *A Grammatical Analysis of the Greek New Testament*, p. 634.

定，⑨大致上分为以下数个可能：

　　a. 指信仰（faith），即背弃了先前的信仰，去下嫁给不信的人为妻。然而，这见解并没有明显的经文支持，故是一不必要的推测。⑨

　　b. 指盟誓（pledge），⑨此说法亦有两个取向：

　　　（i）是指与前夫的盟誓，如今再嫁，便破坏了先前的婚盟。⑨ 然而，保罗于本章稍后时（第 14 节），却主张年轻寡妇要再嫁，可见此主张的可能性不大。

　　　（ii）一如破坏了婚盟一样；即当她们先前加入此寡妇职位时，在就职的礼仪中所公开表态的。⑨ 然而，我们早已质疑在此处有此就职之礼仪存在的可能性。当然，即使没有此礼仪存在，记名上册本身，已表示这些寡妇，是立下了决心，一生侍奉主，不再嫁人，如果盟誓是有此意思，则亦是值得考虑的提案。

　　c. 指信靠（trust），即信靠神和基督；她们在记名上册时，本已立定心意，要全然倚靠神的供应，但如今却因着要再嫁，把此决心搁置下来，这实在是不对的行为。

　　我们相信，c 的解法问题最少，亦符合上下文的意思。然而，b 的（ii）之解法，亦存在可能性。无论如何，这些再嫁的寡妇，问题不在再嫁，而是在信靠的事上，她们不再决心仰望神，而去追求满足自己的性需要，倚靠其第二任丈夫，毁了先前立下的誓约，这种情况提摩太一定要辨别出来，对这些寡妇作出判断。

　　五 13 "并且她们又习惯懒惰，挨家闲游；不但是懒惰，又说长道短，好管闲事，说些不当说的话"

---

⑨　tēn prōtēn pistin.

⑨　Fee, *1 & 2 Timothy，Titus*，pp. 121－122；虽然第 15 节可以作此解释的支持，但意思却不明显。

⑨　故是一特别的用法，Knight, *Commentary on the Pastoral Epistles*，p. 226.

⑨　引自 ibid.

⑨　Bernard, *The Pastoral Epistles*，p. 83；Hanson, *The Pastoral Epistles*，p. 98；Simpson, *The Pastoral Epistles*，p. 75.

除了上述之外，这些寡妇的问题还有以下的数项：

a. "她们又习惯懒惰"；此句之前有"及""与此同时"和"还有"三个字；[95]即同时发生在年轻寡妇身上的问题，还有以下的项目，先为"习惯懒惰"；"懒惰"即无所事事，无疑与信徒生活相违，一如保罗于帖撒罗尼迦前书第四章十一节所提醒的："又要立志作安静人，办自己的事，亲手做工"。诚然，为寡妇的未必能找到职业，然而，她们总可以侍奉神，服侍众圣徒；"习惯"原文意即"学习"，常用以形容学习手艺和职业，如作医生和运动员等，[96]故"学习懒惰"即学习懒惰如学习一种职业，此表达委实有讽刺的意味。[97]

b. "挨家闲游"，此句由两个字组成，一为"到处走"，二为"家"，[98]此处有三个可能的意思：

（i）她们懒惰的表现，便是到处走访，没有目的地生活。

（ii）她们不安守本分，治理自己的家，反而闯入别人的生活中，浪费他人及自己的时间。[99]

（iii）她们误用了家访，作为说长道短的机会。[100]

三者的可能性都存在，事实上，三者都提出了"挨家闲游"的一些情况和内容。[100]无论如何，这些寡妇不安守在自己的家中，做正经的事，反而有如此不正常的表现，可能是受了假教师的影响，轻看作妇女应做的家务，反而去学习假教师的活动（提后三6），到处探访，以能在别人家中活动，以此为己务。[102]

---

[95] *hama de kai*；此表达再出现于门22。

[96] *manthanousin*，Lock，*The Pastoral Epistles*，pp. 60 - 61；Rienecker & Rogers，*Linguistic Key*，p.630.

[97] *argai mathanousi*，故在修辞上有感染力的作用。

[98] *perierchomenai*，黄锡木：《原文》，页506；及 *tas oikias*.

[99] Fee，*1 & 2 Timothy，Titus*，p.122.

[100] Guthrie，*The Pastoral Epistles*，p.103；Hanson，*The Pastoral Epistles*，p.99.

[100] 参见 Lenski，*St. Paul's First and Second Epistles to Timothy and that to Titus*，p.675. Lenski 主张，因此句是与上一句"学习懒惰"为等位，故对第一个可能解法不利，然而这取向不为其他学者认同，如 Knight，*Commentary on the Pastoral Epistles*，p.227.

[102] Bassler，"The Widows' Tale"，p.37.

c. "不但是懒惰，又说长道短，好管闲事"；"不但……又"是一连接
性的片语，[103]表达这些寡妇不单有懒惰的毛病，还有"说长道短"
及"好管闲事"，前者在圣经中只出现于此，[104]后者意指关心一些
与自己无关的事或无关痛痒之事（参见帖后三 11）；[105]以上都是
一些破坏性的活动，亦是不安于敬虔寡妇的本分之恶劣表现。

d. "说些不当说的话"，意即口没遮拦，肆无忌惮地说个不停。[106]

归结而论，这些年轻寡妇的问题，包括背弃信约而再嫁、投闲置散、
说长道短和好管闲事。如此，又怎可以让她们将名字记在寡妇的册上？

五 14　"所以我愿意年轻的寡妇嫁人，生养儿女，治理家务，不给
敌人辱骂的把柄；

15　因为已经有转去随从撒但的"

为了要避免以上的问题出现，保罗提出了一个实事求是的方案："所
以，我愿意年轻的寡妇嫁人"；"我愿意"带有命令的语气，[107]"嫁人"即结
婚；[108]虽然独身是最理想的，但能够终身不嫁不娶，实在需要神的恩典（林
前七 7）。因此，没有此恩赐的，不如现实一点，求取婚姻，组织家庭，[109]并
且"生养儿女""治理家务"，此二字在圣经中只出现于此；[110]这样行，其
结果便是"不给敌人辱骂的把柄"；"把柄"是军事上的用字，指军事据
点[111]或始点、机会；[112]"敌人"直译为"那敌挡人的"，可以指那些攻击基督

---

[103] *ou monon de . . . alla kai*.

[104] *phluaros*；黄锡木：《原文》，页 506。

[105] *periergos*，*BAGD*，p. 652；Lenski，*St. Paul's First and Second Epistles to Timothy and that to Titus*，p. 675。

[106] 此处亦可能是受了假教师的影响，说一些假教师说过的话。

[107] *boulomai*，参见二 8。

[108] *gameō*.

[109] 对寡妇来说，当然是因而得着保障，而即使她有儿女，当时的社会亦期待她可以再嫁；Lacey，*The Family in Classical Greek*，p. 108。

[110] *teknogoneō* 及 *oikodespoteō*，黄锡木：《原文》，页 506；以上的训示，要求妇人结婚生子持家有道，无疑与后来教会内所盛行的独身主义大相径庭。

[111] *aphormē*，Guthrie，*The Pastoral Epistles*，p. 104。

[112] *BAGD*，p. 127；Rienecker & Rogers，*Linguistic Key*，p. 631.

教的非信徒或魔鬼，[113]二者的可能性都存在，但按在第三章七节里，保罗所警告的："监督必须在教外有好名声，恐怕被人毁谤，落在魔鬼的网罗里"，故此处大概亦指被别人攻击；[114]这些寡妇的表现，实在不尽如人意，必然遭受教内外的人"辱骂"。[115]

无论如何，如果年轻的寡妇再嫁，便能将注意力集中于持家，其不合宜的活动便会停止，如此，反而不会为魔鬼留下机会去攻击她们。事实上，保罗的警告是有事实根据的，"因为已经有转去随从撒但的"；"有"是指有些人，[116]在此处当然是指一些年轻的寡妇；"已经"排在句首，处强调的位置，故保罗要强调此言非虚，因已经发生了这些事；"转去"有偏离正路之意；[117]"随从"即在其后面；[118]"撒但"意即敌人，在前加上冠词，是一特殊的用法，指撒但；[119]故全句是指在教会内，已经发生了有一些寡妇，偏离了正途，转向跟在撒但之后的事件。[120]

虽然在此处保罗并没有解释这些跟随撒但的年轻寡妇有什么表现，但这种描述有落在魔鬼的网罗里的意思（三7），即成为了魔鬼的使徒，为罪恶所困，俨然成为魔鬼手中破坏教会的工具。

五16　"信主的妇女，若家中有寡妇，自己就当救济她们，不可累着教会。好使教会能救济那真无倚靠的寡妇"

在结束此段时，保罗转向一些与寡妇有关的人士的教导："信主的妇女，若家中有寡妇，自己就当救济他们"；"救济"即照顾、帮助，[121]此处是命令语；保罗早于第四节里说明儿孙们要照顾家中守寡的母亲或祖母，如今他却命令"信主的妇女"[122]要如此行，可见此处是指儿孙之外的

---

[113] *tō antikeimenō*，是 *antikeimai* 的现在时态分词，*BAGD*，p. 73；作名词使用。

[114] 当然，魔鬼亦常借着人，去达成它与信徒为敌的意旨，故二者亦不一定相互排斥。

[115] *loidoria*，多数是指言语上，参见 *TDNT*，IV：293-294.

[116] *tines*.

[117] *ektrepō*，*BAGD*，p. 245；Lock, *The Pastoral Epistles*，p. 61.

[118] *opisō*，Rienecker & Rogers, *Linguistic Key*，p. 631.

[119] *tou Satana*，*BAGD*，p. 752；参见 *NIDNTT*，3：468-472.

[120] 也许，此处是与二14保罗故意引用"夏娃被引诱，陷在罪里"的史实有关。

[121] *eparkeō*，参见五10的注释。

[122] 有古抄本作"信主的男女"，但真确性不高，参见 Fee, *1 & 2 Timothy，Titus*，p. 126.

人士，⑫如寡妇的姊妹，又或者是有足够经济实力，去照顾其亲人的独居女子；此处不提及男子，主要是因为男女独处于一起会构成不方便；⑭如果家中有"寡妇"，此处是众数，⑮目的是要包括在家中有多过一个寡妇的情况。

也许，家中的寡妇并不是自己的至亲，但如有能力，"信主的妇人"仍应尽己所能去帮助她们。其目的是"不可累着教会，好使教会能救济那真无倚靠的寡妇"；"累着"，有以重担压着的意思，⑯是语带命令，故可作"不可加压力给教会"（参考吕本、思高），其目的⑰是使教会不至于百上加斤，反而能够集中资源，去帮助"那真无倚靠的寡妇"，原文没有"无倚靠的"这几个字，故是"那真寡妇"，即那些无儿孙及亲人可倚仗的寡妇（参见第 3 及 4 节）。

(iii) 对长老（五 17～25）

五 17　*"那善于管理教会的长老，当以为配受加倍的敬奉；那劳苦传道教导人的，更当如此"*

在论及如何处理教会内各种不同的人时，到了此处，保罗转而论及长老的问题。本来，早于第三章里，保罗已论及教会两个重要的职事，即监督与执事，然而，那处的重点只是一般的论说，包括被选为领袖的条件及为人等；此处则集中处理一些教会正在面对的问题，一如上文寡妇的情况一样。

"那善于管理教会的长老"的"长老"是复数字，本意为老年男人，⑱但按此处的思路，⑲及提多书第一章五节的提示，应作"长老"，即教会

---

⑬ 故尽管与寡妇并非至亲，她们仍有责任去照顾这位有亲属关系的寡妇。

⑭ 由此可见保罗处事的小心。

⑮ *chēras*.

⑯ *bareō*，*BAGD*，p. 133.

⑰ "好使"（*hina*）强调了目的。

⑱ *presbyteroi*，这是 Jeremias 的见解，参见 Knight，*Commentary on the Pastoral Epistles*，p. 231；早出现于五 1。

⑲ Kent，*The Pastoral Epistles*，p. 174.

内的一种职位。再说,此类职位早于使徒行传中出现过,[130]并且是与使徒并列的教会领袖;[131]"善于"即"正确地";[132]"管理"早于第三章五节出现过,直译为"站在前面",故有领导的意思,[133]用于教会中是指有领导牧养的能力,[134]此处更是一现在完成分词,强调他们现今仍做此工作,并且其果效仍历历在目。

总之,凡能够在管理领导教会事工有良好表现的长老们,都"当以为配受加倍的敬奉","加倍"即双倍;[135]"敬奉"此名词的动词,早于本章第三节在论及寡妇的问题时出现过,其意即"尊敬";[136]由此观之,保罗将长老的问题,放于寡妇的问题之后,因为二者有着一个共同的主题,即真为寡妇和长老的都应得教会的尊重。由于下一节保罗所引用之旧约经文,是指着报酬而言,故此处的"敬奉"应作"酬劳";[137]意思是,若对于长老们有实质的尊重,便应在其所应得的酬劳中显出来:双倍的尊重、双倍的酬劳。[138]

再者,"那劳苦传道教导人的,更当如此";"更当如此"应作"尤其是"(新译、吕本、思高);[139]"劳苦"此字亦于第四章十二节出现过,是保罗常用之字眼,[140]意即工作致筋疲力尽,疲惫不堪;[141]"劳苦传道教导人

---

[130] 参见徒十五 4、6、22,另参十一 30,十四 23,二十一 18。

[131] 详参 *EDNT*,pp. 148 - 149;另参提前三关于"监督"一职的讨论。

[132] *kalōs*,黄锡木《原文》,页 507。

[133] *proistēmi*,Rienecker & Rogers,*Linguistic Key*,p. 631.

[134] 详参 *TDNT*,VI:701 - 702.

[135] *diplous*,Rienecker & Rogers,*Linguistic Key*,p. 631.

[136] *timē*.

[137] 以"尊敬"作酬劳的经文有太二十七 6、9;徒四 35,七 16;林前六 20;W. J. Conybeare & J. S. Howson,*The Life and Epistles of St. Paul*(Grand Rapids:Eerdmans,1951),p. 100. 他们主张双倍的尊敬,是指在第三世纪教会的习惯,在爱筵中,给予长老双倍的食物;但我们没有证据显示初期的教会有此做法。

[138] Zerwick & Grosvenor,*A Grammatical Analysis of the Greek New Testament*,p. 634;颇为古怪的主张,便是以双倍为尊敬,再加上酬劳,参见 Kent,*The Pastoral Epistles*,p. 176.

[139] 早于本章第 8 节出现;但"尤其是"(*malista*)又可作"即是";参见 Hanson,*The Pastoral Epistles*,p. 101 及 Knight,*Commentary on the Pastoral Epistles*,p. 232,然而,何以保罗不一次过说长老是管理及作教导的?

[140] *kopiaō*,参见其注释;此字被保罗用过凡十四次。

[141] Rienecker & Rogers,*Linguistic Key*,p. 631;此处为一分词 *kopiōntes*,作名词使用,即"那劳苦的人"。

的"直译为"劳苦于说话上和教导上";"说话"此字的实际用法,要看相关的文脉,⑬此处既谈及长老的工作,又与"教导"有关,故此处意即"传道"或"传福音";⑭此类专长于传道和教导的长老,由于不单只是管理和领导教会,还以神的话语牧养信众,成为属灵的导师,则更应得到双倍的报酬。⑮

五 18　"因为经上说:'牛在场上踹谷的时候,不可笼住它的嘴';又说:'工人得工价是应当的。'"

为了要支持自己的论点,保罗引用了两处经文,⑯第一处为因为经上说:"牛在场上踹谷的时候,不可笼住它的嘴";"经上"本指任何的写作,但新约的作者以此字作旧约的正典;⑰"经上说"为保罗常用的措辞,⑱可见保罗常引用旧约圣经作为他的论证;一般来说,他都是引用当时流行于罗马世界的七十士译本,并且在引用时大都取其大意,这是由于书卷在当时难于携带。在他的宣教工作中,自然不宜带大量的书卷,故他引用时,多凭着记忆;⑲此处是引自申命记第二十五章四节摩西对以色列人的教导,旨在保障为人服务耕田的牲畜,不致得不着充分照顾,早于哥林多前书第九章九节里,保罗已引用此经节,并且于第十至十一节加上解释及应用:"难道神所挂念的是牛吗? 不全是为我们说的吗? 分明是为我们说的。因为耕种的当存着指望去耕种,打场的也当存得粮的指望去打场。我们若把属灵的种子撒在你们中间,就是从你们收割奉养肉身之物,这还算大事吗?"

按此了解,保罗是将有关耕田的牛之原则,应用在人的身上,即当牛在踹谷工作时,尚可享用它工作的成果,即时吃其所踹的谷,更何况

---

⑫　*logos*.

⑬　或泛指一切有关公开说话的侍奉,Kent,*The Pastoral Epistles*,p. 175.

⑭　此结论亦显出长老主要的工作是管理和领导教会,但其中更有些是善于教导的,是为监督(三 2);在此,保罗不是要分出两类长老,即一为管理之长老,一为教导的长老;乃是在长老群体中,有些是精于教导的;Ibid,p. 175.

⑮　故在修辞上有说理的作用。

⑯　*graphē*,*TDNT*,I:749-761.

⑰　如罗四 3,九 17,十一 2;加四 30 等。

⑱　详参 Ellis,*Paul's Use of the Old Testament*,p. 33.

是为教会劳苦，工作不息的长老们，岂非更应享有其工作的成果作为回报？

第二段所引用的，便是"又说……"，意即再度引用经文，但此处则不是引用旧约圣经，乃是引用福音书中耶稣的论述："工人得工价是应当的"，此句出现于路加福音第十章七节，在对照下，二者几乎是完全相同的句子，[148]由于有可能路加福音的成书日期是迟于提摩太前书，[149]故学者如班纳德主张，此处不是一个引用，只是保罗自己的话，[150]作为一个解释和强化以上的引句。[151]然而，"又说"的意思，表示以下一段如上段般是一项引用，这是个较为合乎常理的理解，至于保罗如何得着这些资料，最大的可能性便是他得着了可靠的、已流行于教会的、关于耶稣基督的福音传统，[152]一如他在哥林多前书第十五章三至七节所引用的，关于耶稣基督的死、埋葬、复活及之后向门徒的显现。

无论保罗的引用出自何处，明显的是，他和耶稣基督的话语，与旧约正典有着等量齐观的权威，并且要求读者接受；"工人"又可作以劳力工作的人；[153]"工价"即工资、报酬；[154]"应当的"即配得（新译）；[155]故此句作"劳力工作者是配得报酬的"。毕竟，此言乃一合乎常理的原则，故此，做工的长老配得应有的报酬，一如真为寡妇的亦因得着应有的尊敬和照料（第 3 节）。

五 19 "控告长老的呈子，非有两三个见证就不要收"

---

⑭ 前者是用 *kai*，即"又说"，后者是用 *gar*，即"因为"；由此可见，提摩太前书的作者采用不少路加的措辞，故其代笔人可能是路加，参见绪论，"贰 作者"。

⑮ 这些学者一般都以路加福音成书于公元 80 至 85 年。

⑯ 主耶稣可能也是引用一句当时流行的格言。

⑰ Bernard，*The Pastoral Epistles*，p. 86；另参 Dibelius & Conzelmann，*The Pastoral Epistles*，p. 79；Kelly，*A Commentary on the Pastoral Epistles*，p. 126.

⑱ 参见 Simpson，*The Pastoral Epistles*，p. 78；Earle，"1 Timothy"，380. Simpson 和 Earle 亦坚持，保罗可能是引用正被教会接纳为正典的路加福音；因为路加福音在公元 60 年成书，Kent，*The Pastoral Epistles*，p. 177.

⑲ *ergatēs*；腓三 2；BAGD，p. 307.

⑳ *misthos*，黄锡木，《原文》，页 507。

㉑ *axios*，Zerwick & Grosvenor，*A Grammatical Analysis of the Greek New Testament*，p. 635.

　　除了要从积极的层面,去尊重和保障长老以外,还要在消极的层面去保护他们,故"控告长老的呈子,非有两三个见证,就不要收";"收"即"接受",[157]为命令语;"控告……呈子"在原文只一个字,即"控告";[158]故此句直译作"不要接受对长老的控告,除非基于两三个见证人"。[159]

　　作为教会的领袖,俨然是一公众人物,其一举手一投足,都是使人瞩目的。有时,误会不免会产生,这些误会会使一些处事偏激的人,甚至是滋事分子采取一些不利于长老的行动,如"控告"他们;"控告"的方式可能是一个正式的向教会呈上的告状,[160]无论如何,提摩太不能因着一些谣言,或听取片面之辞,便接受对长老的提控,采取检控的行动,反而要按步就班地去处理,其原则是"要基于两三个见证人";此原则早为以色列人所采用(申十九15;另参约八17),目的是要在处理民事和刑事的案件上,能保证一个公平无私的评审,以达致中肯持平的定案。这样看来,处理对长老的控罪时,亦应有此措施,即有两三个见证人,[161]对整件事作客观的讼裁,认为控告是事实的时候,才接受这些控告,作进一步的行动。

　　五20　"犯罪的人,当在众人面前责备他,叫其余的人也可以惧怕"

　　此进一步行动便是"犯罪的人,当在众人面前责备他";[162]"责备"有"揭露问题""指出错误"的意思,[163]其为命令语,故是"当……责备";"众人"大概是指全教会;[164]"犯罪的人"本为一现在时态的分词,[165]故可能指

---

[157] *paradechomai*,黄锡木:《原文》,页507;*BAGD*,p.619.

[158] *katēgoria*,是一名词;参约十八29;*BAGD*,p.424.

[159] 两三个见证人之前有 *epi* 一字,意即"基于""按着";Zerwick & Grosvenor,*A Grammatical Analysis of the Greek New Testament*,p.635.

[160] Vincent,*Word Studies in the New Testament*,IV:268;Wuest,*Wuest's Word Studies*,*The Pastoral Epistles*,p.86;故和合本作"呈子"。

[161] 有如今天的陪审团。

[162] 虽然有学者认为,保罗已完结了讨论长老,在此处开始另一个论题;但此提议问题颇多,如下文论及按手礼等,在在指向保罗仍是在跟进关于长老的讨论;详参 Knight,*Commentary on the Pastoral Epistles*,p.236.

[163] *elenchō*,黄锡木:《原文》,页507。

[164] 按太十八17;而不是指众长老;对比 Earle,"1 Timothy",p.381.

[165] *tous hamartanontas*,是作名词使用。

那些继续犯罪的人，^⑯即长老，便要采取进一步的行动，引申有如果他已停止犯罪的行为，便不用有此行动，^⑯这诚然是一个合理的理解，因为在马太福音第十八章十五至十七节里，耶稣要求对犯罪的人，先以个人，后以两三个人去质询，最后才告知全教会，其目的便要借着在告知全教会之先，能指出当事人的罪，并且使之明白自己的罪是严重的，以致能迫使当事人察纳雅言，改过从善，这是一个合理的推论，^⑯此处亦然。^⑯

总之，如果发现了罪恶正在潜伏于教会的领袖阶层内，当然不容忽视，必须将之公开，公然在全会众面前责备此罪及犯罪者，^⑰而不是私下地要求他引退，或是息事宁人，不了了之。此责备的目的，除了是要借着教会纪律之执行，使犯罪者知道事态严重，承认罪的可怕，从而知罪悔改之外，还有的是"叫其余的人也可以惧怕"；^⑰"其余的人"可以是指余下的长老们，^⑰但更自然的解法，便是以之为全会众；^⑰所"惧怕"的，自然是指因着此纪律的行动产生了惧怕，不敢再冒险犯难，如此，纪律的执行便能对其余的人，产生阻吓的作用，不致使犯罪者众，使罪如星火燎原般于教会蔓延，破坏此群体的圣洁（提后二 17～18）。

在此，我们不要忘记，以弗所教会正在受异端侵袭，故保罗此处可

---

⑯ 故"一味犯罪的"（吕本）；Robertson, *Word Pictures in the New Testament*, IV：589.

⑯ Oden, *First and Second Timothy and Titus*, p. 151.

⑯ 注意耶稣言及，在私人会谈后，他仍不听，才要以小组，即两三个人去作证；再不听，才诉之全教会，可见，如果当事人愿意听从忠言而改过，便不需要将行动升级了。

⑯ 故保罗的命令，与耶稣基督的指示是一致的；对比 Knight, *Commentary on the Pastoral Epistles*, p. 236.

⑰ 长老既是领袖，其好行为可作借镜（四 12），其恶行却成为鉴戒；Scott, *The Pastoral Epistles*, p. 66.

⑰ "叫"即 *hina*，引出目的。

⑰ *hoi loipoi*，Kelly, *A Commentary on the Pastoral Epistles*, p. 127；Vincent, *Word Studies in the New Testament*, p. 268；Wuest, *Wuest's Word Studies*, *The Pastoral Epistles*, p. 86.

⑰ Guthrie, *The Pastoral Epistles*, p. 106；Kent, *The Pastoral Epistles*, p. 179；这是在全会众面前作出责备的必然结果；Fee 有一个两者兼取的解法，参见 Fee, *1 & 2 Timothy, Titus*, p. 130；Oden, *First and Second Timothy and Titus*, p. 151；Oden 则认为，是否要向全会众公开，还是只局限于向长老们，要看罪的性质而定；但若是如此，则保罗理应有进一步的指示。

能针对如何对付那些假教师而言。⑭ 如果此推论属实,则有一些假教师可能已经混入了长老群体中,成为害群之马。故保罗不单要把他们的罪行揭发出来,把他们摒除教会群体之外,还有他们的问题,亦要在全教会中展示出来,以提醒全会众提高警觉,免使更多的信徒,走向假教师灭亡之路。

五21　"我在神和基督耶稣并蒙拣选的天使面前嘱咐你：要遵守这些话不可存成见,行事也不可有偏心"

由于以上所说的,关于如何处理教会内长老犯罪的问题,实在是极为重要的事,如果处理不善,后果堪虞,⑮故保罗以严重的言辞去叮嘱提摩太：⑯"我在神和基督耶稣并蒙拣选的天使面前嘱咐你",这是一句颇长的话,⑰当中出现了三组人："神""基督耶稣"和"天使";而"天使"被形容作"蒙拣选的",⑱这是一个对天使罕有的描写,其意思有以下几个可能性：⑲

　　a. 是善良的天使,对比一些邪恶的天使。

　　b. 并且蒙拣选参与天上法庭的审讯(路九26)。

　　c. 亦是圣洁的天使,是为被分别出来,为神效力,以达成神心意的。

　　d. 是守本位的天使,并不犯罪,⑳故有资格参与此审判罪人的天上的法庭。

以上的意思均不相互排斥,然而 d 最切合此处的情况;㉑"在……

---

⑭ 当然,保罗此处亦可能在做好预防措施,以致日后果真有假教师发难,提摩太亦不至于措手不及。

⑮ 尤其是如果此处是针对一些假教师的话。

⑯ 关于由第 21 节开始是否仍是指着长老而言,参见 J. William Fuller, "Of Elders and Triads in 1 Timothy 5：19～25", *NTS* 29, pp. 258 – 263.

⑰ 类似的措辞参见提后二 14,四 1。

⑱ *eklektos*, *BAGD*, p. 242;此处是复数的形容词,因天使是复数的。

⑲ 有主张此处为守护的天使,参见 Bernard, *The Pastoral Epistles*, p. 87;当然这是一流行于当时的理念,但与此处扯不上关系。

⑳ 对比犹 6 所论及的,不守本位的天使;另参彼后二 4;Robertson, *Word Pictures in the New Testament*, IV：589;Wuest, *Wuest's Word Studies*, *The Pastoral Epistles*, p. 87.

㉑ Fee, *1 & 2 Timothy*, *Titus*, p. 131;Kelly, *A Commentary on the Pastoral Epistles*, p. 127.

面前"显出了保罗是以一天上法庭为场景,而向提摩太指出如今他所做的,向犯罪的长老执行纪律处分,有如在天上的法庭进行审判一样,而"神""基督耶稣"及"天使"均正在留心观看,这是何等严重的场景(参见林前四9,十一10)。因此,保罗要"嘱咐"提摩太,此字可作"郑重地宣布",[182]保罗要提摩太及教会在处理犯罪的长老此事上,没有丝毫的苟且,故他指出,面对以上三组人的审查,提摩太等人务要极为严肃恭谨地进行。[183]

抱严肃恭谨的态度之表现,便是"要遵守这些话,不可存成见,行事也不可有偏心";"这些话"因是复数,[184]故大概是回指第十七及二十节所说的,关于对待长老们的指示,尤其是第十九至二十节的,对一些犯罪的长老之纪律执行;"成见"直译为"在前面的判断",故意即偏见、成见;[185]"不可存成见"此句本为一片语,应作"毫无成见"(新译),[186]是形容"遵守"的,故"要遵守这些话,不可存成见"应作"要毫无成见地遵守这些话"(新译);"行事"即处事、做事,[187]"也不可有偏心"此句又可作"不可按着偏心",[188]即不可按着自己的喜好,而要有客观持平的实证,去对长老进行审裁。

总之,保罗已经说明了如何去处理有功和有过的长老,现今便是提摩太等要谨慎从之的时候了。

五22　"给人行按手的礼,不可急促,不要在别人的罪上有份,要保守自己清洁"

---

[182] *diamartyromai*,黄锡木:《原文》,页507。

[183] 保罗提及神、基督耶稣和天使三组人,可能与申十九15～20有关,因为在那里,同样谈及在裁判时,要在耶和华、祭司和审判官面前进行,详参Fuller, "Of Elders and Triads in 1 Timothy 5:19～25", pp. 260-263.

[184] *tauta*.

[185] *prokrima*,BAGD,p. 715.

[186] 因其根本没有动词,即*chōris prokrimatos*,"存"给人是有动词的观感。

[187] *poiōn*.

[188] 此句中的*kata*,有"按着""因着"之意思;Knight, *Commentary on the Pastoral Epistles*, p. 239.

保罗继续称:"给人行按手的礼不可急促";"按手"乃命令语;[⑱]此句直译为"要为无人急促按手",故即是"不要急于给人按手",此处无疑是指按手成为长老,[⑲]按手的仪式早于使徒行传第六章一至六节出现过,是由使徒们给七位被选的领袖按手,使他们担任管饭食的职事,此处则指作长老的职事;"急促"意即立刻,[⑲]此处有贬义,故作太快速、太匆忙;为长老按手不宜太快速和迫不及待,反而要好好地检视其资格,[⑫]以免有所忽略,使被选出的长老犯罪,故此实乃一项预防措施。

此预防措施若能坚守,便与"不要在别人的罪上有份"有直接的关系;"有份"本为动词,意即参加、有份于、成为伙伴,[⑬]亦是命令语,故此句可作"不要参与别人的罪";当然,被按手而作长老的,如果他真的犯了罪,所处分的只是他个人,本应与提摩太无关。然而,若因步骤错误,如没有经过小心的工序去筛选,便按立之为长老,以致后来发生事故,提摩太便要负上责任,这便是"参与别人的罪"的意思。

总之,提摩太务"要保守自己清洁";"保守"是现在命令语,[⑲]故"要继续保守……";"清洁"有纯洁或圣洁的意思,此处是指与罪恶无份,[⑮]作长老的要如此,代表保罗于以弗所教会内作领导的提摩太更应如此。

五 23　"因你胃口不清,屡次患病,再不要照常喝水,可以稍微用点酒"

在论及清洁时,保罗想起了提摩太在此品德上所遇到的困惑。由于早在第三章三节及八节里,保罗论及酗酒对作领袖的阻碍,故在此,他无意要提摩太置身于此试探中,因为事实上,酒精的确容易令人沉溺于其中,使人不能自拔,在可能的情况下少接触为妙,这是保持自己清

---

⑱　*epitithei*.

⑲　虽然有学者认为,此处是指恢复某人作长老的礼仪,然而这是没有根据的推想;参见 Kent, *The Pastoral Epistles*, p.180.

⑲　*tacheōs*, BAGD, p.814;黄锡木,《原文》,页 507。

⑫　如三 1～13 所描述的各项条件。

⑬　*koinōneō*,黄锡木,《原文》,页 507。

⑭　*tērei*; Robertson, *Word Pictures in the New Testament*, IV:589.

⑮　*hagnos*, TDNT, I:122.

洁的最佳方法。然而,酒精亦有医药的用途,提摩太正有此需要,但他可能鉴于早时保罗的指示,势将酒不沾唇。因此,保罗续称:"因你胃口不清,屡次患病,再不要照常喝水,可以稍微用点酒。"

"因你胃口不清"直译为"因着胃",[196]言下之意,即肠胃的需要;及"屡次患病","屡次"即经常、多次,[197]由此可见,提摩太的身体常出现毛病,其胃及多次的患病,实在使人忧虑,故保罗的指示是:"再不要照常喝水","再不"意即由现在起不再,[198]"喝水"此字在新约只在这里出现,是现在时态及命令语,[199]故此句可作"由现在起不要再继续喝水";跟着,便是一个"反而"之字,作为连接词,[200]言下之意,即要采取一个与喝水不同的行动,便是"可以稍微用点酒";"用"即"使用",此处即饮用,[201]是命令语;"稍微"即少许、少量,[202]故全句为"要饮用少量的酒";此句的意思是,提摩太可以喝酒,但却要少量,以免会有酗酒的危险,由此可想,保罗并不是要提摩太以酒代水;故"不要照常喝水",是指不要单单喝水的意思。

保罗为提摩太开了一个处方,一方面可以使提摩太维持清洁,亦可解决肠胃及身体有病的问题,便是不要单单喝水了,要饮少量的酒,[203]这样有医治的功效。[204]

五 24 "有些人的罪是明显的,如同先到审判案前;有些人的罪是随后跟了去的"

保罗继续论说有关长老犯罪的问题:"有些人的罪是明显的,如同

---

[196] "胃"(*stomachos*),此字只出现于此,原指人的喉咙,即胃的入口,后包括胃;Robertson, *Word Pictures in the New Testament*,IV:590.

[197] *puknos*,Rienecker & Rogers, *Linguistic Key*,p. 632.

[198] *mēketi*,BAGD,p. 520;Knight, *Commentary on the Pastoral Epistles*,p. 240.

[199] *hydropotei*.

[200] *alla*,是转折连词。

[201] *chraomai*,BAGD,p. 892;黄锡木:《原文》,页 508。

[202] *oligō*,ibid.

[203] 由此可见,保罗并不主张只要用信心去祈求医治便可以;Kent, *The Pastoral Epistles*,p. 181.

[204] 当时有记录,一位医生要病人买一瓶酒医病;参见 Rienecker & Rogers, *Linguistic Key*,p. 632;保罗有此见地,可能是从路加处得获的。

先到审判案前";骤看下,"有些人"是指教会内有些信徒,然而,按上文的授意,此处指有些长老;"明显的"又可作"显而易见的";^⑳"审判案前"亦可作"判断",此处不是指神的判断,乃指由提摩太等人作出的裁决;原文没有"如同",故此句直译为"先到了判断",即"先受到判断"(参考新译),以上一句的意思,便是有些人的罪显而易见到一个地步,早已可以为之作判决。^⑳

尽管如此,"有些人的罪是随后跟了去的",此句之前有"然而"一字;^⑳"有些人的罪"原文是"有些人";^⑳"随后跟了去"所指的对象,当然是回指上一句的"罪"了,^⑳即罪随后跟了去,所跟的亦是回指上一句的"判断";故全句可作"然而,有些人的罪是随后跟着判断的",意即有些人的罪,与上一类人大有不同,是极为隐蔽的,需要在判断之后才被揭发和证实。

保罗此番描写,可能暗指假教师说的,这些假教师可能在开始崛起时,在真伪上表现得各有不同,有些极为明显,早为人所警觉,但有些却看来正常,装扮得如真教师,甚至到了已被按立为长老的地步,以为自此便可瞒天过海,但至终都被揭发出来。因此,提摩太委实要明察秋毫,不宜鲁莽行事,^⑳如太快为长老按立、太轻易放过犯罪的长老等。

五 25　"这样,善行也有明显的,那不明显的也不能隐藏"

作为教会领袖的提摩太,亦要赏罚分明,故保罗再加上一句以作平衡,"这样,善行也有明显的,那不明显的,也不能隐藏","这样"应作"同样地",^⑳即与上一节所论及的意思有相同的地方,便是长老们的"善行也有明显的";"善行"是指一些与上一节所论及的与罪相反的行为,即合乎神的标准,亦与长老之职相称应有的行为;"明显的"即显

---

⑳　*prodēlos*,*BAGD*,p.711;黄锡木:《原文》,页 508;亦出现于来七 24。

⑳　或意即可以立刻下判断,Robertson,*Word Pictures in the New Testament*,IV:590.

⑳　*de*.

⑳　*tisin*.

⑳　*epakolouthousin*,即"随后跟了去",是 *epakoloutheō* 的复数,与 *hamartiai* 即"罪",亦是复数吻合。

⑳　但始终会显出来;Robertson,*Word Pictures in the New Testament*,IV:590.

⑳　*hōrautōs*,Rienecker & Rogers,*Linguistic Key*,p.632.

而易见的；[212]故全句意即，一如罪有显而易见的，"善行"亦可以历历在目，早已为人所共知。

下一句之始应有"另一方面"之字，[213]指与上一句所言显而易见的善行不同的，即不明显的善行；紧随着的，是一现在分词，作"一些有的人"；[214]故全句便是"一些有另一方面的人"，[215]意即一些人，其善行却是不明显的，关于这类人，"也不能隐藏"，"隐藏"可作"埋藏"，[216]即其善行亦不会被埋藏，必有一天被发现和揭露。

长老一职，一方面是一崇高的职事，必须要是能者当之，故犯罪者自然不能当此重任。善于管理和教导，再加上良好的品德，才是作长老合适的人选，这样，按立长老及执行教会纪律都是两个重要的、保证长老品质的机制，教会务要小心翼翼、大公无私地付诸行动。

(iv) 对为奴的（六1～2）

六1 "凡在轭下作仆人的，当以自己主人配受十分的恭敬，免得神的名和道理被人亵渎"

最后一个组别的人，是在当时罗马帝国中常见的奴仆，以弗所教会内必然有不少的奴隶对基督的福音产生回应，皈依了基督，开始信徒的生活。然而，由于在当代作奴隶的有如货品，毫无自由和自尊可言，为奴的常希望一改劣势，加上福音所带来的转变，可能会使不少信主的奴仆，对主人及工作产生反常的观感和行为，故保罗在此处要特别针对这群人士说话。[217]

---

[212] 参见第 24 节的"明显的"。

[213] allōs, Zerwick & Grosvenor, *A Grammatical Analysis of the Greek New Testament*, p. 635.

[214] to echonta, substantival use.

[215] Rienecker & Rogers, *Linguistic Key*, p. 633.

[216] krubēnai, 是 kruptō 的过去不定时态, *BAGD*, p. 455；故强调其为一事实。

[217] 反而在提多书中则全无出现，但弗六 5～9；西三 22～四 1 则提及仆人和主人，可见此处出现问题的是为奴的，而非有奴仆的主人；彼前二 18 亦然。

"凡在轭下作仆人的","凡在"常指那些属于某类别的人士,[218]"轭"此字在被使用时,常与为奴的有关,[219]"作仆人"即"奴仆"或"奴隶",是指没有自由,其抉择为主人所主宰和支配的人,[220]此句直译为"凡那些在轭下的,奴仆",此表达方式可能指某类的奴仆,是要在轭下生活的,是更受到苦待的一群,这些奴仆当然会对主人的苛待不满,故保罗才在此处作出提醒;[221]但更有可能的,是以"凡在轭下的"形容"奴仆",意即为奴的,便是在轭下的生活,得不着自由,却要劳苦做工的一群人。他们因着不满现状,大有可能会于生活中,向主人表现不满之情,故保罗说:"当以自己主人配受十分的恭敬",此句应作"要以主人以配得所有的尊敬";"所有的尊敬"是作为主人所配受的尊敬;"以"又可作"认为",早于第一章十二节用过,[222]此处为命令语,故"要以……";"主人"此字是专指"一家之主",[223]或拥有奴仆的人士,与另一个"主",常用以称呼神的字眼不同;[224]既然是处于为奴的身份,便应积极地履行责任,给予那拥有主人地位的应得的"尊敬"。[225]

以上的做法,其目的便是"免得神的名和道理被人亵渎",[226]"亵渎"有毁谤之意,[227]为被动语,故作被毁谤;"神的名"强调了神那自我彰显的,为人所认识的地方;"道理"即教导,[228]与"神的名"等位,故是指福音;至于那毁谤者是谁可以有以下两大推论:

a. 他是奴仆的主人。

b. 他是非信徒,因为:

(i) 他毁谤"神的名",而不是"主的名",可见他是不认识主的人。[229]

---

[218] *hosoi*,是一代名词,Rienecker & Rogers, *Linguistic Key*, p.632.

[219] *zugos*,亦用以形容君王如何鱼肉平民百姓;参见 *TDNT*, II:897.

[220] *doulos*, *TDNT*, II:261.

[221] Knight, *Commentary on the Pastoral Epistles*, p.244.

[222] *hēgeomai*,参见其注释。

[223] *despotēs*,黄锡木:《原文》,页508。

[224] *kurios*.

[225] 对在位的和君王亦相仿,参见罗十三1～7。

[226] 此处有 *hina* 一字,故引出了目的。

[227] *blasphēmeō*, *BAGD*, p.142;黄锡木:《原文》,页508。

[228] *hē didaskalia*.

[229] 参见 Knight, *Commentary on the Pastoral Epistles*, pp.245-246.

（ii）如此的毁谤，应该是出于非信徒的口中。

既然保罗没有明言谁会毁谤神的名，可见这不是其重点，最重要的，倒是为奴的信徒要在信仰的生活上，过敬虔的生活，服从主人，以免亏损了神的名和所信的福音。

六2　"仆人有信道的主人，不可因为与他是弟兄就轻看他；更要加意服侍他，因为得服侍之益处的，是信道蒙爱的。你要以此教训人，劝勉人"

至于那些有信主的主人的奴仆，保罗亦有指示："仆人有信道的主人"，"信道"直译为"相信"；[20]"相信的主人"意即有信主的主人；"不可因为与他是弟兄就轻看他"；"轻看"又可作"看低""藐视"；[21]这样，此处的情况，可能是一些为奴的信徒，以为教会既是神的家，主仆亦可以弟兄相称，如此，主仆的关系亦可取消，无需要再以其为主人了，甚至因为那信主的主人在未信主时，曾苛待过自己，以致如今为奴的仍耿耿于怀，心存藐视，故保罗才有此项提醒。

除了不要藐视其信了主的主人外，"更要加意服侍他"；"服侍"此字与奴仆为同一字根，[22]故可作如奴仆一样服侍，是语带命令；这是因为如果为奴仆，真的曾经吃过主人的苦头，如今却是以德报怨，这便实践了基督耶稣的教训，即要爱仇敌；[23]更"因为得服侍之益处的，是信道蒙爱的"；此句原文的排列，应是把后一句放于前面，即"因为那信道蒙爱的，是那得服侍之益处的"；"信道蒙爱的"当然是指主人，即其为已信了主及蒙神所爱的；"服侍"可作善事、伺候、好处；[24]"得……益处的"此字本可作参与其事，[25]故全句的意思有两个可能：

a. 因为那信道蒙爱的主人，是参与善事者，故作为奴仆的，应更加

---

[20] *pistous*，乃分词，作形容词使用。

[21] *kataphroneitōsan*，是 *kataphroneō* 的命令语态，Zerwick & Grosvenor，*A Grammatical Analysis of the Greek New Testament*，p. 653.

[22] *douleuō*.

[23] 如太五38~48。

[24] *euergesia*，BAGD，p. 320；黄锡木：《原文》，页508。

[25] *antilambanomenoi*，参见 Zerwick & Grosvenor，*A Grammatical Analysis of the Greek New Testament*，p. 636；这里作名词使用。

尊敬他们。

b. 因为那信道蒙爱的既是主人，便成为那应该得着服侍好处的人，故为奴的，要如此地对待他。

第一个解法提供了要加意敬重信主的主人之理由，便是因着他的善行，故要如此对他敬重。然而，上一节的意思是，即使是未信的主人，亦配受尊重，其原因不是按着其善行，只因他居主人的地位，故保罗在此处的意思亦应如此，则不附带任何条件或其他的理由，作主人的亦应得着服侍，因此，第二个取向较为合乎此处的思路。

在结束此段时，保罗续称："你要以此教训人，劝勉人"，"此"即这些事，㉖是回指由第五章起至此处的内容；"教训"即教导，与"劝勉"均为命令语，㉗故保罗要求提摩太务必发挥其真教师的本色，将以上的真理，向以弗所教会陈明，以解决发生或可能发生的问题，尽上他牧养的职责。

在结束这一段时，我们要注意的是，早于哥林多前书第七章二十至二十四节里，保罗已论及信了主的奴仆，若是可能，当然是可以争取自由自在地服侍主和属于主，不为别人所掣肘。然而，信徒仍要维持在信主时的身份，因为理想与现实总有差距，社会上的制度虽然有不公平之处，但仍要尽力去遵行，以免因着推行一些太激进的革新行动，引起社会上太大的震荡，使社会人士对教会存敌视的态度，影响了福音的广传，这样，便会犯挂一漏万之弊了。㉘

(III) 结语

对于年轻寡妇的教导，保罗转趋实际。诚然，能够终身守寡，全心全意地侍奉神，服侍圣徒，这是最为理想的。然而，每一个人的恩赐都不同，能力亦有异，不论年纪、阶层、侍奉的性质，信徒因着心理的需要，

㉖ *tauta*.

㉗ *didaske* 及 *parakalei*，早出现于四 11。

㉘ 这正符合了保罗在社交中谦卑俯就的原则(social accommodation principle)，即在什么人中，便作什么人，务要使人得着福音的好处，参见林前九 19～23。

寻求再婚，以能有伴侣共同生活，满足各方面，包括性欲的需要，这亦是可以接受的做法。反而，如果为了追求属灵的理想，勉强自己守寡，不正视自己心理和生理的需要，倒可能会为撒但留下地步和机会，在信徒灵性软弱时，向其挑逗引诱，使之陷在罪里，落得如斯下场，怎不教人深哀长恸。因此，退而求其次，是一个知己（自己的极限和需要）和知彼（魔鬼的狡猾）的明智之举。

至于对待教会的领导，华人教会已有很大的进步，例如在福利和薪酬上，已有很大的改进。当然，对领袖，包括了长老、执事和传道人，其关心和尊重，不应只停留在物质上，由于做传道亦是一门专以助人为主的工作，而且工作时间颇长，属于容易耗尽（burn-out）身心灵力量的工作。这样，传道者和教会双方，应该共商对策以提供传道者心灵的需索。教会可以在制度上安排传道人有进修的机会，华人神学院均有安息年的制度，教会亦可考虑采用此方式，当然要稍加改良，以适用于个别堂会的实况，如有些小堂会只能聘用一位传道人，一旦进行安息年的制度，便使整年牧养工作被虚悬，这是不合理的。因此，每三四年便有一季或半年的安息时间，这亦是可考虑的方案。

教会要谨记，这样的改良，至终的受惠者是教会本身，因为传道者借着安息的机会进修，刷新自己的生命，灵命充沛，定能回馈教会，牧养工作亦能更进一步，这是何等使人振奋的事情。当然，传道者亦要负责任地运用安息年的时间，在刻意的计划和安排下，务求重振自己的灵命，扩阔自己的视野，以回馈教会的恩情之心境下充实自己，才是一个成熟和合理的处事态度。

再者，按立长老如今已大部分为按立牧师的礼仪所取代，[20]被按立的传道人一般都被尊称为牧师，成为一个头衔。尽管如此，按立礼的意义是一样的，即按立团已对被按者的品德、工作表现和恩赐都仔细考查过，才加以按立。因此，按立牧师之举实不应被降格，成为挽留传道人的伎俩（恐怕传道人会跳槽），或为了要有多一些牧师可以主持圣礼；又或者为了方便日后的工作（如上宣教工场），甚至是为了申请移民海外侍奉的例行公事（有牧师的职分较易得着工作证）等。否则，华人教会

---

⑳ 当然，还有一些宗派是有按立长老的，如长老会和其他一些改革宗教会。

便会充斥着不会讲道、教导、辅导、管理和传福音,甚至道德表现不良的牧师。由此观之,按立之前的审查工夫极为重要,不能马虎。例如,要有相当时间的侍奉资历,以显出其拥有神所赐予作传道者的恩赐;待人处事是否显出其诚实无伪的品格和成熟冷静的性格;在信仰上是否正统等。毕竟,作传道者理应为众信徒的榜样,故其良好的行为,理应借着按立礼彰显出来,以收励志之效。同样,如果他陷在罪中,不求改变,作为一公众人物,亦应让全会众知道,成为众人的鉴戒。否则,无知的信徒便会争相效尤,后果便堪忧了。

最后,作教会的领袖,必须处事中肯持平,不偏激和偏心地待人处世。因为教会内存在着各方各类的人,而人心之不同,一如其面,有些人心直口快,似不为人欣赏,然日子久了,却显出其坦诚之可爱,堪足造就。有些人则口甜舌滑,很会讲话,显出一副属灵的样子,但却口蜜腹剑,心怀城府。因此,明察秋毫、独具慧眼地知人善用是重要的,如此,才能使众信徒信服,发挥领导的功效。

玖 最后的论述
（六 3～21）

3 若有人传异教，不服从我们主耶稣基督纯正的话与那合乎敬虔的道理，

4 他是自高自大，一无所知，专好问难，争辩言词，从此就生出嫉妒、纷争、毁谤、妄疑，

5 并那坏了心术、失丧真理之人的争竞。他们以敬虔为得利的门路。

6 然而，敬虔加上知足的心，便是大利了；

7 因为我们没有带什么到世上来，也不能带什么去。

8 只要有衣有食，就当知足。

9 但那些想要发财的人，就陷在迷惑、落在网罗和许多无知有害的私欲里，叫人沉在败坏和灭亡中。

10 贪财是万恶之根。有人贪恋钱财，就被引诱离了真道，用许多愁苦把自己刺透了。

11 但你这属神的人，要逃避这些事，追求公义、敬虔、信心、爱心、忍耐、温柔。

12 你要为真道打那美好的仗，持定永生。你为此被召，也在许多见证人面前已经作了那美好的见证。

13 我在叫万物生活的神面前，并在向本丢彼拉多作过那美好见证的基督耶稣面前嘱咐你：

14 要守这命令，毫不玷污，无可指责，直到我们的主耶稣基督显现。

15 到了日期，那可称颂、独有权能的万王之王、万主之主，

16 就是那独一不死、住在人不能靠近的光里，是人未曾看见、也是不能看见的，要将他显明出来。但愿尊贵和永远的权能都归给他。阿们！

17 你要嘱咐那些今世富足的人，不要自高，也不要倚靠无定的钱财，只

要倚靠那厚赐百物给我们享受的神。

18 又要嘱咐他们行善，在好事上富足，甘心施舍，乐意供给人。

19 为自己积成美好的根基，预备将来，叫他们持定那真正的生命。

20 提摩太啊，你要保守所托付你的，躲避世俗的虚谈和那敌真道、似是而非的学问。

21 已经有人自称有这学问，就偏离了真道。愿恩惠常与你们同在！

(I) 引言

　　这是本书最后的段落，实际上是由数个小段组合而成，先为再论假教师的毛病（第 3～5 节），而在指出其借着敬虔牟利的动机后，钱财便成为下一个论题（第 6～10 节）。然后，按以上所论的，保罗将之应用在提摩太的身上（第 11～21 节），[①]在提及基督耶稣的显现时，保罗加插了一首颂赞诗（第 15～16 节）。最后，保罗向全教会问安作为结束。

　　此数个段落有一共同的主题，便是钱财，因为假教师的问题是其侍奉的动机是为了钱财（第 5 节）；事实上，财物确具吸引力，故贪财成了不少人（第 10 节）、包括信徒在内的网罗，故保罗在指出假教师的贪财后，亦要求提摩太切莫财迷心窍，反而要保守自己（第 11～14 节）。此外，亦要教导富有的信徒如何去面对钱财（第 17～19 节）。

(II) 注释

(i) 再论假教师（六 3～5）

　　六 3　"若有人传异教，不服从我们主耶稣基督纯正的话与那合乎

---

① 注意保罗用了一系列命令语调的动词；参见 Peter G. Bush, "A Note on the Structure of 1 Timothy", *NTS* 36(1990), pp. 154–155. Bush 则力陈因着文士错误的判断，第 17 至 19 节本应放在第 10 节之后，但这是一个不必要的妄断。

敬虔的道理"

在最后的论说中,保罗再一次论到假教师的问题,可见此问题的影响范围一定很大,其中包括了妇女及寡妇,甚至连长老亦不能幸免。有见及此,保罗便不厌其详、直言不讳地斥责假教师的不是。

"若有人传异教",此处是一假设性句子,但却是一事实;②"异教"早于第一章三节出现过,意即另类的教导,与保罗所传的大不相同;③"不服从我们主耶稣基督纯正的话","服从"本意为"来到",即赞同及同意;④"纯正"此字亦于第一章十节用过,本意为"健全",⑤而"健全的话"来自"我们主耶稣基督",此处大概是指福音传统中所记的,关于在世的耶稣之教导。⑥ 如此尊称"基督耶稣",其原因有:

a. 要强调健全的话,是来自一个至高无上的权威,是为主基督耶稣。

b. "我们"是要强调保罗与提摩太,及其他的受书人,均已有此纯正的话,借此强化作者与读者间的关系。⑦

c. 同时,亦把假教师等人排之于外。

除了不赞同保罗等人所相信从主基督耶稣而来的话语外,假教师亦不赞同"与那合乎敬虔的道理","道理"即教导,或教训;⑧"敬虔的教导"即有关于信仰的内容及生活之教导,故此句其实是上一句"健全的话"之进一步的描写,具体地指出了传异教者那偏离真理的实况,即他们不赞同基督教信仰的权威——基督耶稣的话,亦在信仰的生活上不合乎应有的教导,以致他们的信仰和生活,都出现了问题。

六 4 "他是自高自大,一无所知,专好问难,争辩言词,从此就生出嫉妒、纷争、毁谤、妄疑"

---

② 是第一类的条件句,故强调所假设的是一实况。

③ *heterodidaskaleō*,参见其注释。

④ *proserchomai*,*BAGD*,p. 720.

⑤ *hygiainō*,黄锡木:《原文》,页 508;参见其注释。

⑥ 当然,这些教导,亦借着使徒、先知和教师被传诵下来。

⑦ 故有修辞上感染力的作用。

⑧ *didaskaliā*.

　　保罗继续对假教师那丑陋的真面目作出描述:"他是自高自大","自高自大"于第三章六节已有出现,是形容初入教便作监督之人的一种不成熟的表现,假教师既然对敬虔的教导采取不赞同的态度,自然会自以为是地"自高自大"而大言不惭了。⑨

　　其自高自大的结果,便是"一无所知",直译为"没有一样东西知道";⑩即他自以为所知极多,故傲视同侪,自高自大,而此自高自大的心态,更阻挠了虚心受教,结果便是"一无所知"。另外的恶果便是"专好问难,争辩言词",此句应作"专好问难和争辩"(新译);"专好"在新约中只出现于此,又可作"偏好",有不良地追求之意;⑪所"偏好"的,便是"问难",此字意即讨论、争论,⑫并不一定带贬义,但此处明显是要带出因着其不学无术的一面,故要借着争论,表示自己乃有识之士;第二种所"偏好"追求的,便是"争辩",此字亦只出现于此,⑬同样有争辩的意思,但却聚焦在字眼上的争论,故指喜爱咬文嚼字,重视修辞学,又或是为一些字眼的用法和意思争议不休。无论如何,这都是自命为有真知灼见的假教师那一无所知的真面目:玩字眼游戏的能手而已,可说是"黔驴之技,技止此矣"。

　　保罗续称:"从此就生出……",此句直译为"由此便走出了……";"此"是指上一句的"争辩";如此无谓的"争辩",会产生五项恶果,其中的四项便是"嫉妒、纷争、毁谤、妄疑",其特色分述如下:

　　a. 嫉妒:意即想僭夺他人所拥有的东西而生的恨意。⑭

　　b. 纷争:有口角、不和、恶性地争竞的意思。⑮

　　c. 毁谤:即说诋毁人的说话。⑯

---

⑨ *typhoō*,在此节是以现在完成时态出现,故侧重其自高自大的恶果。

⑩ "知道"(*epistamenos*)是现在时态分词,形容"他自高自大",故是作副词使用。

⑪ *noseō*,*BAGD*,p.545;黄锡木:《原文》,页509;亦是分词,作副词使用。

⑫ *zētēsis*,参见约三25;徒十五27,二十五20;*BAGD*,pp.339-340.

⑬ *logomachia*,*BAGD*,p.478;其从属字 *logomacheō* 则出现于提后二14。

⑭ *phthonos*,*BAGD*,p.865;*NIDNTT*,1;557.

⑮ *epis*,*BAGD*,p.309;此字与上一个字,即 *phthonos* 常一并出现,意即因嫉妒,常引起纷争,如罗一29;加五20～21;腓一15。

⑯ *blasphēmia*,*BAGD*,p.142;*TDNT*,I;621.

　　d. 妄疑：本为两个字眼，一为怀疑，[17]二为邪恶，[18]故即互不信任地猜疑。

六5　"并那坏了心术、失丧真理之人的争竞。他们以敬虔为得利的门路"

　　除了以上四项恶果外，还有一项，便是"并那坏了心术，失丧真理之人的争竞"，此句直译为"争竞；被腐败了思想（及）被夺去了真理的人"；故"争竞"便是第五项恶果；而后一句是要解释何以他有以上五项这么可恶的表现。

　　"争竞"此字是指彼此之间进行无休止的、强烈的刺激、摩擦；[19]"思想"包含了人内在的道德性之分辨机制及人的性格；[20]"被腐败了"此字为现在完成时态，强调其现今所存的可怕光景，此字亦是被动语调之分词，是形容"人"（复数）的，本意为损坏，[21]此处含道德性的用法，指思想上的腐败；此外，这些人还"被夺去了真理"，"被夺去了"同样是现在完成时态，强调此人现今所处的情景，此字亦是被动语态之分词，同样是形容"人"，[22]此字本意为偷取、盗窃，[23]用在此处有被剥夺之意；"真理"指无与伦比的基督教信仰的内容；"被夺去了真理"是形容一个只拥有残缺不全的基督教真理的人；总之，假教师是一群在思想及信仰上，都有严重缺陷的人。

　　尤有甚者，"他们以敬虔为得利的门路"，此处进一步形容这些人在思想和真理上的问题，并且针对其动机；"以"即"以为""认为"，[24]故此

---

[17] *hytonoia*，黄锡木：《原文》，页 509；在新约只出现于此，Knight, *Commentary on the Pastoral Epistles*, p.251.

[18] *ponēros*.

[19] *diaparatribē*，Rienecker & Rogers, *Linguistic Key*, p.633；是一复合字，其意思比 *paratribē*（"刺激"或"磨擦"）更为强烈。

[20] *nous*，参见 Quinn, *The Letter to Titus*, p.102.

[21] *diaphtheirō*；黄锡木：《原文》，页 509。

[22] *apesterēmenōn*，本出自 *apostereō*.

[23] *apostereō*，*BAGD*, p.98；Rienecker & Rogers, *Linguistic Key*, p.633.

[24] *nomizō*，Zerwick & Grosvenor, *A Grammatical Analysis of the Greek New Testament*, p.636；仍是分词，但却是现在时态，同样是形容"人"的，故以"他们"作为其主位。

句应作"他们认为借着敬虔可得利益";"敬虔"在此处指这些假教师表现得极为热衷于信仰;按此了解,凯利便主张,这些假教师是以收费的方式,将信仰教导他人,借此敛财,㉕而事实上,当时有些云游四海的哲学家,亦有此习惯,㉖无论如何,信仰对他们来说,只是一种谋生的伎俩,敬虔亦只是一个虚假的面谱,他们的教导毫无诚意可言,无疑是江湖术士之辈。

(ii) 论钱财(六 6～10)

六 6　"然而,敬虔加上知足的心,便是大利了"

要摆脱以上假教师那财迷心窍的心态,㉗其解药便是"敬虔加上知足的心,便是大利了",此句直译为"有知足的敬虔,便是莫大的利益";"知足"常出现于当时斯多亚学派(Stoics)的哲学理论中,意即"自我满足",㉘或"独立",㉙此处是指不为财物所引诱的一个知足的心态;"有知足的敬虔"意即不为财利所引诱的敬虔,才是真敬虔,这样反而能得着莫大的益处,㉚一如保罗于腓立比书第四章十一及十二节的自白:"……我无论在什么景况都可以知足,这是我已经学会了。我知道怎样处卑贱,也知道怎样处丰富;或饱足,或饥饿;或有余,或缺乏,随事随在,我都得了秘诀",这便是信仰所带给保罗那份知足的动力所在。

六 7　"因为我们没有带什么到世上来,也不能带什么去。

　　8　只要有衣有食,就当知足"

保罗继续解释何以信徒要"知足","因为我们没有带什么到世上来,也不能带什么去",由于此句是以"我们"为对象,说明了保罗所说

㉕　Kelly,*A Commentary on the Pastoral Epistles*,p.134.

㉖　参见 Dibelius & Conzelmann,*The Pastoral Epistles*,p.83.

㉗　故此句之始有 *de*,是一转折连词。

㉘　*autarkeia*,*BAGD*,pp. 121 – 122;Knight,*Commentary on the Pastoral Epistles*,p.253.

㉙　Zerwick & Grosvenor,*A Grammatical Analysis of the Greek New Testament*,p.636.

㉚　以对比假教师那错误的牟利。

的,是有广泛的用途,其意思与约伯记第一章二十一节的一句:"我赤身出于母胎,也必赤身归回"是一致的,故可能是一句格言,[31]保罗引用于此,以提高其说服力;[32]"因为"则可能是保罗加在此格言中,以连接上文,作为信徒要知足的一个原因。

其实,此句可直译为"因为没有什么我们带来世上;因为没有东西我们能带走",第一句的"没有什么"是位于句子之首,可见是强调的;"带来"与"带走"彼此是相反词,亦同是过去不定时态,强调其为一事实;[33]后一句的开始有"因为"一字,骤看下,两句连在一起的意思是,因为我们不能带走什么东西,故此,我们没有带什么东西到世上,然而,这是不合逻辑的解法,[34]故"因为"的作用颇难决定,一些值得考虑的建议有:[35]

a. 由于此句乃一格言,故"因为"的作用,是要表明以下乃引用格言。[36] 然而,既然上一句已是一个引用,在下一句之前再有此措辞会否给人有多此一举之感?

b. 是一略字法,即在"因为"之前,本有"清楚"一字,故其意即"明显的是",但如今却被省略,[37]此做法有约翰福音第六章四十六节作例证。[38] 然而,此做法并不普遍,我们不能肯定此处有此含义。

c. 以"因为"为一重述的字眼,引出以下句子,故全句为"因为我们没有带什么到世上,亦不能带走什么东西"。[39]

---

[31] 斐罗(Philo)的名言,与此处的一句措辞和思想都极为相近,参见 Bernard, *The Pastoral Epistles*, p. 95 及 Dibelius & Conzelmann, *The Pastoral Epistles*, p. 85, fn. 9, 10, 11.

[32] 因为是人所共知的,故在修辞上有说理的作用。

[33] *eisēnenkamen*(动词)及 *echenegkein*(不定式)。

[34] 虽然 Vincent 认为其意思是在出生时不能带什么来到,此真理可从在死时不能带什么东西走得着支持;但这是没有什么意义的说法,参见 Vincent, *Word Studies in the New Testament*, IV: 276.

[35] 有些建议如干脆取消此字,将之当作文士抄写时笔误;但这不值得考虑,因可靠的抄本均有此字。

[36] 参见 Hanson, *The Pastoral Epistles*, p. 108.

[37] "因为"是 *hoti*,"清楚"是 *dēlon*,连在一起便有此意思。

[38] Knight, *Commentary on the Pastoral Epistles*, p. 254.

[39] 以"因为"为 that,即 I say that...,参见 Bernard, *The Pastoral Epistles*, p. 95;大部分译本都有此取向。

这样,c 是问题最少的,毕竟,保罗的重点是放在后面的一句,即当人的大限一到,人还能拥有什么东西? 带走什么东西呢? 这便是假教师所不曾想到和注意的,纵使他们能因着敬虔而发了大财,然而,当死亡一到时,一切便化为乌有,灰飞烟灭了。

"只要有衣有食,就当知足",此句应作"反而,有衣有食,我们便要知足";⑩"衣"即衣服,"食"即食物,⑪二者都是人生活的必需品,代表了人生活上基本的需要;⑫"知足"意即足够、满意,⑬是未来时态,旨在强调要知足的心态,故带有命令的用意,⑭如古代一西谚所云:"谁是富有的人? 便是那些满足于自己所拥有的!"⑮人所需要的,只是生活基本的需要,再附加上去的便是多余,亦是可有可无的,如果仍要奋力追求,便很容易堕入贪财的陷阱中。

六 9　"但那些想要发财的人,就陷在迷惑、落在网罗和许多无知有害的私欲里,叫人沉在败坏和灭亡中"

与知足相反的,便是"那些想要发财的人",⑯"发财"意即成为富有;这些人不满足于基本的生活所需,追求物质化的生活,结果"就陷在……",此字意即掉进、落入;⑰他们所掉进的有:

a. 迷惑:此字作引诱,⑱掉进了引诱中,意即进入了一个被引诱的机会里。

b. 网罗:即陷阱,⑲落入陷阱中即中了魔鬼的诡计,入了它的网罗(提前三 7)。⑳

---

⑩ 此句之首有 de 一字,应作"反而"。

⑪ 此字 skepasma 本意为"覆盖",故指衣服和住所,参见 BAGD,p.761.

⑫ 参见太六 25～31。

⑬ arkeō,BAGD,pp.106 - 107;黄锡木:《原文》,页 509。

⑭ 一如太五 48 之做法,Knight,*Commentary on the Pastoral Epistles*,p.255.

⑮ Lock,*The Pastoral Epistles*,p.68.

⑯ 此句开始有 de 一字,故和合本作"但"。

⑰ empiptō,黄锡木:《原文》,页 509。

⑱ peirasmos,Rienecker & Rogers,*Linguistic Key*,p.634.

⑲ pagis,Zerwick & Grosvenor,*A Grammatical Analysis of the Greek New Testament*,p.636.

⑳ *TDNT*,V:593 - 595.

c. 许多无知有害的私欲里："私愁"即欲望，带贬义；⑤"无知"即愚蠢，强调在道德生活上的昏昧；⑫掉进了许多愚蠢和有害的欲望里，实在不能自拔，结果便是"叫人沉在败坏和灭亡中"；"沉"意即人遇溺没顶、被淹没，⑬此处乃比喻性用法；"败坏"及"灭亡"为同义词，前者可能指人身体的毁坏，后者则指人灵魂的泯灭，⑭二者用在一起有强调的用意，即不能逆转，彻底的毁灭。

想要富足的人存着美梦，希望借着更多的财物，使自己得益，然而，相反地，他们却为罪恶有机可乘，落入魔鬼所布下的陷阱，为自己的情欲所困，以致不能自拔，死在其中，实在使人扼腕慨叹。

六 10 "贪财是万恶之根。有人贪恋钱财，就被引诱离了真道，用许多愁苦把自己刺透了"

此情此景，不禁使保罗想起了另一句警世的箴言："贪财是万恶之根"，⑮"万恶"即所有的罪恶，⑯此句意即所有的罪恶，都源出于贪财。当然，凭心而论，此格言有点言过其实，但其目的却强调了贪财所引发的恶果是何等严重，世人不可不防，假教师理应听取此言，提摩太亦不无二样。

不幸的是，"有人贪恋钱财"，"贪恋"是现在分词，有渴慕，⑰追求之意；所追求的是上一句的"贪财"；是形容"有人"的，"有人"即"那些人"；⑱故此句可作"那些热切追求贪财的人"，在此处保罗有意用"有人"去指向那些假教师，他们正好是"贪财是万恶之根"的写照；这些热

---

⑤ *epithumia*，*BAGD*，p.293.

⑫ *anoētos*，*TDNT*，IV：961－962.

⑬ *buthizō*，Rienecker & Rogers，*Linguistic Key*，p.634.

⑭ *olethros* 及 *apōleia*，Knight，*Commentary on the Pastoral Epistles*，pp.256－257.

⑮ 此格言之出处参见 Fee，*1 & 2 Timothy，Titus*，p.147；此句之首有"因为"（*gar*）一字，故此句解释何以贪财会引致以上所描述的可怕下场。

⑯ *tantōn tōn kakōn*.

⑰ *oregomenoi*，黄锡木：《原文》，页509，作形容词使用。

⑱ *tines*.

切追求贪财的人，是"被引诱离了真道"，"被引诱离了"有流荡离开了之
意，[59]所离开了的，便是"真道"，即"信仰"；[60]并且"用许多愁苦把自己刺
透了"，此句应作"自己被众多的痛苦刺透了"；"痛苦"用在身体上，是指
创伤，但此处是指心灵上的悲伤、悲痛，[61]"被……刺透"此字在圣经中
只出现于此，是比喻性用法，意即受尽折磨；[62]"自己被……"强调其自
作自受的事实；究竟追求财利，偏离了信仰的人，如何被众多的心灵痛
苦所折磨，保罗并没有明言，保罗旨在侧重那贪财者自作自受之恶果，
他们以为可以利己，却是苦害了自己，多么不值得。

(iii) 提摩太应有的回应（六 11～16）

六 11　"但你这属神的人，要逃避这些事，追求公义、敬虔、信心、
爱心、忍耐、温柔"

有了以上的鉴戒，属神的人，包括提摩太在内，实在要有所抉择，寻
求另类的出路，故保罗转而向提摩太作出适切的教导："但你这属神的
人，要逃避这些事"；"逃避"是命令语，又可作规避或逃离；[63]此乃消极方
面的做法，即要规避由第三节开始所描绘种种假教师的毛病；"你这属神
的人"直译为"你，啊，神的人"，"神的人"在新约仅此一次出现，在旧约中
常用以形容伟大的属灵领袖，如摩西、大卫、以利亚等人，[64]如此形容提摩
太无疑暗指他如古圣先贤一样，作属灵的领袖，但此处主要是对比那些
追求钱财、侍奉玛门的假教师，[65]提摩太却是属于神、侍奉神的人。

按此了解，在积极方面，提摩太要"追求公义、敬虔、信心、爱心、
忍耐、温柔"；[66]"追求"本意为热烈地跟随着，故有迫切或紧紧追着的

---

[59] *apoplanaō*，*BAGD*，p. 96.

[60] *pistis*.

[61] *odunē*，*BAGD*，p. 557.

[62] *peripeirō*，*BAGD*，p. 655；此处是被动语；或作如被剑戳一样的疼痛，Fee, *1 & 2 Timothy*, *Titus*，p. 146.

[63] *pheugō*，黄锡木：《原文》，页 510。

[64] 和合本作"神人"，如诗九十之小字；参见申三十三 1；书十四 6；代下八 14；尼十二 24。

[65] 参见太六 24 耶稣将神和玛门作对比的论述。

[66] 此句之首有 *de* 一字，可以不用译出来。

意思，[67]此处是指后者，是现在时态的命令语，意即要持续不断地追求，属神的人亦有所追求，保罗更明言，所追求的东西可分为六项，且看以下对各项的简述：

　　a. 公义：意即在行为上要正直。[68]

　　b. 敬虔：指信仰的内容及生活对神忠笃。

　　c. 信心：指信靠，此处因与爱心并列，故是指一项美德。[69]

　　d. 爱心：亦是强调信徒所应有的美德。

　　e. 忍耐：此字有不同的意思，如恒久、坚忍、带期望地等候，[70]其用法要看相关的文脉而定，此处的上一项是爱心，下一项是温柔，都是指待人方面的，故此处是指要忍耐地对人，使人有悔改和回转的机会（提后二 24～26）。

　　f. 温柔：此字在新约只出现于此，但其从属字则常出现在保罗的写作中；[71]意即温柔谦逊，[72]亦是指对人方面的态度。[73]

　　属神的人对财物应有满足感，这样却不表示在属灵的事上亦要自满自足，反而应该有目标地追求，使自己生命成长，品德更像曾在世上活过的主耶稣。

　　六 12　"你要为真道打那美好的仗，持定永生。你为此被召，也在许多见证人面前已经作了那美好的见证"

　　跟着的命令，便是"你要为真道打那美好的仗"，类似此句的措辞早于第一章十八节出现过，那处强调要与假教师争战，此处则侧重在"真道上"，即关乎信仰上[74]的争战或比赛；"打"此字可作争战、奋斗或比

---

[67]　*diōkō*，*TDNT*，II：229 - 230.

[68]　*didaiosunēn*，Dibelius and Conzelmann，*The Pastoral Epistles*，p. 88；Fee，*1 & 2 Timothy*，*Titus*，p. 149.

[69]　"信心"和"爱心"早出现于四 12；参见其注释。

[70]　*hypomonē*，*BAGD*，p. 854；*TDNT*，IV：586 - 587.

[71]　前者为 *praupathia*，后者为 *prautēs*，参见林前四 21；林后十 1；加五 23；弗四 2 等。

[72]　*BAGD*，pp. 705 - 706；黄锡木：《原文》，页 510.

[73]　Hultgren，*I - II Timothy*，*Titus*，p. 99.

[74]　*tēs pisteōs*，是描述的属格。

赛，⑦⑤是现在时态的命令语，强调此乃一持久战，或是不止息的竞赛，故不可有丝毫懈怠；此字的名词便是此句中的"仗"字，指争战和竞赛；⑦⑥此乃一场"美好"的争战或比赛，因为这是为信仰而打的仗，或指在信仰上力争上游的比赛，是甚有价值的。

我们颇难取决此处是指战争，还是比赛，前者暗示要打败对手，此对手可能是指魔鬼或假教师，⑦⑦又或者是自己的情欲（参见第 9 节），后者着重要胜出，即能排除信仰上的万难，包括对外把真理传扬，对内胜过自己的欲望，而成为得胜者，在此，我们相信后者的解法应居先，⑦⑧原因是：

a. 按腓立比书第三章十三至十四节及提摩太后书第四章七节的授意，后者的取向是居先的。

b. 如果保罗要指打仗，他可以如第一章十八节的，用更为清楚的、形容战争的字眼。⑦⑨

c. 下一句亦有在比赛中胜出而得着奖品的意思。⑧⓪

另一个指令，是要"持定永生"；"持定"有赢取之意思，⑧①指要得赏赐，永生便是此份奖品。⑧② 按此理解，费依便主张，此处有末世性的含义，即要继续争取，直到得着永生的全部；⑧③"你为此被召"，此指"永生"；"被召"一般指在神的呼召下，人能因着回应此呼召而得着永生的福祉，⑧④正因这是神的赏赐，难能可贵，故永生实在需要"持定"。

"也在许多见证人面前已经作了那美好的见证"成为了被召者的回应，"作了美好的见证"之"作了"是过去不定时态，是指已发生的事件；

---

⑦⑤ *agōnizomai*，黄锡木：《原文》，页 510。

⑦⑥ *agōn*, Zerwick & Grosvenor, *A Grammatical Analysis of the Greek New Testament*, p. 637.

⑦⑦ 参见一 18 的注释。

⑦⑧ Fee, *1 & 2 Timothy, Titus*, pp. 149 – 150；Hanson, *The Pastoral Epistles*, p. 110；Hultgren, *I - II Timothy, Titus*, p. 99.

⑦⑨ 即用 *strateian*，而不用此处的 *agōn*.

⑧⓪ 故保罗心中可能是以奥林匹克比赛作比喻，参见 Simpson, *The Pastoral Epistles*, p. 87.

⑧① *epilambanomai*，*BAGD*, p. 295；黄锡木：《原文》，页 510。

⑧② Scott, *The Pastoral Epistles*, p. 77.

⑧③ Fee, *1 & 2 Timothy, Titus*, p. 150.

⑧④ *kaleō*，参见 *TDNT*，III：488 – 489.

"作了"及"见证"本为同一字眼，前者为动词，后者为名词，[85]其意即承认及接受，[86]在新约的用法中常与信仰有关，[87]故此处是指认信；故全句应作："认了那美好的认信"，故"美好的"是形容整个的认信，是蒙神悦纳的。

关于保罗在此言及提摩太的认信，可以是指：

a. 提摩太的洗礼：每当洗礼之时，总不乏有认信之举。而且此处是与永生有关，故是指人重生之洗礼，因而得着了永生。[88]

b. 提摩太的按立：提摩太被呼召，成为众信徒的领袖，奉派成为真教师，自此，便为信仰而努力，直到得着了永生的全部。[89]

按认信及永生之间的关系，更有可能指重生的洗礼，[90]然而，由于在教牧书信内，保罗多次提及提摩太的按立，并且于提摩太后书第二章二节里，保罗言及提摩太的按立，[91]亦有用"许多见证人面前"的措辞，故第二种情况应居先。[92] 按此了解，则"许多见证人"便是指那些参与按立的长老们。

无论如何，提摩太已被委以重任，他要如保罗的自白一样："我只有一件事，就是忘记背后，努力面前的，向着标竿直跑，要得神在基督耶稣里从上面召我来得的奖赏"（腓三 13～14），即是永生。

六 13 "我在叫万物生活的神面前，并在向本丢彼拉多作过那美

---

[85] *hōmologēsas* 及 *homologian*，此句的结构与上一句的"打美好的仗"一样。

[86] *homologeō*, Zerwick & Grosvenor, *A Grammatical Analysis of the Greek New Testament*, p. 637.

[87] 参见 *TDNT*, V: 209 - 211.

[88] 持此观点的学者有 B. S. Easton, *The Pastoral Epistles*（New York: C. Scribner's Sons, 1947), p. 166; Fee, *1 & 2 Timothy*, *Titus*, p. 150; Guthrie, *The Pastoral Epistles*, p. 115; Houlden, p. 100; Hanson, *The Pastoral Epistles*, p. 111.

[89] 有此观点的学者有 Barrett, *The Pastoral Epistles*, pp. 86 - 87; Hultgren, *I - II Timothy*, *Titus*, p. 100; Knight, *Commentary on the Pastoral Epistles*, pp. 264 - 265.

[90] Lenski, *St. Paul's First and Second Epistles to Timothy and that to Titus*, pp. 716 - 717.

[91] 如一 18，四 14；提后一 6，二 2。

[92] Wansbrough 认为两者均有可能，参见 Wansbrough, "The Pastoral Epistles", p. 1214；但这里不可能同时指两种礼仪。

好见证的基督耶稣面前嘱咐你"

　　为了要提摩太把保罗以上的忠告铭刻心怀，保罗再说："我在叫万物生活的神面前……嘱咐你"；"我……嘱咐你"本位于此句之首，"嘱咐"早出现于第一章三节，有吩咐、命令及使之留下深刻的印象之意；[93] 为了增加此嘱咐的严肃性，保罗指出他的嘱咐，是在"神面前"和"在基督耶稣面前"的，此表达有如认信的公式，把提摩太引到神和基督耶稣的面前，接受神及基督耶稣所差派的保罗之嘱咐。[94]

　　此外，保罗更形容，神是"叫万物生活的神"，"叫……生活的"应作"给予生命的一位"，[95] 故全句为"在神，即那给予万物生命的一位面前"，如此形容神，是要提醒提摩太，神是赐给他永生的一位，他既要为永生而努力（第 12 节），便应谨记这位生命之源的神；至于"基督耶稣"则被形容为"向本丢彼拉多作过那美好见证的"，"向本丢彼拉多"可作"在本丢彼拉多的时候"，[96] 但按上一句，即"在神面前"的授意，此处同样可作"在本丢彼拉多的面前"；[97]"作过……见证的"此分词应作"那作过……见证的一位"，[98] 因为是过去不定时态，即一项完成了的行动，一个完成了的使命便是基督的确是在人类的历史中，在罗马派驻于犹大省的巡抚本丢彼拉多的面前被捕和受审，然而，他作了美好的见证。"本丢"大概是彼拉多的族名；[99] 全句的意思，是要说明基督耶稣虽然受犹太人的逼迫及将要面对十字架的极刑而死，仍毫无惧色，坦言自己是基督，是犹太人的王（太二十七 2～65；路二十三 1～52；约十八 29～十九 38），显出了其忠信，[100] 故此见证实在是"美好的"；这样，提摩太既然

㉝　parangellō，参见一 3 之注释。

㉞　相似的做法如五 21；提后四 1，每一次都是与保罗要教导和训示提摩太有关；参见 Dibelius & Conzelmann，*The Pastoral Epistles*，p.88 以之为保罗引用一信经的公式。

㉟　*tou zōrgonountos*，黄锡木：《原文》，页 510；是现在分词，作名词使用；即那给与生命之一位，与"神"为同位。

㊱　若是如此，便是指耶稣基督在彼拉多作犹大省的巡抚时之平生，成为美好的见证。

㊲　故 *epi* 与为 *enō pion* 同义词；参见 Knight，*Commentary on the Pastoral Epistles*，p.265 之讨论。

㊳　*martyrēsantos*，是过去不定时态，同样是作名词使用，与"基督耶稣"等位；关于此字的意思参见 *TDNT*，IV：504-508.

㊴　*Pontios*，*BAGD*，p.698.

㊵　Wild，"1 Timothy"，p.899.

亦曾在自己的按立礼中，作过认信，如今自当秉持此认信，如基督耶稣的勇气、胆量[100]和忠信，[102]去接受保罗的训示，完成作为基督仆人的职事。

六 14 "要守这命令，毫不玷污，无可指责，直到我们的主耶稣基督显现"

保罗的嘱咐是"要守这命令"；[103]"命令"即诫命，[104]其所指的是什么，学者的意见极为纷纭，没有达致任何共识，以下是一些常见的主张：

a. 回指上文第十一节的训示；然此说理据不足，因为如果保罗真的有此意思，他大可用一向所采用的方式，即以"这些事"来表达（如四 6、15）。

b. 指十诫；但何以保罗会突然要求提摩太持守十诫？

c. 指提摩太在被按立时所授予的命令；但若是如此，则保罗理应多加说明。

d. 指此信内一切的教训；但如此说法过于笼统。

e. 指基督的律法，即福音的整体，包括其信仰和生活。[105] 但此说法把"诫命"差不多与敬虔或信仰等同了，若是如此，则保罗何必要用"诫命"此字。

f. 指一个命令，是要他守着所托付的信仰（第 20 节）。[106]

g. 指一切对提摩太的教导，即第二十节所说的，所托付他的教训。[107]

---

[100] Kelly, *A Commentary on the Pastoral Epistles*，p.144；要注意，Kelly 主张上一句有关提摩太在许多见证人面前的认信，是指其洗礼。

[102] Dibelius and Conzelmann, *The Pastoral Epistles*，p.89. Dibelius 和 Conzelmann 指出，在官府面前作见证的意思，有如克莱门特一书五 4 所言的，关于彼得及保罗在官长面前作见证而受苦，含有为信仰受苦的意思，故提摩太亦应有此受苦的心志（彼前二 21）。

[103] *tērēsai*，是 *tēreō* 的不定式故是指嘱咐的内容，Zerwick & Grosvenor, *A Grammatical Analysis of the Greek New Testament*，p.637.

[104] *entolē*.

[105] 此乃耶路撒冷的区利罗（Cyril of Jerusalem）的解法；引自 Lock, *The Pastoral Epistles*，p.72.

[106] Fee, *1 & 2 Timothy, Titus*，p.151.

[107] Dibelius & Conzelmann, *The Pastoral Epistles*，p.89.

　　虽然以上各建议都有可能，但第 f 及 g 的解法问题最少，并且合乎此处的意思，彼此亦不相互排斥，保罗要提摩太注意的，是看基督教的信仰如同"诫命"一样，他要毫不苟且、忠虔笃敬地持守着。再者，于提多书第一章十四节，保罗指出了克里特的假教师所传的，是"人的诫命"，即人的命令，[108]故此处是指从使徒而出的，真实信仰的命令。

　　持守诫命的态度，是要"毫不玷污"及"无可指责"；"毫不玷污"意即纯洁的、无污点的；[109]"无可指责"早于论及监督的条件时，已有出现，意即不会犯构成可被攻击的罪；[110]总之，提摩太务要竭尽所能，一丝不苟地持守诫命，使自己不做任何违背诫命的事情，与假教师的肆意行恶相对。

　　再说，持守诫命的时间，是"直到我们的主耶稣基督显现"；"显现"为保罗常用的字眼，教牧书信内亦出现多次，[111]此字用在宗教的圈子内，指那本来隐藏之神明的现身，或彰显其能力，对人提供扶助。[112]保罗一般的用法，是指基督第二次的降临，[113]带着荣耀和能力的显现，到那时，一切地上的工作及人的活动均要终止。在此，保罗以"我们的主……"来形容"耶稣基督"，旨在提醒提摩太，基督是为保罗和提摩太，及一切的信徒而来临，要对他们一生的工作和侍奉论功行赏，因此，提摩太委实要谨守岗位，持守诫命，终其一生，以能对为众信徒而来的主交账。

　　六 15　"到了日期，那可称颂、独有权能的万王之王、万主之主，

　　16　就是那独一不死、住在人不能靠近的光里，是人未曾看见、也是不能看见的，要将他显明出来。但愿尊贵和永远的权能都归于他。阿们！"

　　保罗说明，将耶稣基督显明出来的是父神，故他说："到了日期……

---

⑩⑧　*entolais anthrōpōn*，是众数，对比此数的单数；详参其注释。

⑩⑨　*aspilos*，黄锡木：《原文》，页 510。

⑩⑩　*anepilēmptos*，参见三 2 的注释。

⑪⑪　*epiphaneia*，如帖后二 8；多二 13；提后一 10，四 1、8。

⑫⑫　*BAGD*，p.304；*NIDNTT*，3：317 - 320

⑬⑬　提后一 10 指第一次的降生，此为例外。

要将他显明出来”，“到了日期”早于第二章六节出现过，意即到了自己的时间或适当的时候，⑭父神对基督的再来是有既定的规划的，时候一到便“要将他显明出来”；“显明”即显现，⑮是未来的时态，无疑是指基督的再来；到了这里，保罗不禁感受到父神的奇妙、权能和伟大，于是他以一系列的形容，去抒发他心中的赞美。⑯

首先，保罗说神是“那可称颂”的，此字早出现于第一章十一节，意即幸福或蒙福，⑰是指在神里面有了一切的幸福，而他亦乐意将之惠赐世人；神又是“独有权能的”，“独有”即“独一”；⑱“权能”指用自己的能力去统治的人，故可作“有全能的主宰”，⑲故此句作“独一全能的主宰”。总之，正因为神愿意将幸福赐给人，故他将派基督再来世间，带给信徒祝福，亦因着他那独一无二的主宰权能，基督必定按着他的定时显现出来。

继而，神亦是“万王之王，万主之主”，直译为“那些统治的人之君王，那些主宰人的主宰”，犹太人早有此形容神的方式，⑳说明了他掌管一切在位和掌权的人，凌驾于世上任何存在的有权和有能者。

此外，神“就是那独一不死”的，“不死”即不朽；㉑故此句直译为“那唯一拥有不朽的”，意即神的本性是不会朽坏，如艾理逊（Erickson）所言，神不需要倚靠任何在他以外的东西以维持生命，这当然与必然会朽坏的物质世界截然不同，因为在物质界里任何生命的存在都要靠一些

---

⑭ *kairois idiois*，Zerwick & Grosvenor，*A Grammatical Analysis of the Greek New Testament*，p.637；其他出现的地方有：多一3；加六9。

⑮ *deiknumi*，黄锡木：《原文》，页510。

⑯ 早于一17，保罗已有此做法；他可能是取材自一些外邦宗教中对神明的颂赞，经过改编而成，Wansbrough，"The Pastoral Epistles"，p.1214.

⑰ *makarios*，Rienecker & Rogers，*Linguistic Key*，p.635.

⑱ *monos*.

⑲ *dynastēs*，Lenski，*St. Paul's First and Second Epistles to Timothy and that to Titus*，p.725.

⑳ 如旧约的申十17；诗一三六3；两约中间的马加比二书（2 Maccabees）十三4；新约的启十七14，十九16亦有此表达。

㉑ *athanasia*，BAGD，p.20；Zerwick & Grosvenor，*A Grammatical Analysis of the Greek New Testament*，p.637.

外在因素。⑫ 由此观之,不朽是只有神才拥有的特性。

　　继而,神亦是"住在人不能靠近的光",新约作者常以"光"来形容神,⑬是有比喻的作用,以强调神的圣洁、真实和公义;人因为有罪和不洁,故不能接近全然圣洁和公义的神,因此,住在光中的神,"是人未曾看见,也是不能看见的";"看见"为过去不定时态,⑭强调没有任何人见过神这个事实,"不能看见"侧重了人的能力不足,人作为物质界的被造物,及在道德上的犯罪,使他不能走近住在光中的神,以亲睹其伟大的威荣。⑮

　　到了此处,保罗发出由衷的赞美:"但愿尊贵和永远的权能都归给他。阿们";神是配受"尊贵",即敬重;他亦配得"永远的权能";⑯保罗以"阿们",即此乃保罗的心愿,⑰作为结束,由于"阿们"乃礼仪性的字眼,故当此信在会中被读到这里,全会众便回应以"阿们";⑱神的伟大实在配受所有被造物那由衷的颂赞。

(iv) 嘱咐富有的人(六 17〜19)

　　六 17　"你要嘱咐那些今世富足的人,不要自高,也不要倚靠无定的钱财,只要倚靠那厚赐百物给我们享受的神"

　　早于第五节里,保罗已提及钱财对假教师构成了无可抗拒的引诱,如今,他亦想起了以弗所教会内那些有钱的信徒,⑲于是便继续追击这个问题。

---

⑫　M.J.Erickson, *Christian Theology* (Grand Rapids: Baker, 1983), 1: 271.

⑬　如弗五 8〜9;约壹一 5〜7;彼前二 9。

⑭　*eiden*.

⑮　犹太人指出凡看见神的都会死,希腊人相信神是灵,非为人眼所能看见,参见 Hanson, *The Pastoral Epistles*, p.113.

⑯　"权能"(*kratos*)此字亦有指向神的管治权;*BAGD*, p.450;此字后来演变为"全能者"(*pantokratōr*),参见启四 8,十一 17;形容神有高于世上君王的权能。

⑰　*amēn*,早于一 17 出现过;参见 *BAGD*, p.45.

⑱　故"阿们"的作用有二,一为使此信的诵读,适用于集体敬拜,二为有修辞上感染力的作用。

⑲　二 9 已显出了一些妇女属于富有人家,由此可见,教会内实在有着一群有钱的信徒家庭。

"你要嘱咐那些今世富足的人","嘱咐"此字刚于第十三节处出现过,[131]是保罗对提摩太的"嘱咐",如今,提摩太要以同样的形式,配合恰当的内容,去"嘱咐"有关人士,此字亦是命令语。可见这些富有的信徒实在有需要从提摩太得着"嘱咐",使他们知道如何面对自己的钱财;"嘱咐"的对象是"富足的人",此字指在物质上充裕的人,尤指不用工作而仍能生活舒适者;[132]"嘱咐"的内容有反面和正面,反面的先为"不要自高","自高"此字在新约中只出现于此,意即"骄傲"或"狂妄",[133]自以为在财物上充足便与众不同,昂昂然有超越他人之感,而人亦会因其财雄势大,对之格外尊重,使之产生夜郎自大、不可一世的心理,但这只是一种要不得的假象。[134]

此外,"也不要倚靠无定的钱财";"倚靠"原意是"盼望",[134]是现在完成时态,强调其盼望成为一种已定的状况,是指其价值观,寄望于"钱财",[135]有如守财奴一样;然而,这些钱财是"无定"的,意即不可靠的;[136]毕竟,一如在世的耶稣所教导的,地上的财宝会被贼偷和朽坏(太六19;路十二33)。再说,人的财宝在那里,心亦在那里(太六21;路十二34),把自己的盼望放在不可靠的财产上,实在不智。

但在积极的层面,却要"倚靠那厚赐百物给我们享受的神",原文本没有"倚靠",而是借用上一句的"盼望",即要将盼望寄存于"神",一方面是因为神是信实不变的,与不可靠的财物截然不同;[137]再说,他亦是"厚赐百物给我们享受的","赐"意即"给予",[138]乃现在分词,表示神不断供应"我们",即所有的信徒;"厚"与上文的"富足的人"及"钱财"为同一字根,[139]故保罗是指神所给予人的,才是真正使人充足的财富;"百

---

[130] 参见其及一3的注释。

[131] *plousiois*,BAGD,p. 679;参见太十九 23~24,二十七 57;路十二 16,十六 1、19,十八 23。

[132] *hupsēlophroneō*,BAGD,p. 857;黄锡木:《原文》,页 510。

[133] 这是社会上一般人对富人的态度,因此,信了主的富人,亦可能在教会内存这样的期望。

[134] *elpizō*,TLNT,1:480-492。

[135] *ploutos*,此处可指其财产。

[136] *adēlotēs*,BAGD,p. 16;黄锡木:《原文》,页 511。

[137] White, "The First and Second Epistles to Timothy", p. 149.

[138] *parechō*,Rienecker & Rogers, *Linguistic Key*, p. 635.

[139] *plousiōs*.

物"即所有的东西;因为神是世上所有东西的本源,因此,人应该倚靠造物主,而不是那些被造之物,包括财物;而神亦乐意给予信徒所需要的东西,因为他愿意人"享受"这些恩典。

其实,神创造宇宙万物的目的,除了要彰显其荣耀之外,他亦希望能与人共同享受他的荣耀。因此,信徒在今生享受其恩典,亦是神应许人要得着永生的部分实现。当然,重要的是信徒的人生不是为享受而活,以免陷入倚靠财物的陷阱中。

六 18 "又要嘱咐他们行善,在好事上富足,甘心施舍,乐意供给人"

保罗续称:"又要嘱咐他们行善";[140]"行善"是一个罕见的字,意即刻意做好事,[141]使富有的人能"在好事上富足";保罗的意思是,富有的人追求钱财的富足是错误的,因为钱财不可靠,然而,追求另类的富足却值得,并且要刻意而做,这便是广行善事;并且要存两种态度去行善:"甘心施舍"及"乐意供给人"。

"甘心施舍"此字在新约只此一次出现,本由两个字组成,一为善于,一为给予,故其意即"慷慨";[142]"乐意供给人"亦有慷慨的意思,重点在于甘愿与别人分享;[143]一如神愿意与人分享其荣耀,将"百物"给予人享受,已经拥有财物的信徒,亦应有此分享的心态,将其所有与有需要的人分享,这种愿意与人分享的心态,使他成了一个愿意慷慨解囊的人。

六 19 "为自己积成美好的根基,预备将来,叫他们持定那真正的生命"

把财物分给他人并非一种损失,乃是有实质的效益的,因为这样行,能"为自己积成美好的根基";"积成"在新约中只用于此,意即"聚

---

⑭ "又要嘱咐"原文并没有,故是借用上一节的"嘱咐"一字。

⑭ agathoergeō,BAGD,p.2.

⑭ eumetadotos,即 eu 加上 metadidōmi,Zerwick & Grosvenor,A Grammatical Analysis of the Greek New Testament,p.637.

⑭ koinōnikos,TDNT,III;809;黄锡木,《原文》,页 511。

敛""积存",⑭是现在时分词,形容上一节的"行善";⑮意思是在行善的
同时,他们正为自己敛聚"美好的根基",⑯此根基有"预备将来"的作用
的,"预备将来"又可作"为了将来",此句是指向来生,故此"根基",是为
了今生之后的生命;⑰保罗要富有的信徒不着眼于紧持现今的财富,而
要放眼在他们的将来,借着现今的行善,为来生立下根基。一如耶稣对
那追求永生的少年富官所言的:"你若愿意作完全人,可去变卖你所有
的,分给穷人,就必有财宝在天上;你还要来跟从我。"(太十九 21)⑱

　　保罗续称:"叫他们持定那真正的生命",这是为将来积存美好根基
的结果;⑲"真正的生命"即永不毁坏的生命,是"永生"的同义词,⑮早于
本章第十二节里,保罗已提醒提摩太要持定永生,而"持定"有赢取的意
思,⑮如今,他亦教诲富有的信徒,同样要"持定真正的生命",即借着行
善,积存美好的根基,以能得着永生作为赏赐。

　　信徒行善有末世性含义,因为今生所做会直接影响来生,富有的信
徒既然已开始踏上永生的路途,应继续为此而努力,适当地运用其资
源,即财富,以得着永生的全部。总括来说,能够遵照保罗的嘱咐而行
的有钱人,便是善用他的财富,作明智的投资,成为忠心的管家,做了利
己利人的美事。

(v) 结束和祝福(六 20～21)

　　六 20　"提摩太啊,你要保守所托付你的,躲避世俗的虚谈和那敌
真道、似是而非的学问"

　　在全书的结束时,保罗转向他在属灵上的儿子提摩太,做最后的训

---

⑭ *apothēsaupizō*,*BAGD*,p.90;黄锡木:同上。
⑮ 故是作副词使用。
⑯ 而不是努力于为自己敛财。
⑰ *eis to mellon*.
⑱ 由此可见,把财富与穷人分享关乎跟随主,即信仰,一个真正跟随主的人要有相应的行为,
　 把钱财周济穷人,便是一个最具体的表现。
⑲ *hina*,强调了目的的结果。
⑮ *ontōs zōēs*,参见 *TDNT*,II;863-864.
⑮ *epilambanomai*,参见其注释。

示:"提摩太啊",这是一个极为亲切的呼唤;[152]"你要保守所托付你的",
"保守"有看守、守护的意思,[153]并且语带命令;"所托付你的"此字指一
些受托之物,在当时是一法律上的字眼,[154]故被托保管的人要为此东西
负上法律的责任,他委实要尽上责任,不折不扣地把被托的东西守护得
完整无缺,而"所托付你的"所指的与假教师所传另类的道理(一 3,六
3),即纯正的信仰;相反,[155]提摩太要以此严谨的态度,牢牢地守住保罗
所托付他那纯正的信仰。

在消极的层面,提摩太要"躲避世俗的虚谈";"躲避"又可作"转离"
"离开";[156]"虚谈"即空洞的言论;[157]这种言论被形容为"世俗的",此字早
于第一章九节用过,和合本作"恋世俗的",[158]此处意即不虔诚的、毫无
属灵品味可言的;此外,提摩太亦要躲避"那敌真道似是而非的学问";
"敌真道"此字在圣经中只出现于此,意即"相反的论调""争论",[159]大概
是指与基督教信仰相反的言论;这种相反的论调,被进一步形容为"似
是而非的学问";[160]"学问"即知识;[161]"似是而非"此字在圣经中亦只在这
里出现,直译为"假的命名",故即"假冒的"(新译、思高),即一些被誉称
为"知识"的,其实是与真理背道而驰的谬论而已;故全句可作"那假冒
为知识之相反的论调"。

六 21 "已经有人自称有这学问,就偏离了真道。愿恩惠常与你

---

[152] "啊"(ō)是一情感的表达,黄锡木:《原文》,页 511。

[153] phulassō,Zerwick & Grosvenor, A Grammatical Analysis of the Greek New Testament, p.638.

[154] parathēkē, TLNT, 3:24–29; TDNT, VIII:162–164; Rienecker & Rogers, Linguistic Key, p.635.

[155] Knight, Commentary on the Pastoral Epistles, p.276.

[156] ektrepō,黄锡木:《原文》,页 511;是现在分词,作如"保守"一样的动词用,故亦有命令语的作用。

[157] kenophōnia, Rienecker & Rogers, Linguistic Key, p.635;早于一 6 保罗已指出,假教师喜爱说虚浮的话。

[158] bebēlos,参见其注释。

[159] antithesis,新译本作"反调",BAGD, p.73;可作辩论上的专用词,Zerwick & Grosvenor, A Grammatical Analysis of the Greek New Testament, p.638,可称为"对比论"(思高)。

[160] tēs pseudōnumou gnōseōs,是描述的属格。

[161] gnōsis;黄锡木:《原文》,页 511。

们同在"

这种"假冒的知识"害人不浅,故保罗指出,事实上"已经有人自称有这学问,就偏离了真道";"自称有"此字早于第二章十节出现过,意即"应许""声称",并且是现在时态,指一现存的事实,⑩无疑是指那些假教师,他们向人宣称自己拥有所谓的知识,但事实上,却是"偏离了真道";⑩"真理"即"信仰",这些假教师所声称,所引以为傲的"知识",其实是使人离开纯正信仰的谬论,足见其实是"假冒的知识"而已。按此理解,提摩太实要远离这些与基督教信仰相反的论调,过弃恶择善的生活,如此,保罗的祝福:"愿恩惠常与你们同在",便真的能成就在他及众信徒的身上了。

"恩惠"早于信首语时出现过,⑩意即父神那爱世人的心,驱使他作出行动,借着基督的救恩救赎世人。保罗愿此救赎的宏恩,继续与"你们",即提摩太及以弗所全教会的信众同在。由此可见,保罗要此信在教会面前读出来,使全教会能从他的训示中得益,同时全会众亦因而知道保罗要求提摩太所做的各项事情,这种做法有如在全教会面前授权给提摩太,⑩如此能帮助提摩太化解教会内任何人士,包括假教师在内,可能对他各项措施的疑惑,得以畅然无阻地执行保罗的指示,直等到他再次造访以弗所(三 14~15)。

(III) 结语

提摩太身处一个信仰和真理被扭曲得面目全非的时代,假教师涌现于教会,另类的教导风起云涌,因此,保罗要他持守着所交托给他的纯正信仰。也许,现今我们已少有言及绝对的信仰,因为我们常主张真理是要看处境的,而有不少伦理的问题都属于信仰的"灰色地带",难于给予一个绝对的答案。诚然,我们并不否定这是一个事实,不过,我们

---

⑩ *epangellomenoi*;*BAGD*,p. 280;Zerwick & Grosvenor,*A Grammatical Analysis of the Greek New Testament*,p. 638.

⑬ "偏离"(*estochēsan*)为过去不定时态,故指一事实。

⑭ 参见一 2 之注释。

⑩ Fee,"Reflection on Church Order",p. 145.

亦要承认，现代的社会亦流行着将任何事物都处境化，并且以相对性的看法去处理各项社会上的问题，其中如堕胎、同性恋、变性的合法化、设立红灯区、信与不信通婚、婚前性行为普及化等的声音此起彼落，不绝于耳，此情此景，使基督教信仰蒙受极为严峻的考验。究竟，我们仍要一丝不苟地遵守各种诫命（第 14 节）？还是朝实际想，活得现实一点？但会否选择后者的结局便是偏离了真理，走上信仰的不归路？

钱财本身并不是邪恶的，富有的人亦不是有罪，以正当的方法赚取金钱是可以接受的，信徒不应因而愧疚，或是惴惴不安。然而，关键之所在，却在于金钱的运用。人若拥财自重，以财势来增加自己的声望和提高自己的重要性，便是自私的行为，又或是挥金似土，穷奢极侈，极尽享受之能事，罔顾他人的需要，这是极为自我中心的行径。反而，能正确地运用之，使钱财成为自己及他人得着实质益处的工具，[16]才是有智慧的管家，蒙受主的悦纳和称赞。

在教会内发生钱财上的丑闻偶有所闻，对于这方面的问题，我们除了深感遗憾之余，亦应积极引以为戒，寻找出路，在此，我们可以从传道人及教会所应采取的措施着手，作为解决的两个途径。

首先，作为传道者必须要承认钱财本身实在存在一定的吸引力，使人想拥有之，尤其是当自己的经济拮据时，钱财便构成一项试探。因此，传道人应该为自己的理财立下原则，规避可能形成的陷阱，例如凡有会友有金钱上的奉献，传道者可以建议他直接交给教会内被委派理财的信徒之手中，以致奉献绝不经自己的手；又或者是在交钱时，有第三者在场，以保障自己和他人的利益等。

有时，因着不满教会所付的薪酬，作为传道者又难将心中的不满向教会启齿，于是将此不满压抑下去，然而，被亏待的感受却挥之不去，于是，当试探来到时，便会借机减少那份被剥夺的感觉，甚至给自己千百个理由，将问题合理化，将一些不应得到的金钱，据为己有，于是堕入了钱财的陷阱而不自知，这实在使人既同情，但又感到不值。

有见及此，教会实在应该在供给传道者的需要上，实践"工人得工价是应该的"这一教导，使传道者不致因经济拮据而冒险犯难。

---

⑯ 例如此经段所指出的广行善事，又或者是为儿女的未来作储备（林后十二 14）等。

　　在积极方面,作为传道者理应在金钱的奉献上树立榜样,例如若要求信徒实行十分之一的奉献,自己岂不应该在此事上先尽忠? 甚至是超过十分之一之奉献,才能起领导和榜样之作用。

提多书注释

目录

壹 信首语
（一 1～4）

1 神的仆人、耶稣基督的使徒保罗，凭着神选民的信心与敬虔真理的知识，

2 盼望那无谎言的神，在万古之先所应许的永生，

3 到了日期，藉着传扬的工夫把他的道显明了；这传扬的责任是按着神-我们救主的命令交托了我。

4 现在写信给提多，就是照着我们共信之道作我真儿子的。愿恩惠、平安从父神和我们的救主基督耶稣归与你！

（I）引言

　　一如其他新约的书信，此信在开始同样记载了发信人、受信人及问安的格式。在教牧书信内，此书的信首语比较详细，例如除了自称为使徒外，保罗更加上了"仆人"来介绍自己，这种情况在所有的保罗书信中，只出现于罗马书。当然，保罗的目的，无疑是要在读者面前建立一个鲜明的属灵权威，使读者们毫无异议地接受他的训言。①

　　一如提摩太前书中的提摩太被保罗留在以弗所，以代表他处理教会内各项事宜；如今提多作为保罗多年的同工，亦同样被保罗留在克里特，以处理该地各教会的工作及问题。② 因此，在论及读者方面，提多明显是此信的受书人，但由于第三章十五节的祝福是："愿恩惠常与你们众人同在"，故此信同时亦以克里特各教会的信众为读者。毕竟，此

---

① 故在修辞上有取信的作用。

② 从表面看来，提摩太的工作持续到保罗的再次造访以弗所（提前三 14～15），但实际的时间则没有明言；而此处则明言提多是要留到冬天到来之前，由亚提马及推基古替代他的工作（多三 12）。

信针对在这些教会内所发生的问题,故保罗亦有意要众教会都得知他在信中的训示,使提多刻意去执行时,不会因着教会的不服从而翳障重重,举步维艰。③

再者,此处又形容保罗所盼望的是永生,此永生借着福音的传扬,得以彰显出来,而他的职责,便是传扬主的道等。④ 由此可见,保罗在固定的书信格式之外,常常随己意附加其他的表达,使每一封书函,都能产生个别的、因时制宜适切之效用。此处的部署和调校,无疑与正在严重地影响克里特各教会之异端攸关。

(II) 注释

一 1　"神的仆人、耶稣基督的使徒保罗,凭着神选民的心与敬虔真理的知识"

在这一段卷首语中,写书人表明自己是"神的仆人";"仆人"应作奴仆,⑤此字常出现于保罗的作品中,⑥在希腊世界里,奴仆如货品一样,可以被买卖,没有自主权,⑦是极被轻视的。然而,在旧约中,"仆人"却常被用作一种与耶和华的关系,即以色列作为一立约群体,都被称为"仆人",意即一个仆人的群体,为要服侍耶和华神如服侍主人一样。在此立约的群体中,其领袖亦被称为"仆人",⑧俨然是一种尊贵的名号。因此,当新约作者自称为"神的仆人"时,一方面强调其服侍人之卑微的一面,但同时亦侧重其与神那立约的关系,故同是一备受尊重的称呼。无论如何,"神的仆人"强调了作者一如被派出工作的"仆人",倚靠主人一样,全然地倚靠那派他的神,在完成其工作。⑨

此外,作者又自称为"耶稣基督的使徒"。一般而言,在教牧书信

③ 此情况与提前一致。
④ 在原文里,第 1 至 3 节是由一句颇繁杂的句子组成,强调了保罗那作使徒的责任。
⑤ *doulos*.
⑥ 共出现凡 30 次;如林前七 21～22;弗六 5～8;西三 11～22,四 1;提前六 1;多二 9;门 16.
⑦ 故在当时的世界,其同义词便是"不自由",其反义词便是"自由人"(free man),详参 *TLNT*,1:380 – 386.
⑧ 其中如摩西、大卫、约书亚、亚伯拉罕及约瑟等,参见 *TDNT*,II:268.
⑨ Quinn, *The Letter to Titus*,p.62.

内，作者采用"基督耶稣"以着重耶稣为基督、为弥赛亚，只有数次是用
"耶稣基督"；无论如何，作者作为"使徒"出于"耶稣基督"，⑩而不是自
我吹嘘的，此乃作者的第二个身份；"使徒"作为一种初期教会的职分，
早于提摩太前书第一章一节出现过，⑪强调了作者是带着使命的一位，
与其他十二使徒并列，蒙受"耶稣基督"的派遣，代表他、传扬他，并为他
建立教会。作者如此自称，是要读者们以这样的身份看待他、接纳他的
训言。

　　作者自称是"保罗"，⑫一如提摩太前书第一章一节；⑬作为一位外
邦人的使徒，保罗建立了不少教会，在其不能亲临各教会之际，借着其
他同工的帮助（如提摩太及这里的提多），或是借着书信，将其神学的教
诲及待人处事的细则，继续影响各地的教会，此处的"保罗"，一如往昔，
写信给他的同工提多，借着他及此信，向克里特众教会作出多方面的
教导。

　　继而，保罗描写他作为使徒的目的，便是"凭着神选民的信心"；"凭
着"此字本为一前置词（preposition），⑭此处是形容"使徒"，其可能的
意思颇多，和合本的"凭着"是其中一个意思，但按此处的上文下理，则
应作"为了"（吕本）、"为着"（新译），⑮故保罗被差为使徒，其中的原因
便是"为了神选民的信心"，"选民"此字本为形容词，⑯在新约中常用作
形容在万人中被神选召，作他子民的人，⑰"神选民"是一旧约的理念，
是对神子民的尊称，⑱即属神的，被他所拣选的群体；保罗被差，是要触
发那些被神选召之人的"信心"，一如使徒行传第十三章四十八节所记

---

⑩ *Iēsou Christou*，乃定义和表明来源的属格。

⑪ 参见其注释；此字在新约出现近八十次，集中于使徒行传及书信。

⑫ 此字本位于句首。

⑬ 故有关此名字的解释参见提前一1之注释。

⑭ *kata*.

⑮ 现中亦有此意；英文即"for"，Rienecker & Rogers，*Linguistic Key*，p. 651；或是"in the interest of"，Hendriksen，*1 & 2 Thessalonians*，*1 & 2 Timothy and Titus*，p. 340；Knight，*Commentary on the Pastoral Epistles*，p. 282.

⑯ *eklektos*，黄锡木：《原文》，页524；*BAGD*，p. 242.

⑰ 如罗八33；西三12等。

⑱ 参见诗一〇五43；赛六十五9、15；Fee，*1 & 2 Timothy*，*Titus*，p. 168.

录的,不少外邦人,因着保罗等的宣讲,都赞美神的道,以致"凡预定得永生的人都信了"。[19]

再者,保罗作使徒的第二个原因,便是为了"敬虔真理的知识";此句更好的译法是"(为了)关乎敬虔的真理之属灵理解";"敬虔"早出现于提摩太前书第二章二节,指人的宗教性,意即作为人所应有的、向神的回应,包括了其信仰和生活,[20]"真理"是指基督教传扬的绝对真理;"属灵理解"此字亦在提摩太前书第二章四节用过,同时亦是被"真理"所形容,故"真理的属灵理解"大概是指信徒的重生,[21]由此可见,此一句与上一句的"神选民的信心"大有异曲同工之效,同样是强调了保罗的使徒工作,主要是使人产生重生得救的信心。

一2 "盼望那无谎言的神,在万古之先所应许的永生"

保罗续称:"盼望那无谎言的神,在万古之先所应许的永生";此句与上一节的关系并非显而易见,[22]其可能的用法有二:

a. 指保罗作使徒的动力,便是永生。故此句是进一步的形容保罗作使徒的原因。[23]

b. "神选民的信心"及"真理的属灵理解"的结果,便是得着所应许的永生。[24]

毋庸置疑,此句是紧随着上两句,即"神选民的信心"及"关乎敬虔的真理之属灵理解"之后,永生是每一个选民都享有的,故 b 更可能。然而,保罗同样亦享有此永生,使徒行传第二十六章六节保罗在亚基帕王面前作见证,说:"现在我站在这里受审,是因为指望神向我们祖宗所应许的"。由此观之,保罗以所应许的永生,成为他作使徒为主作见证的原动力和盼望。这样,大概保罗是要以永生作为一存在于选民及他

---

[19] 故此,真正神的选民,无论是旧约或新约,便是那些对神有倚靠之信心的人。

[20] *eusebeia*,参见其注释。

[21] *alētheia*,参见其注释。

[22] 详参 Hendriksen, *1 & 2 Thessalonians*, *1 & 2 Timothy and Titus*, p.340.

[23] 故此句与上两句:"神选民的信心"及"关乎敬虔的真理之属灵理解"为同位语;Dibelius & Conzelmann, *The Pastoral Epistles*, p.131;Quinn, *The Letter to Titus*, p.64.

[24] 此取向是以此句为形容前两句;Hultgren, *I - II Timothy*, *Titus*, pp.150 - 151.

之间共同的盼望。㉕

　　保罗等是"盼望那无谎言的神"；"无谎言"即不撒谎，引申有值得信赖的意思；㉖神是信实的，他不会推翻自己所应许的，故保罗续称："在万古之先所应许的永生"，"万古之先"直译为"在世代（复数）的时间之先"，"世代的时间"大概是指永恒，㉗而"在世代的时间之先"，㉘此表达强调了在神里面的计划及安排，与整个创造界受时间和空间限制不同，而世代的开始本于神的创世，故全句的意思，是在神创世之先，在他的永恒里"所应许的永生"；㉙"应许"乃过去不定时态，㉚强调了此乃一事实；"永生"早于提摩太前书第一章十六节出现过，㉛指一个有质量的、属神的生命，此生命是在今世开始，延展至来世，并且于来世才能完全地实现。神是不撒谎的，故他在创世之先，在永恒里所应许给选民的永生，必然会实现，这一点成了保罗等所殷切盼望的。

　　一 3　"到了日期，藉着传扬的工夫把他的道显明了；这传扬的责任是按着神－我们救主的命令交托了我"

　　此永生，"到了日期，借着传扬的工夫把他的道显明了"，故此处，保罗把"永生"等同于"他的道"；"他的道"，即福音的信息，㉜而福音信息的核心，是人因着相信耶稣基督而得着所应许的永生；"到了日期"于提摩太前书第二章六节及六章十五节已有出现，意即在适当的时间，按着神的意旨；"借着传扬的工夫"，"传扬的工夫"原文即宣讲，㉝新约常用此字形容福音的传扬，故此句可作"借着福音的宣讲"（新译）；此宣讲，把"他的道"，即永生的信息"显明了"；在原文的句子里，"显明"是在一

㉕　Hendriksen，*1 & 2 Thessalonians*，*1 & 2 Timothy and Titus*，p. 340；Knight，*Commentary on the Pastoral Epistles*，p. 284；故在修辞上有感染力的效用。

㉖　*apseudēs*，黄锡木：《原文》，页 524。

㉗　*chronōn aiōniōn*.

㉘　即加上了 *pro*.

㉙　故此处强调了神是独行奇事，不为任何人左右，按着他的时间成就了救恩，应许永生给人。

㉚　*epēngeilato*.

㉛　详参其注释。

㉜　Knight，*Commentary on the Pastoral Epistles*，p. 285.

㉝　*kērygma*，*BAGD*，p. 432.

句之始,故保罗强调了永生,即神的道,其显明出来给世人知道是重要的,否则,即使神应许了永生,若没有福音的宣讲,人仍然不能享受永生。

正因此故,保罗被委托以宣讲福音的职事,故他续称:"这传扬的责任是按着神-我们救主的命令交托了我",意即福音的宣讲,㉞此工作交托了给保罗;"交托"乃过去不定时态。㉟ 保罗是想表达一个已完成了的行动,即一个事实,他的确是得着了主的托付,成为一位实至名归的使徒;㊱而那交托使命给保罗的,是"神我们救主",此处强调了保罗、提多及克里特各地的教会,都是奉神为"救主"的,㊲他们有共通的信仰,盼望同一位能拯救他们,应许他们永生的神,㊳而从他所出的"命令",是不能违抗的,保罗是在无可选择的情况下,接受了神的差事。

一4　"现在写信给提多,就是照着我们共信之道作我真儿子的。愿恩惠、平安从父神和我们的救主基督耶稣归与你"

被委以重任的保罗,"现在写信给提多";"提多"是此信直接的受书人,但在本书第三章十六节的祝福语中,保罗亦向提多以外的信徒问安,故虽然此信是给一个人的通信,但保罗仍要教会对其教导加以注意,因为此信的内容,绝大部分是为克里特教会而写的。

提多被形容为"就是照着我们共信之道作我真儿子的",如此形容提多为"真儿子",㊴大有可能是如提摩太一样,因着保罗的福音工作,提多得以归信基督。事实上,从第二次宣教工作开始,提多便常与保罗为伴,成为他推心置腹的同工(林后八23);"共信之道"直译为"共同信仰",㊵强调保罗与提多在信仰上彼此并没有分别,如此措辞是因为提

㉞ "这传扬的职任"在原文只是一关系代词(relative pronoun) *ho*,回指上一句的"福音的宣讲"。

㉟ *episteuthēn*,亦是被动语,有被委托之意;Zerwick & Grosvenor, *A Grammatical Analysis of the Greek New Testament*, p.647.

㊱ 参见提前一11～16保罗的自白。

㊲ "救主"的意思参见提前一1有关的注释。

㊳ 故在修辞上有感染力的作用。

㊴ "真"(*gnēsios*)即真实、真正;黄锡木:《原文》,页524;在形容儿女上有"合法的"之意思;*BAGD*, p.162.

㊵ *koinēn pistin*.

多本是一不折不扣的希腊人(加二3),然而保罗并不要求他与提摩太一样,要先行割礼才准加入宣教的工作。虽然克里特的假教师强调割礼的重要(多一10),一如在耶路撒冷大会之时,有一些犹太信徒强烈要求外邦信徒,包括提多在内,务要施行割礼(参见徒十五1~29),保罗却力陈及维护自己的主张:外邦人不用行犹太人的割礼,便能成为神家里的人;以致提多得以成为一个十足的希腊信徒(加二1~5),并且能如提摩太一样蒙受保罗重用,作地方教会的领袖。

保罗的问安,是"愿恩惠平安从父神和我们的救主基督耶稣归与你";"恩惠"及"平安"是新约书信中经常出现的问安语,早于提摩太前书第一章二节已出现过;[41]此两项信徒所得的福祉源出于父神,及"我们的救主"基督耶稣;在上一节,保罗指出神是救主,如今基督亦是他与读者们共同的救主。[42] 基督是救主此主题,亦出现于第二章十三节及三章六节,由此可见,保罗是要强调,神的救恩包括其"恩惠"和"平安",是要借着"基督耶稣"作为神所膏立的弥赛亚之救赎作为,才能实现在信徒的身上。

(III) 结语

在卷首的问安语中,保罗将平凡的问安,注入了基督教信仰的真理,使之成为有意义的问候。同样,生命有如文章,其内容可以是平凡的、千篇一律的,亦可以是出众的、有内涵的,信了主的生命,因着基督教的熏陶,变得有方向和有意义,可说是化腐朽为神奇了,而蒙神呼召成为传道者的,更是如此。

作为传道者,一方面要明白自己是作奴仆的,如昔日没有自由的奴隶一样,任由神的差遣;而服侍神和服侍人是一种要自我卑微的职事。但另一方面,他亦是主的使徒,代表了主,履行主的命令;这是何等尊贵

---

[41] 故参见其注释。

[42] 故言下之意,是神与基督在救赎的地位上是同尊的,二者并无分别;参见 Guthrie,*The Pastoral Epistles*,p. 183;奇怪的是,保罗不说主基督耶稣,因保罗以救主代之;Kelly,*A Commentary on the Pastoral Epistles*,p. 229.

和崇高的工作，此两方面侍奉的特质，使传道者常存不卑不亢的心态去走侍奉的路。

在实质的侍奉上，在神的面前，传道者是仆人，完全服膺于神，受他差使，但在人的面前，他却要带着权威去宣讲神的道理，因为他有如昔日神的使徒，是神的代言人。如此，才能在信众中建立属灵的威信，领导教会，完成牧养的职事。

无论如何，作神工人的赏赐是大的，因为有永生的盼望，他是为永生而努力，并且借着福音的宣讲，使他人同享永生的福祉，保罗早于信的卷首语中就有此提醒，他要求提多要以同样的态度去服侍神，此亦成为我们的借镜，为今日繁忙生活中，渐渐迷失的传道者之职事定位，保罗之言，委实是一极为恰当的暮鼓晨钟。

贰　提多的差事
（一5～16）

5 我从前留你在克里特，是要你将那没有办完的事都办整齐了，又照我所吩咐你的，在各城设立长老。

6 若有无可指责的人，只作一个妇人的丈夫，儿女也是信主的，没有人告他们是放荡不服约束的，就可以设立。

7 监督既是神的管家，必须无可指责，不任性，不暴躁，不因酒滋事，不打人，不贪无义之财；

8 乐意接待远人，好善，庄重，公平，圣洁自持；

9 坚守所教真实的道理，就能将纯正的教训劝化人，又能把争辩的人驳倒了。

10 因为有许多人不服约束，说虚空话欺哄人；那奉割礼的更是这样。

11 这些人的口总要堵住，他们因贪不义之财，将不该教导的教导人，败坏人的全家。

12 有克里特人中的一个本地先知说："克里特人常说谎话，乃是恶兽，又馋又懒。"

13 这个见证是真的。所以，你要严严地责备他们，使他们在真道上纯全无疵，

14 不听犹太人荒谬的言语和离弃真道之人的诫命。

15 在洁净的人，凡物都洁净；在污秽不信的人，什么都不洁净，连心地和天良也都污秽了。

16 他们说是认识神，行事却和他相背；本是可憎恶的，是悖逆的，在各样善事上是可废弃的。

(I) 引言

　　一如提摩太前书，保罗在卷首语之后，并没有感恩之言辞，而是直

接地说明写信的目的,要提多去牧养克里特各地的信徒,他首先重提旧事,即他曾指示提多在克里特各地的教会设立长老(第 5 节),然后,他更枚举一些作长老的条件,作为提醒(第 6～9 节)。与提摩太前书不同之处,是这里没有论及作执事的资格,由此可见,克里特的教会尚属雏形,故暂不需要执事去履行圣工,只需长老便能胜任教会的领导。

继而,保罗解释何以要如此严谨地选立长老,主要因为教会内存在着假教师的势力,保罗力陈假教师的不是(第 10～16 节),并且要求提多及众长老们去禁止他们继续大言不惭地妖言惑众(第 11 节),以削减他们对教会的不良影响。

(II) 注释

一 5　"我从前留你在克里特,是要你将那没有办完的事都办整齐了,又照我所吩咐你的,在各城设立长老"

保罗提醒提多,"我从前留你在克里特",此句之前应有"为此"二字;"留"乃过去不定时态,①保罗是说出一个事实,使我们推想到他曾经停留在"克里特",与提多同住和同工。又因提多的可靠,而保罗又要去其他地方工作,他便留下提多于此地。早于绪论时,我们已有推论,此事发生在保罗第一次被囚之后及第二次被囚之前。

"克里特"是一个颇大的海岛,在爱琴海中是首屈一指的大岛,位于小亚细亚与希腊半岛之间,北临爱琴海;岛长(由东到西)一百五十六英里,阔(由南到北)三十五英里,岛形呈长条状,岛上建有不少城市,②故保罗要提多"在各城设立长老",可见保罗的福音工作,遍及克里特的各地。

"是要你将那没有办完的事都办整齐了";"没有办完的事"直译为所欠缺的东西;③"都办整齐"又可作"处理",④是过去不定时态;故全句

---

① *toutou charin*;*apelipon*.

② 详参 *ADB*,1:1206;Knight,*Commentary on the Pastoral Epistles*,p.287.

③ *ta leiponta*,Rienecker & Rogers,*Linguistic Key*,p.651;是现在分词,作名词使用。

④ *epidiorthoō*,黄锡木:《原文》,页 524;此字在圣经中只此一次出现。

意即保罗留提多于克里特,其目的是要处理教会中有缺欠的、需要他处理整齐的事情,保罗并没有明言这些事情是什么,也许,这些欠缺的事,因着提多的帮助,已不再困扰着教会,故保罗不用再度提出来要提多注意,然而另一件事却不可不提,是"照我所吩咐你的,在各城设立长老"。

"我"是强调的,故保罗要众读者们清楚知道,在各城设立长老,并不是提多的一己之见,乃是保罗的"吩咐",此字在用时常带着权威;⑤"设立"在新约中出现十八次之多,本意为将之放在正确的位置,⑥又可作"按立",⑦故大概指如使徒行传第六章三节的,以按手之礼选立七位管理饭食的领袖,这种做法与提摩太前书第五章二十二节所论及的按手礼一致。

"长老"此职事早于提摩太前书第三章时已有浅论,⑧此处为众数,⑨故可能是各城的教会都需要多于一位的长老作领导,⑩一个明显的原因,是各地方教会其实是由数个家庭聚集的信众所组成,而每一个家庭需要至少一位长老作带领,这正是保罗宣教的策略,在福音所及之地,设立长老继续牧养教会(徒十四 23),使福音进一步地传扬,信徒更能在灵命上植根苗长。

一 6　"若有无可指责的人,只作一个妇人的丈夫,儿女也是信主的,没有人告他们是放荡不服约束的,就可以设立"

一如提摩太前书第三章二节,此处开始一系列对长老和监督的条件,故其中不少地方是重复的,在此不详加解释,读者可参见提摩太前书第三章中相同部分之注释。⑪

"若有无可指责的人"此句应作"若有人是无可指责的"(参考新译、

---

⑤　*diatassō*,参见林前七 17,十六 1;亦常出现于路加的著作中;*BAGD*,p. 188.

⑥　*kathistēmi*,*TDNT*,III:444-446.

⑦　此字再加上宾格的字,便有"按立"的意思;*BAGD*,p. 391.

⑧　详参三 1 之注释。

⑨　*presbyterous*.

⑩　此推测在腓一及徒二十 17、28 中得着证实。

⑪　Dibelius & Conzelmann,*The Pastoral Epistles*,p. 133 有将此处与提前第三章的各条件作对照的表列。

吕本);"无可指责"的意思参见提摩太前书第三章十节;[12]"只作一个妇人的丈夫"其意思参见提摩太前书第三章二节;"儿女也是信主的"此句并不表示长老必须要有儿女,而是若他有儿女便应有良好的表现;"信主的"其意思亦可是"信实的",[13]尼特主张由于下文同样是论及其要有良好的品德,故"信实的"才是此处的意思,[14]然而,一如坤恩所力陈,此处强调父亲在信仰上的影响力,是否能有效地实现在其儿女的身上,如果他真的能够叫自己的儿女信主,则他亦有能力叫其他人接受他的教导归信基督。[15] 因此,"信主的"仍然应该是一居先的选择。

此外,亦"没有人告他们是放荡不服约束的";儿女是信主的,可算是正面的条件,此处则是反面的条件;"放荡"此字本意为不能痊愈、无可救药;如果用作形容人生活的态度,便是指其自我摧毁之生活方式,故作"放荡",[16]"不服约束"即反叛;[17]以上两项不良的表现,都势必使一个教会的领袖蒙羞,树立极坏的榜样,其领导必不能使会众心服。这样,若没有以上问题的,才"可以设立"为长老。[18]

以上数项条件,都与其家庭有关,这是因为"人若不知道管理自己的家,焉能照管神的教会呢?"(提前三 5)

一 7　"监督既是神的管家,必须无可指责,不任性,不暴躁,不因酒滋事,不打人,不贪无义之财"

继而,"监督既是神的管家";"神的管家"说明了教会是神的家(提前三 15),而作监督者,是此家中的"管家",此字是指被家主挑选,管理家中事务的仆人,[19]故他必须要有管理的能力和恩赐。此处的"监督"

---

⑫ *anenklētos*,此字与提前三 2 的 *anepilēmptos* 为同义词。

⑬ *pista*.

⑭ Knight, *Commentary on the Pastoral Epistles*, pp. 289 - 290.

⑮ Quinn, *The Letter to Titus*, pp. 87 - 88.

⑯ *asōtia*, *TLNT*, 1;220 - 222; *TDNT*, I;506.

⑰ *anupotaktos*, Zerwick & Grosvenor, *A Grammatical Analysis of the Greek New Testament*, p. 647.

⑱ 在原文,此句是没有的,但却是其引申的意思。

⑲ *oikonomos*;详细解释参见 Rienecker & Rogers, *Linguistic Key*, pp. 651 - 652; *TLNT*, 2;568 - 575.

是单数,故可能的意思是:

  a. 以之代表所有为监督者的资格。

  b. 长老是复数(第 5 节),监督为单数,可能是每一所地方教会有数位长老,但却有一位监督,作为长老中的主席。他工作的特色是善于教导(第 8 节及提前三 2)。

故此,"监督"大概是长老,但其在教会中的领导地位则更为显赫崇高,正因此故,其条件亦较一般长老为多;他"必须无可指责",此字与上一节的相同;以下是一系列反面的条件:

  a. 不任性:"任性"强调了人那违背神命令的冲动,[20]即任意妄为,此字亦有高傲的意思,[21]不愿接受他人的意见;[22]这种目空一切、自把自为的性格,明显会带来教会破坏,无论在领导阶层,或是一般信众,都难于与之合作,亦愧作属灵的领导。

  b. 不暴躁:"暴躁"此字在新约只出现于此,意思是习惯于经常性地发脾气,[23]显出其暴戾的性格,易为困难所心荡神移,不能心平气和地去待人处事。

  c. 不因酒滋事:"因酒滋事"此字的解释参见提摩太前书第三章三节。

  d. 不打人:"打人"同样参见提摩太前书第三章三节。

  e. 不贪无义之财:"贪无义之财"意即"贪财",此一项出现于所有的领袖之资格中,[24]其解释参见提摩太前书第三章十节。

连同"只作一个妇人的丈夫",保罗指出了酒色财气,成为作领袖的网罗,故提多在选立长老和监督时,务要小心为上。

一 8 "乐意接待远人,好善,庄重,公平,圣洁,自持"

---

[20] authadēs,TDNT,I:508 - 509.

[21] 黄锡木:《原文》,页 525。

[22] Lock, The Pastoral Epistles, p.130.

[23] orgilos, Rienecker & Rogers, Linguistic Key, p.652.

[24] 可见此项是极为重要的,其原因有二:(1)假教师的技俩是以敬虔牟利;(2)领袖常有机会接触教会钱财,故要小心。

除了以上反面的要求外,还有正面的条件:㉕

a. 乐意接待远人:此美德的解释参见提摩太前书第三章二节。

b. 好善:此字在新约中只出现于此,直译为"喜爱美善的事物"(参考新译、吕本),㉖一如哥林多前书第十三章六节所言:"不喜欢不义,只喜欢真理";故包括了行善。

c. 庄重:此字亦出现于提摩太前书第三章二节,和合本作"自守"。

d. 公平:此字又可作"公义",形容人行为正直,处事公平,按照神和人的律法行事。㉗

e. 圣洁:指因着有高尚品德,故脱离世俗人那败坏的生活,成为一个敬虔的人。㉘

f. 自持:此字在新约中只出现于此,指有自制力的人,㉙一如作运动员的,能有节制地生活,以锻炼自己的生命。所以,有自制力的人不会产生第七节所罗列各项的问题,因为所枚举的,都与人对自己的失控有关。

一9　"坚守所教真实的道理,就能将纯正的教训劝化人,又能把争辩的人驳倒了"

g. 坚守所教真实的道理:"坚守"有紧握着、忠于、委身及关注的意思;㉚"所教真实的道理"直译为"那可靠的道,(此道是)按着那教训";"那可靠的道"大概指各项口传的信息,如宣讲和教导;㉛"那教训"是指纯正的教导,即关于耶稣基督和使徒的教导;㉜作

―――――――――

㉕ 故此节之首有 alla 一字。

㉖ philagathos,Rienecker & Rogers,*Linguistic Key*,p.652.

㉗ dikaios,*BAGD*,pp.194-195.

㉘ "公平"是指对人的责任,"圣洁"则是指对神;Fee,*1 & 2 Timothy,Titus*,p.175;而"庄重"则是针对自己,Lock,*The Pastoral Epistles*,p.131.

㉙ enkratēs,Zerwick & Grosvenor,*A Grammatical Analysis of the Greek New Testament*,pp.647-648;又 Dibelius & Conzelmann,*The Pastoral Epistles*,p.133.

㉚ antechō,*BAGD*,p.72;Zerwick & Grosvenor,*A Grammatical Analysis of the Greek New Testament*,p.648.

㉛ ho pistos logos,Hanson,*The Pastoral Epistles*,p.174.

㉜ tēn didachēn.

为监督的,要紧握着那按着属灵传统的教导而生的各样宣讲和教导。③

如此的要求,不单只是要作监督者能得着个人的益处,还有两个关乎他人的目的,③先是"能将纯正的教训劝化人";"能"在句子中处强调的位置;"劝化"此字早于提摩太前书第五章一节及六章二节用过;③"纯正"亦早于提摩太前书第一章十节出现过,意即"健全";③"健全的教训"是指耶稣基督和使徒的教训;"能用健全的教训劝化人"是第一个要紧握纯正教训的目的。

第二个目的,便是"又能把争辩的人驳倒了";"争辩的人"直译为"那说反对话的人";③所反对的,大概是指"纯正的教训";而唯有自己明白纯正的教训,并且紧持守之,才能将这类人"驳倒",此字有指出错误,或将其错误揭示之意;③故全句意即能够将抗辩者那错误的地方尽然揭示,使其他人都明白知道,甚至那抗辩者都心悦诚服。③ 这一种能力,便是善于教导的意思(提前三 2),亦是抗衡异端和假教师的必备恩赐。

一 10 "因为有许多人不服约束,说虚空话欺哄人;那奉割礼的更是这样"

到了这里,保罗作了一个何以要有以上对监督和长老的要求之解释:"因为有许多人不服约束";④这些人为数不少,故是"许多人";按以下的描写,可见他们是一群假教师,其意识形态及各方面的恶劣表现,处处显出其与提摩太前书中以弗所教会的假教师极为相似。④

---

③ 长老此职分便是教会传统的教训之代表人,Dibelius & Conzelmann,*The Pastoral Epistles*,p. 134.

④ 因此句以 *hina* 为始。

③ *parakaleō*,参见其注释。

③ *hygiainō*.

③ *tous antilegontas*,是现在分词作名词使用;此字在新约中常用作形容那些反对福音的人,参见 White,"The Epistles to Titus",p. 186.

③ *elenchō*,*BAGD*,p. 248;黄锡木:《原文》,页 525。

③ Barclay,*The Letters to Timothy, Titus and Philemon*,pp. 237–238;Barclay 认为此字基本上有此意思。

④ "因为"(*gar*)说明了以下一项解释。

④ 参见 Knight,*Commentary on the Pastoral Epistles*,p. 296.

"不服约束"此字早出现于提摩太前书第一章九节，[42]形容那些需要受律法管治的人，故此处大概是指人不服神的律法或真理的教导；再者，假教师还"说虚空话"，此字亦于提摩太前书第一章六节出现过，和合本作"讲虚浮的话"，即说一些没有实质果效的话；"欺哄人"即"骗子"，[43]把人引入属灵的死巷里，以达到一个损人利己、残民以自肥的目标；"那奉割礼的更是这样"，"更是这样"即"尤其是"；[44]"那奉割礼的"是指着受过割礼的人，即犹太人；[45]由于有文献指出克里特是有不少犹太移民居住的，[46]故此处大概是指那些加入了教会的犹太人；[47]又由于此处带有贬义，故可能是暗示这些犹太裔的信徒极力标榜割礼，以反映出没有受过割礼的提多，在属灵的地位上是逊色的，借着此论调来提升自己在众人中的地位。

一11　"这些人的口总要堵住，他们因贪不义之财，将不该教导的教导人，败坏人的全家"

对付以上的人的方法，便是"这些人的口总要堵住"，"总要"即必须要；[48]"口……堵住"此字在圣经中只出现于此处，是指用东西塞住人的口，[49]故意禁止其说话，[50]使其默然，不能再大言不惭，以妖言惑众；[51]以上都是提多及众长老监督所需要采取的措施。

保罗解释说："他们因贪不义之财……"；"贪不义之财"此片语本为两个字所组成，一为"收获"，[52]另一为"羞耻的"；[53]"羞耻的收获"无疑是指一个贪财之人的表现，为了达到此不光彩的目的，这些假教师甚至

---

[42] *anupotaktos*，参见其注释。

[43] *phrenapatēs*，黄锡木：《原文》，页525。

[44] *malista*.

[45] *peritomē*；参见罗四12。

[46] 参见 Josephus, *Ant*. 17;327.

[47] 即犹太信徒，参见徒十45，十一2；加二12；西四11。

[48] *dei*.

[49] *epistomizō*，参见 Hendriksen, *1 & 2 Thessalonians, 1 & 2 Timothy and Titus*, p.351.

[50] 黄锡木：《原文》，页525。

[51] Knight, *Commentary on the Pastoral Epistles*, p.297.

[52] *kerdos*，*BAGD*，p.430.

[53] *aischros*；*TDNT*，I;189.

"将不该教导的教导人"，以谋取利益。本来，工人得工价是应当的，教师理应得到教会的敬奉（提前五 17）。然而，以上的描述，在在显出了假教师工作的动机极为自私，甚至为了达到目的而不择手段，以致其错误的教导，"败坏人的全家"；"败坏"有使人跌倒、推翻及毁坏之意；[54]"人的全家"即"整个家庭"，此处指出了假教师活动的范围，及其错误教导影响人的程度；而可能的情况是，克里特的地方教会由多过一个家庭聚会所组成，因此，假教师能直闯信徒的家，以其错误的教训，影响在信徒家中聚会的人，甚至整个家庭聚会都因而被破坏，后果实在令人忧虑。

一 12　"有克里特人中的一个本地先知说：'克里特人常说谎话，乃是恶兽，又馋又懒'"

为了使对假教师的指斥更为有力，保罗引用了"克里特人中的一个本地先知"所说的话；"本地的"直译为"他们自己的"；[55]此处的"先知"，[56]大概不是指教会内的先知，乃是克里特人所共认的一位知名人物，保罗引用之，是因为既然克里特人亦共同承认他的地位，则其话自是可信，[57]如此，便提高了保罗以上所力陈的说服力了。[58]

此先知说：[59]"克里特人常说谎话，乃是恶兽，又馋又懒"；"常说谎话"应作"常是撒谎者"；"兽"是指"野兽"，甚至可以指"蛇"；[60]"馋"本指人的内脏，如肚腹，[61]但比喻性用法则指人的贪食好饮；"懒"本意为不

---

[54]　*anatrepō*，*BAGD*，p. 62.

[55]　*idios autōn*.

[56]　*prophētēs*，在新约出现凡 142 次，但在教牧书信中则只此一次出现；其从属字参见提前一 18，四 14。

[57]　此做法亦有先例可援，参见约十一 49～51 关于该亚法的预言；关于这样引用已带有贬义的句子去支持自己的论点，是否带来逻辑上的问题，详参 Anthony C. Thiselton，"The Logical Role of the Liar Paradox in Titus 1：12，13；A Dissent From the Commentaries in the Light of Philosophical and Logical Analysis"，*Biblical Interpretation* 2，2（1994），pp. 207 - 223.

[58]　故在修辞上有说理的作用。

[59]　"说"（*eipen*）是处强调的位置。

[60]　*thērion*，黄锡木：《原文》，页 526。

[61]　*gastēr*，*BAGD*，pp. 151 - 152；Rienecker & Rogers，*Linguistic Key*，p. 653.

活动(inactive)、无效果(inoperative)，此处是指“懒惰”；⑥两个字合在一起即“懒的肚子”，有不受控制的贪心之意；⑥这样形容克里特人其实并非言过其实，因为“克里特人”一字，被当代的希腊人变成了动词，即“克里特化”了，成为一个委婉词(euphemism)，以形容那些招摇撞骗之人。⑥

再者，有多份文献亦力陈克里特人的不是，⑥其中一个明显的例子，便是克里特人在其岛上，建立了希腊神祇宙斯(Zeus)的墓穴，并且扬言伟大的神明宙斯就葬在克里特。如此的大言不惭，引发了一诗人讥讽克里特人乃说谎者中的佼佼者，⑥可见保罗所言非虚，克里特人确有以上恶劣的表现，而这些假先知可说是集这些劣根性于一身了。⑥

一 13　“这个见证是真的。所以，你要严严地责备他们，使他们在真道上纯全无疵”

保罗在引用之后，又说：“这个见证是真的”，此言是因为这位出自他们的先知，对本地所发生的事情，实在了如指掌，而如今这些在教会内出现的假先知，其恶劣的表现在在应验了此先知的说话。如此证据确凿，故保罗续称：“所以，你要严严地责备他们，使他们在真道上纯全无疵”。

“所以”直译为“为了这个原因”；⑥“责备”早于第九节里已有出现，和合本作“驳倒”，有揭露其错误之意思，⑥此行动是作为教会之监督的一大责任，提多作为使徒保罗的代言人，则更当如此，故保罗用了命令

---

⑥ argos；TDNT，I：452.

⑥ 由于此两个字常连在一起被采用，故此意思应居先；参见 Quinn, *The Letter to Titus*, pp.99-100；有如此用法的文献。

⑥ *krētizō*，参见 Barclay, *The Letters to Timothy, Titus and Philemon*, p.243；Bernard, *The Pastoral Epistles*, p.161.

⑥ 参见 Knight, *Commentary on the Pastoral Epistles*, p.299.

⑥ 详参 Dibelius & Conzelmann, *The Pastoral Epistles*, p.137；另参 Barclay, *The Letters to Timothy, Titus and Philemon*, p.243.

⑥ 在圣经正典内出现了如此谴责某地方的人之言论，实在是一件非常严重的事，Bernard, *The Pastoral Epistles*, p.161.

⑥ *di hēn aitian*.

⑥ *elenchō*，参见其注释。

语,作"要……责备";"严严"亦有"尖刻地"之意;[70]唯有如此措辞尖锐,严厉地指出假教师的错谬,才能有机会"使他们在真道上纯全无疵"。[71]

"真道上"即在信仰上,"使他们……纯全无疵"实乃一动词,意即"健全""稳健";[72]"他们"所指的,有两个可能的对象,一为假教师,二为被假教师迷惑的人。然而,此处的上文明显是指着假教师说话,而在提摩太后书第二章二十五及二十六节里,保罗亦对提摩太说:"用温柔劝戒那抵挡的人;或者神给他们悔改的心,可以明白真道,叫他们这些已经被魔鬼任意掳去的,可以醒悟,脱离他的网罗",观此,即使是泥足深陷的假教师,保罗亦相信他们是能够回转的,可见此处亦是针对假教师而说的,在经过严厉和尖刻的教导后,他们能再一次在信仰上健康起来。

一 14　"不听犹太人荒谬的言语和离弃真道之人的诫命"

在尖刻的责备后,除了能产生以上正面的效果外,还有两个反面的功效,便是"不听犹太人荒谬的言语和离弃真道之人的诫命","听"即"坚守""顺从";[73]"荒谬的言语"早于提摩太前书第一章四节出现过,是形容没有根据,与真理相违的传说;[74]此处更明言,这些传说,是从犹太人来的,[75]而提摩太前书第一章四节还提及,假教师喜爱高举无穷的家谱,而犹太人是重视家谱的,故此处的传说,可能亦是与无穷的家谱有关。

"离弃"即转离;[76]"真道"即真理,[77]是指基督教信仰作为独一无二的绝对真理;"诫命"即命令,是复数;故全句为"(不要顺从)转离真理的人的诫命";"人的诫命"此措辞在新约只出现于此处,其意思大概是出于人意的诫命,[78]旨在要对比由耶稣基督及使徒而出的命令(参见提前

---

[70] *apotomōs*,BAGD,p.101;Zerwick & Grosvenor,*A Grammatical Analysis of the Greek New Testament*,p.648;又出现于林后十三 10;罗十一 22。

[71] 此句之首有 *hina*,强调了结果。

[72] *hygiainō*,Rienecker & Rogers,*Linguistic Key*,p.653.

[73] *prosechō*,黄锡木;《原文》,页 526。

[74] *mythos*,参见其注释。

[75] 事实上,克里特有不少犹太的移民。

[76] *apostrephō*,黄锡木;《原文》,页 526。

[77] *alētheia*.

[78] *entolais anthrōpōn*,Scott,*The Pastoral Epistles*,p.160;故 *anthrōpōn* 是表明来源的属格。

六14），再加上能够使人"转离真理"作为此等诫命的特色，故是指与神的真理相违的命令，一如提摩太前书第四章三节所提出的，以弗所教会的假教师倡导禁止婚嫁和禁戒食物的论调；再参考下一节的示意，即关于洁净的争论，我们有理由相信，克里特的假教师，亦可能是有这些类似的论调，⑦即一种禁欲的倾向，并且奉之为诫命，要其他的人遵守，此实在是背离了基督教的教导。

一15 "在洁净的人，凡物都洁净；在污秽不信的人，什么都不洁净，连心地和天良也都污秽了"

为了进一步指出假教师所提出的诫命之问题所在，保罗以两句精辟的说话作为解释："在洁净的人，凡物都洁净"；"洁净"此字一方面可以指实质上的清洁，但亦可指道德上的洁净，故此，前一个洁净指道德上的洁净，即一个借着基督的救恩，得以生命圣洁的人；而在他看来，"凡物都洁净"，即万物都是创造主手中的杰作，并没有内在的问题，足以影响人道德上的圣洁，就好像提摩太前书第四章四及五节所言："凡神所造的物都是好的，若感谢着领受，就没有一样可弃的，都因神的道和人的祈求成为圣洁了"，又如罗马书第十四章十四节所解说的："凡物本来没有不洁净的；惟独人以为不洁净的，在他就不洁净了"。反而，"在污秽不信的人"，⑧⁰"污秽"是现在完成时态及被动语，⑧¹显出了其所处的境况是被罪玷污了的，再加上"未信"，便是指向未能因信基督，而以正确的角度看事物的人；"什么都不洁净"，即他们不能因信靠基督，而对自己已经成了圣洁有把握，反要借着各等人的诫命，去争取圣洁，于是便使一切的事物，都被看得不洁净了。⑧²

他们有这样的观感，在在反映出其未有经历基督的救恩，故他们是

---

⑦ Lenski, *St. Paul's Epistles to Titus*, pp. 903 - 904；Knight, *Commentary on the Pastoral Epistles*, p. 301 亦有此结论。

⑧⁰ 此句之前有 de 一字，是转折连词；故应加上"反而"。

⑧¹ *memiammenois*，是作名词使用的分词。

⑧² 当然，此处保罗可能是以犹太人洁净之礼为背景，即不洁的人其手所触及的，都变成不洁净，参见该二 10~14；Fee, *1 & 2 Timothy, Titus*, p. 181；然而，我们要注意，此处所重视的，是此人的不信，是属灵境况，而不是礼仪上的洁净。

"连心地和天良也都污秽了";"污秽"同样是被动语及现在完成时态,故是被弄污了,同时亦强调了这等人是在这种境况中活着;[83]"心地"意即"思想",此字早于提摩太前书第六章五节出现过,和合本作"心术",是指人的内在道德观念及品格;[84]"天良"即良心、良知,指人的内省机制,尤以是在道德层面上;[85]都因着未能受基督救恩的帮助,受基督道理的影响,思想和良知的作用尽失,[86]而活在"污秽"的苦境中。

总之,假教师主张,因食物是不洁的,故要禁戒食物等,委实是人的诫命,没有属灵原则支持。他们的理论,反而说明了其属灵境况委实与一个不信者无异。

一16 "他们说是认识神,行事却和他相背;本是可憎恶的,是悖逆的,在各样善事上是可废弃的"

由此观之,"他们说是认识神";"说"此字更好应作"宣称""确认",[87]在此处更可能是指一种公开的宣认,其实,只是一些表面化的功夫,而不是真的认识神;实际上,他们"行事却和他相背",[88]"行事"可以是指假教师一贯的不良表现,但按上文下理,则是指其强烈要求别人要守洁净禁戒之诫命的言行;[89]"他"是指上一句的"神";"相背"基本意思是"说不""否定",又可作"拒绝";[90]即他们如此坚持洁净之诫命,反而证明了他们否定了神在基督耶稣里的应许,便是凡物只要感谢着接受,都是好的,都成了圣洁(提前四4~5)。

继而,他们"本是可憎恶的",此句应作"是可憎的"(新译、思高);"可憎"在新约中只出现于此处,形容假教师极之使人厌恶;"是悖逆

---

[83] *miainō*,黄锡木:《原文》,页526;*BAGD*,p.522.

[84] *nous*,Quinn,*The Letter to Titus*,p.102.

[85] *suneidēsis*,此字亦出现于提前一5;参其注释。

[86] 即其思想和良知,都不能使他察觉到自己的不是,反而还自以为是,Lock,*The Pastoral Epistles*,p.136.

[87] *homologeō*,*BAGD*,p.571;参考新译。

[88] 此句之前有 *de* 一字,故此句是要对比上一句。

[89] 对比 Fee,*1 & 2 Timothy*,*Titus*,p.182.

[90] *arneomai*,*TDNT*,I:469;Zerwick & Grosvenor,*A Grammatical Analysis of the Greek New Testament*,p.648.

的",即不顺服神的;㉛以上两种形容,㉜可能本来是假教师用来形容那些不听从他们教导的人,即不守各种禁忌之人,是可憎的,是不服从神的,但保罗却揭穿他们的假面具,露出他们的真面目,假教师才是可憎的和不顺服神的人。

再者,他们又"在各样善事上是可废弃的";"可废弃的"指在考验中不合格、被取消资格的人,㉝故此句是指假教师的所作所为,显出了其未信主、不服从主的一面,其人本身已是污秽的,更遑论他们有资格去行善了。

(III) 结语

克里特是一个非常败坏的地方,以使其在当时的世界已声名狼藉、臭名远播,活在一个如斯的社会,能出污泥而不染的人士几稀矣,在这种恶劣的环境长大的人,即使是信了主,仍然带着不少陋习,习惯了过往的生活,要一下子做出完全的改变,委实不易。因此,作为传道者,绝对不应低估邪恶的势力,会借着信徒的个人问题,成为滋扰教会的破口。观此,信主后个人灵命的培育,为之解决个人的问题,亦是不容忽略的。

诚然,有一些信徒在信主后,生命起了重大的、甚至是戏剧性的改变,但能持续这个改变而不走回头路的信徒,又谈何容易呢?放眼今日的世界,再没有一个真正的基督教国家,信徒都活于异教之地,异教之风四处回荡,甚至借着大众传播,侵入了信徒的家,一如昔日克里特的假教师一样,把信徒的家都败坏了,究竟教会应该如何牧养面对这么多有问题的信徒?如何实质地发挥有效的教导工作?

首先,最重要的是要唤醒信徒,提高他们的觉察力,使他们知道自己所处的环境,面对世俗文化那种潜移默化的危机,引发信徒产生需要感,共同谋求信仰的出路。

㉛ *apeithēs*,*BAGD*,p. 82;黄锡木:《原文》,页526。

㉜ 亦是常常一并出现于犹太教的理念;Bernard,*The Pastoral Epistles*,p. 163.

㉝ *adokimos*,Rienecker & Rogers,*Linguistic Key*,p. 653;Wuest,*The Pastoral Epistles*,p. 189.

　　继而，教会要把圣经中处理属灵和道德上之冲突的原则，教导信徒，并且有机会让信徒去提一些生活工作上所遭遇的问题，这样，教会才能实际地帮助信徒，并且教导他们学习解决问题的方法和技巧，以使他们能在千头万绪的问题中，平心静气、按部就班地去处理之。唯有如此实事求是地去协助信徒走出信仰的死巷，他们才能摆脱那长久以来挥之不去的罪疚感，过焕然一新的生活。

　　当信徒的问题得着解决后，他们生命的阻拦便被挪去，于是便能更全然地投入侍奉之中；不单如此，他们亦因为经历了属灵的一课，其生命得着成长，侍奉的素质亦能提高，更有能力去帮助其他的信徒，如此，教会才能在质量和数量上俱长。

　　人的内在优先于他的行事为人，因为人的思想、良知，在在影响甚至左右其外在的表现。观此，处理信徒的问题，其进路不能只是在责备的层面。说教式直斥其行为的不是所能达到的，徒然加增了信徒的反感或是罪疚感，重要的是必须助其找出问题背后的自我观、属灵观及价值观等，在其思想的层面里灌输正确的、合乎圣经教导的思想和理念，以取代其错误及歪曲了的观念，有了正确的思想，才能为其反璞归真铺路，信徒才有机会产生正确的行为，过正常的基督徒生活。[94]

---

[94] 当然，单单知道自己问题之所在，亦未必有能力和资源去解决，教会作为一个救赎和医治的群体，需要加给信徒资源，发挥肢体的互助精神，以扶掖信徒渡过难关；详参张永信：《唇齿相依：教会关顾辅导》，香港：天道书楼，1994年，页142-155。

叁　在生活上教导各信徒（二 1～15）

1 但你所讲的总要合乎那纯正的道理。

2 劝老年人要有节制、端庄、自守，在信心、爱心、忍耐上都要纯全无疵。

3 又劝老年妇人举止行动要恭敬，不说谗言，不给酒作奴仆，用善道教训人，

4 好指教少年妇人爱丈夫，爱儿女，

5 谨守，贞洁，料理家务，待人有恩，顺服自己的丈夫，免得神的道理被毁谤。

6 又劝少年人要谨守。

7 你自己凡事要显出善行的榜样；在教训上要正直、端庄，

8 言语纯全，无可指责，叫那反对的人既无处可说我们的不是，便自觉羞愧。

9 劝仆人要顺服自己的主人，凡事讨他的欢喜，不可顶撞他，

10 不可私拿东西，要显为忠诚，以致凡事尊荣我们救主-神的道。

11 因为神救众人的恩典已经显明出来，

12 教训我们除去不敬虔的心和世俗的情欲，在今世自守、公义、敬虔度日，

13 等候所盼望的福，并等候至大的神和我们救主耶稣基督的荣耀显现。

14 他为我们舍了自己，要赎我们脱离一切罪恶，又洁净我们，特作自己的子民，热心为善。

15 这些事你要讲明，劝戒人，用各等权柄责备人；不可叫人轻看你。

(I) 引言

一如提摩太前书，提多书同样出现了对教会内不同人士的教导，然而，在篇幅上无疑较前为短，尽管如此，保罗是针对克里特教会的需要，而作出实事求是的指示，要求提多以健全的教训，劝导各等不同性别和社会阶层的信徒，以求立竿见影，纠正教会内发生的问题，提多亦可完成其职事。

保罗先道出一个劝导别人的原则，便是提多要确定所论说的是健全的教训。诚然，保罗并没有陈明这些教训的内容是什么，然而，提多已追随保罗多年，深受福音传统及使徒教训的熏陶，当明白健全教训的内容，故保罗在此信内不再赘述了。

继而，提多要劝勉老年人（第 2 节）、老年妇女（第 3～5 节）、少年人（第 6～8 节）及仆人（第 9～14 节）。之后，保罗又加上了对提多的提醒和劝勉作结束（第 15 节）。

(II) 注释

二 1 "但你所讲的总要合乎那纯正的道理"

"但你所讲的"，"但"是一逆转性连接词，①是回指上一章假教师所说的一派胡言，包括了"说虚空话欺哄人"（第 10 节），及"说是认识神，行事却和他（神）相背"（第 16 节），而在相对之下，提多却不要如此；"你"被强调，②提多务要保守自己所讲的，避免重蹈假教师的覆辙。

"但你所讲的"，"讲"乃命令语，③故全句本应为"但是，你所当讲的"；"总要合乎那纯正的道理"，"总要合乎"本应只是"合乎"，④但加上

---

① *de*，是一转折连词。

② *su*，处于句首。

③ *lalei*.

④ *prepō*；此字本意为"适合于"；*BAGD*，p. 706；*EDNT*，3：147；Zerwick & Grosvenor，*A Grammatical Analysis of the Greek New Testament*，p. 648.

"讲"乃命令语,故作"要合乎";"纯正"即"健全";⑤"道理"即教导、教训;⑥"健全的教导"参见第一章九节的注释,是指耶稣基督及使徒的教训,即基督教信仰;故全节可作"但是,你所当讲的,要合乎健全的教导"。

提多已经知道"健全的教训"为何,并且深受其益,故保罗无需在此明言,反而提多如今所需要的,只是一个从保罗而来的提醒,因为在面对全会众的需要时,为了要圆满地完成其牧养的职事,提多务必要谨慎自己的教训,是否健全无瑕,以使信众同样能够因之得以健康成长。

二 2 "劝老年人要有节制、端庄、自守,在信心、爱心、忍耐上都要纯全无疵"

首先,提多要"劝老年人","老年人"即老年男子;⑦在原文是没有"劝"字,⑧由于在提摩太前书第五章一节内,同样是论及老年人,而保罗所用的动词,是"劝",⑨故此处大概亦是此意思;无论如何,以下所言,都是由上一节引带出来的,即提多所当讲的话。

老年人当注意的,包括了四项品德:

a. 要有节制:⑩"节制"早出现于提摩太前书第三章二节,⑪参见其注释。

b. 端庄:亦于提摩太前书内所枚举有关执事的资格中出现过(三 8),⑫参见其注释。

c. 自守:亦出现于提摩太前书第三章二节,⑬参见其注释。

---

⑤ *hygiainō*,早于提前一 10 及多一 9 出现过,参见其注释。

⑥ *didaskalia*.

⑦ *presbytas*,参见提前五 1;*BAGD*,p.706;老年男子及下文的老年妇人、少年妇人、少年人及仆人都是复数字。

⑧ 参见吕本,"劝"下边有数点,说明此字原文是没有的。

⑨ *parakaleō*,参见其注释。

⑩ "要"原文是 *einai*,在此处有如命令语之用法。

⑪ *nēphalios*;*BAGD*,p.540.

⑫ *semnos*.

⑬ *sōphrōn*,*BAGD*,p.810.

d. 在信心、爱心、忍耐上，都要纯全无疵："纯全无疵"即是"健全"，⑭此处为一分词，可作"要健全"；"要健全"的层面有三：一为在信心上，二为在爱心上，三为在忍耐上，此三项作为信徒的美德，早出现于提摩太前书第六章十一节（另参提前一 14）；⑮既然众信徒们均需要建立这些美德，老年的信徒更应如此，并且要使之"健全"，作为努力建立这三项美德的目标。

二 3 "又劝老年妇人举止行动要恭敬，不说谗言，不给酒作奴仆，用善道教训人"

第二组要接受教导的，便是老年妇人，故保罗续说："又劝老年妇人举止行动要恭敬"；⑯"举止行动"此字在新约只出现于此，即行为、生活方式；⑰"恭敬"是用作形容当时各宗教之祭司那份谨慎的态度；⑱作为信徒，老年妇女应存恭谨的态度去过活；并且"不说谗言"，⑲即在言语上不犯罪，这也许是老年妇女常犯的毛病，因为年迈，家中需要她们工作的地方不多，在有太多空闲的时间下，常会到处找人闲谈，以致说长道短，搬弄是非；"不给酒作奴仆"，在原文的"酒"字之后，有"多量"一字，⑳故全句可作"不给多量的酒作奴仆"；"作奴仆"为现在完成时态，强调了处于此等苦境之中的人，此字亦是被动语，故应作"被奴役"，㉑全句便是"不被多量的酒奴役"；以家庭及厨房为活动中心的妇女，有很多机会接触酒精，再加上年老的妇人可能会因不需要工作而终日无所事事，以致把时间消磨在醉酒之中，故她们有需要在这方面被提醒。

除了以上一系列禁令之外，年老的妇女亦有可以贡献给社会及教会之处，便是"用善道教训人"，在原文只是一个字，在圣经中只出现于此，㉒

---

⑭ *hygiainō*.

⑮ 详参其注释。

⑯ "又"（*hōsautōs*）又可作"同样"。

⑰ *katastēma*，*BAGD*，p. 420；黄锡木：《原文》，页 527。

⑱ *hieroprepēs*，*BAGD*，p. 373；Quinn, *The Letter to Titus*, pp. 118–119.

⑲ *diabolos*，此字如加上冠词，便是指魔鬼了，参见提前三 7。

⑳ *pollō*.

㉑ *dedoulōmenas*.

㉒ *kalodidaskalos*.

是一复合字,即是由两个字组成,一为"美善",一为"教师",故即是"作美善的教师",此工作所指的,大概不是一个公开的教导工作,而是私下的,以说话及榜样去提掖他人,㉓因为老年妇女之所以能教导他人,不是因有教师的职分,乃因其年纪及人生经验的优势。㉔

总之,老年妇人不一定要游手好闲,无所事事,保罗除了在消极的层面,去禁止她们犯错外,还在积极的地方加以指示,以致她们有工作可做,成为悠闲生活的出路,不致给魔鬼留地步。

二 4　"好指教少年妇人爱丈夫,爱儿女"

另一批需要教导的对象,便是少年的妇人,㉕故保罗说:"好指教少年妇人爱丈夫,爱儿女","指教"在新约中只出现于此,此字有训练某人,使之能有自制力的意思;㉖"好指教"显出了这便是在上一节所提及的,作美善的教师之目的;㉗"少年妇人"的年纪不详,㉘大概是指在年纪上,不及老年妇女年迈的女性;"指教"的内容,其首二项,便是"爱丈夫"及"爱儿女",此二字在新约中同样只出现了一次,亦是复合字,㉙但亦暗示了此处的少年妇人是已婚者,并且是有儿女的,她们当前首要的任务,当然是爱其至近的亲属,即丈夫和儿女。

二 5　"谨守,贞洁,料理家务,待人有恩,顺服自己的丈夫,免得神的道理被毁谤"

此外,少年妇人还有五个要项需要学习:㉚

㉓ Fee,*1 & 2 Timothy*,*Titus*,p.186.

㉔ Dibelius & Conzelmann,*The Pastoral Epistles*,p.140.

㉕ 可能是指教会内的人,更可能是自己的女儿等亲人。

㉖ *sōphronizō*,*TLNT*,3:359 – 365;*TDNT*,VII:1104;Zerwick & Grosvenor,*A Grammatical Analysis of the Greek New Testament*,p.649.

㉗ 故此句是以 *hina* 为始的。

㉘ *neos*,*BAGD*,pp.537-538.

㉙ *philandros* 及 *philoteknos*;关于此二字在圣经外的用法,参见 Quinn,*The Letter to Titus*,pp.120-121.

㉚ 鉴于上节的"爱丈夫"与"爱儿女"是一对,故此五项又可分为两对:"谨守"与"贞洁","料理家务"与"待人有恩",参见 D. Edmond Hiebert,"Titus" in *The Expositor's Bible Commentary*,ed. Frank E.Gaebelein (Grand Rapids:Zondervan, 1978),11:436-437.

a. 谨守：此字于本章二节及提摩太前书第二章九节已出现过。[31]

b. 贞洁：即清洁，尤其是在男女的关系上，故此处含道德性意思。[32]

c. 料理家务：直译为"在家中工作者"，[33]是指要成为一妥善料理日常家务的人。在当时，犹太妇女的家务包括推磨、煮食、洗衣服、养育儿女，甚至招待客人等。[34]

d. 待人有恩：此字即美善或恩慈；[35]本可作形容上一个字，故即仁慈地料理家务者，但由于此处所枚举的，都是以一个字为单位，故大概应是另一项目，即对别人恩慈。[36]

e. 顺服自己的丈夫："顺服"常用作指对在上有权柄者的态度，[37]此处是指妻子对丈夫而言，因为丈夫是妻子的头，故要对之顺服。[38] 要注意的是，此字是一现在分词，故要经常性地如此与丈夫相处。[39]

在教会内，如果老年妇女能对少年妇女有以上适切的教导，使少年妇女成为贤妻良母，其结果是"免得神的道理被毁谤"，这是在保罗书信中，第一次直言信徒生活的操守有着宗教性目的；[40]"被毁谤"即被亵渎；[41]"道理"即话；"神的话"指福音的信息（参见提后二9），亦即基督教信仰会因着信徒行为的不检，而被未信主的人士（包括社会、甚至政府）所亵渎，以致羞辱了神的名，[42]福音的传扬便会受到很大的阻碍，违反

---

[31] *sōphrōn*，和合本作"自守"。

[32] *hagnos*，亦出现于提前五22，参见其注释。

[33] *oikourgos*，*BAGD*，p.564.

[34] Rienecker & Rogers, *Linguistic Key*, p.654.

[35] *agathas*.

[36] Knight, *Commentary on the Pastoral Epistles*, p.308；持相反意见的有 Dibelius & Conzelmann, *The Pastoral Epistles*, p.141；Lock, *The Pastoral Epistles*, p.141.

[37] *hypotassō*，*BAGD*，pp.855－856；*TDNT*，VIII：43－44.

[38] 参见弗五21～24；西三18；彼前三1、5；新约的教导是男女在家有既定的角色，故丈夫是以爱心领导妻子，妻子要敬重和顺服丈夫；但在教会内，男女则是凭恩赐侍奉，故男女应当彼此顺服。

[39] 加上前一节，则对丈夫是要"爱"及"顺服"，可见保罗极为关注信主的妇女与其丈夫的关系，也许保罗恐怕如林前第七章所反映的，有妇女因追求属灵，而忽略了作妻子的责任。

[40] Hiebert, "Titus", p.437.

[41] *blasphēneō*，*BAGD*，p.142；黄锡木：《原文》，页527。

[42] 在犹太人来说，亵渎神的名是最可怕的罪，Lock, *The Pastoral Epistles*, p.141.

了神愿意万人得救,明白真道的美意(提前二4)。

二6 "又劝少年人要谨守。

7 你自己凡事要显出善行的榜样;在教训上要正直、端庄"

在处理了老年妇人和少年妇人之后,保罗吩咐提多:"又劝少年人要谨守","又"即"同样,"[43]"少年人"即少年男子,[44]同样是要被"劝"的,此字是命令语,应作"要劝",[45]故全句可作"同样,要劝少年男子谨守";"谨守"刚于第五节出现过,故无论是年轻妇女或男子,均需要有此项美德。

提多既是少年人,理应有美好的表现,再加上是教会的领袖,故保罗在此间转而对他训示:"你自己凡事要显出善行的榜样";"善行"直译为"美善的工作",[46]即好行为(新译);[47]"显出"亦有"导致,使……成为"之意;[48]"榜样"此字亦出现于提摩太前书第四章十二节,在那处提摩太要作信徒的榜样,[49]此处提多亦然,提多的责任不单只是作教师,教导健全的道理,还要以身作则,身体力行,将真理体现。[50]再者,提多亦可能以为既然年老的妇人,才能教诲少年妇女,则他既非年老,又有何德何能以服众,故保罗在此作出同样的指示,提多要在各种美善的工作上,使自己成为众人的榜样。

此外,提多亦是"在教训上要正直";"正直"在新约中只用于此,亦有诚恳之意,[51]强调了动机的纯净,并不含贪念;[52]在教训上诚恳大概是指教训的态度要诚恳真挚;[53]"在教训上要正直"其实是形容上一句的

---

[43] *hōsautōs*.

[44] *neōterous*;是复数字。

[45] *parakalei*,此字已多番于教牧书信中出现,如提前一3,五1,六2;另参多一9。

[46] *kalōn ergōn*.

[47] 此处尤以强调其表现出来能吸引人的地方,Quinn, *The Letter to Titus*, p.139.

[48] *parechō*, *BAGD*, pp.631–632.

[49] *typos*,故参见其注释;另参 *TDNT*, VIII:248–250; *TLNT*, 3:384–387.

[50] Scott, *The Pastoral Epistles*, p.165.

[51] *aphthoria*, *BAGD*, p.125;黄锡木:《原文》,页527。

[52] Lock, *The Pastoral Epistles*, p.142.

[53] Fee, *1 & 2 Timothy, Titus*, p.189;另参 Knight, *Commentary on the Pastoral Epistles*, p.311;虽然 Knight 认为诚恳所指的,有两个可能,一为诚恳的教导,二为所教的内容是诚恳的。

"显出"，[54]即除了要显出其为众人的榜样外，提多还要显出在教训上有诚恳的态度，如此，便能回避假教师那种为贪心而教导之乖谬动机（参见一11）。

继而，以下及第九节中保罗所用的字眼，可以是形容"在教训上要诚恳"的"教训"，或是自成一局，以提多要作榜样的实例；然而，"端庄"形容人，多于物件，故形容榜样的可能性更大一些；[55]这样，提多所要作的榜样，"端庄"是其中之一要项，此字早于提摩太前书第二章二节（和合本作"端正"）及三章四节出现，在此不再赘述。

二8 "言语纯全，无可指责，叫那反对的人既无处可说我们的不是，便自觉羞愧"

再者，提多还要"言语纯全"，"纯全"即健全；[56]"言语纯全"即其所讲的道、平日说的话，都与耶稣基督及使徒所教导的无异；[57]"无可指责"在新约中只出现于此，意即不受控诉的、不被判刑的，[58]此处可能是指前一项的"言语健全"，[59]然而，按这里一系列的项目，都各自有独立的意思，故大概是指提多的整个人之表现，都不给人留下可被攻击的破绽。

有了以上的优秀表现，其中的一个目的，便是"叫那反对的人既无处可说我们的不是"；[60]"反对的人"所指的，可以是包括教内外的人，包括了假教师，[61]然而，因下一句保罗用了"我们"，即是指教会内的人，故此处应该指教外的异教徒；[62]在当时，基督教是一新兴宗教，并不为罗

---

[54] 因其是宾格，Dibelius & Conzelmann，*The Pastoral Epistles*，p.141；但亦有以之为与以下所枚举的同列，如 Lock，*The Pastoral Epistles*，p.142.

[55] 对比 Fee，*1 & 2 Timothy*，*Titus*，p.189.

[56] hygiēs，参见提前一10 的"正道"之注释。

[57] "言语"（logos）在此处不一定是指讲道；Knight，*Commentary on the Pastoral Epistles*，p.312.

[58] akatagnōstos，*BAGD*，p.29；Rienecker & Rogers，*Linguistic Key*，p.654.

[59] 参见 Quinn，*The Letter to Titus*，pp.142–143.

[60] 此句以 hina 为首，强调了目的。

[61] Fee，*1 & 2 Timothy*，*Titus*，p.189；Scott，*The Pastoral Epistles*，p.165.

[62] Lock，*The Pastoral Epistles*，p.142；当然，更不会是指犹太人，参见 Hanson，*The Pastoral Epistles*，pp.181–182.

马政府承认,故不受任何法律保障,因此,异教徒常对基督教有误会,甚至找借口去攻击基督教,故作为众教会众所瞩目的领袖,提多实要有美好的生命见证,使那些有意攻击教会的异教徒,"既无处可说我们的不是……";"不是"即错误、坏处、邪恶,⑥此处含道德性意思,无疑是指提多的表现;⑥即在提多的言行上,没有什么地方是错的,或是坏的,可供他们作话题,去攻击全教会。⑥

于是,他们"便自觉羞愧",此句本为一个字眼,即"使……羞愧",是此节的主要动词,其主位是"反对的人",是在当"那反对的人""无处可说我们的不是"之后才发生的,这便是保罗所要侧重的,当提多的好行为,使反对者羞愧之时,教会的名声便得以保存,教会所传的信息,亦为大众所接受,一如彼得前书第三章十六节所说的:"存着无亏的良心,叫你们在何事上被毁谤,就在何事上可以叫那诬赖你们在基督里有好品行的人自觉羞愧"。既然信徒应该有如此的准备,更何况是作众教会领袖的提多。

二 9 "劝仆人要顺服自己的主人,凡事讨他的喜欢,不可顶撞他"

另一组需要受教的人,是为奴的信徒,一如提摩太前书第六章一节起,保罗对以弗所教会中为奴信徒的教诲,此处亦然;⑥"劝仆人要顺服自己的主人","仆人"即奴仆;⑥"顺服"早于第五节出现过,是形容作妻子的如何对待丈夫,如今为奴的信徒,亦要以此态度对待主人;⑥"凡事讨他的喜欢","讨他的喜欢"又可作"可接受的",⑥意即仆人的表现,委实令主人满意;"凡事"其实亦可以是形容上一句的,即"仆人要凡事顺服自己的主人",又因在以弗所书第五章二十四节处,保罗又言:"……妻子也要怎样凡事顺服丈夫",而歌罗西书第三章二十二节更指出:"你

⑥ phaulos,BAGD,p.862;黄锡木:《原文》,页528。
⑥ Fee, 1 & 2 Timothy, Titus, p.189.
⑥ 这便是"我们"所指的。
⑥ 详参其注释。
⑥ doulous;是复数字。
⑥ 为奴的,因为失去自由,故很容易为基督教所倡导的自由所误导,去反对其主人,详参 Guthrie, The Pastoral Epistles, p.196.
⑥ eyarestos,BAGD,p.319;黄锡木:《原文》,页528。

们作仆人的，要凡事听从你们肉身的主人……"，可见以"凡事"形容"仆人要顺服自己的主人"，是正确的取向。

此外，还有的是"不可顶撞他"，"顶撞"即反驳、反对；[70]此处尤指以言语反驳主人，显出了内心的不满、背叛。

二 10　"不要私拿东西，要显为忠诚，以致凡事尊荣我们救主－神的道"

到了这里，保罗以一个反面和一个正面的教导作结束："不可私拿东西"，"私拿"即私自保留，故即是偷窃；[71]这是为奴的能够拥有私人财物的不正确渠道，也许是当时作奴仆之人的通病；但作为信徒，则不应如此，[72]反而"要显为忠诚"，[73]此句之中有"全然"及"美好"二字，[74]是形容"忠诚"的，故应作"要显为全然美好之忠诚"，意即其忠诚应有良好的表现，并且涉及生活的各层面。[75]

以上美好的表现，其结果便是"以致凡事尊荣我们救主－神的道"；[76]"道"应作"教导"，[77]是指从耶稣基督及使徒而来的、健全的教导；"尊荣"此字原意为打扮、整理且使之有荣耀，[78]此处是第三人称复数，故可作"他们尊荣"，无疑是指仆人的主人；"凡事"即在各方面，故全句为"以致他们在各方面尊荣我们救主神的教导"，由此可见，此处的主人，大概都是未信主的人士，[79]他们能因着信主之仆人的好行为，[80]尊敬

70　*antilegō*，Zerwick & Grosvenor，*A Grammatical Analysis of the Greek New Testament*，p. 314.

71　*nosphizō*，BAGD，p. 546.

72　因为他们的顺服是全然甘心的顺服，故不会故意犯以上的罪，Simpson，*The Pastoral Epistles*，p. 106.

73　此句之前有 *alla*，故应有"反而"为始。

74　即 *pasan* 及 *agathēn*.

75　以能与一 12 所说的，克里特那恶劣的民风相反；Fee，*1 & 2 Timothy, Titus*，p. 191.

76　此句是以 *hina* 为首。

77　*didaskalia*.

78　*kosmeō*，黄锡木：《原文》，页 528；Zerwick & Grosvenor，*A Grammatical Analysis of the Greek New Testament*，p. 649.

79　对比 Kelly，*A Commentary on the Pastoral Epistles*，p. 243.

80　在这一段经文中，保罗三次提及信徒的行为会影响其周围的人，先为少年妇女（第 5 节），继而为提多本人（第 8 节），最后便是这里的奴仆。

仆人所信的基督教信仰，㉛如此，福音的信息便能在他们的身上显效。

二 11 “因为神救众人的恩典已经显明出来”

何以在恶劣的环境下，所有的信徒，包括信主的仆人，仍要有好行为呢？保罗解释说：“因为神救众人的恩典已经显明出来”；“救”乃形容词，形容“神的恩典”，㉜说明了神的恩典之表现，便是其拯救众人的成效，而此拯救的恩典“已经显明出来”，此句在原文只是一个动词，位于句首，故处强调的位置，并且是过去不定时态，㉝回指那历史性的一刻，即神借着爱子基督耶稣的降世为人，成就其救人的恩典，又因基督是为普世人类而死的，故此处作神救“众人”，即“所有的人”，㉞一如提摩太前书第二章四及六节所言的：“他〔神〕愿意万人得救，明白真道……他〔耶稣〕舍自己作万人的赎价，到了时候，这事必证明出来”。

二 12 “教训我们除去不敬虔的心和世俗的情欲，在今世自守、公义、敬虔度日”

神拯救的恩典之显现，对信主的人来说有启迪的作用，故保罗续称“教训我们除去不敬虔的心”；“教训”此字常用在教育方面，㉟又作可训练，㊱然而，此处应作教导或教训；所教导我们（信徒）的便是“除去……”，此字应作拒绝、否认；㊲所拒绝的，是“不敬虔的心”，此字早于提摩太前书第一章九节出现过，是“敬虔”一字的反义词，㊳既然“敬虔”是人对神的正确态度和生活方式，则“不敬虔”便是悖逆神、过典型世俗人的生活了，应用于为奴的信徒身上，便是以言语反驳主人及私拿主人的东西等

㉛ 故基督教信仰便能因之显为尊贵和有吸引力，Kent，*The Pastoral Epistles*，p. 226.

㉜ *sōtērios*.

㉝ *epephanē*；亦强调了此乃一不可抹煞的事实，故下一节便强调了要过敬虔的生活。

㉞ *pasin anthrōpois*.

㉟ Lock，*The Pastoral Epistles*，p. 144.

㊱ *paideuō*，BAGD，pp. 608－609；Zerwick & Grosvenor，*A Grammatical Analysis of the Greek New Testament*，p. 649；出现于提后二 25，三 16；是现在分词作副词使用，形容上一句的主要动词“显现”。

㊲ *arneomai*，黄锡木，《原文》，页 528；此处是现在分词作名词使用。

㊳ *asebeia*，Lock，*The Pastoral Epistles*，p. 144.

（第 9～10 节），这些都是悖逆神的人和世俗人之所作所为，但信主的仆人受了神恩典的教导就不应当如此行。

所拒绝的，还有"世俗的情欲"；"世俗"即"属世界的"；[89]"情欲"乃由罪人内心所发出的，一种贪心的恋情，属于世俗人所追求的东西，是"世俗的情欲"；[90]此处强调了人内心的动机，观此，信徒不单只要过敬虔的生活，还要在内心的动机上，拒绝属世的情欲。

最后，所教导的，除了以上两项消极的拒绝外，还有一项积极的指示："在今世自守、公义、敬虔度日"；[91]"度日"为动词，即生活、过活，[92]并且有三个字形容之，说明其生活的应有态度，便是：

a. 自守：此字虽然在新约中只出现于此处，但其从属字则早于本章第二及五节用过，[93]都是同义词，意即明智及有自制力；故此处强调了对己的态度。

b. 公义：此字亦于第一章八节出现过，和合本作"公平"；[94]此处侧重对人的态度。

c. 敬虔：此字早于提摩太前书第三章十六节出现过，[95]指人对神应有的宗教性，包括了其信仰及生活。观此，此处着重了其与神的关系。

以上三种对自己、对别人及对神的态度，都是"在今世"[96]过活的信徒所要存着的。

二 13 "等候所盼望的福，并等候至大的神和我们救主耶稣基督的荣耀显现"

此外，在今世过活的信徒，还要"等候所盼望的福"；"等候"亦可作

---

(89) *kosmikos*，黄锡木：《原文》，页 528；*BAGD*，p. 446.

(90) 另参约壹二 16。

(91) 以上两项是由现在分词"拒绝"（*arnēsamenoi*）带出，但此句却由一动词"度日"（*zēsōmen*）带出。

(92) *zaō*；详参 *BAGD*，pp. 336 – 337.

(93) 前者为 *sōphronōs*，后者为 *sōphrōn*.

(94) *dikaiōs*，参见其注释；此处是副词。

(95) *eusebōs*，参见其注释；此处是副词。

(96) *en tō nun aiōni*，对比来世，即下一节所论述的。

"期待", ⁹⁷是现在分词;所期待的便是"所盼望的福",此句应作"蒙福的盼望";"蒙福"早于提摩太前书第一章十一节及六章十五节出现过,用以形容神,⁹⁸神是万福之源,故他亦乐意将在他里面的福祉给予人,故"蒙福的盼望"便是那能给予人福祉的盼望。

"盼望"此观念常于保罗的著作中出现,其强调了因着基督所成就的救恩,在他里面的信徒,能与基督同为后嗣,同得天上的基业(弗一11～14;西一5、12),此处以"蒙福"来形容之,之前更有一冠词,⁹⁹可见这是指当基督再来之时,⑩⁰信徒能完全得着基业的一刻,这实在是历世历代众教会所冀望的极为"蒙福的盼望"。⑩¹ 观此,信徒在今世所付出的努力和牺牲绝对不是徒然的。总之,此盼望为信徒过敬虔的生活提供了澎湃的动力。

保罗续称:"并等候至大的神和我们救主耶稣基督的荣耀显现",故此,所等候的,除了"蒙福的盼望"外,还有的便是神及耶稣基督"荣耀的显现";"盼望"及"显现"是由一连接词"和"⑩²扣在一起,并且前者有一冠词,后者则没有,故二者其实是指同样的东西;⑩³"显现"此名词,常用作形容主的再临;⑩⁴"荣耀的显现"此表达可以是指所显现的,便是荣耀,亦可以是指那显现是荣耀的,⑩⁵但由于此荣耀,进一步被形容为至大的神及主耶稣基督的,故前者应居先。

关于"至大的神"及"我们救主耶稣基督"的关系,不少学者都认为此处是指父神和耶稣基督两位,而不是单指耶稣基督,其理由分述如下:

a. 在"至大的神"之后有一连接词,⑩⁶把"我们救主耶稣基督"连接

---

⁹⁷ *prosdechomai*,黄锡木:《原文》,页 528;形容上一节的"度日",即"过活",故是作副词使用。

⁹⁸ *makarios*,和合本作"可称颂";参见其注释。

⁹⁹ *tēn*.

⑩⁰ 即下一句的耶稣基督的"显现"。

⑩¹ 初期教会对主的再来,其浓烈的盼望在此亦可见一斑,如此,亦支持了提多书为初期教会的作品,Guthrie, *The Pastoral Epistles*, pp. 199 - 200.

⑩² *kai*,和合本作"并"。

⑩³ Kent, *The Pastoral Epistles*, p. 228.

⑩⁴ *epiphaneia*, *BAGD*, p. 304;*EDNT*, 2:44 - 45;*NIDNTT*, 3:317 - 324;除了提后一 10 是指主第一次降世。

⑩⁵ *tēs doxēs*,前者为宾格的属格,后者为描述的属格。

⑩⁶ *kai*.

在一起，可见此处明显是指两位。

b. 另一个取向，便是将"及我们救主"作为形容"至大的神"；因为"救主"在第十节时，本是用以形容神，故"至大的"及"我们救主"都是形容神，而不是形容耶稣基督，故全句为"我们救主至大的神、耶稣基督"，故耶稣基督是第二位将会显现的。

c. 在保罗的著作中，并没有把耶稣基督形容为"神"的，故"至大的神"，不会是指着耶稣基督而言。一般来说，当保罗同时论及神和耶稣基督时，总是指父神和圣子的。[107]

然而，在细观之下，此处"至大的神及我们救主"，可以是指"耶稣基督"而论的，其原因如下：[108]

a. 早期教会的教父有此理解。[109]

b. 在新约中，当言及显现和再来时，总是谈及一位人物，便是耶稣基督，并没有以之来形容父神。

c. 上文提及信徒那蒙福的盼望，总是聚焦于耶稣基督的再来。

d. 虽然在"至大的神"及"我们救主"之间有一"和"字，然而，二者却共用一个冠词，故是指同一个人物。[110] 事实上，在当时已有人以"至大的神和救主"去形容一位神明。[111]

e. 下一节明显是论及耶稣基督的作为，由此可见，此处由始到终，都聚焦于耶稣基督的身上。[112]

---

[107] 如提前一 1，五 21，六 13；提后一 1，四 1；多一 4，三 4～6；Kelly，*A Commentary on the Pastoral Epistles*，p. 247.

[108] 赞成此看法的有 Guthrie，*The Pastoral Epistles*，p. 200；Knight，*Commentary on the Pastoral Epistles*，pp. 324 – 326；Lock，*The Pastoral Epistles*，p. 145；后二者的阐论及分析颇为详细。

[109] Ibid.，p. 246.

[110] 全句为 *tou megalou theou kai sōtēros hēmōn*，一如上一句的"盼望"和"显现"的关系一样；Kent，*The Pastoral Epistles*，p. 228；Lock，*The Pastoral Epistles*，p. 145.

[111] 参见 Simpson，*The Pastoral Epistles*，p. 108，所引用 Moulton 的话。

[112] M. J. Harris，"Titus 2：13 and the Deity of Christ" in *Pauline Studies*：*Essays Presented to Professor F. F. Bruce on His 70th Birthday*，ed. D. Hagner & M. J. Harris（Grand Rapids：Eerdmans，1980），p. 270. Harris 指出，耶稣基督之所以是至大的神，是因为在第 14 节所说及的，他那舍己救人的作为；另参 Fee，*1 & 2 Timothy*，*Titus*，p. 196. Fee 则指出，在原文中，"至大的神及我们的救主"便已足够表达此句的意思，但由于下一节要论说基督的救赎作为，故保罗便加上"耶稣基督"于此处。

f. 保罗亦常以"救主"形容耶稣基督。⑬

g. 犹太人用"至大的神"以高抬神的独一性；故此处用"至大的神"描写耶稣基督，是针对当代诸异教所自诩的众多神明，而唯有耶稣基督才是唯一至高无上的神。⑭

观此，耶稣基督实乃"至大的神"，亦是"我们"，是保罗、提多及所有信徒的救主，他的荣耀将于其再来之时被全然显现出来。

二 14　"他为我们舍了自己，要赎我们脱离一切罪恶，又洁净我们特作自己的子民，热心为善"

这位至大的神及我们的救主耶稣基督，并不是徒负虚名的，因为"他为我们舍了自己"；⑮"舍了"即给予、付出，⑯此处为过去不定时态，保罗想表示，基督的舍己行动是一项完成了的丰功伟绩，这无疑指他被钉十字架；"付出了自己"言下之意，⑰便是一个甘心的捐躯行动，并且是为了"我们"，即信主的人，⑱故是一个替代性的死亡（substitutionary death），是由义（耶稣基督）代替不义（我们）。

其目的，首先便是"要赎我们脱离一切罪恶"；⑲"罪恶"原意为不法的，⑳故强调了罪那违反神律法的方面，有强烈道德性含义，故可作邪恶；"赎"即救赎、释放及使自由；㉑"脱离"原文为一前置词，㉒与"赎"一起用，全句可作"要我们从一切邪恶中得释放"，不再为邪恶所捆绑和控制。

另一个目的，便是要"洁净我们"；"洁净"在保罗的用法中，常是指在宗教上和道德上的净化，㉓故指信徒因而得着圣洁，不再为罪所污

---

⑬ 共六次，弗五 23；腓三 20；教牧书信的有多一 4，三 6；提后一 10 及此处。

⑭ 参见 *TDNT*，IV：538 - 539.

⑮ 此句以 hos 为始，其先行词(antecedent)便是上一节的耶稣基督。

⑯ *didōmi*，*BAGD*，pp. 191 - 192.

⑰ 此措辞出于耶稣自己的话，如可十 45。

⑱ "为我们"（hyper hēmōn）的用法及意义参见 Simpson，*The Pastoral Epistles*，pp. 110 - 112；*NIDNTT*，3：1196 - 1197.

⑲ 相似的表达参见提前二 6；加一 4；此句之始有 hina.

⑳ *anomia*，*BAGD*，p.71.

㉑ *lutroō*，*TLNT*，2：423 - 429；*TDNT*，IV：328 - 335.

㉒ *apo*.

㉓ *katharizo*，此乃象征性用法；Knight，*Commentary on the Pastoral Epistles*，p.328.

染，成为圣徒；"洁净我们，特作自己的子民"直译应作"他[耶稣基督]为自己洁净属于自己的一个子民"；"属于自己的一个子民"用在七十士译本中常带有立约的意味，即耶和华神与以色列人的关系，以色列人奉耶和华为独一无二的神，而耶和华亦认以色列人为他的子民；⑭故全句强调了此实乃出于他自己的目的，便要如旧约中，以色列人作为神圣约中的子民一样，借着洁净特意要建立一与他立约的子民。

此子民的特色，便是"热心为善"；"热心"应作"热心人"，⑮用在宗教上是指宗教狂热者，此字之音译便是指犹太的奋锐党人（The Zealots)，故全句可作"善行的热心人"，或是"热衷于善行的人"；"善行"即一切基督徒所当做的事，包括了以上对那些少年人、老年人及为奴等信徒的教导（第2～10节）。

二 15 "这些事你要讲明，劝戒人，用各等权柄责备人；不可叫人轻看你"

最后，保罗转向提多，本信的直接受书人，说："这些事你要讲明"，"这些事"常出现于教牧书信，⑯在提多书此乃首次，常在一系列教导之后，是回指前面的教导，即由第二节开始，对不同人士的教训；"要讲明"是要作"这些事"的三个语带命令的动词之首，此字早于第一节时已有出现，⑰保罗要提多讲合乎健全教训的道理，故此字强调要以真理讲给人知道，以致受众能因明白而知道当做的事及当走之路。

第二个语带命令的动词，便是"劝戒人"，此字和合本有作"劝化"（一9）或"劝"（二6）或"劝勉"（提前六2）；⑱最后，便是"用各等权柄责备人"，"责备人"亦早于第一章九节出现过；⑲以上三个动词，显出了提

---

⑭ 参见 ibid.，p.328；另参 Zerwick & Grosvenor，*A Grammatical Analysis of the Greek New Testament*，p.650.

⑮ *zēlōtēs*，*BAGD*，p.338.

⑯ 参见提前四11，六2。

⑰ *lalei*.

⑱ *parakaleō*，参见其注释。

⑲ *elenchō*，和合本作"驳倒"，参见其注释。

多作为教师那教导工作之多样化。[⑬]

"用各等权柄"又可作"以所有的权柄"，其所形容的，当然可以是最接近它的动词，即"责备"，[⑬]但亦可同时形容三个动词，[⑫]因此，不论提多用什么方法去教导会众，他都应该满有权柄地去教导，以发挥其真教师的本色。再说，他所教的，若是健全的教训，其本身已带着权威，作为真理的传人之提多，更不应妄自菲薄了。

最后，一如对提摩太的吩咐，不可叫人小看其年轻（提前四 12），保罗亦对提多说："不可叫人轻看你"；"轻看"为命令语，在新约只此一次出现，又可作"漠视"；[⑬]如果提多所说的，不符合耶稣基督和使徒的教训（二 1），并且表达时缺乏权柄，都是失职的表现，自然会引起别人的轻视，[⑭]观此，提多自当自重，抖擞精神，发挥传道者的能力，有效地完成其职事。[⑮]

(III) 结语

教会由不同人士组合而成，他们均持不同的动机来到教会，有些是显然的，有些是深藏的，各人的需要亦有不同；甚至同一个人，在人生的不同时段中，亦有迥异的需要。事实上，每一个人生都充满危机，举例说人的出生，其生产的过程已经不是一件简单的事。到了孩提时代，正确的教导及充分的爱，是建立自我观和人生观所不可匮乏的。少年时代的求学、交友、恋爱、侪辈压力等，再加上生理上的变化，均极需要别人的扶

---

⑬ 这是因为会众有不同的需要，参见 Kent，*The Pastoral Epistles*，p. 229；提摩太亦然，参见提后四 2；圣经亦有此功效，参见提后三 16。

⑪ Lock，*The Pastoral Epistles*，pp. 147 - 148.

⑫ Knight，*Commentary on the Pastoral Epistles*，p. 329.

⑬ *periphroneō*，*BAGD*，p. 659；黄锡木：《原文》，页 528。

⑭ 按提前四 12 的授意，此处也许与提多的年轻有关，Wild，"The Pastoral Epistles"，p. 895；然而，保罗并没有在此处明言，故可能提多并非少年；Simpson，*The Pastoral Epistles*，p. 110.

⑮ 保罗的言下之意，便是如果提多所教的合乎真理，则克里特的信徒，便不能轻视他和漠视其教训，故此句亦可能是为克里特的信徒而写的，Kelly，*A Commentary on the Pastoral Epistles*，p. 248.

助。青年则要在升学、就业和婚姻等事情上费尽心神。成年人的家庭需
要，中年人的各项心理和生理的危机，老年人的身体软弱及退休生活等，
都成为无可规避的问题，亦可说是每一个信徒的必经之途。

这样看来，当今的教会必须在牧养的事工上，有相应的策略，为每
一组别的信徒设立事工，为其需要提供支援的机制。作为传道者，按着
不同的需要，作出适切的教诲，绝对不能墨守成规，一成不变地给予说
教，由此可见，牧养工作要有成效，不能靠什么"一、二、三秘笈"，而是要
做个案探究，了解个中的底蕴，才能收教导之效。因此，单靠经验是不
足的，反而，能灵活地处理问题，肯花时间去探索问题的出处及与个别
信徒促膝深谈，才是当今有效的牧养模式。

基督教是具末世性意义的，因为神已借着耶稣基督，选召了一群属
他的子民，便是教会，这群子民的国度，始于今世，直到来生；来生的境
况，美不胜收，因为基督将会再来，他荣耀的显现，将满足历世历代众教
会所冀望的，给予信徒荣耀的生命，即是永生。因为有这样的一个美好
的未来，即使在今生要作牺牲，在苦难中过敬虔的生活，教会仍无惧艰
辛，莫问劳苦，悉力以赴。一言以蔽之，因着末世论所引发的盼望，使信
徒能有澎湃不倦的动力，去过敬虔的生活。

反观今天的教会，虽然教导信徒要过敬虔的生活的论调比比皆是，
但却不是从末世观开始，以致信徒的价值观，仍然聚焦于今生的成败得
失；纵使有人苦口婆心相劝，信徒的内心仍不为所动，充其量只是稍有
愧疚，一旦置身于世务缠身的生活时，又尽然为生活拼搏，把一切属灵
的要求都抛诸脑后，周而复始，出路渺茫，皆因其人生的价值观，并未因
基督教的末世观，正确地被建立起来。

耶稣基督说得好："得着生命的，将要失丧生命；为我失丧生命的，
将要得着生命"（太十 39），让我们谨记于心怀，除了要为今生之生活所
需而劳苦外，莫忘为来生而努力。

肆　最后的训示
（三 1～15）

1 你要提醒众人,叫他们顺服作官的、掌权的,遵他的命,预备行各样的善事。

2 不要毁谤,不要争竞,总要和平,向众人大显温柔。

3 我们从前也是无知、悖逆、受迷惑、服侍各样私欲和宴乐,常存恶毒嫉妒的心,是可恨的,又是彼此相恨。

4 但到了神-我们救主的恩慈和他向人所施的慈爱显明的时候,

5 他便救了我们;并不是因我们自己所行的义,乃是照他的怜悯,藉着重生的洗和圣灵的更新。

6 圣灵就是神藉着耶稣基督-我们救主厚厚浇灌在我们身上的,

7 好叫我们因他的恩得称为义,可以凭着永生的盼望成为后嗣。

8 这话是可信的。我也愿你把这些事切切实实地讲明,使那些已信神的人留心做正经事业。这都是美事,并且与人有益。

9 要远避无知的辩论和家谱的空谈,以及纷争,并因律法而起的争竞,因为这都是虚妄无益的。

10 分门结党的人,警戒过一两次,就要弃绝他。

11 因为知道这等人已经背道,犯了罪,自己明知不是,还是去做。

12 我打发亚提马或是推基古到你那里去的时候,你要赶紧往尼哥坡里去见我,因为我已经定意在那里过冬。

13 你要赶紧给律师西纳和亚波罗送行,叫他们没有缺乏。

14 并且我们的人要学习正经事业,预备所需用的,免得不结果子。

15 同我在一处的人都问你安。请代问那些因有信心爱我们的人安。愿恩惠常与你们众人同在!

(I) 引言

在最后一章里,保罗首先言及信徒处世之道,并且以如何对待政府作开始(第 1～2 节),相同的教诲亦出现于罗马书第十三章一至十节及彼得前书第二章十三至十七节,由此可见,此实乃一重要的课题。① 然后,保罗鼓励信徒要以友好的态度,对待世俗人(第 3 节)。事实上,尽管与世俗人相处诚非易事,然而,保罗提醒信徒们,他们本来亦是罪人,与其他世俗人不无两样。可幸的是,因着神的恩慈,在耶稣基督及圣灵里,得着重生和更新,并且得称为义,成为神的后嗣,有永生的盼望(第3～7 节)。观此,信徒实应拿出诚意,留心行善(第 8 节),使他人因而得益。②

接下来,保罗再度提醒提多,要注意假教师的破坏行动,③并且要以之为戒,他亦直率地教导提多如何对付这些背道的人(第 9～11 节)。继而,一如其他保罗书信的格式,他提及自己的行踪(travelogue)(第12～14 节),再以简单的问安及祝福作结束(第 15 节)。

(II) 注释

三 1 "你要提醒众人,叫他们顺服作官的、掌权的,遵他的命,预备行各样的善事"

保罗继续他对提多的训示:"你要提醒众人","提醒"是现在命令语,故保罗是要提多常常提点;此字意即使回想;④故可能保罗在克里特时,已有论及以下的题旨,如今,因为事关重要,故保罗要提多重新提醒各信徒。

---

① 对于此二段经文与此处的对照及分析,参见 Hanson, *The Pastoral Epistles*, pp. 188 - 189.

② 此处保罗可能是要求信徒模仿神的恩慈行善,Karris, *The Pastoral Epistles*, p. 120.

③ 因在一 10～16 已有论述。

④ *hypomimnesko*, Rienecker & Rogers, *Linguistic Key*, p. 655;此字在此处是中间语态 (middle voice),故有要甘心顺服之意;Kent, *The Pastoral Epistles*, p. 230.

所提醒的，便是"叫他们顺服作官的"，"顺服"此字早出现于第二章五及九节，形容妻子对丈夫，及仆人对主人的态度，如今，信徒亦要以此态度对"作官的"及"掌权的"，前者即是统治者，[5]指一切执行管治百姓的人，后者则为因着其官职而拥有实权的人；[6]二者均为复数，故指一切政府内的官员，甚至君王，"遵他的命"，在原文本为一个字眼，即遵命、服从，[7]在文法上应与"顺服"同位，[8]故亦是提多所要"提醒"信徒的，"预备行各样的善事"此表达方式乃保罗所常用，意即在任何的情况中，在有必要时，信徒便要积极地参与善行，以显出真门徒的本色。[9]　在此处，大概指信徒要随时随地与政府合作，作知法守法的好公民。

在第二章十一至十三节里，保罗聚焦于那至大的神和救主耶稣基督再来时那显现的荣耀，此实乃信徒蒙福的盼望，然而，信徒仍要在今世活着，尽管他们是属天的子民，等候得赎的日子来到，他们亦是地上政府的公民，故信徒要尽上公民的责任，服从政府。[10]

三 2　"不要毁谤，不要争竞，总要和平，向众人大显温柔"
保罗的提醒，还有下文的四项：

a. 不要毁谤："毁谤"此字早于第二章五节出现；此句直译为"毁谤无人"，当然，"无人"[11]可以是指上一节所出现的"作官的"和"掌权的"，然而，更有可能是指社会上各阶层、各种类的人，以下亦然。

b. 不要争竞：此字意即温和地待人，不与人争吵。[12]

---

⑤ archē，BAGD，pp. 111 - 112.

⑥ exousiais，ibid.，pp. 277 - 278.

⑦ peitharcheō；ibid.，p. 644.

⑧ 二者都是不定式。

⑨ 如林后九 8；西一 10；帖后二 17；提前五 10。

⑩ 保罗在罗十三 1～7 提出两个理由，要信徒顺服政府，一因政府是神的用人，执行管治；二因政府赏善罚恶，信徒若是守法，没有理由要怕政府的；另参 Kent，The Pastoral Epistles，p. 231；Kent 指出克里特人的民族性颇为反叛，若是如此，则保罗的教训显得更为恰当了。

⑪ mēdena.

⑫ amachos，黄锡木，《原文》，页 529。

c. 总要和平："和平"即忍耐、合理及和平。[13]

d. 向众人大显温柔："大显"意即表现出；[14]"温柔"又可作谦和、礼让、细心考虑人；[15]此句直译为"对所有的人表现出所有的温柔来"，故出现了两次的"所有"，[16]有强调的作用。

总括来说，信徒理应在社会和国家发挥信仰的果效，不单不会与社会人士产生冲突，并且还能积极地爱周遭的人，过正确的群体生活，使他人得益（参见第 8 节）。

三 3 "我们从前也是无知、悖逆、受迷惑、服侍各样私欲和宴乐，常存恶毒嫉妒的心，是可恨的，又是彼此相恨"

也许，在社会上有不同种类的人，有些极为世俗化，其价值观及人生观均与信徒大相径庭，实有天渊之别，这样，信徒要与他们和谐共处，委实不是容易的事。尽管如此，保罗却提醒说："我们从前也是……"，此句之前有"因为"一字；[17]保罗的用意，是要信徒回忆在信主前的恶劣境况，岂不便是今日信徒所要面对世人的情境吗？以此引发信徒推己及人，及衍生同情心，如此，便能易于了解世俗人的言行举止，以致能够接受他们。

以下是一系列关于信徒信主前的光景：

a. 无知：此字已于提摩太前书第六章九节出现过，[18]强调对属灵的事一无所知。

b. 悖逆：此字亦早于第一章十六节出现，[19]亦是以神为对象。

c. 受迷惑：意即被欺骗、被向导引至迷途；[20]大概是罪人为罪所困的苦境。

---

[13] *epieikeis*，Rienecker & Rogers，*Linguistic Key*，p. 655.

[14] *endeiknumi*，黄锡木：《原文》，页 529；此处是现在分词。

[15] *prautēs*，*TDNT*，VI：646；Kelly，*A Commentary on the Pastoral Epistles*，p. 249.

[16] 前者为 *pasan*，后者为 *pantas*.

[17] *gar*，有解释的意思。

[18] *anoētos*，参见其注释。

[19] *apeithēs*，参见其注释。

[20] *planaō*，Rienecker & Rogers，*Linguistic Key*，p. 655；另参 Guthrie，*The Pastoral Epistles*，p. 203；此处为被动语态。

d. 服侍各样私欲和宴乐："服侍"即被奴役；㉑"私欲"出现于提摩太前书第六章九节及提多书第二章十二节；㉒"宴乐"更好应作享乐、逸乐、欲望（参见新译、思高）；㉓故二者可算是同义词，㉔在此布沙尔（Buchsel）说得好："当人满足于私欲时，他便得着享乐；当人追求享乐时，他便得着私欲了"。㉕"各样"意即各种类，是同时形容"私欲"及"享乐"的；显出了繁华世间中的"私欲"和"享乐"，委实是各适其式，无奇不有。

e. 常存恶毒嫉妒的心："恶毒"又作邪恶、怨恨；㉖及"嫉妒"常出现于罪恶的枚举之中（list of vices），㉗"常存"应作活着；㉘故全句为"活在恶毒和嫉妒之中"。

f. 是可恨的：此字在新约中只出现一次，其意思可以是"可憎的"（hated[参考新译]）或"充满憎恨的"（hateful[参考吕中]）；㉙但按下一项的授意，此处大概是指充满憎恨的。

g. 又是彼此相恨："恨"与上一项的"充满憎恨的"，大概是同义词。㉚"彼此相恨"无疑是与耶稣基督所说的："我赐给你们一条新命令，乃是叫你们彼此相爱"（约十三 34，另参十五 17）背道而驰；显出了世人与他人，包括了其邻舍，相处的典型恶劣表现。

　　保罗用七项罪恶之多，去描绘信徒信主前的苦境，旨在引导信徒回忆过往的恶行，以提醒他们，如今他们能成为信徒，不过是因为神的恩慈，以预备下文的论述。

㉑ *douleuō*.

㉒ *epithumia*，参见其注释。

㉓ *hēdonē*，BAGD, pp. 344–345；黄锡木：《原文》，页 529。

㉔ 后者含有诗意，参见 Simpson, *The Pastoral Epistles*, p. 113.

㉕ *TDNT*, III：171.

㉖ *kakia*，BAGD，pp. 397–398；黄锡木：《原文》，页 529。

㉗ 其中如罗一 29；彼前二 1；后者出现于提前六 4，参见其注释。

㉘ *diagō*，Rienecker & Rogers, *Linguistic Key*, p. 656；此字本应有 *bion* 紧随，参见提前二 2；但亦可不加；Knight, *Commentary on the Pastoral Epistles*, p. 337.

㉙ *stygētos*，BAGD, p. 779；Rienecker & Rogers, *Linguistic Key*, p. 656；参见 *BAGD*.

㉚ *miseō*，BAGD，p. 524.

三 4 "但到了神-我们救主的恩慈和他向人所施的慈爱显明的时候"

为了对比未信主时信徒的各等罪恶和神的恩慈,保罗用了"但",作为此节的开始;[31]"到了……时候"即是"当",[32]强调了时间,此时间是当"神-我们救主的恩慈……显明"之时,"恩慈"即仁慈、慷慨,[33]在新约中出现凡十次,有用在神的身上,[34]亦有用以形容人的,[35]前者常用在神对人的拯救上,显出他的恩慈,此处亦然。"显明"乃过去不定时态,并且是被动语,[36]故可作显出自己、使出现;"神我们救主"所指的,可以指父神或耶稣基督(参见二 13),然而,由于下文出现了圣灵及耶稣基督,故我们推想,此处应是父神,以致三位一体的神都同时出现于此经段中。

所显现的,除了是"恩慈"外,还有是"他向人所施的慈爱",在原文此句为一个复合字,即"慈爱于人",[37]此处指神对人的慈爱;故全句应作"当神我们的救主之恩慈及对人的慈爱被显出来的时候",此处所指的,无疑是指父神借着耶稣基督所做的,拯救世人的丰功伟绩,[38]大大显出其恩慈及爱世人的心。

三 5 "他便救了我们;并不是因我们自己所行的义,乃是照他的怜悯,藉着重生的洗和圣灵的更新"

保罗续称:"他便救了我们","他"回指上一节的父神;"救"乃过去不定时态,回指个别信徒得蒙父神拯救之时;父神拯救的基础是什么呢?保罗先否定一个人为的基础,然后再建立一个本于神的基础;"并不是因我们自己所行的义",此句直译为"不是因着我们所做义的作

---

[31] *de*,是一转折连词。

[32] *hote*.

[33] *chrēstotēs*,*BAGD*,p.894.

[34] 如罗二 4、十一 22;弗二 7。

[35] 如罗三 12;林后六 6;加五 22;西三 12。

[36] *epephanē*,*BAGD*,p.304.

[37] *philanthrōpia*,*TDNT*,IX;107 - 112;在新约出现了两次,即此处及徒二十八 2。

[38] 故"显出来"不应被规划于基督的第一次显现,乃是他所达成的,整个救赎世人的事迹,**Knight**,*Commentary on the Pastoral Epistles*,pp.339 - 340.

为","义的作为"指在道德的层面,人借着行善所达成的功德(参考思高);㊴然而,这一切都不能为人赚取神的拯救。

反而,㊵"乃是照他的怜悯","照"即按着;㊶"怜悯"出现于新约凡二十多次,指充满了爱的神可怜犯罪的人,而神对罪人的怜悯,亦是罪人所不配得的,但因着约的关系,他便以怜悯待罪人;㊷"他"当然是指父神,有强调的作用,㊸以对比上一句的"我们",故此处着重了从神而来的怜悯,作为了父神救了我们的基础,一如以弗所书第二章八至九节所言的:"你们得救是本乎恩,……这并不是出于自己,乃是神所赐的;也不是出于行为……"

在实际的层面,保罗指出了父神拯救信徒的两个机制,便是"藉着重生的洗和圣灵的更新"。"重生"是一复合字,可作"新的创世"(new genesis),㊹故又可作"新时代"。㊺在当时的希腊哲学斯多亚学派的用法中,此字指自然界那周而复始的万物更新。㊻而神秘宗教则以之形容其新入教人士所经历的神秘再生。由此可见,在基督教里用在人的身上,是指一个崭新的开始,故应作新生(new generation)或重生(regeneration)。新约强调要进入天国,人必须要重生(约三 5),并且借着洗礼,表明信徒的旧我已经死去,产生了一个新我,"叫我们一举一动有新生的样式"(罗六 4)。

至于"洗",此处的用法及意思,其可能性有二:

a. 比喻性用法:"洗",即洗涤、洗净,㊼指道德上的洁净,即罪被清

㊴ 参见 *TDNT*,II:202.

㊵ 此句之前有 *alla*,是一转折连词。

㊶ *kata*.

㊷ *eleos*,*BAGD*,p.249;*TDNT*,II:477-485;此字可说是旧约中形容神那约中之"慈爱"(h-s-d)的希腊字之配对;参见 Edwin Hatch & Henry A. Redpath,*A Concordance to the Septuagint and the Other Greek Versions of the Old Testament*(Grand Rapids:Baker,1983,repr.),1:451.

㊸ *autou*,Knight,*Commentary on the Pastoral Epistles*,p.341.

㊹ *palingenesia*,*BAGD*,p.611;*TDNT*,I:686.

㊺ 黄锡木:《原文》,页 529。

㊻ Guthrie,*The Pastoral Epistles*,p.205.

㊼ *loutron*,黄锡木:《原文》,页 529。

除；⑱按此了解"重生的洗"应该是指信徒那被神洁净的、新生命的开始。⑲

b. 字面解法：指水洗，即基督教的洗礼，⑳因为新约中如约翰福音第三章五节，彼得前书第一章三节及二十三节，尤其是罗马书第六章四节，在在说明有此含义。

按使徒行传的记录，信徒的洗礼常伴随着圣灵的工作，有时圣灵降在洗礼之前，有时在其后，㉑在此处的下一句提及"圣灵的更新"吻合，再者，希伯来书第十章二十二节说："我们心中天良的亏欠已经洒去，身体用清水洗净了……"，"身体用清水洗净"无疑是指洗礼而言，而"洗净"与此处的洗为同一个字眼，㉒由此可见，此处指洗礼的可能性是存在的，㉓无论如何，洗礼象征一个发生于信徒生命内的实况，此实况便是"重生"。㉔

"更新"此字亦于罗马书第十二章二节出现过，㉕其字根，含有"新"一字，是指事物之本质上的迥然不同，㉖新约的末世论强调，耶稣基督的出现证明了他是真弥赛亚，开创了一个弥赛亚时代，带来了新纪元，建立起一群新人类，即教会。按此理解，"更新"指一个在基督里的、与犯罪的生命截然不同的、新造的人，一如哥林多后书第五章十七节所言的："若有人在基督里，他就是新造的人，旧事已过，都变成新的了。""圣

---

⑱ Knight, *Commentary on the Pastoral Epistles*, pp. 341–342.

⑲ 故"重生"（*palingenesias*）是宾语的属格；即因着罪的洗净，产生了重生，详参 Erickson, *Christian Theology*, 3：942–946.

⑳ *BAGD*, p. 481；参见 Kelly, *A Commentary on the Pastoral Epistles*, p. 252；Simpson, *The Pastoral Epistles*, p. 114.

㉑ 使徒行传中有关洗礼的经文如：二 37～41，八 12、16～17，八 36～38，九 3～18，十 9～48，十六 14～15、33，十九 5～6。

㉒ 此处为名词，来十 22 为分词 *lelousmenoi*。

㉓ 当然，最理想的，保罗应该用"洗礼"（*baptizō*）此字，便能化解疑团了。

㉔ 此份理解形成称呼洗礼为"重生的洗"，而由于此节是被征引的部分（参见第 8 节），故可能到了保罗写此信之时，大公教会已有这份理解。

㉕ *anakainōsis*；*BAGD*, p. 55；*TDNT*, III：447–454；其从属字亦出现于林后四 16；西三 10；来六 6。

㉖ *kainos*，参见 Leon Morris, *The Epistle to the Romans* (Grand Rapids：Eerdmans, 1988), p. 435, fn. 17；*BAGD*, pp. 394–395.

灵的更新"强调由圣灵而出的，[57]一个做在信徒身上的更新生命的工作，而"更新"的是信徒的思想（参见罗十二 2），是持续的，以致信徒得以成长和成圣，[58]符合一个在新时代中生活的人。

此外，"圣灵的更新"在文法上，本可以如"重生"一样形容"洗"，若是如此，则"圣灵更新的洗"便大有可能是指洗礼了。[59] 按此理解，则"重生的洗"自然亦指洗礼，[60]观此，神拯救的怜悯，其落实便不是两个机制，而是一个机制：洗礼。[61]然而，这是一个不必要的做法，因为此处保罗以"和"字，将"重生的洗"和"圣灵的更新"分开，其作用有：

a. 显出了此处是两个机制。

b. 二者都是由属格的字词组成，是交叉对称地排列，即"重生的洗"对"圣灵的更新"，"重生"对"更新"，[62]而"洗"对"圣灵"，[63]故有修辞的作用。

c. 前者的重点在信徒得救的开始，[64]后者侧重于圣灵持续地在信徒生命中的成圣工作。[65]

三 6　"圣灵就是神藉着耶稣基督－我们救主厚厚浇灌在我们身上的"

在提及圣灵那更新生命的工作后，保罗续称："圣灵就是神藉着耶稣基督－我们救主厚厚浇灌在我们身上的"，在原文里，此处只有一关系性代名词（relative pronoun），即"那"，[66]无疑是形容之前最近的名词，即上一节的"圣灵"；"浇灌"意即倒出、倾注；[67]本是形容流质的东西，用

---

[57] 故"圣灵"（pēeumatos hagiou）是主语属格；此处是教牧书信中第一次明显地论及圣灵；Quinn, *The Letter to Titus*, p. 197.

[58] 此处带出了渐进性成圣（progressive sanctification）的理念。

[59] 参见 Quinn, *The Letter to Titus*, pp. 217－226.

[60] 故"洗"便不是比喻性用法，而是礼仪性用法了。

[61] 这是一般天主教学者的看法。

[62] 二者可算是意义相近的字眼。

[63] 详参 Knight, *Commentary on the Pastoral Epistles*, pp. 343－344.

[64] 故洗礼成为一个初始性的礼仪（initiatory rite）。

[65] Guthrie, *The Pastoral Epistles*, p. 205.

[66] hou.

[67] *ekcheō*, *BAGD*, pp. 246－247；黄锡木：《原文》，页 529。

在圣灵的身上,⑱则为比喻性用法,即有如流质,从上面倾泻下来,带出从神而来的能力的赐予,是神将他自己给予世人。⑲ "厚厚"即丰厚地、充裕地;⑳在新约中其出现都带着正面的意思。㉑ 在教牧书信中,常是形容神施恩给人的分量和程度(如提前六17),此处要表明神将圣灵,如水从器皿毫无保留地尽然倾倒出来给予信徒一样。㉒ 再者,又因此动词为过去不定时态,故"浇灌"的发生,大概是使徒行传第二章中所记载的圣灵降临的时刻了。

此圣灵的给予是"藉着耶稣基督-我们的救主"达成的,"我们的救主"强调了耶稣基督与个别信徒的关系,他是救主,其拯救的工作之一,是把圣灵赐给在他里面的人,一如以弗所书第四章八节所说的:"他[耶稣基督]升上高天的时候,掳掠了仇敌,将各样恩赐赏给人",事实上,当耶稣在世受施洗约翰的洗礼时,圣灵已无限量地充满了他(太三13~17;可一8~11;路三21~22,另参四1),如此,便开创了人类得着丰厚之圣灵的先河。那降世为人的耶稣站在一个人的地位上,领受完全的圣灵,如此,他才能将圣灵给予一切在他里面的人。稍后,他更应许信徒,即使他离世升天,仍会赐下保惠师,即圣灵,与他们同在(约十四16~17,十六7~14)。此应许的实现,便是使徒行传第二章所记的,五旬节圣灵的降临,观此,无怪乎彼得在此盛事中的讲道,引用了旧约约珥书中有关此事的预言,对当时的群众说:"神说:'在末后的日子,我要将我的灵浇灌凡有血气的……'"(徒二17),又说:"他[耶稣基督]既被神的右手高举,又从父受了所应许的圣灵,就把你们所看见所听见的浇灌下来"(徒二33)。此两处的征引,在在说明了"圣灵……浇灌"此盛事,实为旧约先知所冀望和预告,借着耶稣基督的救赎得以

---

⑱ 除此处外,只有路加有此用法,参见徒二17~18;可见,教牧书信与路加的著作有着一定程度的关系,详参绪论部分关于作者问题的阐论及剖析。

⑲ 参见 *TDNT*,II:468-469.

⑳ plousiōs,*BAGD*,p.679;Zerwick & Grosvenor,*A Grammatical Analysis of the Greek New Testament*,p.650.

㉑ 如西三16;彼后一11。

㉒ 礼仪派的学者主张,此表达与洗礼时将水倾倒在受洗者的身上有关,Quinn,*The Letter to Titus*,p.198.

实现于此。⑦

一言以蔽之,此"丰厚的浇灌"是上一节所提及的,持续在信徒生命中做更新工作的圣灵,其得以在信徒生命中开始工作。

三 7　"好叫我们因他的恩得称为义,可以凭着永生的盼望成为后嗣"

在第五节里,保罗说及怜悯罪人的神,在人类历史中实行了拯救工作,此工作的目的是"好叫我们因他的恩得称为义",⑦"他的恩"回指第五节父神的拯救,无疑是一项恩典,即完全出于神白白的恩惠,没有涉及需要人参与的成分;"得称为义"此字在新约中出现凡二十七次,在保罗的用法中几乎是一专用词,带着浓厚的律法意味,强调了罪人在神的审判台前,被宣布为无罪,其罪得着赦免。⑦　此处是被动语的分词,说明了是"我们"被宣称为无罪,而此分词用以形容下一句的动词"成为",⑦故全句可作"以致当因着他的恩得称为义时,我们便可以凭着永生……"

"可以凭着永生的盼望成为后嗣"直译为"我们可以成为后嗣,按着永生的盼望";"后嗣"⑦此字常在新约中出现,其旧约的背景是指神应许亚伯拉罕的后裔能承受美好的产业(罗四 13～16;来六 13～17),因着神儿子耶稣基督的拯救,罪人能称神为阿爸父,又称耶稣基督为弟兄,与基督同时成为神的儿子,引申有因着有神儿子的名分,将获得神所赐的产业(罗八 17;加四 7)。

在文法上,"永生的"可以是形容盼望(和合本、新译、现中),即"永生的盼望",强调了所盼望的便是永生;⑦但亦可以形容"后嗣"(吕本、

---

⑦ 此处显示出耶稣作为中保的工作,详参 Torrance, "Come, Creator Spirit, for the Renewal of Worship and Witness", p.371f.

⑦ "好叫",即 hina,强调了目的。

⑦ dikaioō, TLNT, 1:318-347; TDNT, II:214-219;当然,这是基于神将基督的义归算在了信徒身上;这种"义的归算"(the imputation of righteousness),详参 Erickson, Christian Theology, 3:954-959.

⑦ dikaiōthentes,故是作副词使用。

⑦ klēronomos,出现凡 15 次;BAGD, p.436.

⑦ 故"永生的"(zōēs aiōniou)是宾语的属格;这亦是大部分学者的意向,Bernard, The Pastoral Epistles, p.179; Dibelius and Conzelmann, The Pastoral Epistles, p.150; Hultgren, I-II Timothy, Titus, p.171(他对作者不说"永生的后嗣"表示奇怪,但亦作出了解释);Fee, 1 & 2 Timothy, Titus, p.206.

思高），即"永生的后嗣"，意即成为承受永生的人。按第一章二节中"永生的盼望"此措辞早已出现，可见此乃教牧书信作者的惯用语，故第一个意思可居先。无论何种取向，"后嗣"既排于句首，故是用以强调，在此，保罗的意思是明显的，于第五节时，他提及神的拯救，此节侧重于拯救的目的，而"后嗣"便是此目的的中心。

总括来说，信徒的盼望是因有了神儿子的名分得以承受永生，这实在是神在耶稣基督里那拯救的行动，所达成的佳果。[79]

三8　"这话是可信的。我也愿你把这些事切切实实地讲明，使那些已信神的人留心做正经事业。这都是美事，并且与人有益"

此处出现了第四个"这话是可信的"此引用的公式；[80]可信的意思，是可靠的、值得信赖的。

由于下文没有出现任何被引用的字句，由此可见，此处是回指紧贴的上文，[81]但究竟是指从哪一节开始则难于定案，几个可能的取向分述如下：

a. 由第三至七节：其理由是第三章一及二节，保罗均用"你"作为对象，但到了第三节时，而直到第七节，都用"我们"，反映出此实乃被征引的部分。[82]然而，如此长的征引在五段"这话是可信的"中，都没有出现过，况且，第三节的由"你"转为"我们"，一方面是作者要直接一点与他所要教导的读者们说话，另一方面，亦是一转接句，以致在引用时，文意能畅顺。

b. 由第四节到七节：此段组成了一完整的句子，这是大部分学者

---

[79] 此处标榜了救恩那末世性的一面；Bernard，参见 ibid；Hultgren 则认为，此处保罗是要带出来世与今世那存在的张力，即重生与更新为今世的事，永生和后嗣为来世的事，借此打击假教师那极为注重今世的主张（提后二 18），参见 ibid；然而，我们不能肯定克里特教会内的假教师，是否存在着这份偏激的思想。

[80] 其他已出现的三次为提前一 15，三 1，四 9；还会出现的是提后二 11；参见提前一 15 的注释。

[81] 绝大部分学者都存此理解，唯 Scott 及 R. A. Campbell 持相反意见，他们都认为所引用的是下文，综观而论，他们的推测欠说服力；参见 R. A. Campbell, "Identifying the Faithful Sayings in the Pastoral Epistles", *JSNT* 54(1994), pp. 75 - 77.

[82] Dibelius & Conzelmann, *The Pastoral Epistles*, p. 147.

的意见。⑧

c. 由第五节到六节：由于第四节中的"神我们救主"及"显明"均为
保罗的词汇，而第七节中的"得称为义"及"后嗣"亦然，故不会
属于被引用的部分。⑧ 然而，第五节中的"救""怜悯"等字，亦有
在保罗的作品中出现。再者，在"这话是可信的"及所回指的经
文之间，竟由一节经文相隔，这是没有任何先例可援，由此可
见，此说存在不少问题。

总括来说，b 是最自然及问题较少的，当中出现了父神(第 4 节)、
耶稣基督(第 6 节)和圣灵(第 5 节)，这三位一体的神，再加上"重生的
洗"是指洗礼的可能性，使我们推想，此段被征引的经文，原本可能是一
首在洗礼时颂唱的诗歌，或是信条，或是全会众要诵读的信条式礼文。
保罗引用之，旨在指出三位一体的神做在信徒身上的救恩，在在显出神
的浩恩，以感召受众，同样以此恩慈对待周围的人，一如在本章开始时
所论及的。

既然神的大恩及其做在信徒身上的工作是真的，是可信的，保罗随
即勉励提多："我也愿你把这些事切切实实地讲明"，"这些事"回指上
文，即由第一节到七节的教训；"切切实实地讲明"在原文只是一个字，
此字于提摩太前书第一章七节被译作"论定"；⑧如此，便能"使那些已
信神的人留心做正经事业"，"那些已信神的人"为一现在完成时态的分
词，⑧强调了信靠神在这些人身上所产生的果效，是经历到神的恩慈
(第 4 节)和怜悯(第 5 节)的人；⑧"留心"此字在新约中只出现于此，意
即有意于、关心，亦有热心的意思；⑧所热心的，是要"做正经事业"，

---

⑧ Fee, *1 & 2 Timothy*，*Titus*，p. 207；Guthrie，*The Pastoral Epistles*，p. 207；Knight，
Commentary on the Pastoral Epistles，pp. 347 - 350；Knight，*The Faithful Sayings*，
pp. 80 - 86.

⑧ 第 5 节前半部分，亦不在被引部分，参见 Kelly，*A Commentary on the Pastoral Epistles*，
pp. 254 - 255.

⑧ *diabebaioomai*，参见其注释。

⑧ *pepisteukotes*，由于其前有一冠词，故是作名词使用。

⑧ 在第 3 至 7 节中，保罗一向所强调的救恩中的"信靠"观念并没有出现，却在此间加
上了。

⑧ *phrontizō*，*BAGD*，p. 874；黄锡木：《原文》，页 530。

"做"本意为领导,此处则作"专注";⁸⁹"正经事业"此措辞即是"善行"（思高）;⁹⁰故此句直译为"使那些已信神的人,热心于专注善行",可见保罗是有意强调信徒要以"善行"为其人生的首要任务。

最后,保罗作出一励志性的结语,"这都是美事,并且与人有益","这都是美事"所指的,可能是"善行",但由于善行本身,已经有"美"一字,此处以"美"形容之,便有重复之弊,故大多数指第一至七节所说的;"有益"即有用;⁹¹保罗的用意是,信徒已蒙受神的大恩,因着信得着莫大的益处,如今,他们亦要以厚恩待世人,如此行事,无疑是一美善之事。

三9　"要远避无知的辩论和家谱的空谈,以及纷争,并因律法而起的争竞,因为这都是虚妄无益的"

在说及信徒当做的事后,保罗提出了提多当禁戒不做的事:"要远避无知的辩论",⁹²"远避"此字本意为"绕过",故可作"逃避""远避",⁹³是命令语,亦是第二人称单数,故保罗是指着提多而言;⁹⁴所要"远避"的,是"无知的辩论","辩论"早于提摩太前书第六章四节出现,是假教师的恶劣表现之一;⁹⁵"无知"即愚蠢;⁹⁶除了要逃避"愚蠢的争辩"外,还有的是"家谱的空谈",在原文只有"家谱"一字,此字早出现于提摩太前书第一章四节,亦是假教师所高抬的谬论之一。⁹⁷

第三项要远避的,便是"纷争",此字亦于提摩太前书第六章四节有出现,同样是假教师的一种恶劣表现;⁹⁸最后一项便是"并因律法而起

---

⑧⑨ *proistēmi*,当其后随的事物是属格时,便有此意思;Zerwick & Grosvenor, *A Grammatical Analysis of the Greek New Testament*, pp. 650 – 651.

⑨⓪ *kalōn ergōn*.

⑨① *ōphelimos*,黄锡木:《原文》,页530;Zerwick & Grosvenor, *A Grammatical Analysis of the Greek New Testament*, p. 651.

⑨② 此句有 *de* 一字,故应加上"然而"一字于句子前面。

⑨③ *periistēmi*, Rienecker & Rogers, *Linguistic Key*, p. 657.

⑨④ 当然,信徒亦应远避这些劣行,然而提多应为首,因他是教会的领袖。

⑨⑤ *zētēsis*,参见其注释。

⑨⑥ *mōros*, *BAGD*, p. 533;黄锡木:《原文》,页530。

⑨⑦ *genealogia*,参见其注释。

⑨⑧ *eris*,参见其注释。

的争竞"，在原文此句只有两个字，直译作"律法上的争竞"，"律法上"大概是指摩西律法，即旧约中所提及的律法；[99]"争竞"亦作争斗、争吵、争执；在新约中亦常有出现，总是复数，"争斗"此字的特色，指一场没有用武器的战争；[100]"律法上的争斗"同样是假教师所犯严重毛病之一。[101]

　　以上四项为假教师所推崇的口舌之争，都是提多要远避的事，"因为这都是虚妄无益的"；"虚妄无益"应作"无益及虚妄的"，"无益"与上一节的"有益"为反义词，故即有害的；[102]"虚妄"即徒然、无用；[103]作为真教师的提多，不应讲以上四项假教师常挂在口边、一无是处的胡扯，反而要讲美善的、能建立人的事，即由第一至七节对他人有益的事（参见第 8 节）。

　　三 10　"分门结党的人，警戒过一两次，就要弃绝他"
　　此外，"分门结党的人"，"分门结党"在新约中只此一次出现，此字即制造分裂者，[104]此人之所以会如此，可能是因为他以妖言在教会内掀起了争辩，而按下一节的授意，此人便是正在影响着克里特众教会的假教师；对付这等人，保罗说："警戒过一两次，就要弃绝他"，"警戒"此字包括了指示和警告，即借着警告和辅导，指出某人的错误，使之能改弦易辙，改过从善；[105]"一两次"所指的步骤，大有可能是耶稣于马太福音第十八章十五至二十节的教导，即若有人犯罪，先由个人，后再由两三个人去纠正之，故是"一两次"；若仍不得要领，便要诉诸全教会，执行教会纪律，此处亦然，若鼓吹分门结党的人仍不改过，"就要弃绝他"，"弃绝"早于提摩太前书第四章七节、五章十一节出现过，[106]此处则语带命

[99]　*nomikos*，Knight，*Commentary on the Pastoral Epistles*，p. 354.

[100]　*machē*，BAGD，p. 497.

[101]　如高抬洁净之礼（一 15～16）；参见提前四 7～8。

[102]　*anōphelēs*，黄锡木，《原文》，页 530。

[103]　*mataios*，BAGD，p. 496；Zerwick & Grosvenor，*A Grammatical Analysis of the Greek New Testament*，p. 651；此字的复合字 *mataiologos* 出现于提前一 6 及多一 10；和合本作"虚浮的话""虚空话"。

[104]　*hairetikos*；BAGD，p. 23；黄锡木，《原文》，页 530。

[105]　*nouthesia*，Rienecker & Rogers，*Linguistic Key*，p. 657；TDNT，IV：1019－1022.

[106]　*paraitou*，参见其注释。

令,表明到了这个地步,执行教会纪律无可避免。

三11 "因为知道这等人已经背道,犯了罪,自己明知不是,还是去做"

继而,保罗作出解释:"因为知道这等人已经背道","已经背道"此字在新约中亦只出现于此处,本意为转过去、扭转;[107]此处为被动语态或中间语态,故意即自己转离,故可作"背叛",[108]强调乃出于自决的一个行动;此动词亦是现在完成时态,说明此人已身处此背叛的窘境中,难于改变。

事实上,此人是"犯了罪",此动词为现在时态,[109]侧重于其持续性地犯罪;"自己明知不是,还是去做",此句在原文只有两个字,直译为"成为自我判罪";[110]"自我判罪"此字在新约只此一次出现,保罗特用此字,以说明了其实此刻意叛道、经常犯罪的人,是正在为自己的所作所为定了罪案。因此,执行此判罪的方法是驱逐此人出教会(太十八17;林前五11~13;帖后三14)。

三12 "我打发亚提马或是推基古到你那里去的时候,你要赶紧往尼哥坡里去见我,因为我已经定意在那里过冬"

到了此处,保罗已完成他的教导,他关怀提多的需要,故说:"我打发亚提马或是推基古到你那里去的时候……","打发"即派;[111]所派的可能是"亚提马",但亦可能是"推基古",在此时,保罗尚未决定应派谁去提多那里,以接替提多的工作,这样,提多便能抽身会见保罗。

此两个人物,前者并没有出现于新约的其他书信,[112]后者的名字[113]

---

[107] *ekstrephō*,*BAGD*,p. 244;Rienecker & Rogers,*Linguistic Key*,p. 657.

[108] *exestraptai*,Knight,*Commentary on the Pastoral Epistles*,p. 355.

[109] hamartanō,提前五20亦以此形容犯罪的长老,参见其注释及 Quinn,*The Letter to Titus*,p. 240.

[110] *hōn autokatakritos*.

[111] *pempō*.

[112] Arteman,此字意即亚底米的礼物,是一异教徒名字;Quinn,*The Letter to Titus*,p. 254.

[113] Tuchikon,此字意即幸运,亦是一异教徒名字,ibid.

则早于使徒行传第二十章四节出现,说明他是亚细亚人,[14]而从以弗所书第六章二十一节及歌罗西书第四章七节所说的,我们得悉推基古实乃一忠心的良仆,大概是为保罗传达信息的信差。稍后,当保罗写提摩太后书时,他指出推基古被派往以弗所去,由此推想,保罗最后决定派亚提马去克里特,接替提多的工作,而推基古则有其他任务要承担。

当提多的工作有了承接的人时,他便能离开克里特,故保罗续称:"你要赶紧往尼哥坡里去见我","赶紧"亦可作尽可能,[15]是命令语;故提多务必要快点到达"尼哥坡里",此城位于希腊半岛的西岸,在雅典西北约二十英里处,是当时希腊半岛西岸最大的都会及商港,[16]保罗选取此地"过冬",一方面由于此城位于他福音工作的路线上,另一方面,此城亦是向罗马之另一省份挞马太进行传福音的好地方;[17]而提多明显要乘坐船只才能到达此地,故不宜迟延;"因为我已经定意在那里过冬","过冬"此字亦出现于哥林多前书第十六章六节;[18]"冬"天是一个不宜航海的时间,[19]故此,保罗"已经定意",[20]要留在尼哥坡里,直到寒冬过去,与此同时,亦可与提多相聚。[21]

三13　"你要赶紧给律师西纳和亚波罗送行,叫他们没有缺乏"

谈及远行,保罗又想起了在旅行中的同道需要提多帮助,于是他又对提多说:"你要赶紧给律师西纳和亚波罗送行",前者"西纳"此名字亦

---

[14] 故可能是来自以弗所。

[15] *spoudazō*, *TLNT*, 3：276 - 285；黄锡木：《原文》,页 530。

[16] 详参 Quinn, *The Letter to Titus*, p.255.

[17] 此城明显有利于向西行,是能向罗马,甚至西班牙传福音的地方,Lock, *The Pastoral Epistles*, p. 158；详参 Hendriksen, *1 & 2 Thessalonians*, *1 & 2 Timothy and Titus*, p.397；再者,当时知名的斯多亚哲学家爱比克泰德(Epictetus)亦于此城设立院校授徒；Barclay, *The Letters to Timothy*, *Titus and Philemon*, p.265.

[18] *paracheimazō*；*BAGD*, p.629.

[19] 大概是由 10 月 10 日到翌年的 3 月 10 日的时段,地中海的航运会因天气的转变不时被中断,参见 Quinn, *The Letter to Titus*, p.256.

[20] *kekrika*,是现在完成时态,即保罗已处于决定了的情况。

[21] 按提后四 10 论及提多往挞马太去的提示,提多的确是到了尼哥坡里(尼哥坡里是在挞马太省附近)与保罗会面,后被派往挞马太,履行另一次的任务。

只此一次出现；[122]"律师"可以是指犹太人的教法师，又或者是熟悉罗马政府律法的人；[123]由于"西纳"是异教徒的名字，故大概此人不是犹太人。[124] 如此形容"西纳"，暗示可能有多于一个西纳为提多等人所认识，故要稍加注明，以兹识别。[125]

至于"亚波罗"，此名字则经常出现于新约，使徒行传由第十八章二十四节开始，言及他是一个出生于亚历山大［亚历山大里亚］、善于辞令、熟习旧约的犹太信徒，其到各处传道，建立信徒使他亦晋身于使徒的行列（参见林前一 12，三 4～6，四 6，十六 12），观此，他路过克里特，进行福音的工作是不足为怪的事，[126]大概是亚波罗与西纳同行，[127]故保罗要求提多"赶紧"给他们"送行"。

"赶紧"亦可解作勤恳地、尽力地；[128]"送行"此字有为旅途提供资助之意，[129]并且语带命令；故全句可作"要竭力地给他们旅程援助"；[130]其目的，便是"叫他们没有缺乏"，[131]即有足够的供应，以继续其圣工。

---

[122] *Zēnan*，其意即"宙斯的礼物"；Quinn, *The Letter to Titus*, p. 257.

[123] *nomikos*；BAGD, p. 543.

[124] 参见 Hendriksen, *1 & 2 Thessalonians*, *1 & 2 Timothy and Titus*, p. 398. Hendriksen 主张，此实乃熟悉旧约律法的人，因为保罗是要派此人到克里特，以应付那些强解旧约律法的假教师们，不过，若是如此，则保罗理应在此多加介绍，以致提多知道如何与他联手去对付这一派人；反而，此处的措辞，显出他们只是路过往他处侍奉而已；另参 Calvin, *The Second Epistle of Paul to the Corinthians*, *and the Epistles to Timothy*, *Titus and Philemon*, p. 389. Calvin 认为他与亚波罗一样，善于解释旧约律法；但若是如此，则保罗理应用"教法师"（提前一 7）去介绍他才更显得适切。

[125] Scott, *The Pastoral Epistles*, p. 181；保罗亦以医生形容路加（西四 14），管银库的形容以拉都（罗十六 24）。

[126] 他们可能是此信的信差；Fee, *1 & 2 Timothy*, *Titus*, p. 215，但 Lock 则主张，他们大概不会是负责带此信去给提多的信差，皆因亚波罗乃当代首屈一指的使徒，保罗不会要求他做此事，ibid.

[127] 后者更可能是亚波罗的助手。

[128] *spoudaiōs*，BAGD, p. 771；黄锡木：《原文》，页 530。

[129] *propempō*, ibid., p. 716；Zerwick & Grosvenor, *A Grammatical Analysis of the Greek New Testament*, p. 651.

[130] 参考新译：所援助的包括财物、衣服和食物等，Lenski, *St. Paul's First and Second Epistles to Timothy and that to Titus*, p. 946.

[131] 此句之首为 *hina*，强调了目的。

三14　"并且我们的人要学习正经事业,预备所需用的,免得不结果子"

如此慷慨地帮助有需要的人,实在理所当然、责无旁贷,故保罗说:"并且我们的人要学习正经事业","正经事业"即持守善行,[⑬]信徒在这一方面的表现委实是提多书的主题之一;[⑬]"学习"此字多次出现于教牧书信内,参见提摩太前书二章七节的注释;[⑭]此处乃现在命令语,显示保罗要"我们的人",即提多及克里特的信徒们,要持续不倦地学习行善。

"预备所需用的","预备"本为一前置词,其意即"为了";[⑬]"所需要的"为两个字组成,前者为"必要的""紧急的",[⑬]后者为"需要";[⑬]"为了必须的需要"表明了,西纳和亚波罗的需要是有目共睹、刻不容缓的,提多等人实应尽上行善的责任,以"免得不结果子","不结果子"应作"没有果子的",是比喻性用法,意即没有生产力和作用;[⑬]显出了信徒在善行上毫无表现,不能使他人受益,[⑬]故全句应作"以免成为没有果子的人",观此,保罗的意思是,眼见如此明显的需要,实在是克里特的信众们,将先前保罗所教导要专注于善行的真理(第8节),具体地付诸行动的时候了。

三15　"同我在一处的人都问你安。请代问那些因有信心爱我们的人安。愿恩惠常与你们众人同在"

在结束时,保罗对提多说:"同我在一处的人都问你安",保罗的工作都涉及同工,以团队进行福音工作,故正与他一起作工的人,因在主

⑬　*kalōn ergōn proistasthai*;参见第 8 节相同的措辞。

⑬　参见一 16,二 7、14,三 1、8。

⑭　*manthanō*,其他的经文有提前五 4、13;提后三 7、14。

⑮　*eis*.

⑯　*anankaios*,BAGD,pp. 51－52;黄锡木:《原文》,页 531。

⑬　*chreia*,Zerwick & Grosvenor,*A Grammatical Analysis of the Greek New Testament*,p. 651.

⑬　*akarpos*,BAGD,p. 29.

⑬　如约十五 1~8。

里同是弟兄的缘故，都向提多"问安"，此字常出现于新约的各书信中，[⑩]是一典型的问安语。

"请代问那些因有信心爱我们的人安"，"因有信心"即作在信仰上；[⑪]"爱……的人"此字为一分词，强调有此爱为其特质的人，[⑫]即爱"我们"，爱保罗及提多的人，保罗如此形容他要提多代他问安的对象，其原因有二：

　a. 自从保罗离开克里特后，教会内已出现了不少信徒，保罗等人不认识，而他们亦不认识保罗；然而，保罗却指出，只要他们持守保罗及提多的教训，就都在信仰上同属一体，当彼此问安，互道祝福。

　b. 此处是要对比那些假教师，[⑬]这些人无疑不会是假教师，因为假教师等人不服从提多，又漠视保罗的教训，并且是背离了真道的人（第 11 节）。故此，他们都在保罗等人的信仰之外，并不因着信仰而彼此成为弟兄，故保罗不向他们问安。

最后，一如提摩太前后书的祝福语，保罗说："愿恩惠常与你们众人同在"，其措辞几乎完全一样，[⑭]但此处多加了"所有"一字，[⑮]和合本作"众人"，故全句是"愿恩惠常与你们所有人同在"。其原因可能由于克里特存在多于一个的教会，故保罗有此措辞，旨在说明他向所有克里特的教会和信众予以祝福。

(III) 结语

基督徒固然是天国的子民，等候主再来的大日，得着永生为产业，然而，他亦是地上的国民，理应尽上对国家和社会的责任，其中包括奉公守法，满足国家的要求，如缴交税项、服兵役、尊敬作官的，并

---

⑩ *aspazomai*，*BAGD*，p. 116.

⑪ *en pistei*.

⑫ *philountas*，故是作名词使用。

⑬ Lock，*The Pastoral Epistles*，p. 159.

⑭ 参见提前六 21 的注释；另参提后四 22。

⑮ *pantōn*.

且竭尽所能服侍社会人群，在邻舍面前显出和平及温柔的一面（第1～2节）。基督徒本应效法神借着耶稣基督那份对人的恩慈和怜悯，甚至甘愿为他人的益处而捐躯；然而，在大部分情况之下，捐躯之事看似遥不可及。反而，切实地在物质和时间上，对有需要帮助的人用爱心加以援手，却是可能做得到的事，信徒实应专心在这些事上广行善事，以效法神的恩慈，将慈爱的神展现出来，使他人得以经历神的真实。

在拯救世人的事上，三位一体的神都参与其事，父神计划救赎，借着耶稣基督的降世受苦，成就救恩。而圣灵却将救恩的果效，实施在个别信徒的生命中，使他们经历生命的新生，并且继续得着生命的更新（第5～6节），借着圣灵永住在信徒的生命里，信徒得以与基督联合，作为在基督里的人，一方面能够因着基督的义，得称为义，免受罪的刑罚及捆绑，另一方面与基督一样，成为神的儿子，⑯承受永生的产业（第7节）。观此，神已是竭尽所能，为我们预备了一个完整无缺、最理想的救恩，由此可见他对世人的怜悯，实在是深切至极，正因此故，我们便更应洁身自爱，努力行善（第8节），切勿辜负此莫大的救恩。

无论如何，神给予某人的恩典，是有极限的，例如当大限一到，人的一生，或善或恶，都要拍板定案，盖棺定论；又例如当人刻意地去背弃神，走向邪恶的不归路，⑰如此，他自作自受地无份于神的恩典，到了这种局面，教会唯一可做的，是将他摒诸教会门外（第10节），这并不是缺乏爱心，乃是他的恶行，早已为他的结局定案，换而言之，他是判了自己的罪（第11节），教会只是执行此判罪而已。

真理虽然有其空间，信徒可以在此空间享受灵里的自由，然而，真理亦同时将世人划分成两派——接受与拒绝，并无中立之可能。在教会内，爱真理的人亦会爱那传讲真理的传道者，一如保罗在此处提及克里特教会内，亦存在着一些爱他的人（第15节）。反之，不愿听取忠言

⑯ 当然，基督是神的独生爱子，我们却是借着收养（adoption）成为儿子。
⑰ 魔鬼是堕落到一个地步，使它不能再回转过来，故神没有为它预备救恩，因为它已经不会悔改。

的人,自然反对按正义分解真理之道的牧者。这样看来,面对反对声音的传道者,实应弄清楚反对是从何而来,以致不会因着酷评而疲倦灰心,过分地自责和内疚,反而应该作好心理的准备,知道凡是为真理而努力的人,如在世的耶稣基督一样,总会有这样的结果。

提摩太后书注释

目录

壹　　问安与感恩
（一1～5）

1 奉神旨意,照着在基督耶稣里生命的应许,作基督耶稣使徒的保罗,

2 写信给我亲爱的儿子提摩太。愿恩惠、怜悯、平安从父神和我们主基督耶稣归与你!

3 我感谢神,就是我接续祖先,用清洁的良心所侍奉的神。祈祷的时候不住的想念你,

4 记念你的眼泪,昼夜切切地想要见你,好叫我满心快乐。

5 想到你心里无伪之信,这信是先在你外祖母罗以和你母亲友妮基心里的,我深信也在你的心里。

(I) 引言

这是我们所知的保罗的最后一封书信,是在他为信仰而捐躯之前的遗言,并且是写给他平生最亲密的,有如儿子一般的属灵挚友提摩太（一2）;其主旨是要鼓励提摩太持守信仰,并且继续为真理而战,好好地牧养以弗所的教会,承先启后,作新一代的传道人。

在卷首语中,一如过往,保罗先表明自己写信人的身份,及受书人是提摩太。在形容提摩太时,亦显出写信人和受书人间存着一份特殊的关系（一1～2）。继而便是问安,并且在想念提摩太之余,感恩之心亦油然而生,于是便诉诸书简之中（一3～5）。

(II) 注释

一1　"奉神旨意,照着在基督耶稣里生命的应许,作基督耶稣使徒的保罗"

一如其他的保罗书信,在卷首语中,作者保罗作自我介绍:"奉神旨意,照着在基督耶稣里生命的应许,作基督耶稣使徒的保罗";"奉神意旨"可作"借着神的旨意";①在提摩太前书里,保罗表示是奉神和基督耶稣的命令而成为使徒(提前一1)的,如今却用"旨意",②要强调他作使徒的一生,包括了如今他的被囚,都是出于神的"旨意",③并非自己一厢情愿,而尽都是神的意思(参见加二7~9)。

保罗进一步形容神的意旨,便是"照着在基督耶稣里生命的应许";"基督耶稣"此称呼,强调了耶稣那弥赛亚的身份;④"生命的应许"意即所应许的内容,便是生命,⑤即丰盛永恒的生命,亦即是永生,一如提多书第一章二节所说的:"盼望那无谎言的神在万古之先所应许的永生",故此永生的应许,是由神在万古之先所设定的;再者,耶稣在约翰福音第十章十节曾说:"我来了,是要叫羊[人]得生命,并且得的更丰盛",故神的应许借着基督的降世及其救赎的工作,兑现在世人的身上,使信徒得着永生,故是"在基督耶稣里生命的应许",此句更好的译法是"按照在基督耶稣里所应许的生命",其与下一句"作基督耶稣使徒的保罗"之关系有:

a. 保罗之作为使徒,其目的便是要实现此关乎永生的应许。

b. 神选召保罗,其目的是与他在基督耶稣里所应许的永生有关。

故神的意旨与他那关乎永生的应许息息相关。

无论如何,在往大马士革的路上,复活的基督向保罗显现,不单只拯救了他,给予他永生,并且将传生命的道理之职事托付了他,要他成为使徒,奉差作外邦人的师傅,此事对年迈的保罗来说,犹如昨天的事,永不能忘,甚至如今成为阶下之囚,离殉道的日子不远(二9,四6),亦是为了要完成此职事,这便是他所谓"作基督耶稣使徒的保罗"言下之意了。

---

① "奉"(dia)再加上名词属格,应作 through, Eugene E. Minor, *An Exegetical Summary of 2 Timothy* (Dallas:Summer Institute of Linguistics, 1992), p.7.

② 其他的保罗书信,如林前一1;林后一1;弗一1;西一1亦有相仿的措辞。

③ *thelēma*,其用法参见 *BAGD*, p.354.

④ 详参提前一1相关的注释。

⑤ *epangelian zōēs*,是所述内容的属格。

一 2　"写信给我亲爱的儿子提摩太。愿恩惠、怜悯、平安从父神和我们主基督耶稣归与你"

作者表明,他是"写信给我亲爱的儿子提摩太",在提摩太前书第一章二节里,保罗称提摩太为"我真儿子",此处则为"我亲爱的儿子",保罗之于提摩太是有如父亲与儿子,⑥是一个极为亲密、甚至如骨肉的关系;"我亲爱的"意即为保罗所爱的;⑦保罗念念不忘提摩太,故有如此亲切的称呼。

如提摩太前书,保罗的问安是:"愿恩惠、怜悯、平安从父神和我们主基督耶稣归与你";⑧与提多书比较,提摩太前书及后书的问安,多了"怜悯"一字,究其原因如下:

a. 提摩太身处的地方——以弗所——是一个异教林立的大都会,故比起提多的克里特,在牧养教会上较为困难,提摩太实在需要神的怜悯。

b. 教会内部散布异教的情况,较提多的教会来得恶劣。

c. 提摩太天性柔善,甚至有时趋于胆怯(参见一 7);其身体,尤其是肠胃常生病故(提前五 23),实在需要神的怜悯,使他在面对重重困难时,不至于心荡神移,反而能完成牧养的职事。

一 3　"我感谢神,就是我接续祖先,用清洁的良心所侍奉的神。祈祷的时候不住的想念你"

与提摩太前书及提多书不同的地方,便是在问安之后,保罗发出了感恩之言,其原因有:

a. 保罗在回想提摩太的背景时,实在有值得感恩之处。

b. 既有可感恩之处,提摩太便应抖擞精神,为所信的道而努力,故在感恩之后,保罗便开始他一系列对提摩太的训示。

"我感谢神"说明了保罗之感恩,是因着神的工作,而这位神,保罗

---

⑥ 详参提前一 2 的注释。

⑦ "亲爱的"常出现于保罗书信中,是保罗称呼信徒时用之形容信徒的,如罗一 7("所爱"),十六 8;林前四 14;弗五 1("蒙慈爱的")。

⑧ 有关于"恩惠""怜悯""平安"的意思参见提前一 2 的注释。

续称："就是我接续祖先用清洁的良心所侍奉的神";"清洁的良心"早于提摩太前书第三章九节用过;⑨"侍奉"又可作"敬拜",此字常指执行宗教的工作;⑩保罗承袭了先人的信仰,敬拜耶和华独一的神,他虽然一度逼迫基督徒,但他是因无知而做的(提前一13),在神面前,其良心并没有责备他,他所要感谢的,是他那矢志不移、誓要一辈子敬拜服侍的神。

"祈祷的时候不住的想念你"说明了保罗的感恩,是由于他那恒常的代祷而生的;"祈祷"此字早出现于提摩太前书第二章一节,⑪强调了保罗与他所侍奉之神的关系,此关系的维持便是借着祈祷;"不住"即不停地、经常性地;⑫"想念"又可作"提及";⑬保罗在祈祷中常常提及提摩太,因而为提摩太那美好的信仰背景(一5)而感恩。⑭

一4　"记念你的眼泪,昼夜切切地想要见你,好叫我满心快乐"

保罗不只在祈祷中常常提及提摩太,并且还每当"记念你的眼泪"时,便"昼夜切切地想见你";"记念"指在回忆中想起,是完成时态的分词,⑮强调了保罗处于此情况中,是因着先前所发生的事情之结果,即提摩太所流的泪之结果,此事件可能发生于当保罗写毕提摩太前书后,他再次造访了以弗所教会,与提摩太会面,然后又离去,在分手之时,提摩太因依依不舍而流泪;"想"带有强烈地渴求之意;⑯"满心喜乐"直译为"被喜乐充满";⑰"昼夜"直译为"晚上和早晨",本位于句子之首,故可以作为形容上一节的"祈祷"的,即"昼夜祈祷"(参考新译、思高、现中),此取向是极有可能的,因为在提摩太前书第五章五节时,保罗亦

⑨ 参见其注释。

⑩ *latreyō*,Zerwick & Grosvenor,*A Grammatical Analysis of the Greek New Testament*,p. 639;*TDNT*,IV:62.

⑪ *deēsis*,参见其注释。

⑫ *adialeiptos*,黄锡木:《原文》,页512;*BAGD*,p. 17.

⑬ *mneia*,Rienecker & Rogers,*Linguistic Key*,p. 637;*BAGD*,p. 524.

⑭ 越提及他便越发感恩,Lock,*The Pastoral Epistles*,p. 83.

⑮ *memnēmenos*.

⑯ *epipotheō*,Rienecker & Rogers,*Linguistic Key*,p. 637.

⑰ 因"满心"应作被充满(*plērōthō*),此字是被动语。

用了此片语去形容祈祷。⑱ 按此了解,全句应作"当我记念你曾流的眼泪时,便渴望想见你,以使我被喜乐充满"。在走上人生最后一程之际,保罗实在希望与此多年的挚友叙旧,以能促膝谈心,分享侍奉的喜与悲。

一 5 "想到你心里无伪之信,这信是先在你外祖母罗以和你母亲友妮基心里的,我深信也在你的心里"

到了这里,保罗指出其感恩的主因,便是"想到你心里无伪之信";"想到"在原文本为两个字所组成,直译为"得到纪念",此句可能是一习语,是指保罗刚刚得到有关提摩太的消息,⑲于是更促使保罗想念提摩太;"无伪"早于提摩太前书第一章五节出现,其意即"真实的";"信"可以是指信仰,即一个真实的信仰;但更可能是指信靠,因为下文强调提摩太要因而刚强起来,故信靠较为切合文意。

这一份真实的信靠,是首先"在……",此动词应作"住在",⑳一如圣灵居住于信徒的生命中,此份信靠亦居住于"你外祖母罗以和你母亲友妮基心里的";"外祖母"亦可作"祖母",但由于此处是与母亲相提并论,㉑再加上提摩太的父亲本为希腊人,其祖母大概不是犹太人,故"外祖母"是合理的译法;保罗言下之意是提摩太的祖先,亦与保罗一样(一3),以真实的心信靠独一的神,提摩太实在是有美好的信仰传统,以致他本人亦身受其益,得着这份对神的真信心,故保罗能毫无保留地说:"我深信也在你的心里";"深信"乃被动语,亦是现在完成时态,故直译为"已被说服";㉒因着提摩太良好的家庭背景,其信靠神的心一脉相传,因此保罗已被说服,提摩太亦已得着了这份真实信靠神的心,可以接受生命和侍奉中更大的挑战了。㉓

---

⑱ 其他还有帖前三 10 亦然;此片语亦用作形容劳苦地工作,参见帖前二 9;帖后三 8。

⑲ *hypomnēsin labōn*, Guthrie, *The Pastoral Epistles*, pp. 123 - 124.

⑳ *eoikeō*,黄锡木:《原文》,页 512; *BAGD*, p. 267.

㉑ *mammē*, Knight, *Commentary on the Pastoral Epistles*, p. 369.

㉒ *pepeismai*, Rienecker & Rogers, *Linguistic Key*, p. 638.

㉓ 故如此说法是有鼓励的作用,在修辞上有感染力。

(III) 结语

对走上人生最后一段路程的保罗来说,他做了两件重要的事,先是回忆故人,并且用了四个不同的方式去表达其回想之情,[24]诚然,保罗过往的一生,已为主建立起天国的丰功伟业,他已竭尽所能,倾尽全力将福音传遍外邦之地,可说是今生无悔(参见四 7~8),因此,他无惧于回忆往事,这实在值得我们学习,提醒我们要在那年老衰败的日子还没有来到之前,努力地寻求我们的主,好好地服侍他,以留下美好的回忆,待我们在年迈之时,能无悔一生地预备见主的面。

除此之外,保罗还做了另一件事,便是积极地关心他的好友提摩太,一方面昼夜为他祷告,甚至写了提摩太后书,借着书信言情寄意,鼓励极需要扶助的提摩太。纵使他本人身陷险境,离殉道的日子不远,他还是不向环境低头,以书信及祷告继续其职事,这份不屈不挠、锲而不舍的侍奉精神,堪足我们借镜。

保罗祷告的内容,并没有集中为自己的苦境祷告神,反而聚焦于别人。这一点有如被钉十架、受苦至极的耶稣基督,在苦境中仍为仇敌祷告,并且关心在世的母亲马利亚,将其交托约翰照料。保罗亦效法主(林前十一 1),为其信仰和爱人的心献上一生,这是多么值得我们学习的一种以他人为中心(others-centeredness)的生活方式。

---

[24] 参见 Guthrie, *The Pastoral Epistles*, pp. 123 - 124.

贰　对提摩太的提醒
（一6～18）

6 为此我提醒你,使你将神藉我按手所给你的恩赐再如火挑旺起来。

7 因为神赐给我们,不是胆怯的心,乃是刚强、仁爱、谨守的心,

8 你不要以给我们的主作见证为耻,也不要以我这为主被囚的为耻,总要按神的能力,与我为福音同受苦难。

9 神救了我们,以圣召召我们,不是按我们的行为,乃是按他的旨意和恩典;这恩典是万古之先,在基督耶稣里赐给我们的,

10 但如今藉着我们救主基督耶稣的显现才表明出来了。他已经把死废去,藉着福音,将不能坏的生命彰显出来。

11 我为这福音奉派作传道的,作使徒,作师傅。

12 为这缘故,我也受这些苦难。然而我不以为耻;因为知道我所信的是谁,也深信他能保全我所交付他的,直到那日。

13 你从我听的那纯正话语的规模,要用在基督耶稣里的信心和爱心,常常守着。

14 从前所交托你的善道,你要靠着那住在我们里面的圣灵牢牢地守着。

15 凡在亚细亚的人都离弃我,这是你知道的,其中有腓吉路和黑摩其尼。

16 愿主怜悯阿尼色弗一家的人;因他屡次使我畅快,不以我的锁链为耻,

17 反倒在罗马的时候,殷勤地找我,并且找着了。

18 愿主使他在那日得主的怜悯。他在以弗所怎样多多地服侍我,是你明明知道的。

(I) 引言

此段的中心思想是训示提摩太要在信仰上忠心。按着上文的授意，提摩太已有强而有力的信心，因此，他便要做出配合的行动。首先，他要在神所赐给他各项侍奉的恩赐上忠心（一 6～7）。继而，便要在为主作见证和真道上忠心，其中尤以是为福音而受苦的事上及持守信仰的内容上（一 8～14）。最后，保罗提及一些提摩太所认识、并且极为接近提摩太之住处的人物，借着他们，提摩太可以有所学习，或引以为戒，或堪足借镜，能更为有效地作主忠心的仆人（一 15～18）。

(II) 注释

一 6 "为此我提醒你，使你将神借我按手所给你的恩赐再如火挑旺起来"

由于提摩太已拥有良好的信仰背景，并且尽得其外祖母和母亲的真传，有真实的信心，保罗便说："为此，我提醒你"，"提醒"有想起的意思，[1]即使某人想起，[2]可见保罗是要提摩太回想一些发生在他自己身上的事件，以致提摩太"将神借我按手所给你的恩赐再如火挑旺起来"。

"恩赐"是保罗常用的字眼，早于提摩太前书第四章十四节出现过，亦是与提摩太的按手礼有关，大概指提摩太被保罗选召入宣教队伍之时（参见徒十六 1～4）。然而，此处的特点有：

a. 原文的"恩赐"，是有"神"作形容的，意即"神的恩赐"，故全句应作"将借着我按手所给予你的、在你里面之神的恩赐"（参考吕本）。故此，恩赐是从神而来的，[3]无疑是神，即圣灵，赐予给属神之人的恩赐（林前十二 4～11）。

b. 神的恩赐，借着保罗，在按手礼的仪式中赐予提摩太，其意思即

---

① *anamimnēskō*，黄锡木；《原文》，页 512。

② Minor，*2 Timothy*，p. 15.

③ *to charisma tou theou*，故是表明来源的属格。

是说,圣灵把提摩太侍奉所需要的恩赐给了他,而借着按手礼,保罗等人按手在提摩太头上的象征性行动得着了证实。

c. 此恩赐已"在你里面",即长存于提摩太的身上。如今,他所要做的,便是不要忽略之,而要将之"如火挑旺",此字可作重新燃起,或作使火焰炽烈,[4]是比喻性用法,强调了恩赐乃属灵能力的表现,提摩太要尽然让这些能力持续不断地显露出来。

保罗意即,提摩太要回想他已得着从神而来的恩赐和能力,如今他要做的,便是不要妄自菲薄,而要发挥出属灵恩赐的能力。

一7　"因为神赐给我们,不是胆怯的心,乃是刚强、仁爱、谨守的心"

其原因便是:"因为神赐给我们,不是胆怯的心";"赐"乃过去不定时态,表示此乃一事实,神是已经赐给了提摩太及保罗等人;而神所赐的,并不是"胆怯的心";"胆怯"此字在新约中只出现于此,意即懦弱、惧怕、畏怯;[5]在原文"心"即"灵",[6]故可作人的灵或圣灵。尼特主张,此处是指人的灵居多,因为新约并没有如此负面地形容圣灵,反而,下一句是指着圣灵而言,故保罗是要提摩太放下他那怯懦的性格;[7]然而,这样短的距离,却将"灵"同时用作指心灵和圣灵是罕有和理据不足的解法,反而,费依却主张此处是指圣灵居多(参考现中),原因有:[8]

a. 上文正在谈及恩赐,故与圣灵有直接的关系。

b. 下文更强调了此灵,乃"刚强、仁爱、谨守"的灵,这三样都是与圣灵的彰显有关。

c. "赐"既是一事实,故大概是回指提摩太及保罗领受了圣灵的恩赐而言。

d. 正因为保罗不以圣灵为怯懦的,故他才以负面的方式去形容圣

④ *anazōpurein*, Rienecker & Rogers, *Linguistic Key*, p.638.

⑤ *deilias*, Knight, *Commentary on the Pastoral Epistles*, p.371; Zerwick & Grosvenor, *A Grammatical Analysis of the Greek New Testament*, p.639.

⑥ *pneuma*,新译、吕本。

⑦ Ibid, p.371.

⑧ Fee, *1 & 2 Timothy, Titus*, p.227.

灵,旨在对比随之而来的三个正面的形容词:"刚强、仁爱和
谨守"。

圣灵的三项表现先为"刚强",此字即"能力"(参见下一节);⑨一如
使徒行传第一章八节耶稣基督的应许:"但圣灵降临在你们身上,你们
就必得着能力",⑩凡倚靠圣灵行事的人,都能刚强起来,成为大有属
灵能力的人(弗三16)。继而,便是"仁爱",此实乃圣灵的果子之一
(加五22),倚仗圣灵的人能够活出一个充满了爱的生命(西一8)。
最后便是"谨守",此字在新约只出现于此处,⑪但其从属字"自守"却
出现于提摩太前书第三章二节,用以形容作监督者的品格,强调了在自
制中有聪明和富心思的一面,并且能作正确的判断,⑫故"谨守"大概亦
有此意思。

提摩太要谨记,他已得着了大有能力、爱心和谨守的圣灵,他应该
以信心配合,心灵振作起来,作主大能的仆人。

一8　"你不要以给我们的主作见证为耻,也不要以我这为主被囚
的为耻;总要按神的能力,与我为福音同受苦难"

按此理解,保罗勉励提摩太:"你不要以给我们的主作见证为耻",
此句之前应有"所以"一字,⑬故是一基于以上的事实而做出配合之行
动;"作见证"指为耶稣基督的福音而做的见证(参见提前二6),故即是
传福音(林前一6),保罗用此字于此时,可能是回指他曾于被下监的过
程中,向不同的罗马官长作福音的见证之事件(如徒二十四10~21,二
十六1~23);在此,费依指出,"以……为耻"此字在新约的作者中,其
用法有"因着基督使徒受到不合理的对待而受辱"的意思;⑭事实上,只
有重犯才会被钉十字架,故传一位被钉十字架的基督,可说是自取其
辱,然而,提摩太亦不应怯于为主的福音作见证。

---

⑨　*dynameōs*.

⑩　另参罗十五13;路四14。

⑪　*sōphronismos*,*BAGD*,p.802.

⑫　*sōphrōn*,详参其注释。

⑬　*oun*.

⑭　*epaischunomai*,Fee,*1 & 2 Timothy,Titus*,p.228;*BAGD*,pp.281-282.

　　保罗续称："也不要以我这为主被囚的为耻"；保罗现今因着"主被囚"，即为了主的福音工作而被下在罗马的监里，这一点，引起了不少人士对保罗却步（参见第 15 节），毕竟，与一个被下在监里的人结交，大有可能引来不必要的白眼和误会。尽管如此，提摩太却不应如此，反而，[15]"总要按神的能力，与我为福音同受苦难"；"同受苦难"即分担苦难和困境，[16]是语带命令，要分担苦难是因为保罗作为主的使徒，因着传福音而受苦，提摩太作为主的忠仆，自然亦不能幸免于受苦了。当然，提摩太并不一定要如保罗一样，成为阶下之囚，[17]然而，他同样要有保罗这一份受苦的心志，并且按着他已经拥有的圣灵的能力，去分担苦难。

　　一 9　"神救了我们，以圣召召我们，不是按我们的行为，乃是按他的旨意和恩典；这恩典是万古之先，在基督耶稣里赐给我们的"

　　每当论及福音之时，保罗便想起了神借着耶稣基督所达成的救赎大计之奇妙，因而发出了赞叹之词，成为了一段插曲，此处亦然："神救了我们，以圣召召我们"；"救了"及"召"均为过去不定时态的分词，[18]表示这都是完成了的行动，已发生了的事情，即已发生在"我们"，即信徒生命中的事件；"召"即呼召，信徒是被神所召而归于神，强调了是神的主动和选择，使救赎的果效，实现在个别信徒的生命中；"以圣召召我们"直译为"神呼召了我们，以圣召"；"以圣召"的作用有二，先是指那呼召我们的，是圣洁的神；后为神召"我们"，是要使被召的人，成为圣徒。[19] 无论如何，"我们"的得救和蒙召，都"不是按我们的行为，乃是按他的旨意和恩典"。

　　早于以弗所书第二章九节，保罗已力陈，信徒的得救并不是出于自己的善行，乃是神所赐的恩典（另参罗五 21，六 23，九 11～18）；"旨意"

---

[15]　此句之先有 *alla* 一字，是转折连词。

[16]　*sunkakopatheō*，黄锡木：《原文》，页 513；*BAGD*，p. 773.

[17]　来十三 23 暗示了提摩太确有被下在监里的经历。

[18]　"救了"为 *sōsantos*，"召"为 *kalesantos*.

[19]　参见 Knight，*Commentary on the Pastoral Epistles*，p. 374.

亦可作目的、决定（参考吕本）或计划（新译）；[20]"他的旨意"直译为"他自己的旨意"，[21]侧重了是神自己的决定和计划，促使信徒蒙召得救，他无需与天使和任何人讨论，而对此项救赎行动，他有绝对的主权去独行奇事。

在此，保罗特别提及神的恩典，他表明"这恩典是万古之先，在基督耶稣里赐给我们的"；"万古之先"早于提多书第一章二节出现过，指在时间开始之先，即在没有时间的时候，便是永恒的意思；神在世界未出现之时，在没有时间之先，即在永恒里，已经计划了要将救恩赐给我们，而因着基督耶稣的工作，凡在"基督耶稣里"的信徒们都能得着这份救赎之恩。

一 10 "但如今藉着我们救主基督耶稣的显现才表明出来了。他已经把死废去，藉着福音，将不能坏的生命彰显出来"

神在永恒里所定立的，所要赐予蒙他选召和拯救之人的恩赐，保罗说："但如今藉着我们救主基督耶稣的显现，才表明出来了"；"但如今"是要对比上一节的万古之先；虽然在万古之先，神已定下要赐予信徒恩典，但却要到如今，此恩典才"表明出来"，此字即显现，这里应作揭露、揭示，[22]是过去不定时态，即一个完成了的行动，便是"救主基督耶稣的显现"此事件；"显现"在当时的宗教中，常用作指神明的工作及活动，[23]新约一般用作指主的再来，但这里却是指主第一次的来临，其降世为人的事迹；此处保罗用了"救主基督耶稣"来称呼圣子，"救主"强调了耶稣是给予人生命的神，[24]"基督耶稣"侧重了耶稣那弥赛亚的身份，基督作为神和受膏者，其降世的目的是要践行神拯救的计划，将神的恩典表明。

保罗续称："他已经把死废去，藉着福音，将不能坏的生命彰显出来"，此句更好的译法是"一方面，他将死废去，另一方面，他将生命和不

---

⑳ *prothesis*，*BAGD*，p. 706；Rienecker & Rogers，*Linguistic Key*，p. 638.

㉑ *idian prothesin*.

㉒ *phaneroō*，黄锡木：《原文》，页 513。

㉓ *epiphaneias*，Dibelius & Conzelmann，*The Pastoral Epistles*，p. 104.

㉔ *sōtēr*，详参 ibid，pp. 100 - 103；及提前一 1 的注释。

朽,借着福音而彰显"(参考新译);"废去"有毁灭和使之失效的意思,㉕
为过去不定时态,保罗想表示一个完成了的行动、一项事实,便是借着
救恩,基督实在是"把死废去",意即瓦解了死亡对人类的威胁(林前十
五54～57),此佳果的产生是由于:

a. 基督为世人的罪而死,代替了罪人的咒诅和刑罚,便是身体和
　 灵魂的死,故此处的"死",是指身体和灵魂的死亡。㉖
b. 基督死而复活,战胜了死亡,得着复活的生命,并且多次向人显
　 现,说明了死亡不是生命的终结,乃是得着另一个生命,进入不朽
　 美境之渠道而已,这便是"将生命和不朽……彰显出来"的意思。

　　"彰显"原意为如灯照亮、照明,㉗是过去不定时态;"藉着福音……
显明"意即基督如何瓦解了死亡的威胁,将"生命"和"不朽"赐给世人,
前者强调了信徒在今生所活的生命,后者聚焦于来世的生命;㉘这些事
迹便是福音信息的内容,因着福音的广传,基督救赎的丰功伟绩便能如
光照耀于人前,使人能明白从而接受基督,得着神的恩典。

　　一11　"我为这福音奉派作传道的,作使徒,作师傅"

　　既然基督已完成了他那伟大的救赎工作,作为主仆人的保罗便再
一次谈及他授命奉派作基督的特使,㉙于是他说:"我为这福音奉派作
传道的、作使徒、作师傅";"奉派"此字原意为放置,㉚此处为被动语,亦
是过去不定时态,有被委任、委派的意思,㉛故是指保罗蒙神,即基督耶
稣,的委派(参见提前一12);"传道的"此字带出了保罗在工作上那宣

㉕ *katargeō*, Zerwick & Grosvenor, *A Grammatical Analysis of the Greek New Testament*, p.639.
㉖ 后者便是第二次的死(启二十6),即是永死。
㉗ *phōtizō*, TLNT, 3:492-493; Rienecker & Rogers, *Linguistic Key*, p.638.
㉘ Barrett, *The Pastoral Epistles*, p.95;后来的教会以洗礼给予人"生命",圣餐给予人"不朽",作为对付死亡的解药,Hanson, *The Pastoral Epistles*, p.123;其实,二者是同义词,而"不朽"是进一步地形容"生命"的,故其意思便是永生;Stott, *The Message of 2 Timothy*, pp.38-39.
㉙ 一如提前一11～16;这是保罗的惯例,每当谈及耶稣基督的福音时,总不乏论及自己如何因而受益,被主委以重任,作主的工人。
㉚ *tithēmi*.
㉛ *etethēn*, TDNT, VIII:157.

讲福音的一面;㉜"使徒"的意思参见提摩太前书第一章一节的注释;
"师傅"即教师;㉝此三项职事早于提摩太前书第二章七节里出现过,同
样是保罗对自己职事的自我描述。㉞

　　保罗的职事,一方面是基督耶稣差派他的,另一方面,亦是因为基
督的作为,借着福音信息,已清楚明确地显示出来,他责无旁贷、义不容
辞地去作主的"传道""使徒"和"教师"。正因此故,纵然要受苦被囚,保
罗仍誓死挺进,永不言败,如今更写信教诲提摩太,务要完成他的福音
使命。

　　一 12　"为这缘故,我也受这些苦难。然而我不以为耻;因为知道
我所信的是谁,也深信他能保全我所交付他的,直到那日"

　　因着神的托付,保罗便忠心地回应,如此,保罗才以坐牢及殉道终
其一生,故他说:"为这缘故,我也受这些苦难";"受……苦难"是现在时
态,故是一个持续的情况,故"这些"所指的,便是一直以来,保罗为了福
音而经历到的,人看来是极为不幸的遭遇(如林后十一 23～33),而如
今更成为重犯,走上了和耶稣基督一样的殉道厄运。尽管如此,保罗却
说:"然而我不以为耻",保罗既然已经劝谕提摩太不要耻于为主作见证
(第 8 节),他自己当然不以因传福音而受苦为耻。他解释说:㉟"因为
知道我所信的是谁";"所信"是现在完成时态,强调了直到现今,保罗仍
是存着一份坚定不移的信靠之心,㊱因此,保罗不怕受苦的能力,是出
于他的信仰,而所信的便是神,故他续称:"也深信他能保全我所交付他
的,直到那日"。

　　"深信"是现在完成时态,意即"被说服",早于第五节出现过;保罗
已深被说服,笃信不移地于一个信念,便是神委实有能力"保全……",

㉜　kērux,参见提前二 7。
㉝　有古卷在此加上"外邦人",但并不可靠,参见 Earle,"2 Timothy",p. 397, fn. 11.
㉞　故如此多次的自我形容,显出了在福音工作上,保罗是自命为一满有权威的特别人物,
　　Scott, *The Pastoral Epistles*, p. 95.
㉟　"因为"(*gar*)是有解释的用意。
㊱　*pepisteuka*.

此字应作"保守"或"保护"，[37]所保守的便是"我所交付他的"，此句原文是"我的交付"，在此句中其可能的意思有二：

    a. 指保罗将自己的一生，包括了其教导、使徒的工作，由其重生得救开始，直到死，[38]已交托了给神，这个意思，便是和合本和新译本的译法："我深信他能保守我所交托他的"；保罗正在论及他那受苦的一生，故有此信念。[39]

    b. "交付"此字早于提摩太前书第六章二十节出现过，指一些法定的被交托之物，[40]和合本作"托付"；同时亦用了"保全"一字，和合本作"保守"，而明显在那处是指神给予保罗的托付。再者，"托付"此字也出现于下两节，亦同样是形容提摩太得着了"托付"，因此，此处的译法应该是"我深信他能保守（神所给）我的托付"（参考吕本、思高、现中）。[41] 按此剖析，此可能性是最能符合"托付"于教牧书信内的一贯用法，强调了从耶稣基督而出的信仰，已交托给教会及其仆人，故保罗等人务要不负所托，神亦必保守其所交托给人的，"直到那日"；新约常以"那日"指着耶稣基督再临的日子，含末世色彩，强调了主的审判和赏赐；[42]神必保守所托付给保罗的福音内容，直到他的再来，这一份信念，使保罗等竭尽所能，充满盼望地为真道而战，甚至置生死荣辱于度外。

    一 13 "你从我听的那纯正话语的规模，要用在基督耶稣里的信心和爱心，常常守着"

---

[37] phulassō，BAGD，p. 868；黄锡木：《原文》，页 513。

[38] Lock，The Pastoral Epistles，p. 88。

[39] 详参 Knight，Commentary on the Pastoral Epistles，pp. 379 – 380；Barclay，The Letters to Timothy，Titus and Philemon，pp. 151 – 152；Moffatt，The First and Second Epistles to Timothy，p. 158。

[40] parathēkē，详参提前六 20 的注释。

[41] 详参 Bernard，The Pastoral Epistles，p. 111；Dibelius & Conzelmann，The Pastoral Epistles，p. 105；Karris，The Pastoral Epistles，pp. 13 – 15；Lenski，St. Paul's Second Epistles to Timothy，pp. 767 – 768。

[42] TDNT，II：951 – 953。

　　既然神必保守他所托付给保罗等的真道，保罗便劝勉提摩太："你从我听的那纯正话语的规模，要用在基督耶稣里的信心和爱心，常常守着"，此句直译作"借着在基督耶稣里的信心和爱心，你要持守规模，便是你从我所听来的、健全的话语"；"规模"位于句首，故是保罗所要强调的，此字早于提摩太前书第一章十六节出现过，此处是指标准；[43]提摩太要"持守"的标准，[44]便是保罗所传给提摩太的"健全的话语"，即整全的福音信息；[45]提摩太务要保持福音信息的整全，一切对福音内容的改变、损失、破坏，都必须加以制止，[46]以求达至保罗所给予提摩太的"标准"。

　　持守福音，使其符合标准的方法，便是"借着在基督耶稣里的信心和爱心"，相似的句子亦出现于提摩太前书第一章十四节，强调了因着与主联合，使徒能产生信心和爱心此两项属灵的美德，故保罗是要提摩太学习因着活在与主联合的佳境中，产生了信靠神和爱神的心志，这样便能坚定不移地守着福音的内容、保持信仰的健全。

　　一 14　"从前所交托你的善道，你要靠着那住在我们里面的圣灵牢牢地守着"

　　保罗再次语带命令地说："从前所交托你的善道，你要靠着那住在我们里面的圣灵牢牢地守着"，此句更合原文意思的译法是："你要靠着住在我们里面的圣灵，守着那美善的托付"；"守着"即保全，刚于第十二节出现过；[47]"托付"亦于第十二节出现过，指神所托付给教会及其忠仆的福音；同样，能够守着美善的托付之能力，是在于"住在我们里面的圣灵"；提摩太已得着了这些从圣灵而来的恩赐（第6～7节），他大可动用这些属灵的资源传扬真理，务要捍卫从基督而出的健全信仰。

　　总之，因假教师的妖言惑众和提摩太本人较为怕事的性格，保罗实

㊸ *hypotypōsis*，Knight，*Commentary on the Pastoral Epistles*，p. 381；详参提前一 16 的注释。

㊹ "持守"（*eche*）是命令语。

㊺ "健全"（*hygiainontōn*）参见提前一 10 的注释；全句可参见提前六 3 的注释。

㊻ Kent，*The Pastoral Epistles*，p.255.

㊼ "守着"（*phulaxon*）是命令语。

在有必要在此语气凝重地提醒提摩太,要保全这美好福音的传统,不容有失。

一 15　"凡在亚细亚的人都离弃我,这是你知道的,其中有腓吉路和黑摩其尼"

到了这里,保罗特别勾画两个人物,他们都是提摩太所认识的,以作为对提摩太的提醒,前者是一个负面的教材,篇幅很短,后者是一个正面的教材,篇幅稍长,可见后者才是焦点所在,故保罗要提摩太以后者为借鉴。

"凡在亚细亚的人都离弃我";"亚细亚"是在小亚细亚的一个罗马的省份,其首府便是以弗所,即受书人提摩太居住之地。保罗特别提及此地,是因为他要论及一些提摩太所熟悉的人物,使提摩太引以为戒或以兹仿效;"离弃"此字已于提多书第一章十四节出现过,是用于离经背道的层面,[48]但此则不然,乃是指背离了保罗,由于其是过去不定时态,表示此乃一已完成的行动、已发生了的事件;此事件大概是发生于保罗被下在罗马的监里时,亚细亚各地具影响力的信徒都离他而去,不加慰问和援手;[49]又或者是居住于罗马的亚细亚使徒,[50]大都不顾保罗,对于保罗所受检控、不公平的对待袖手旁观。

"这是你知道的,其中有腓吉路和黑摩其尼";"腓吉路和黑摩其尼"此二人大概是离弃保罗的这一群人中的两个显要,他们都为提摩太所认识,但却不为我们熟知,因为他们的名字再没有出现于新约的其他地方。[51]　在保罗有需要的时候,亚细亚教会的领袖们对他不加以理睬,这实在使保罗大为不快,因为他曾经于以弗所一带地方,做了不少福音工作,建立不少教会(徒十九 1～二十 1),如今他有难,信徒们竟然没有回

48　*apostrephō*,参见其注释。

49　Kent, *The Pastoral Epistles*, p. 255.

50　这便是将"凡在亚细亚的人"作希伯来色彩的表达方式处理,即"凡从亚细亚来的人";另参 Kelly, *A Commentary on the Pastoral Epistles*, p. 169;Kelly 认为这是保罗夸张的措辞。

51　黑摩其尼与底马(四 10)曾出现于次经保罗行传,他们一度是保罗的门徒,但后来却背叛他而敌挡他,参见 Richard Bauckham, "The Acts of Paul as a Sequel to Acts", in *The Book of Acts in Its First Century Setting*, ed. Bruce W. Winter & Andrew D. Clarke (Grand Rapids:Eerdmans, 1993), 1:117.

馈之心，反而拂袖而去，多么使人心碎。

一 16 "愿主怜悯阿尼色弗一家的人；因他屡次使我畅快，不以我的锁链为耻"

除了此二人外，亚西亚的信徒亦有表现奇佳的，保罗在此亦举例："愿主怜悯阿尼色弗一家的人"；"阿尼色弗"此名字再出现于第四章十九节，是在本书信结束时保罗祝福的对象之一，但亦只提及"阿尼色弗一家的人"，再加上本章第十八节保罗诚意盼望他能在主再来时得主的怜悯，故阿尼色弗可能已不在人世了。㉒ 无论如何，保罗赞赏他，"因他屡次使我畅快，不以我的锁链为耻"；"畅快"此字本意为使之再度冷却，故有再度清新起来、㉝重新得力之意思；㉞阿尼色弗的表现，实在使保罗本人受益，他不以保罗成为阶下囚"为耻"，㉟并不惧怕因要与保罗接触而招致别人的误会及白眼，反而多次使保罗重振精神。

一 17 "反倒在罗马的时候，殷勤地找我，并且找着了"

保罗续称："反倒在罗马的时候"，这是本书唯一一处，保罗暗示了他的被囚之处便是罗马；全句是指阿尼色弗到了罗马，这可能是指因为知道保罗被拘禁于罗马，阿尼色弗便刻意来到罗马；"殷勤地找我，并且找着了"，"找"即寻找；㊱"殷勤"是有热心、恳切之意思，㊲强调了阿尼色弗寻找保罗的态度；"找着了"是过去不定时态，㊳表示找着了保罗此一刻终于发生了；由此可见，这一次保罗的下监与第一次下监（记载于使徒行传第二十八章二十三至三十一节）实有天渊之别。这一次坐牢，他实在难于被别人寻找，故要阿尼色弗四处打听，几经辛苦，才能"找着

㉒ Bernard，*The Pastoral Epistles*，p.114；Kelly，*A Commentary on the Pastoral Epistles*，pp.169-170；反对此见解的有 Knight，*Commentary on the Pastoral Epistles*，pp.385-386.

㉝ *anapsuchō*，Rienecker & Rogers，*Linguistic Key*，p.639；BAGD，p.63.

㉞ Zerwick & Grosvenor，*A Grammatical Analysis of the Greek New Testament*，p.640.

㉟ "以……为耻"其意思参见一 8 的注释。

㊱ *zēteō*，BAGD，p.338.

㊲ *spoudaiōs*，黄锡木：《原文》，页 514；BAGD，p.763.

㊳ *heuren*.

了"保罗。

正是"锦上添花易,雪中送炭难",而患难亦见真情;阿尼色弗对保罗的情真意切显然可见。

一18 "愿主使他在那日得主的怜悯。他在以弗所怎样多多地服侍我,是你明明知道的"

保罗的心愿是:"愿主使他在那日得主的怜悯";"那日"即主再来之大日,详参第十二节的注释;关于"愿主……"此言,凯利认为是早期教会那为死人祈祷的传统之圣经基础,即保罗为已死去的阿尼色弗祷告,希望他能因而得着神的怜悯。⑤ 然而,这是不必要的揣测,此处不一定指保罗的祷告,只是他一份由衷而发的期望而已;"得主怜悯"直译为"找着了从主而来的怜悯",⑥在此,保罗有三个可能的意思:

a. 阿尼色弗已去世,但保罗诚意盼望他能在主再来的日子得着怜悯,获得赏赐。

b. 于上一节,阿尼色弗付出代价找着了保罗,愿他所付的代价同样能得着主的怜悯。

c. 耶稣曾经有言:"凡为我的名接待一个像这小孩子的,就是接待我"(太十八5,另参二十五35～40),如今,阿尼色弗既然是情真意切地怜悯保罗,他亦应该蒙受主的怜悯。

无论如何,保罗向提摩太说:"他在以弗所怎样多多地服侍我,是你明明知道的";"明明"是一比较助动词,有"非常"之意;⑥无论提摩太是否知道阿尼色弗如何在罗马的监狱中服侍保罗,阿尼色弗在以弗所那份殷勤的服侍态度,是提摩太一清二楚的。保罗言下之意,是要提摩太向阿尼色弗学习,不要以福音及保罗之被囚为耻(一8)。

(III) 结语

年迈的保罗在走上人生最后一站时,其所惦念的便是福音的传统,

---

⑤ Kelly, *A Commentary on the Pastoral Epistles*, p. 171.

⑥ *heurein eleos para kuriou*.

⑥ *beltiōn*, BAGD, p. 139.

能否不折不扣地被保存下去，因为福音的内容实在是健全的真理，是神恩典的体现，提摩太作为保罗的工作伙伴、新一代的牧者及福音的传人，实在需要刚强壮胆，靠着主的灵行道及守道（第 14 节）。

面对社会的吸引力越来越大，教会开始了革新的行动，将教会内的活动弄得更合乎人的需要，如小组化、提供辅导、注重个人心理健康、强调人际关系等，以能诱掖信徒打开心灵，接受传道者的帮助，在牧养工作上亦无可厚非。然而，我们要问的是，那先贤古圣倾尽全力，甚至牺牲己命而保全至今的福音真理，其地位又何在？难道崇拜中的讲道已不及个人辅导的重要，甚至有后者可以取代前者之势？究竟每一周神话语的宣讲，传道者是否郑重其事地作好准备？并且深信所讲的圣道果真能改变人的生命？还是只是例行公事、敷衍了事而已？

如果在辅导的过程中，辅导员不能把当事人带到神的面前，以善道教诲当事人，以取代其错误的人生观、自我观和价值观，从而使之走回正路，当事人也许会甚喜爱辅导员，甚享受辅导中的关系，又或者他真的能"自我实现"（self-actualization），但他仍不能实际和长久地受益，因为他没有将真理内化，仍然不能支取其信仰的资源——圣道——助其生命成长。再者，自我实现亦应该有真理为其范畴，否则，自我实现可能只是将人的罪性全然彰显出来，成了罪行而已。

再者，教会内的信徒百态，成了一扇值得我们观望的窗，凭着这扇窗，我们可以有很多的学习，我们千万不要因着一些害群之马，而对信仰感到失望，因为人性的软弱，再加上魔鬼的引诱，失脚和跌倒的事是免不了的。[62] 然而，我们亦要放眼于一些勇于承担、为了福音敢于付代价的福音战士，为他们而感恩和祝祷，并且向他们学习，这样才是一个能分辨是非黑白，且能择善固执的主的精兵。

---

[62] 参见太十八 8～11 主耶稣基督的警告。

叁 作主忠心的仆人
（二 1～26）

1 我儿啊,你要在基督耶稣的恩典上刚强起来。

2 你在许多见证人面前听见我所教训的,也要交托那忠心能教导别人的人。

3 你要和我同受苦难,好像基督耶稣的精兵。

4 凡在军中当兵的,不将世务缠身,好叫那招他当兵的人喜悦。

5 人若在场上比武,非按规矩,就不能得冠冕。

6 劳力的农夫理当先得粮食。

7 我所说的话,你要思想,因为凡事主必给你聪明。

8 你要记念耶稣基督乃是大卫的后裔,他从死里复活,正合乎我所传的福音。

9 我为这福音受苦难,甚至被捆绑,像犯人一样;然而神的道却不被捆绑。

10 所以,我为选民凡事忍耐,叫他们也可以得着那在基督耶稣里的救恩和永远的荣耀。

11 有可信的话说:"我们若与基督同死,也必与他同活;

12 我们若能忍耐,也必和他一同作王;我们若不认他,他也必不认我们;

13 我们纵然失信,他仍是可信的,因为他不能背乎自己。"

14 你要使众人回想这些事,在主面前嘱咐他们:不可为言语争辩;这是没有益处的,只能败坏听见的人。

15 你当竭力在神面前得蒙喜悦,作无愧的工人,按着正意分解真理的道。

16 但要远避世俗的虚谈,因为这等人必进到更不敬虔的地步。

17 他们的话如同毒疮越烂越大;其中有许米乃和腓理徒,

¹⁸ 他们偏离了真道,说复活的事已过,就败坏好些人的信心。

¹⁹ 然而,神坚固的根基立住了,上面有这印记说:"主认识谁是他的人";又说:"凡称呼主名的人总要离开不义。"

²⁰ 在大户人家,不但有金器、银器,也有木器、瓦器;有作为贵重的,有作为卑贱的。

²¹ 人若自洁,脱离卑贱的事,就必作贵重的器皿,成为圣洁,合乎主用,预备行各样的善事。

²² 你要逃避少年的私欲,同那清心祷告主的人追求公义、信德、仁爱、和平。

²³ 惟有那愚拙无学问的辩论总要弃绝;因为知道这等事是起争竞的。

²⁴ 然而主的仆人不可争竞,只要温温和和地待众人,善于教导,存心忍耐,

²⁵ 用温柔劝戒那抵挡的人,或者神给他们悔改的心,可以明白真道,

²⁶ 叫他们这已经被魔鬼任意掳去的,可以醒悟,脱离他的网罗。

(I) 引言

　　既然在上一章末时,保罗已向提摩太提及,忠心的阿尼色弗委实留下了美好的见证,堪足提摩太学习,保罗便进一步地训示提摩太,要以大无畏的精神,忠于主的托付,为福音有受苦的心志。保罗采用了三个比喻,以照明受苦的必然性(第3~6节)。继而,保罗鼓励提摩太去追忆耶稣基督如何受苦,并且指出惟有如此,基督才能完成其救赎世人的计划,留下了能救世人的美好福音。而保罗本人亦为此福音而受苦,务要使选民得福。既有基督和保罗二人的榜样,提摩太亦应存此份受苦的心志(第7~13节)。再者,在面对假教师和错谬的教训之威胁时,提摩太更应小心自己的教导,并且竭力作主无愧的工人,言行举止,务要显出主的忠仆之本色,惟有这样才能真正地帮助有需要的,甚至是已经离经背道的信徒(第14~23节)。

（II）注释

（i）从比喻中学习（二 1～7）

二 1 　"我儿啊，你要在基督耶稣的恩典上刚强起来"

首先，保罗亲切地称呼提摩太"我儿啊"，①此句之前应有"所以"一字，②表示按上一章所论及提摩太要注意的事项，其中尤其是阿尼色弗那美好的表现，如今是应用在提摩太身上的时候了。

"你要在基督耶稣的恩典上刚强起来"；强调"你"；③"刚强起来"即加给力量、变得有能力，④是命令语；能够达到此情况，是要"在基督耶稣的恩典上"，此句应作"借着在基督耶稣里的恩典"，⑤意即提摩太要倚靠与他联合的基督，从而得着主所赐的恩典，如此，才能变得有力量。当然，这并不表示提摩太无需努力、付上代价，便能得着侍奉的能力，因为早于第一章六节里，保罗已经训示提摩太要重新燃起那所得的属灵恩赐，将之尽然地发挥出来。如今提摩太更要同时倚靠圣灵和与他同在的"基督耶稣"之恩典振奋起来，作主的工人。

二 2 　"你在许多见证人面前听见我所教训的，也要交托那忠心能教导别人的人"

保罗的第二个命令便是"你在许多见证人面前听见我所教训的，也要交托那忠心能教导别人的人"；"教训"原文作"什么"（what），⑥代表了保罗所说的话，故"听见我所教训的"其更好的译法是"从我这里所听

---

① 参见一 2 保罗对提摩太的称呼。

② *oun*.

③ 因为位于全节之首。

④ *endynamoō*，黄锡木：《原文》，页 514；*BAGD*，p. 263；加力量的便是主，参见弗六 10；提后四 17。

⑤ *en* 跟着一与格（dative）的事物，便是 from，through 的意思；故是"借着"恩典，Minor，*2 Timothy*，p. 42.

⑥ *ha*.

见的"(参考新译、吕本、思高);"在许多见证人面前"所指的是什么,学者们都意见不一,主要可分三大见解:

  a. 以"在……面前"为"借着",⑦即借着许多见证人,提摩太听到了从保罗而来的言论。如此的解法,亦暗示了作者根本未曾接触过受书人,亦表示此书信是在第二世纪时,由一假冒保罗的作者所写的。⑧ 然而,这样的说法却与此处的一句"从我这里所听到的"不吻合,因为若然此说属实,则作者应该说:"听过有关于我的教训"才是,况且,作者既然是冒保罗之名而写此信,亦没有理由露出了如此明显的破绽,不攻自破其假冒的身份。

  b. "在……面前"是指一特别的情况,例如是指提摩太的洗礼或按立礼(提前六 12),而其中一项的仪式,便是聆听保罗的教导,故见证人便是那些观礼或参与礼仪的人士。⑨ 此说的问题是,我们很难相信保罗可以借着一项仪式,把福音的内容全然阐释,而只要求提摩太把一些简单的、重要的道理,托付给可信靠的人(参见下一句)。

  c. "在许多见证人面前"是一法律上的措辞,意即有很多人可以支持其论点;⑩全句意即保罗一向所教导的,实在是健全的真理,完全合乎福音,提摩太可以找到有很多人士,能够为保罗作证明,支持保罗的论点,故提摩太大可放心。⑪

　　其中 c 的问题最少,故是最可取的,提摩太作为保罗侍奉的助手,已尽得保罗的真传,故他可以大为放心,将其"交托那忠心能教导别人的人";"交托"此字早于第一章十二及十四节出现过,强调了耶稣基督所留给使徒们的福音,并且要保罗等人好好地看守保全;此处则作动词用,是命令语,⑫意即提摩太要把福音以同样郑重恭敬的态度去将之传

---

⑦ *dia*,BAGD,p.180.

⑧ 详参 Kelly,*A Commentary on the Pastoral Epistles*,p.173.

⑨ Dibelius & Conzelmann,*The Pastoral Epistles*,p.108.

⑩ 这些人士包括了巴拿巴、路加、提摩太的外祖母和母亲;Kelly,*A Commentary on the Pastoral Epistles*,p.173;但这些人更可能是指教会中的长老等人,因为他们的支持是最有力的;Lock,*The Pastoral Epistles*,p.93.

⑪ Knight,*Commentary on the Pastoral Epistles*,p.390.

⑫ *parathou*;参见一 12 的注释。

给"那忠心能教导别人的人";"能"意即达到标准、善于;[13]这些被委托以福音的人,一定要忠心,即可靠,亦是善于教导的人,[14]和长老和监督一样;因为这样,福音才能继续传下去。

保罗知道自己离世的日子不远(四6),他实在关注他所传的福音能否继续发挥救人的功效,故找正确的人选,以正确的态度,将正确的道理教授他们是极为重要的,故才在这里对提摩太有此训示。

二3 "你要和我同受苦难,好像基督耶稣的精兵"

保罗的第三个命令,便是"你要和我同受苦难";"同受苦难"是命令语,此字于第一章八节出现过,[15]在那处更表明是指为了福音而同受苦难,一如保罗的被囚,提摩太要以同样为福音受苦的心志,去继续其侍奉,而其态度要"好像基督耶稣的精兵"。由这里开始,保罗用了三个比喻,此处先以当兵为喻;"精兵"直译为"良好的士兵",[16]以士兵为比喻早于以弗所书第六章十至十七节出现过,[17]同样是保罗在牢中所作的比喻,可见保罗是把周围所接触到的人物为喻,因为在牢房的周围,总不乏士兵看守,故便引之为喻;"基督耶稣的精兵"意即属于基督耶稣的精兵,[18]亦显出了信徒正在为基督而打仗,其对手便是那些敌挡福音的人,[19]包括了此处的假教师等人。

二4 "凡在军中当兵的,不将世务缠身,好叫那招他当兵的人喜悦"

"凡在军中当兵的不将世务缠身",保罗继续这作士兵的比喻;"当

---

⑬ *hikanos*,Rienecker & Rogers,*Linguistic Key*,p.640;*BAGD*,p.374.

⑭ Knight,*Commentary on the Pastoral Epistles*,p.391;Knight 认为此处的"人"指男信徒;然而这是没有理据、莫名其妙的见解。

⑮ 详参其注释。

⑯ *kalos stratiōtēs*;有人译作为"忠心的士兵""勇敢的士兵""真正的士兵"或"毫无指摘的士兵",参见 Minor,*2 Timothy*,p.46.

⑰ 其他如林后十 3～5;门2。

⑱ *kolos stratiōtēs Christou lēsou*,是描述的属格。

⑲ 参见提前一18;Fee,*1 & 2 Timothy,Titus*,p.241.

兵"为现在分词，[20]形容一个正在服兵役的人；"缠身"为被动语，故应作"被……缠扰"；[21]"世务"直译为"生活上的事务"，"事务"为复数，[22]故"生活上的事务"指日常生活中所发生的各样事情（参考思高）；全句直译为"没有任何人在当兵时，被生活上的各项事务缠扰"；当然，这并不表示当兵的人不用过活，然而，他却不能被任何一件事情所缠累，以使他分心，漠视了军纪，不能尽服兵役的责任，这样便不是一个忠于职守的好士兵了。

毕竟，招信徒当兵的是基督耶稣，而且他亦是军队中的主帅，是信徒效忠的对象，故保罗说："好叫那招他当兵的人喜悦"，意即使基督耶稣喜悦，一如长官因着下属有良好的服役态度和表现，便深感满意而喜形于色。

整个比喻的重点，便是提摩太要全神贯注于侍奉，为主打美好的仗，一切阻拦此事的世务都要放下，如此才能讨主的喜悦，作合主心意的好将士。

二 5 "人若在场上比武，非按规矩，就不能得冠冕"

第二个比喻便是"人若在场上比武"，此句中有一"同样"的字，[23]故此比喻与上一个当兵的比喻有相同的地方；"场上比武"此字在新约中只出现于此处，意即在比赛中竞争，[24]故是指一正在参加比赛的运动员，要在芸芸众多的人中胜出，必须付出代价。此代价便是："非按规矩，就不能得冠冕"；"得冠冕"此动词是指胜利者的加冕；[25]"规矩"可作合法地、按规矩地；[26]"非按规矩"直译可作"除非他合法地竞赛"；[27]故保罗可能是指要按比赛规矩而进行竞争，当然，他亦可指运动

---

⑳ *strateyomenos*，是作形容词使用。

㉑ *empleketai*，黄锡木：《原文》，页 514；*BAGD*，p. 256.

㉒ *pragmateia*.

㉓ *kai*.

㉔ *athleō*，*BAGD*，p. 21；*TDNT*，I；167；Zerwick & Grosvenor，*A Grammatical Analysis of the Greek New Testament*，p. 640.

㉕ *stephanoō*，*BAGD*，p. 767；*TDNT*，VII；615 – 636.

㉖ *nomimōs*，黄锡木：《原文》，页 514。

㉗ *ean mē nomimōs*.

员那种要受严格训练的实况，㉘总括来说，这个比喻的用意鲜明，运动员要独占鳌头，荣登宝座，㉙他必须要付出代价，如上一个当兵的比喻。

二 6 "劳力的农夫理当先得粮食"

保罗的第三个比喻，强调了主再来时的赏赐；㉚"劳力的农夫"，"农夫"是当代非常普遍的行业；"劳力"有工作至筋疲力尽的意思，㉛这是保罗常用之字眼，用作形容其福音工作的"劳苦"（林前十五 10；腓二 16；西一 29；提前四 10）；农夫在田间工作，大清早便要起来，常做至汗流浃背、披星戴月才返家，如此劳苦做工的情况，提摩太是应该知道的。尽管如此，作农夫的却因此而"理当先得粮食"，"理当"即必然、必须；㉜"得粮食"直译为"分享到果实"，㉝强调了他能享用其收获；而"先"即"首先"，㉞其所指的意思有以下两个可能性：

a. 指农夫要"首先"付出劳苦，才能享受收获。但在文法上，"首先"应该不是形容劳苦的。㉟

b. 以"首先"形容"得粮食"，农夫既然因劳苦而有所收获，自然是在别人能享受其收获之先，坐享其工作的成果了。

在此，保罗言下之意，可以是指提摩太可以现在便享受其工作的成果，即靠福音维生（林前九 7～10），或配受信徒们的敬奉（提前五 17～18），得着薪酬；㊱又或者是指在世上工作的提摩太，已经先得到神的祝福。㊲ 然而，更大的可能性，便是保罗旨在强调劳苦工作的农夫

㉘ Fee，*1 & 2 Timothy，Titus*，p. 242.

㉙ 当然，在比赛中，只有一个运动员能够得冠军，但对信徒得赏赐来说，每一个付出代价的信徒都能得着冠冕（参见四 8）；Guthrie，*The Pastoral Epistles*，p. 141.

㉚ 其实，上一个运动员的比喻，已稍有末世色彩，因为于四 8 保罗亦提及当主再来时，他自己将得到一个公义的冠冕。

㉛ *kopiaō*，*TLNT*，2：322－329；*BAGD*，p. 443；Rienecker & Rogers，*Linguistic Key*，p. 640；此处是一用作形容词的分词。

㉜ *dei*，*BAGD*，p. 172.

㉝ *tōn karpōn metalambanein*.

㉞ *prōton*.

㉟ 详参 Knight，*Commentary on the Pastoral Epistles*，p. 395.

㊱ Hanson，*The Pastoral Epistles*，p. 130；Wuest，*The Pastoral Epistles*，p. 131.

㊲ Lock，*The Pastoral Epistles*，p. 94.

必然得着收获作为回报，[38]这委实是他的权利，而劳苦做工的传道者亦然，他必然在主再来时得着主的报答，提摩太大可心中释然，全心全意地为福音而努力。

二 7 "我所说的话，你要思想，因为凡事主必给你聪明"

在小结此段时，保罗说："我所说的话你要思想"；"思想"又可作"晓得""明白"，[39]乃命令语，故作"要思想"；以上一连串的训示及比喻，提摩太实在需要思想以至于明白其含义。再者，提摩太不应因为以上所举的比喻需要反复思想才能了解其意思，便惧怕起来，以致裹足不前，这是"因为凡事主必给你聪明"（参见雅一 17），此句是保罗对提摩太的应许以作为鼓励；"聪明"此字原意为将事物拼合在一起，以能了解之，故指人的辨别力、领悟力；[40]"凡事"大概指一切提摩太所需要明白的真理；"主"可以指父神，亦可以指耶稣基督，会借着内住于提摩太身上的圣灵，给予提摩太领悟真理的能力。因为圣灵是真理的灵，他能引导提摩太进入真理（约十六 13）。

保罗深信，作为主仆人的提摩太，主必然给他足够的能力，去了解真理，使真理能够经过内化的过程，融贯于主仆的生命中，如此才能收身体力行之效。提摩太实应察纳保罗的训言，[41]振奋起来，付出代价，作主无愧的工人。

(ii) 受苦的基督和保罗（二 8～13）

二 8 "你要记念耶稣基督乃是大卫的后裔，他从死里复活，正合乎我所传的福音"

在论及要思想保罗以上的训言之同时，保罗亦要提摩太"记念耶稣

---

[38] Scott，*The Pastoral Epistles*，pp. 102 – 103.

[39] *noeō*，*BAGD*，p. 540；黄锡木：《原文》，页 514。

[40] *sunesis*，Minor，*2 Timothy*，p. 54；Zerwick & Grosvenor，*A Grammatical Analysis of the Greek New Testament*，p. 641.

[41] 可见此处涉及神和人的因素，Stott，*The Message of 2 Timothy*，p. 59.

基督乃是大卫的后裔”;“记念”意即想起,[42]乃命令语;这里的“耶稣基督”是在提摩太后书中唯一如此称呼圣子的地方,[43]保罗在此不以“基督耶稣”称呼之,原因是他要强调圣子的人性;他实乃“大卫的后裔”,“后裔”原意为“种子”,可作后人、后裔,[44]此处侧重于耶稣基督乃弥赛亚,因为按旧约的预言,弥赛亚出于大卫的子孙(撒下七 12～16;耶二十三 5),而在肉身上,耶稣的确是大卫的后裔(罗一 3),故他是将要统治神的子民之君王,纵使他受苦而死,但仍能“从死里复活”,升天得荣,自此便作了王(二 12),直到永永远远。按此了解,在世的耶稣,已完全地兑现了旧约有关弥赛亚的预言;“复活”是现在完成时态,强调了耶稣基督现在仍是以其复活后的身体活着,他必永世为王。[45]

保罗指称,以上所言,“正合乎我所传的福音”,此句直译为“按着我的福音”;即耶稣基督从死里复活,坐在大卫的宝座上,作王到永远,这些真理正好是保罗所传福音的内容。保罗如此说,是要使其读者,即提摩太,注意保罗一向所努力传扬的是一位先受苦、后得荣的弥赛亚,提摩太实要从中得着灵感,同样有受苦之心志,以致否极泰来,能作得胜的主之忠仆。

二 9　“我为这福音受苦难,甚至被捆绑,像犯人一样;然而神的道却不被捆绑”

继而,另一个受苦的人物,便是保罗本人,故他说:“我为这福音受苦难,甚至被捆绑像犯人一样”;“受苦难”此动词乃现在时态,故是指保罗是持续不断地因传福音而遭遇困苦;[46]“甚至被捆绑”显出了保罗受苦到了顶点,便是“被捆绑”,意即被锁在监里,失去了自由;“犯人”直译

---

[42]　*mnēmoneuō*,黄锡木:《原文》,页 514;*BAGD*,p.525.

[43]　教牧书信内如此称呼圣子的有提前六 3、14;多一 1,二 13,三 6。

[44]　*sperma*,*BAGD*,pp.761－762.

[45]　以上所言,关于圣子为弥赛亚的描写,可能是来自一信条,Lock,*The Pastoral Epistles*,p.95.

[46]　*kakopatheō*,参见 *BAGD*,p.397.

为"作恶者",即囚犯;[47]保罗并不是因行恶而下监,故他说是"像犯人一样"而已。毕竟,他是为了福音付上了莫大的代价,被别人像重犯一样地看待。

"然而",即"反而",[48]"神的道却不被捆绑";"神的道"指从神而来的信息,此处是指福音;[49]"被捆绑"是现在完成时态,[50]故"不被捆绑"强调了福音至今仍是自由自在地传扬;尽管保罗是被捆绑,但福音却不然,因为保罗的下监正是为了要使福音不被捆绑,故付出了高昂的代价才会如此,[51]这正好是下一节的重点。

二 10 "所以,我为选民凡事忍耐,叫他们也可以得着那在基督耶稣里的救恩和永远的荣耀"

因着福音能继续毫无阻挠地被传开,保罗便说:"所以我为选民凡事忍耐";"忍耐"本意为持续,即不会因困难而改变,故有恒心忍受之意;[52]故"凡事忍耐"意即保罗不会因着困难和险阻而逃避,反而仍留下来,勇于面对任何的苦难;保罗的意思是,他"忍耐"的原因,除了是能使福音被传开之外,还有便是为了"选民",此字本意为被拣选的或贵重的,[53]在新约中出现凡二十多次,除了一次是形容天使外(提前五 21),其他均是形容信徒,故作"选民"。在保罗的用法中,他常将选民与神一并而论,[54]强调了神是在万人中拣选了圣徒,使之归于他自己,[55]故此,当保罗传福音之时,神所拣选的人会因之而有回应——接受救恩,从而得救(参见罗八 29~30,另参徒十三 48)。

---

[47] *kakourgos*,Zerwick & Grosvenor,*A Grammatical Analysis of the Greek New Testament*,p.641;*BAGD*,p.398.

[48] *alla*,是转折连词。

[49] 参见 *TDNT*,IV:115‒116.

[50] *dedetai*,出自 *deō*,*BAGD*,pp.176‒177;此字与上一句的"被捆绑"为同一个字眼,此处为动词,上一句为名词。

[51] 保罗第一次在罗马坐牢时,他曾借着将福音传开,使周围的人得闻福音;并且鼓励不少信徒更努力地传福音;腓一 12~14。

[52] *hypomēnō*,*BAGD*,p.853.

[53] *eklektos*,黄锡木:《原文》,页 515。

[54] 如罗八 33;西三 12;多一 1 等。

[55] *BAGD*,p.242.

保罗凡事忍耐的原因，便是使选民们也可以"得着那在基督耶稣里的救恩和永远的荣耀"；"得着"即获得、经验；⑤⑥"救恩"在新约出现四十五次，强调出于神的超自然－末世性的（supernatural-eschatological）对人类的终极拯救行动，并且出自神的恩典而大都与耶稣基督相关，此处亦然，强调了借着与基督联合，选民能经验到救恩的实现；⑤⑦除了获得救恩外，还有"永远的荣耀"；"荣耀"是神的本性，带出了神那尊贵和超越的一面；全句含有末世性的意义，侧重于选民在来生中与神在一起，分享到永不衰残的、属于神的荣耀（林后四 17），故"救恩"强调了现今的属灵实况；"永远的荣耀"侧重于将来永远的福祉。⑤⑧

保罗为了福音而受苦，此举是有价值的，因为这样能使神所拣选的人得救，并且享受永远的荣耀。

二 11　"有可信的话说：'我们若与基督同死，也必与他同活'"

到了这里，保罗又再一次引用当时流传于教会间的"可信的话"，这是教牧书信内最后一次的引用，⑤⑨此处没有"是十分可佩服的"一句，因为所引的，已含有个人的应用，故不用加上此句，以引导读者们去接受和应用其内容。

关于引句是指上文还是紧接的下文，学者们亦起争议，学者如莫法特（Moffatt）认为是指上文由第四节开始关于十字架的道理，以比喻和实例表达出来。⑥⑩

然而，我们相信引句更应该是指下文，⑥⑪因为：

a. 上文的内容突出了保罗个人的经验和体会，如"我"一字出现了多次；这是教牧书信内其他同类引言所没有出现过的，故不会

---

⑤⑥　*tynchanō*，ibid，p.829；黄锡木：《原文》，页 515。

⑤⑦　*sōtēria*，*EDNT*，3：327 - 329.

⑤⑧　White，*The First and Second Epistles to Timothy*，p.163.

⑤⑨　其他的有提前一 15，三 1，四 9；多三 8；详参提前一 15 的注释。

⑥⑩　White，*The First and Second Epistles to Timothy*，p.163；早期教父如克里索斯托亦有此理解。

⑥⑪　所有中文译本都有此取向；大部分学者亦有此见解；其名单参见 Campbell，"Identifying the Faithful Sayings"，p.75，fn.10.

是指上文。⑫

b. 反而,下文虽然亦出现了"我们",但如此的措辞却包含礼仪色彩,适合全体会众应用;此措辞亦出现于上一个同类引用中,即提多书第三章五至七节。

c. 即使莫法特,亦要承认第十一节的下半部到第十三节引自教会的一首诗歌。⑬ 既然是这样,何不干脆接受下文才是引句的内容?⑭

d. 保罗正在劝慰提摩太要为主受苦,并且举出在世的耶稣和自己本人为例,如今他更引用了一个为提摩太所熟知的教训,其内容亦涉及要为主受苦的题旨,以强化他的论点,⑮如此理解最切合此处的思路。

此可信的话,便是"我们若与基督同死,也必与他同活",其特点有:

a. 此两句及以下两节的经文都明显是平行句。

b. 是条件从句(conditional clause)。

c. 每一句都是先论及使徒,即"我们"的行动,然后便是基督的行动。

d. 到了第十三节的"因为他不能背乎自己",可能是保罗自己加插的话。

在此,我们要注意,在此段引句之首,有一"因为"的字,⑯此字出现的原因学者并不能达成共识,其可能性有三:

a. 为所引的句子与上文衔接起来的连接词,其意思是"因为,正如你所记得的",⑰或是"即是"(namely)。

b. 回指第一至十节所论及的,关于为主和福音受苦,如今此被引

---

⑫ 详参 Knight, *The Faithful Sayings*, p. 114.

⑬ White, *The First and Second Epistles to Timothy*, p. 163.

⑭ 参见 Hanson, *The Pastoral Epistles*, p. 132;Hanson 亦有此理解。

⑮ 此强化可说是把保罗的论点推至高峰,作为为主受苦之论题的结束;Fee, *1 & 2 Timothy, Titus*, p. 248.

⑯ *gar*,有"解释"的意思。

⑰ Bernard, *The Pastoral Epistles*, p. 120.

之言，正好作为进一步的解释——为主受苦会苦尽甘来。⑱

   c. 是原来诗歌的一部分，故被同时引入此处，显得与上文有些脱节。⑲

其中 a 与 b 的意思相仿，而 c 的问题是，一般来说，保罗都会引用合适的部分，既然"因为"显得与上下文脱节，他大可留下此字而不把它引用于此。故 a 和 b 的解释较为可取。

"我们……与基督同死"在原文只是一个字眼，直译为"我们与之同死"；⑳"必与他同活"此字直译为"我们将与之同活"；㉑言下之意，便是与基督同死，然后与他一同复活。此处所指的可以是基督的殉道，故使徒与他一同殉道亦能活过来，故保罗及提摩太实在要以殉道者的大无畏精神慷慨就义。㉒ 然而，形容殉道者与基督的殉道为"同死"，并没有新约其他的经文支持。因此，更可能的意思便是指与钉十字架的基督认同，信徒将自己的私欲和旧人治死，然后从罪中得着释放，活出新生命（罗六 5～10；加二 20）。当然，如布尔特曼（Bultmann）所言，此新生命是由现今开始直到未来。㉓

二 12 "我们若能忍耐，也必和他一同作王；我们若不认他，他也必不认我们"

第二句平行句是"我们若能忍耐，也必和他一同作王"；"忍耐"此字早于第十节时，当保罗自言为选民而"忍耐"时出现过，故同样是指为福音而受苦。事实上，新约常常强调，信徒因着信心，其受苦是必然的（太十 22；可十三 13；来十 32）。然而，他们"也必和他一同作王"；"必和他一同作王"此字应作"将与之作王"或"将与之掌权"；㉔其言下之意，无

---

⑱ Fee, *1 & 2 Timothy, Titus*, p. 248.

⑲ Guthrie, *The Pastoral Epistles*, p. 145.

⑳ *sunapethnēskō*, *BAGD*, p. 785.

㉑ *suzēsomen*，为未来时态。

㉒ 故此诗歌原本可能是一殉道者之歌；但更大的可能性参见注 77 及 Kelly, *A Commentary on the Pastoral Epistles*, p. 179.

㉓ 参见 *TDNT*，II：869.

㉔ *sumbasileuō*, *EDNT*, 3：286；黄锡木：《原文》，页 515；此处是未来时态。

疑是指信徒将与基督在神的国完全实现的时候共同掌权。⑦

第三句平行句是"我们若不认他,他也必不认我们";此句可说是上面一句的相反说法,直译为"我们若不承认,那一位亦不承认我们";"那一位"明显是指基督;故"不承认",便是不承认基督了,此字意即否认、背弃、拒绝;⑦信徒如何否认基督? 此处并没有明言,否认基督的可能方式:

a. 如彼得一样,否认与基督有任何的关联(太二十六 70～72;可十四 69～70)。

b. 否认基督的名,不再信靠他(启二 13,三 8)。

c. 放弃基督教信仰(约壹二 22～23)。

无论如何,一如世上的耶稣所说的:"凡在人面前认我的,我在我天上的父面前也必认他;凡在人面前不认我的,我在我天上的父面前也必不认他"(太十 32～33),故当主再来时,他必会对信徒一生的行为加以评估,各人必按己行受报,这样,在世的信徒,不论在任何的环境下,都不可否定基督,而要学习忍耐到底,以致得救(太二十四 13)。⑦

二 13 "我们纵然失信,他仍是可信的,因为他不能背乎自己'"

第四句平行句子是"我们纵然失信,他仍是可信的";"纵然"即"如果";"失信"即"不信"(新译),⑦但此处因为是要对比"可信的",即信实的,⑦故应作"不信实"(思高)、"不可靠"或"失信"(和合本、现中);"他"即"那一位",⑧按上文授意,无疑仍是指基督;"仍是"即"继续""维持";⑧故全句可作"我们若不可靠,他维持可靠",其意思是,一如彼得,

---

⑦ 此字的另一次出现亦有此意,参见林前四 8;另参太十九 28;路二十二 29～30;林前六 2;启二十二 5。

⑦ *arneomai*,黄锡木:《原文》,页 515;*BAGD*,p.108;*TDNT*,I:409;*TLNT*,1:199-205;早于提前五 8 出现。

⑦ 由于此处关乎承认基督,故有可能,此被引用的诗歌出于初期教会洗礼中的诵唱,强调借着洗礼,承认主名之重要性。

⑦ *apisteō*,*BAGD*,p.85;即相信之反义词。

⑦ *pistos*.

⑧ *ekeinos*.

⑧ *menō*,*BAGD*,p.504.

虽然对主失信，三次否认基督，然而，基督却继续维持其对信徒的信实，在彼得回转过来时，得着了基督的赦免（约二十一 15～23）。[32] 按此理解，此句可说是因软弱而犯罪的信徒之盼望。[33]

在引用完毕时，保罗加上一个解释："因为他不能背乎自己"；[34]"背乎"即第十二节的"不认"一字；[35]全句意思即基督不能否认自己那信实无变的本性，他必会赦免每一个愿意回转的、属于他的人（约壹一 9）；[36]此句强调了神那不变的（immutable）和信实的本性，对比人会因着环境而改变，亦解释了紧邻的上文，何以在人不可靠的情况下，基督仍然维持其信实可靠。[37]

(iii) 提摩太的责任（二 14～26）

二 14　"你要使众人回想这些事，在主面前嘱咐他们：不可为言语争辩；这是没有益处的，只能败坏听见的人"

正因为基督那赦罪的应许值得信靠，故保罗再度要求提摩太："你要使众人回想这些事，在主面前嘱咐他们：……"；"回想"即"使之想起"，是命令语；[38]"这些事"指紧邻的上文，即由第三节开始的比喻、例子和被引用的诗歌；"嘱咐"早于提摩太前书第五章二十一节出现，意即郑重地作证、警告、吩咐；[39]"在主面前"应作"在神面前"（参考新译、吕本），同样出现于提摩太前书第五章二十一节，即在神面前郑重地警告，有如严肃地宣誓；所警告的，便是"不可为言语争辩"；"言语争辩"此字

㉜ 故"我们若不可靠"是一暂时性的情况，而不是决定性地否定基督徒；这样，此句泛指信徒在一时软弱之下所犯的罪，都能蒙基督的赦免。

㉝ 说明了并非每一次信仰的软弱都招致刑罚；Bernard, *The Pastoral Epistles*, p. 121.

㉞ 不少学者都有此理解；Kelly, *A Commentary on the Pastoral Epistles*, p. 179.

㉟ *arneomai*，参见其注释。

㊱ 此句亦带出了一项真理，虽然神无所不能，他不能做有违他本性的事情。

㊲ 总之，人的信实不能与神的信实相提并论。

㊳ *hypomimnēskō*, Rienecker & Rogers, *Linguistic Key*, p. 641；*BAGD*, pp. 853 - 854.

㊴ *diamartyromai*, *BAGD*, p. 185.

在新约只出现于此，⑨其从属字却出现于提摩太前书第六章四节，⑨是指喜爱咬文嚼字，重视修辞，又或者是为了一些字眼的用法和意思而争论不休，这一种表现正好是假教师的本色（提前六1～4）；提摩太务要制止信徒堕入这一个陷阱中，因为"这是没有益处的"；"益处"在新约中只此一次出现，即有益、有用；⑨故全句的意思便是一无是处；⑨反而，"只能败坏听见的人"；"败坏"即腐化、毁灭；⑭凡刻意去听取这些为言语争辩的人之胡诌，必定因而受影响，不但不能受益，反而落得属灵腐化的下场（参见第17节）。⑮

总括来说，一切使人的注意力离开福音焦点的言论，都应该敛迹于教会，如此传道人才能不负所托，将健全的教训传授给那些信仰的忠信者（第2节）。

二15 "你当竭力在神面前得蒙喜悦，作无愧的工人，按着正意分解真理的道"

提摩太除了以上的工作外，还有的是"你当竭力"；"竭力"即尽己所能，⑯是命令语；所当尽己所能的，便是"在神面前得蒙喜悦"，此句直译为"带你自己到神那里蒙喜悦"；在上一节保罗已说明他要提摩太在主面前吩咐人，如今亦是要提摩太有如在神的面前做这事，同样带出那郑重其事的情况，此处"神"当然亦成为了提摩太"蒙喜悦"的对象；"带你自己"又可作"显出你自己"，⑰强调了此行动是要出于提

---

⑨ *logomacheō*，BAGD，p.478.

⑨ *logomachia*.

⑨ *chrēsimos*，BAGD，p.894.

⑨ Knight, *Commentary on the Pastoral Epistles*, p.410.

⑭ *katastrophē*，黄锡木：《原文》，页515；此字与突然死亡有关；Simpson, *The Pastoral Epistles*, p.136；与林后十三10的 *kathairesis*（"败坏"）为同义词；Bernard, *The Pastoral Epistles*, p.122.

⑮ 例如相信没有复活（第18节），或是争竞频生（第23节）。

⑯ *spoudazō*，BAGD，p.771；Zerwick & Grosvenor, *A Grammatical Analysis of the Greek New Testament*, p.641.

⑰ "带"（*paristēmi*）又可作"显出"，黄锡木：《原文》，页515。

摩太本人；^⑱"蒙喜悦"此字的反义词出现于提多书第一章十六节（和合本作"废弃"），此字意即在经过考验后蒙接受、赞许；^⑲提摩太作为神的工人，务要讨神的喜悦，在神的面前显出自己经得起他的考验。

观此，提摩太是要"作无愧的工人"；"无愧"在新约中只出现于此，意即不觉得羞愧；^⑩"工人"强调了作主仆人那种实干的、劳苦工作的侍奉；提摩太不单只要在神面前显出其经得起试验、蒙神接纳，自己亦要作一位问心无愧的传福音者；并且"接着正意分解真理的道"；"真理的道"于以弗所书第一章十三节里被保罗解释为得救的福音，^⑪故其意思便是"福音"；"按着正意分解"在原文只一个字，此字其实由两个字组成，一为"正确"，另一为"切割"，^⑫此处为一分词，是形容上一句"工人"的，故此字指"工人"工作的态度。在此，凯利指出，由于此字出现于七十士译本的箴言第三章六节及十一章五节，都是指走上正路而言，^⑬故此处的工人，大概指犁田的农夫，要正确地依着路向来犁田。用在此处，是指提摩太要正确地依着正路处理福音的信息，切勿被假教师的言论所唆摆。^⑭ 这是一个饶有趣味，亦合乎上文下理的解释。^⑮

无论如何，提摩太要矢志不渝地为正确传讲福音而努力，这样才能作主无愧的工人。

二 16　"但要远避世俗的虚谈，因为这等人必进到更不敬虔的地步"

在面对假教师威胁的时候，提摩太却"要远避世俗的虚谈"；^⑯"远避"此字早于提多书第三章九节用过，^⑰此处是命令语；"世俗的虚谈"

---

⑱　故对抗"为言语争辩"的最佳方法，便是传道者那正确的言行，Dibelius & Conzelmann, *The Pastoral Epistles*, p.111.

⑲　*dokimos*, *TDNT*, II:258；*EDNT*, 1:341.

⑩　*anepaischuntos*，即"问心无愧"，黄锡木：《原文》，页 515；*BAGD*, p.64.

⑪　另参西一 5。

⑫　*orthotomeō*，即"正确"（*ortho*）加上"切割"（*tomeō*）.

⑬　另参 *BAGD*, p.584.

⑭　Kelly, *A Commentary on the Pastoral Epistles*, p.183；或作要走正确的路，朝着福音的目标迈进。

⑮　其他的解释，参见 Rienecker & Rogers, *Linguistic Key*, pp.641－642.

⑯　此句之首有 *de* 一字，是一转折连词。

⑰　*periistēmi*，详参其注释。

亦于提摩太前书第六章二十节出现过，[108]可见保罗指相同的、假教师的虚妄之言；"因为这等人必进到更不敬虔的地步"，这一项解释何以保罗要提摩太"远避"这些假教师的言论之原因；"进到"即前进，使之进步，[109]是未来时态，显出了将会发生于假教师身上的劣势；[110]"必进到更不敬虔"可能是要对比上一节的，提摩太要走正确的路，而假教师却进到不敬虔的地步。[111]总之，这些假教师是已经不敬虔的了，如今却因着其喜爱说"世俗的虚谈"，结果将会是每况愈下，后果实在堪忧，而下一节可说亦是此句的演绎。

二17　"他们的话如同毒疮越烂越大；其中有许米乃和腓理徒"

"他们的话如同毒疮"；"毒疮"是一医学上的词汇，[112]是指一些会蔓延的腐烂组织，故可以指癌细胞；[113]"他们的话"即假教师的言论，包括了上一节"世俗的虚谈"和下一节否定复活的谬论，都如附体之癌，势将"越烂越大"，此句直译为"将会蔓延"，[114]这当然是指教会内的情况，假教师的言论将会于教会蔓延；"其中有许米乃和腓理徒"，前者早于提摩太前书第一章二十节被保罗提及，保罗已对他予以纪律处分，可见他仍没有悔意；此处还有"腓理徒"随伙，以助他将败坏信仰的言论散布于教会。

二18　"他们偏离了真道，说复活的事已过，就败坏好些人的信心"

---

[108] 参见其注释。

[109] *prokoptō*，*BAGD*，pp. 714–715；Rienecker & Rogers, *Linguistic Key*，p. 642.

[110] 本来前进或进步应是好的，故此处有讽刺的作用；Minor, *2 Timothy*，p. 72.

[111] 参见 Knight, *Commentary on the Pastoral Epistles*，p. 413；Knight 则认为"进到"是假教师那自诩之词，他们以自己为进到更敬虔的境界，但保罗却借了此字去指出，其实他们适得其反地进到不敬虔的恶境。

[112] 故保罗可能从路加医生处了解此种疮的存在和可怕性。

[113] *gangraina*，*BAGD*，p. 148；黄锡木：《原文》，页 516；新译本作"毒瘤"。

[114] *nomēn hexei*；*BAGD*，p. 543；如此的措辞，配合了毒疮对身体的侵蚀；Dibelius & Conzelmann, *The Pastoral Epistles*，p. 111.

保罗指出，"他们偏离了真道"；"真道"原文即"真理"，[115]指基督教信仰作为绝对的真理；"偏离"于提摩太前书第一章六节已出现过，[116]此处是过去不定时态，说明此乃一项事实；此二人那"偏离了真理"的表现，便是"说复活的事已过"；"已过"意即已经发生了；[117]此二人作为假教师的代表，并非完全否认复活的真理，乃是认为复活已经发生了，他们有此番理论之原因可能有三：

a. 他们误会了保罗那份与基督同死、同葬、同复活的见解（二 11；另参罗六 1～11；弗二 6，五 14；西二 12～13），认为如今他们是已经复活之人。

b. 他们主张肉身是邪恶的，人岂能带着肉身进入来世之中？故否定了身体复活之说，将之灵意化，而以信徒的灵命更新为复活的真理之实现。

c. 一如哥林多前书所反映的，那些否认身体复活的人一样，存着过度实现的末世论（over-realized eschatology），强调了自己的敬虔，实在是已经活在属灵的境界和未来的世界里，故身体是否复活已无关痛痒了。[118]

按以弗所的假教师们那些禁欲的主张（提前四 3；多一 15），a 和 b 最有可能，亦不互相排斥；无论如何，身体复活是基督教教义的重要部分，在此处出错，后果极为严重，而事实上，以弗所教会内已有"好些人的信心"被"败坏了"；"好些人"即有些人；"败坏"已于提多书第一章十一节出现过，[119]有使人跌倒、毁坏之意，此处是现在时态，故是指正在发生的事；"信心"可作"信仰"；全句意即，错误的复活观正在毁坏一些人的信仰。

没有了身体复活的盼望，信徒会走向两个极端，一为淡化了信徒对来生的憧憬，其注意力只会放在今生的事上。另一为否定身体的重要

---

[115] alētheia .

[116] astocheō，参见其注释。

[117] ēdē gegonenai，Knight，*Commentary on the Pastoral Epistles*，p.414.

[118] Thiselton，"Realized Eschatology at Corinth"，这里可能受了诺斯替主义的影响，相信真信徒是不会死的，参见 Lock，*The Pastoral Epistles*，p.99.

[119] anatrepō，参见其注释。

性，便会导致纵欲主义或禁欲主义，前者如哥林多教会的使徒，甚至有收继母的罪行产生，而教会还并不哀痛（林前五 1～2）；[120]后者如提摩太前书第四章三节所谈及的，禁止婚娶和食物等谬论。由此可见，否定身体复活的后果极为严重。

二 19 "然而，神坚固的根基立住了；上面有这印记说：'主认识谁是他的人'；又说：'凡称呼主名的人总要离开不义'"

由此处开始，保罗以两个比喻（一为建筑物的根基，另一为家庭用具）鼓励提摩太，免得他会因着假教师的影响力及其所造成的破坏而气馁。"然而"，意即尽管以上那些威胁教会的事情正在发生，"神坚固的根基立住了"；"坚固"有强而有力的意思，[121]即坚固强力；"坚固的根基"在新约中常是一个形容教会的比喻，即教会是有如一座建筑物，有了强大扎实的基础，[122]而此"根基"是神的根基，即属于神的，或由神建立的根基；[123]"立住了"是现在完成时态，[124]故是指神的根基，因着其坚固扎实，现今是处于一个屹立不动的状态中，故提摩太大可放心，教会是属神的，他必保守教会，使之在风雨中仍巍然而立。

保罗续称："上面有这印记说"，此句应作"有这个印"；"印"所指的是在古代一些建筑物的根基上，主人会刻上建筑物的作用为何；[125]在此处所刻上的，是"主认识谁是他的人"；"主"可以指父神，但更可能指耶稣基督，因为是教会的主和元首（弗四 15；西一 18）；"认识"是过去不定时态，[126]强调了一事实；是的，主认识哪些人是真门徒，哪些人是假教师，[127]

---

[120] Scott，*The Pastoral Epistles*，p.111；Scott 认为这便是否定身体复活的结果，即衍生了放纵的生活。

[121] *stereos*，Rienecker & Rogers，*Linguistic Key*，p.642.

[122] 参见罗十五 20；林前三 10～12，弗二 20；而赛二十八 16 可能是此比喻的旧约背景：Hanson，*The Pastoral Epistles*，p.136.

[123] *tou theou*，可作描述的属格或表明来源的属格。

[124] *hestēken*.

[125] *sphragis*，Kelly，*A Commentary on the Pastoral Epistles*，p. 186；*TDNT*，VII：948；*BAGD*，p.804.

[126] *egnō*.

[127] 此处的背景可能是民十六 5 关于神分别摩西及可拉党的谁是谁非；又如耶稣说的，凡称呼他"主啊，主啊"的，不一定都能进天国（太七 21～23），故此，鱼目混珠是不可能的。

提摩太大可对主有信心，主明察秋毫，必会把不义的人分别出来。

"又说"，即刻在根基上的，还有"凡称呼主名的人，总要离开不义"；"离开"此字原意为站开，故有避开之意，⑫是过去不定时态，并且语带命令，故指一项必须要做的行动；"不义"即与真理相违的言论和行为，⑬此处当然是指要小心假教师的言行而言。⑭

总之，纵然主能分辨谁是属他的信徒，但作为信徒们，亦要刻意地避开不义的事情，以假教师的言行为戒。

二 20 "在大户人家，不但有金器、银器，也有木器、瓦器；有作为贵重的，有作为卑贱的"

为了要阐明离开不义的重要性，保罗的另一个比喻，便是"在大户人家……"，⑮保罗知道以弗所教会的信徒们，有些是富有的人（参见提前六 17），故用了此"大户"为例，即富有的家庭，当然，教会是神的家（提前三 15），此理念亦可作为此比喻的背景；"不但有金器、银器，也有木器、瓦器"，保罗并没有注明它们的个别用途，故大概是泛指日常家庭的用具器皿；"金器、银器"是"作为贵重的"；"贵重"即尊贵，有价值，⑯故是指器具的用途，其存在的目的是为了主人的一些被看为高贵和有价值的事情而设的；而"木器、瓦器"是"作为卑贱的"；"卑贱"即不体面、不尊贵，⑰故是指这些器具是为了不体面和不尊贵的用途，甚至在用完后便会被丢掉，或者是因着器具被粗糙地使用而损坏了，不能再发生效用。由此可见，保罗是要把器具分为两大类别。

---

⑫ *aphistēmi*，*BAGD*，p. 126；Rienecker & Rogers，*Linguistic Key*，p. 642.

⑬ *adikia*，*BAGD*，p. 17；Knight，*Commentary on the Pastoral Epistles*，pp. 416-417.

⑭ 全句的背景可能是出于民十六 26～27，摩西等人要离开作恶的可拉党；又或者是赛五十二 11 呼唤被掳的以色列人；另参 Hanson，*The Pastoral Epistles*，p. 138；Hanson 认为这一节是一段本来以洗礼为背景的教导，但这推测理据不充分；Hanson 在 pp. 139-141 分析了教牧书信如何引用旧约。

⑮ 故此比喻的目的，不是要提摩太知道教会内有不同种类的信徒，以致他能事事对他们忍让，对比 Lock，*The Pastoral Epistles*，p. 101.

⑯ *timē*，*BAGD*，p. 825；Zerwick & Grosvenor，*A Grammatical Analysis of the Greek New Testament*，p. 642.

⑰ *atimia*，黄锡木：《原文》，页 516；*BAGD*，p. 119.

二 21　"人若自洁,脱离卑贱的事,就必作贵重的器皿,成为圣洁,合乎主用,预备行各样的善事"

此节是上一节比喻的应用:"人若自洁,脱离卑贱的事",此句乃条件句子,是一可能发生的假设;[13]"自洁"即洁净自己,[15]强调了信徒要做出个人的行动;而全句直译为"人若在这些事情上洁净自己";"这些事情"是指上一节的"作卑贱、不尊贵的器具",故和合本作"卑贱的事";"就必作贵重的器皿",即成为尊贵、有价值的器具,即金器和银器;"成为圣洁"此字尤指要远离罪恶,过圣洁的生活,[16]亦是现在完成时态,并且是被动语,强调了信徒的分别为圣,弃罪就义的行动,产生了成圣的功效;此成圣的结果,便是"合乎主用";"合乎"即"有用""被器重",[17]故"合乎主用"即于主有用,为主所器重;"主"此字一方面是指大户人家的家主(参见提前六 1),一方面强调了神那绝对的主权;[18]"预备行各样的善事","预备"亦是现在完成时态,[19]强调了处于预备好了的情况;此处是一项对信徒(包括提摩太)的应用——信徒若能洁净自己,就有如合用的器具,尽然为主人所用,即随时为神作善工。

二 22　"你要逃避少年的私欲,同那清心祷告主的人追求公义、信德、仁爱、和平"

在远离罪恶此课题上,保罗进一步直接地训勉提摩太:"你要逃避少年的私欲";"逃避"于提摩太前书第六章十一节出现过,[40]与此处一样是命令语;"私欲"即欲望,亦出现于提摩太前书第六章九节里,此字在新约一般都有负面性意思;"少年的欲望"可能是指:

a. 少年人特有很强的性欲、好胜心、野心、骄傲和贪财等。[40]

b. 少年人在自制力方面薄弱,故是指他的失控而言。

---

[13] 第三类条件句。

[15] *ekkatharē heauton*.

[16] *hagiazō*;黄锡木:《原文》,页 516;作"圣化归神"。

[17] *euchrēstos*, ibid, p.516.

[18] *despotēs*,BAGD,p.175;Rienecker & Rogers,*Linguistic Key*,p.643.

[19] *hētoimasmenon*.

[40] *pheugō*,参见其注释。

[40] Kent,*The Pastoral Epistles*,p.270;Stott,*The Message of 2 Timothy*,p.73.

c. 按第四章三节的授意,其可能是指少年人那喜爱新鲜的事物,
而对真理没有兴趣的心态。

d. 指与下一句相反的东西。⑭

以上四项都指出了少年人的一些欲望,或是一些少年欲望的含
义,亦不一定相互排斥。除了在消极的层面要逃避外,在积极方面,
则要"同那清心祷告主的人追求公义、信德、仁爱、和平";"清心"即清
洁的心,早出现于提摩太前书第一章五节;⑬"祷告主的人"直译为"求
告主的人"(新译),⑭在旧约中,此措辞表示那些敬拜耶和华的人,新约
则是指那些在祷告中呼求主耶稣、倚靠他救恩的人(罗十13;林前一
2);⑮"同那清心祷告主的人"可译作"与那些出自清洁的心求告主的
人",故全句强调了提摩太不单只是要远离少年人的那些过分的欲望,
还需要与那些真正敬拜和倚靠主的人建立关系,成为属灵的伙伴,目的
便是去"追求……",此字乃现在时态的命令语,⑯故是要持续不断地
去做。

所追求的,总共有四项:⑰

a. 公义:此处不是指因信得称为义,而是指一项信徒生命中的美
德,即义行,以能蒙神的悦纳。⑱

b. 信德:可以是指信靠神的心,或是指信实可靠的美德。⑲

c. 仁爱:即爱心,可以是指爱神的心,亦是指向爱人的心。⑳

d. 和平:指与人维持和谐的关系。㉑

在原文此四项美德先于"同那清心祷告主的人",故是作为强调,保

---

⑫ 这是 Spicq 的意见,引自 Guthrie, *The Pastoral Epistles*, p.153.

⑬ 参见其注释。

⑭ *tōn epikaloumenōn ton kupion*.

⑮ Kelly, *A Commentary on the Pastoral Epistles*, p.189.

⑯ *diōke*.

⑰ 其中三项与加五22~23"圣灵所结的果子"相同,故四项美德与居住于信徒身上的圣灵工
作有关,Kent, *The Pastoral Epistles*, p.270.

⑱ *dikaiosunē*,参见 TDNT, II:198.

⑲ *pistis*;Wuest, *The Pastoral Epistles*, p.140.

⑳ *agapē*,参见一5有关此字的用法。

㉑ *eirēnē*,这是由于基督把人与人之间的阻拦除去,借着福音使各人都合而为一,弗二14~
18。

罗锐意要标榜它们，作为提摩太所要持续追求的目标。

二23　"惟有那愚拙无学问的辩论总要弃绝；因为知道这等事是
起争竞的"

在假教师的言行笼罩之下，提摩太切忌追求错误，故保罗不厌其详
地说："惟有那愚拙无学问的辩论总要弃绝"；"惟有"即"然而"；[152]"愚
拙"含有在罪中的愚昧之意思；[153]"无学问"即"无知"；[154]"辩论"此字早出
现于提摩太前书第六章四节，和合本作"问难"，[155]此处含贬义；总之，那
些假教师戴着自以为学问渊博的假面具，大言不惭，又大发谬论，骨子
里却是一些没有实质目标的、出于无知的争辩，只有更显出辩论的人对
属灵道理的不学无术。因此，提摩太"总要弃绝"，此字在教牧书信中出
现凡四次（此处，提前四7，五11；多三10），[156]此处为命令语，故提摩太
要断然拒绝参与这些争辩，这是"因为知道这等事是起争竞的"；"争竞"
即争吵、冲突；[157]"起"即"产生"；[158]原本，保罗只说："因为这等事是产生
争竞的"便可，此处加入了"知道"，意即这种导致争竞恶果的实况，是人
所共知的事情，提摩太作为传道者更是责无旁贷，务要公然拒绝参与
"这等事"，即那些愚拙无知的争辩，以免其所牧养的教会产生内部的冲
突，危害信徒的和平与合一。

二24　"然而主的仆人不可争竞，只要温温和和地待众人，善于教
导，存心忍耐"

参与无知的争辩，使教会内争竞频盈的人士，明显便是那些假教
师，故保罗向真教师的提摩太说："然而主的仆人不可争竞"；"仆人"
即"奴仆"，[159]保罗于提多书第一章一节时曾自称为神的仆人，即神的奴

[152]　*de* 是一转折连词。

[153]　*mōras*，*BAGD*，p.533；*TDNT*，IV：845.

[154]　*apaideutos*，*BAGD*，p.79；黄锡木：《原文》，页517。

[155]　*zētēsis*，参见其注释。

[156]　*paraiteomai*，参见提前四7的注释。

[157]　*machē*，*BAGD*，p.497；黄锡木：《原文》，页517。

[158]　*gennōsin*.

[159]　*doulos*.

仆，[⑩]保罗以仆人称呼提摩太，其原因有：

　　a. 主的仆人强调了提摩太与主，即耶稣基督，的特殊关系，此关系实为假教师所没有的。

　　b. 第二十节开始，保罗以大户人家的器具为喻，其中曾言及家中的主人，强调了器具是属于家主的，并为他所用，故此，提摩太便是主手中的器皿，在神的家中为主所器重。

　　无论如何，提摩太务要明白自己那至高无上，作主仆人的尊贵身份，做与之配合的事情，例如"不可争竞"；"争竞"与上一节的为同一字眼，此处是不定式；[⑯]此外，还有的是"只要温温和和地待众人"，此处开始了一连串正面的指示；"温温和和"即温柔、慈祥，[⑰]形容作为主的仆人对所有的信徒所应存的态度。

　　还有的是"善于教导"，这是作为教会领袖，如监督等职事所不可匮乏的(提前三 2)，为了要使信徒不受假教师的花言巧语所迷惑，传道者必须要能将主的道理，清楚地教导全会众，以生预防、抗衡和卫道的效用。此外，亦要"存心忍耐"，此字在新约中只此一次用过，用作指在面对别人的对抗时，仍存宽容忍受的态度；[⑱]反而，因着紧张、暴躁而生的偏激行为，不单不能帮助敌对的人，还会助长抗拒者的气焰，或更激怒抗拒者，使冲突扩大，以致事情一发不可收拾。

　　二 25　"用温柔劝戒那抵挡的人，或者神给他们悔改的心，可以明白真道"

　　当然，对敌挡真道的人"存心忍耐"，并不表示被动地容让罪恶侵吞信徒的生命，故保罗续称："用温柔劝戒那抵挡的人"；"温柔"即谦逊；[⑲]"劝戒"早于提摩太前书第一章二十节出现，[⑳]此字含有纪律的意味；

---

⑩　故详参其注释。

⑯　machesthi.

⑰　ēpios，BAGD，p. 349.

⑱　anexikakos，Rienecker & Rogers，Linguistic Key，p. 643；信徒亦应存此态度去待敌人，Earle，"2 Timothy"，p. 405.

⑲　prautēs，黄锡木：《原文》，页 517；此字与暴躁、粗鲁等为相反词，参见 TDNT，VI：646.

⑳　paideyō，详参其注释。

"抵挡"此字在新约中只此一次出现,原意是指将自己置于敌对的位置;[166]故全句是指提摩太要心平气和地对那些敌对真理的人教导以真理,并且执行纪律,其目的便是"或者神给他们悔改的心";"或者"显出了这只是一个可能的结果;"悔改"指思想和态度上的转离,[167]在新约中常是指要转离罪恶,归向真神,此属灵美境的产生,当然是出于当事人心甘情愿,但亦是出于神的工作,故此,提摩太在劝戒这些敌挡真理之人时,更需要仰望神的怜悯和工作,以使当事人能悔改,并能"明白真道";"真道"应作"真理",指基督教信仰,作为一绝对的真理,此处意即能明白基督教信仰,接受真理。

　　二 26　"叫他们这已经被魔鬼任意掳去的,可以醒悟,脱离他的网罗"

　　在结束这一段时,保罗指出了这些敌挡真理的人背后的属灵因素——有魔鬼的力量在控制他们,保罗说:"叫他们这已经被魔鬼任意掳去的";"魔鬼"此字早于提摩太前书第三章七节出现过,[168]"被……掳去"是被动语,并且是现在完成时态,[169]强调了"他们"那种恶劣的情况,即完全活在被魔鬼摆布的苦境中;"任意"此句直译为"为了那人的意旨",意即那些被魔鬼抓住的人,成为了达成魔鬼意旨的工具;[170]故全句可作"叫那些被魔鬼掳去,作魔鬼意旨的人";"可以醒悟,脱离他的网罗","醒悟"在新约只用于此处,意即恢复知觉,故是一比喻,表示这些受魔鬼影响的人,有如醉酒服药者,在迷糊不醒中度日,如今却苏醒过来;[171]"脱离他的网罗"与上一句连在一起的意思,便是使人能从魔鬼那迷惑人的圈套中清醒过来。[172]

　　一言以蔽之,提摩太的教导职事委实任重道远,因为他能借着其真

---

[166] *antidiatithēmi*，Rienecker & Rogers，*Linguistic Key*，p. 643.

[167] *metanoia*，ibid.

[168] 详参其注释。

[169] *ezōgrēmenoi*.

[170] *eis to ekeinon thelēma*，Knight，*Commentary on the Pastoral Epistles*，p. 426.

[171] *ananēphō*，*BAGD*，pp. 57 – 60；Rienecker & Rogers，*Linguistic Key*，pp. 643 – 644.

[172] "网罗"（*pagis*）早出现于提前三 7,参见其注释。

教师的修养和学养,使那些已受假教师的妖言迷惑的人,[18]能回转过来,脱离魔鬼的指掌,从而返璞归真,重踏正途。

(III) 结语

主的仆人受苦是难免的,因为那些古圣先贤如保罗等,已经走过受苦的路,甚至在世的主耶稣,亦不能幸免于苦难,然而,他却能苦尽甘来,否极泰来,从死里复活,升天及得荣。保罗为了福音成为阶下囚,后来更成为殉道者,但他借着其烈士的生命,激励了新一代的传道者提摩太,而直到如今,保罗的忠告仍继续向教会说话。因此,义人的死永远不会是一个结束,因为他们作工的果效历久不衰。正是"疾风知劲草",在这一场万世的属灵战争中,信徒只有两个选择:如果不是勇敢的战士,便是魔鬼的战俘。

作为年轻的传道者所面对的引诱是大的,其中尤其是来自自己的欲望,再加上社会风气的感染,能够攻克己身,逆流而上,又谈何容易。因此,决断的行动是重要的,在践行真理的事上,实应采取严谨治道的态度,誓要离开不义的生活,才能成为圣洁合用的、属神的器皿。

此外,结交志同道合的朋友,成为追求圣洁的伙伴是重要的,因为独行的战士总嫌势孤力弱,人是有限的,总会有软弱之时,能有推心置腹的密友扶持是重要的。

牧养职事的最大挑战,是在面对别人的挑战时,仍然能心平气和,以谦和的态度去处理。要达到如斯的心灵境界,需要有极强大的安全感,相信无论在任何环境中,神仍掌权,他必会为自己主持公义,因为他认识谁是属他的人。唯有气定神闲,处变不惊,以爱心泯灭仇恨,才能有机会扭转劣势,化干戈为玉帛。作温柔的传道者,包括心中要柔和谦卑,存不卑不亢的态度侍奉,言谈不带挑战性,不以讲台作炮台等。能够使信徒心服的,绝对不是靠铁腕,而是一颗忍耐中的爱心。

---

[18] 此处也许亦包括了假教师,Kent, *The Pastoral Epistles*, p. 271;此处究竟是否包括假教师在内,参见 Fee, *1 & 2 Timothy, Titus*, p. 265.

肆　敌挡真理与服从圣道
（三 1～17）

1 你该知道，末世必有危险的日子来到。

2 因为那时，人要专顾自己，贪爱钱财，自夸，狂傲，谤讟，违背父母，忘恩负义，心不圣洁，

3 无亲情，不解怨，好说谗言，不能自约，性情凶暴，不爱良善，

4 卖主卖友，任意妄为，自高自大，爱宴乐，不爱神，

5 有敬虔的外貌，却背了敬虔的实意；这等人你要躲开。

6 那偷进人家、牢笼无知妇女的，正是这等人。这些妇女担负罪恶，被各样的私欲引诱，

7 常常学习，终久不能明白真道。

8 从前雅尼和佯庇怎样敌挡摩西，这等人也怎样敌挡真道。他们的心地坏了，在真道上是可废弃的。

9 然而他们不能再这样敌挡，因为他们的愚昧必在众人面前显露出来，像那二人一样。

10 但你已经服从了我的教训、品行、志向、信心、宽容、爱心、忍耐，

11 以及我在安提阿、以哥念、路司得所遭遇的逼迫、苦难。我所忍受是何等的逼迫；但从这一切苦难中，主都把我救出来了。

12 不但如此，凡立志在基督耶稣里敬虔度日的也都要受逼迫。

13 只是作恶的和迷惑人的，必越久越恶，他欺哄人，也被人欺哄。

14 但你所学习的，所确信的，要存在心里；因为你知道是跟谁学的，

15 并且知道你是从小明白圣经，这圣经能使你因信基督耶稣，有得救的智慧。

16 圣经都是神所默示的，于教训、督责、使人归正、教导人学义都是有益的，

17 叫属神的人得以完全，预备行各样的善事。

(I) 引言

在上一段，保罗已向提摩太指出，尽管提摩太努力于其教导、劝戒和挽回的工作，然而，那些被魔鬼引诱的信徒，不一定会因而悔改迁善。为了进一步解释此现象，及假教师兴起的原因，于是，保罗便详确地描绘出一幅末世的图画，让提摩太明白个中的底蕴。

保罗先明言末世已经来到，并且形容了十九项处身于末世的人之表现，这些表现，无疑取材自以弗所教会那些假教师和假信徒的实况，以使提摩太产生认同感和注意(第 1～7 节)。继而，保罗引用犹太人作品中关于与摩西为敌的两个埃及术士为例，说明假教师那种明显敌挡真理的歪行，最后必然自食其果(第 8～9 节)。然而，提摩太却服从了真理，并且从保罗身上知道了敬虔守道的人必会受苦(第 10～13 节)。最后，保罗鼓励提摩太要认真对待其信仰，虔守圣道，以得着真正的智慧和行善的能力(第 14～17 节)。

(II) 注释

(i) 敌挡真理(三 1～9)

三 1 "你该知道，末世必有危险的日子来到"

此节之首有"然而"一字，①故是要对比上一段所说的话。本来，保罗要求提摩太以温柔仁慈的态度，借着善道去劝戒那些被魔鬼引诱的人，包括了假教师及其跟随者。然而，这不一定奏效，故在此处，保罗先提醒提摩太，说："你该知道"，"知道"是命令语，②意即保罗要求提摩太辨别时代，知道所处时代的特色，才不至因无知而失职。

保罗要提摩太知道的，便是"末世必有危险的日子来到"这一项真

---

① *de*，是一转折连词。

② *ginōske*.

理;"末世"直译为"最后的日子",③在新约,此措辞是指旧约中所预言关于弥赛亚的出现,是已经应验了的时期,故指因着弥赛亚,即基督已经来到,一个新纪元已经开始了,此新纪元将会因着基督的再来而终结,而其间便是"末世"。④ 按此理解,提摩太等人是已经活在末世中了。在末世时,"危险的日子"会"来到";"危险"即困难、艰难;⑤"日子"是指一段时期;⑥"来到"是未来时态,⑦侧重于其必会来到;此段日子之所以艰难,其原因可能有二:

    a. 人心变得败坏凶险,信徒亦然,故提摩太的牧养教导工作,势必困难重重。

    b. 这是邪恶势力嚣张之时,信徒(包括提摩太)要出污泥而不染,过敬虔的生活,是极为困难的。

其中 a 得着上文的支持,b 则与下文的思路吻合。无论如何,提摩太必须要有充分的心理准备,才能在这段日子中成为称职的真教师。

三 2　"因为那时,人要专顾自己,贪爱钱财,自夸,狂傲,谤讟,违背父母,忘恩负义,心不圣洁,

    3　无亲情,不解怨,好说谗言,不能自约,性情凶暴,不爱良善,

    4　卖主卖友,任意妄为,自高自大,爱宴乐,不爱神

    5　有敬虔的外貌,却背了敬虔的实意;这等人你要躲开"

保罗要解释何以末世是一段艰难的日子,故说:"因为那时,人要……",保罗开始一系列,共十九项,对末世之人的意识形态作描绘。此十九项的描写有以下特色:

    a. 它们都是负面的、邪恶的。

    b. 由第二至四节,共出现了十八项,而第五节加上了最后一项。

    c. 其中一些字眼只出现于此处,有些则出现于其他保罗的著作和

---

③ *eschatais hēmerais*.

④ 参见徒二 17;彼后三 3;来一 2;冯荫坤:《希伯来书》(卷上),香港:天道书楼,1995 年,页 35 - 36;*NIDNTT*,2:58.

⑤ *chalepos*,*BAGD*,p. 882;参考新译。

⑥ *kairoi*,Knight,*Commentary on the Pastoral Epistles*,p. 429.

⑦ *enstēsontai*.

路加的作品中。⑧

d. 大概取材自当代的社会，当然，假教师及其随从亦是其素材。

e. 看起来，这十九项没有既定秩序，故可能作者要借之显出末世之人的混乱。

f. 其中涉及不同层面，如对自己、对亲人、对朋友、对财物等，显出了邪恶蔓延至人及社会的每一个角落和层面。借此使提摩太洞悉，末世委实是一段艰难的日子。

此十九项分述如下：

a. 专顾自己：此字直译为爱自己；⑨保罗将之置于十九项之首，是因为人作为被造之物，其最重要的天职，便是敬畏神、爱神，一如耶稣基督所言："你要尽心、尽性、尽意爱主－你的神。这是诫命中的第一，且是最大的"(太二十二 37～38)，人爱自己便不会爱神了。⑩

b. 贪爱钱财：此字早于提摩太前书第六章十节用过，⑪并且说明贪财是万恶之根源；假教师的问题便是其贪财的动机(提前六 5、10)，提摩太所住的以弗所是一个繁华富裕的大都会，⑫不少人都希望在其中发大财而过舒适浮华的生活，故钱财成了人爱神守道的重大障碍。

c. 自夸：此字形容人那虚张声势的表现，强调了其大言不惭、虚有其表，并且标榜自己的长处，骨子里却是不学无术之徒，⑬以弗所教会内的假教师，可说是这类人的佼佼者(提前六 3～4)。

d. 狂傲：此字直译为"过分彰显自己"，故可能是指常常表现得有过人之处；⑭与上一项可说是同义词，亦是一项假教师的表

---

⑧ 详参 Knight, *Commentary on the Pastoral Epistles*, pp. 429－430；他主张这十九项以交错配列法(chiasmus)排列，虽然这见解颇具创意，但却有牵强成分。

⑨ *philautos*, *BAGD*, p. 866；在新约中只此一次出现。

⑩ 故自我中心或自私都是此字的同义词。

⑪ *philarguros*, *BAGD*, p. 866.

⑫ 参见 Barclay, *The Letters to Timothy*, *Titus and Philemon*, pp. 184－185.

⑬ *alazōn*, *BAGD*, p. 34；另参 ibid., pp. 185－186.

⑭ *hyperēphanos*, Rienecker & Rogers, *Linguistic Key*, p. 644.

现，但与上一项之不同，便是其骄傲可能是深藏于内，但外表却戴着虚假的、谦恭有礼的面具，真可说是金玉其外，败絮其中了。[15]

e. 谤讟：此字一般作"亵渎[神]的"（提前一13），[16] 又可作"毁谤"（多三2），强调了其"反叛神及轻视神，甚至以自己取代神"的用意。

f. 违背父母："违背"即不顺服、悖逆；[17] 不论是希腊人或犹太人，都不接受儿女对父母的不敬。尊敬父母，这是人伦最基本的表现。然而，末世的特色便是人伦的崩溃。

g. 忘恩负义：此字本意为不感恩的；[18] 不论对神和对人都怨声载道，不以神所给予自己的或是自己所拥有的感恩，心中只存着苦毒不满。

h. 心不圣洁：此字早于提摩太前书第一章九节用过，和合本作"不圣洁"，亦是出现于众多犯罪者的表现之一，[19] 又由于此处的上下两项，都是一些与他人有关的劣行，故此处大概是指一些损害他人的行为。[20]

i. 无亲情：此字是指没有了家庭成员间的爱，[21] 此种爱，即亲情，本是与生俱来的，但在末世时，人将违反其本性，甚至亲情冷淡（太二十四12）；如此，则家庭制度势必分崩离析，酿成了社会、甚至教会的不稳定。

j. 不解怨：这是指不肯与人和解的字，[22] 强调了其好勇斗狠，不肯饶恕的性格，以致与别人的关系常常恶劣。假教师的工作，便是借着其言语的虚谈引发信徒间的争竞（提前一4，六4）。

---

[15] 参见 Barclay, *The Letters to Timothy, Titus and Philemon*, pp. 186 – 187.

[16] *blasphēmos*, *BAGD*, p. 142；黄锡木：《原文》，页517。

[17] *apeithēs*，黄锡木：《原文》，页517。

[18] *acharistos*, *BAGD*, p. 127.

[19] *anosios*，详参其注释。

[20] 参见 Barclay, *The Letters to Timothy, Titus and Philemon*, p. 188；*TDNT*, Ⅴ：492.

[21] *astorgos*, Rienecker & Rogers, *Linguistic Key*, p. 644.

[22] *aspondos*, Zerwick & Grosvenor, *A Grammatical Analysis of the Greek New Testament*, p. 643.

k. 好说谗言：此字早于提摩太前书第三章十一节出现过，[23]此处尤为强调其毁坏人际间的和谐。

l. 不能自约：此字意即不能自控，[24]这种人成为了自己情欲的奴隶，以致做出违背良心的事。

m. 性情凶暴：此字意即不驯服、残酷，[25]又如野兽一样，失去了人性应有的良善和自制。[26]

n. 不爱良善：此字可以是指不爱良善的事物，[27]显出了人本性中那喜爱黑暗、不爱光明的一面，是人犯罪天性的一项具体表现。

o. 卖主卖友：此字意即背叛者、出卖者，[28]一如出卖耶稣的犹大一样，为了一己的利益完全漠视他人的生命，并且不择手段，以能达到残民自肥的目的。

p. 任意妄为：即粗鲁的，[29]或是随着自己的意思行，完全不考虑神及他人。[30] 自命为学问渊博的假教师同样是一群自以为是目空一切的人，实在是任意妄为至极。

q. 自高自大：此字的字根有烟雾、云雾的意思，[31]而此字是一现在完成时态的分词，故是指把自己吹嘘得如烟云般华丽堂皇，但却迷失于浓雾中的状态。[32]

r. 爱宴乐不爱神："爱宴乐"应作喜爱享乐，[33]个人的享乐成为了一切，于是纵欲主义便频仍；处于这种极为自我中心的生活中的人，是把神完全摒除其生命之外，又怎能爱神呢？

s. 有敬虔的外貌，却背了敬虔的实意："外貌"指外表的形状、姿

---

[23] *diabolos*，详参其注释。

[24] *akratēs*，其同义词 *enkratē* 出现于多一 8；*TLNT*，1：60 - 62.

[25] *anēmeros*，*BAGD*，p.65；Knight，*Commentary on the Pastoral Epistles*，p.432.

[26] 参见 Barclay，*The Letters to Timothy，Titus and Philemon*，p.190.

[27] *aphilagathos*，ibid.

[28] *prodotēs*，黄锡木：《原文》，页 518。

[29] *propetēs*，*BAGD*，p.716.

[30] Kent，*The Pastoral Epistles*，p.275.

[31] *typhoō*，*BAGD*，p.838.

[32] *tetyphōmenoi*，*TLNT*，3：388 - 389；Kent，*The Pastoral Epistles*，p.275.

[33] *philēdonos*，*BAGD*，p.867；黄锡木：《原文》，页 518。

态；㉞"敬虔"经常出现于教牧书信内，其意指在宗教上，人对神
所应负的责任，无论是信仰和生活；㉟这种人，包括假教师在内，
做了不少属灵的动作，虚有其表地扮演敬虔；"却"即然而；㊱"背
了"此字用于提摩太前书第五章八节，㊲意即否定、否认，又因此
字不单只是指思想上或言语上的否认，还加上行为的表现，㊳再
加上此处是现在完成时态，故强调了此种人已在思想和行为上
定了型；"实意"应作能力，㊴"敬虔的能力"即是指基督教信仰所
应许给予信徒的、改变生命及践行信仰的能力，包括圣灵的加
力及恩赐等；故全句是指满足宗教的要求，但却不是真正接受
信仰能力的人，这些人便是没有经历过神的假教师和假门徒。

最后，保罗吩咐提摩太说："这等人你要躲开"，"这等人"所指的，便
是上一句的"有敬虔的外貌，却否定敬虔的能力"的人士；㊵"躲开"在新
约中只用于此，是一强烈的字眼，有极力回避之意，㊶此处更是语带命
令；提摩太务要在个人及众人面前表态，公开说明这等人，即假教师们，
俨然是洪水猛兽，切勿与他们扯上任何关系。㊷

三6 "那偷进人家、牢笼无知妇女的，正是这等人。这些妇女担
负罪恶，被各样的私欲引诱"

此节有一"因为"的字，㊸故是一项要提摩太回避假教师的解释；
"那偷进人家"，"人家"即房屋或家庭；㊹"偷进"即偷偷进入，此字亦带

㉞ morphōsis，BAGD，p. 530；Rienecker & Rogers，Linguistic Key，p. 645.

㉟ eusebeia，参见提前二2的注释；此字亦出现于提前三16，四7～8，六3、6、11；多一1。

㊱ de；参见注1。

㊲ arneomai，参见其注释。

㊳ Rienecker & Rogers，Linguistic Key，p. 645.

㊴ dynamis，BAGD，pp. 206 - 207.

㊵ 因此句与上一句之间有一 kai 的连接词。

㊶ apotrepō，Kelly，Commentary of the Pastoral Epistles，p. 195；故可作"远避"；黄锡木：
《原文》，页518。

㊷ 由此观之，这些人已经存在于提摩太的周遭，故是指假教师们。

㊸ gar.

㊹ oikias，BAGD，pp. 559 - 560.

有"以不正确的方法进入"之意;[45]可见假教师的活动直接指向家庭。[46]除此之外,另一项活动,便是"牢笼无知妇女的";[47]"牢笼"即俘掳了,带有支配之意;[48]"无知的妇女"此字在新约中只用于此,本意为"小妇人",如此形容显出了其带有浓厚的贬义;[49]故全句显出了一些如在战争中被俘掳的妇女们,任由掳掠者操纵。[50]

与此同时,保罗亦指出了这些妇女的毛病:"这些妇女担负罪恶";"罪恶"为复数,[51]故是指各等的罪行;"担负"此字意即堆积,[52]此处为现在完成时态及被动语,故是指活在被众罪恶所积压着的情况中;不但如此,她们还"被各样的私欲引诱";"引诱"本意为引领、驱使,[53]此处为现在时态及被动语,故作被引导、被驱使,并且是持续不断地如此;"各样的私欲"此措辞亦出现于提多书第三章三节,[54]这些妇女常常受着从自己而来的各样私欲所驱使,进入一个不能自拔的苦境中。

三 7　"常常学习,终久不能明白真道"

保罗继续描写这些被假教师掳去,但又自己刻意去犯罪的妇女们;"常常学习,终久不能明白真道";"常常学习"表示这群妇女亦有学习的心,至于所学习的是什么,其可能性有二:

---

[45] *endunō*, Rienecker & Rogers, *Linguistic Key*, p. 645.

[46] 初期教会多在家庭中聚会,故假教师更能将其妖言,直接输入别人的家中。

[47] "偷进"与"牢笼"都是现在时态的分词,作名词使用;并且是等位的,都是指着"这等人",即假教师而言。

[48] *aichmalōtizō*,黄锡木:《原文》,页 518;此字是由 *aichmē*,即"枪尖""箭头",加上 *haliskomai*,即"捉拿"而成。

[49] *gunaikaria*, *BAGD*, p. 167;指一妇人,即 *gunē* 的小词(diminutive)。

[50] 故保罗无意低贬妇女,而是指当时某些愚昧无知的妇女;此处与创三 1～6 魔鬼借着蛇向夏娃所做的相若;故大概假教师是趁着家中的男人不在时,才进行其引诱的奸计;Hendriksen, *1 & 2 Thessalonians*, *1 & 2 Timothy and Titus*, p. 286;要注意的是,诺斯替主义对女性尤为有吸引力;参见 Dibelius & Conzelmann, *The Pastoral Epistles*, p. 116; fn. 10.

[51] *hamartiais*.

[52] *sōreuō*, *BAGD*, p. 808;Zerwick & Grosvenor, *A Grammatical Analysis of the Greek New Testament*, p. 643;参见罗十二 20。

[53] *agō*, Rienecker & Rogers, *Linguistic Key*, p. 645.

[54] *epithumiais poikilais*,参见其注释。

a. 指向假教师学习，故所学的是虚假的真理，如此，自然不能明白真道了。⑤

b. 指愿意学习任何有吸引力的言论，包括基督教信仰，但却因着其个人的罪，使之不能明白真道。⑥

其中 a 符合上一节所形容的，假教师偷进了人的家中，掳掠了无知的妇女，其方法便是以错误的道理去教导这些妇女，故使她们的学习，不能达致明白真理的渠道。第二个主张却合乎紧邻的下文，即她们有学习真理的心，但却因受了假教师教导之荼毒，再加上自己的私欲和所犯的罪，明白真道便无望了。保罗言下之意，尽管提摩太努力地将真理教授给这些妇女，但亦不要对她们存太大的期望，此意思符合了整段经文的作用，故第二个见解应居先。

"终久"是关于时间的助动词，意即"永不"；⑦"明白"有完全明白、充分了解之意（参考新译）；⑧"真道"即真理，⑨是指基督教作为一绝对正确的信仰，其内容与真相完全相符，故是唯一的真理。总之，这群妇女虽然有学习的心，但却因来自假教师及本身的阻拦，能充分了解基督教信仰之真谛的可能甚渺茫。保罗言下之意，是提摩太不要对她们存太大的期望。

三 8 "从前雅尼和佯庇怎样敌挡摩西，这等人也怎样敌挡真道。他们的心地坏了，在真道上是可废弃的"

为了进一步形容这一群偷进人家、牢笼妇女的假教师的本相，保罗引用了一旧约的实例，便是"从前雅尼和佯庇怎样敌挡摩西"；此实例的背景，是在摩西带领以色列人出埃及时，他与埃及的术士之大比拼（出七 8～25）。"雅尼和佯庇"此两个术士，并没有出现于旧约圣经中，反而犹太的文献，包括昆兰社团的作品，有记载他们的恶行，此二人乃术

---

⑤ Fee，*1 & 2 Timothy，Titus*，p. 272.

⑥ Kelly，*A Commentary on the Pastoral Epistles*，p. 196；一如保罗于雅典的传道经历，徒十七 21；Kent，*The Pastoral Epistles*，p. 276.

⑦ *mēdepope*，Knight，*Commentary on the Pastoral Epistles*，p. 435.

⑧ *epignōsis*.

⑨ *alētheia*.

士长,并多番阻拦以色列人出埃及,甚至日后穷追猛打,誓要引诱以色列人离开信仰。[60]保罗征引此例子,[61]一方面,因为此例子实为提摩太所熟悉,[62]另一方面,此二人与此处假教师所做的相仿,[63]故他续称:“这等人也怎样敌挡真道”;“敌挡”此字直译为相对而立,即对立,亦有抗拒、反对之意;[64]“真道”应作“真理”(新译);[65]此二人之所以与摩西及以色列人对立,其实是因为他们反对真理。[66]

再者,“他们的心地坏了,在真道上是可废弃的”;“心地”即心思,早于提摩太前书第六章五节出现过,[67]是指人的思想和道德观念;“坏了”即完全的腐败,[68]此处是现在完成时态,且是被动语态,故是指他已被败坏了,[69]并且活在这种窘境中;“真道”即基督教信仰;[70]“可废弃”此字于提多书第一章十六节已用过,[71]意即经不起考验而被取消资格;此二人的内心世界已全然腐败,走上了沦亡的不归路,故在明白基督教信仰上,完全被取消资格。[72]

三 9　“然而他们不能再这样敌挡,因为他们的愚昧必在众人面前显露出来,像那二人一样”

“然而他们不能再这样敌挡”;“然而”意即虽然假教师来势汹汹,但其风光的日子已成过去,[73]“他们”不是指雅尼和佯庇,因为此处的动词是用未来时态,故保罗指现在威胁着以弗所教会的假教师们其必然发

[60] Dibelius & Conzelmann, *The Pastoral Epistles*, pp. 116 - 117;及 *TDNT*, III:192 - 193;参见其中所征引的作品及对此二人的简介。

[61] 注意保罗甚为喜欢引摩西及其生平事迹为例,如林前十 1 起;林后三 7～15。

[62] Hultgren, *I - II Timothy, Titus*, p.131.

[63] 二 17 形容假教师亦是以两个人,即许米乃和腓理徒为代表。

[64] *anthistēmi*, BAGD, p.66;黄锡木:《原文》,页 518。

[65] *alētheia*,在此书信中共出现七次;即此次,又二 15、18、25,三 7～8,四 4。

[66] 故提摩太要明白,假教师与他对立,主要是因为他们那颗反对真理的心。

[67] *nous*,参见其注释。

[68] *kataphtheirō*, BAGD, p.421;Rienecker & Rogers, *Linguistic Key*, p.645.

[69] 败坏他的便是魔鬼或邪恶。

[70] *pistin*.

[71] *adokimos*,参见其注释。

[72] 故纵然提摩太竭尽所能去帮助他们,仍将没有什么结果。

[73] *alla*,是一强烈的转折连词。

生的结局；再加上此节的尾部，有"像那二人一样"一句，直译为"像那些人一样地成为愚昧"，而"那些人"是回指上一节的雅尼和佯庇；可见此处是回指第五节开始所论及的假教师们。

这些假教师是"不能再这样敌挡"，此句应作"将不能进一步前进"，"前进"及此字早于第二章十六节时用过，亦是形容假教师，[74]此处为未来时态；"进一步"亦曾于第二章十六节出现过，亦是与"前进"用在一起，可见如此的组合，是当时一句的习语，表示已到了停滞不前的地步，假教师对教会的侵袭，势将会胎死腹中，不得要领，这是"因为他们的愚昧必在众人面前显露出来"；"显露出来"此字在新约中只出现于此节，其意为明显；[75]何以保罗会如此肯定假教师必会露出破绽？他的解释是因为这类事情，是有先例可援的："像那二人一样"，直译为"像那些人一样地成为愚昧"；"成为"是过去不定时态，故是指一件已发生的事件，[76]而"那些人"亦明显是回指上一节的雅尼和佯庇，故保罗的意思是说，一如雅尼和佯庇势要拦阻以色列人出埃及，故穷追猛打以色列人。但其结果却功败垂成，不能达到他们的目的，以色列人仍是成功地完成出埃及的伟举，如此，二人的愚昧亦可见一斑了。[77] 因此，假教师亦必定不能阻拦属神的人归向神，他们虚假的教训必然再不能争取到听众，他们的愚昧便显露无遗了。

虽然假教师确实对以弗所的教会，构成了严峻的威胁，然而，提摩太亦无需过分地忧虑，因为他们的恶行必会为众人识破，他们那曾经吸引人的信息，终有一天会被众人嘲笑为愚不可及、不足为信的谬论。

(ii) 服从圣道(三 10～17)

三 10 "但你已经服从了我的教训、品行、志向、信心、宽容、爱心、

---

[74] *prokoptō*，参见其注释。

[75] *ekdēlos*，*BAGD*，p. 237；Rienecker & Rogers，*Linguistic Key*，p. 645.

[76] *egeneto*.

[77] 相传此二人更加入了犹太教，成为归信者(proselytes)，却旨在伺机陷害以色列人，一如此处的假教师，装扮成基督的教师，但却旨在败坏信徒；参见 Hendriksen，*1 & 2 Thessalonians*，*1 & 2 Timothy and Titus*，p. 288；但他们始终没有成功。

忍耐"

到了此处,保罗将以上一段末世的人生百态,及对假教师乖僻行为的冗长描述,直接应用在提摩太的身上;"但你已经服从了我的……",⑱"服从"意即跟从、仿效,⑲是过去不定时态,指已完成了的行动,故和合本作"已经服从",意即提摩太已经跟从保罗日久,从保罗的身上有所仿效。所仿效的,保罗总共列举了九项,并且再加上一些实例,作为对 h、i 的进一步描写。此九项为:⑳

a. 教训:即教导,㉛是指保罗一向所传讲的福音信息。

b. 品行:此字只出现于此,指一个人生活的样式,显出了其人生观。㉜ 保罗人生的目的,其相应的所作所为,都是为了福音,即使人因福音而得福(详参林前九 16～23)。作为保罗亲密战友的提摩太必然知道这一点。

c. 志向:此字本身意为"将之放在前面",㉝故有立志、目标、志向之意,此处指保罗那份属灵的雄心壮志,成为他侍奉的动力,并且给予他人生的意义。㉞

d. 信心:保罗在福音工作上那份完全倚靠神的表现,亦是历历在目(林后一 8～9)。

e. 宽容:此字早于提摩太前书第一章十六节出现过;㉟一如神如何忍耐信主前的保罗,如今保罗亦忍耐那些叛逆神的人,如提摩太后书第二章二十四至二十六节,保罗要求提摩太仍要给予假教师及其随从悔改的机会一样。

f. 爱心:保罗如何由凶残成性、残害信徒的人,成为满有爱心的使

⑱ 强调"你",因紧排于"但"之后。

⑲ parakoloutheō,BAGD,p.624;黄锡木:《原文》,页 519;参见提前四 6 的注释。

⑳ 此处的罗列,可说是与第 2 至 5 节的枚举形成强烈的对比。

㉛ didaskalia;详参提前一 10 对此字的解释。

㉜ agōgē,黄锡木:《原文》,页 519;Rienecker & Rogers, Linguistic Key,p.646.

㉝ prothesis,即由"在前"(pro);加上"放在"(tithēmi)而成;Zerwick & Grosvenor, A Grammatical Analysis of the Greek New Testament,p.643.

㉞ Stott, The Message of 2 Timothy,p.95;保罗的人生目标,便是为了传十字架的信息(林前二 2)。

㉟ makrothumia,和合本作"忍耐",参见其注释。

徒(提前一 13~14)，㊽提摩太不可能不知道。

g. 忍耐：此字强调了其恒忍到底的表现，㊼一如第四章七节保罗的自白，他如何一生持定目标前行，不屈不挠地打仗、赛跑和守道。尽管如今他作为重犯，自由尽失，但他仍是矢志不渝地服侍主。

三 11　"以及我在安提阿、以哥念、路司得所遭遇的逼迫、苦难。我所忍受是何等的逼迫；但从这一切苦难中，主都把我救出来了"

h. 逼迫：在原文，第八及九项紧随上一项；此字为复数，故是众多的逼迫，保罗在宣教工作中所遇见的逼迫接踵而来，此起彼落（林后十一 24~26）。

i. 苦难：即使人受苦的事物，与逼迫用在一起，可说是受逼迫的必然结果，㊽亦是复数，苦难与保罗可说是如影随形了。如今，他更被囚于幽暗的牢房中，不久便要为主殉道，走上苦难之极的道路。

在此，为了清楚解释保罗所指的逼迫和苦难是在什么情况之下发生的，他以"安提阿、以哥念、路司得所遭遇的逼迫、苦难"为实例，㊾这回指使徒行传第十三章十四节至五十节，及第十四章二至六节，保罗第一次宣教的实况。保罗及巴拿巴如何因传福音而遭众人排斥，并且被石头掷打，这些事的发生早于保罗选召提摩太加入宣教工作之时（徒十六 1~5），保罗如此论述其目的有：

a. 向提摩太示意，早在宣教工作的开始时，逼迫和苦难已经发生在保罗的身上。

b. 提摩太本在路司得出生和成长（徒十六 1~2），他必然对保罗等于此处及其附近一带的遭遇一清二楚，并且记忆犹新，故保罗

㊽ 与假教师那份自私自利、残民自肥的心态成了对比；Stott，*The Message of 2 Timothy*，p. 95.

㊼ *hypomonē*，参见提前六 11 的注释；此字与"宽容"的不同便是此字是针对环境，而"宽容"是针对人；Ibid.

㊽ *pathēma*，*BAGD*，p. 607；*TDNT*，V：930 - 931.

㊾ Bernard，*The Pastoral Epistles*，p. 134；Bernard 认为此实例可说是一种概括。

特选发生于这一带的事件。⑨⑩

c. 既然在提摩太加入宣教工作之前,他已知道宣教工作中必然发生逼迫和苦难,但仍义无反悔地跟随保罗踏上征途,如今他更要坚持这一份信念。

无论如何,保罗说:"我所忍受是何等的逼迫";"忍受"又可作"负荷""担当",⑨⑪是过去不定时态;全句意即保罗所遇到的逼迫是巨大的;"但从这一切苦难中,主都把我救出来了","救"即救拔、解救,⑨⑫亦是过去不定时态的动词,故这些事件,显出了在重重逼迫和苦难中,保罗都能因着主的救拔得免于苦难(参见林后一 8～10)。

三 12　"不但如此,凡立志在基督耶稣里敬虔度日的也都要受逼迫"

在谈及个人所受的苦难时,保罗从中勾画出一个属灵原则,便是"不但如此,凡立志在基督耶稣里敬虔度日的也都要受逼迫";"不但如此"应作"然而,委实地";⑨⑬"立志"意即愿望、盼望,为现在时态的分词,故作"那些愿意……的人";⑨⑭"度日"即活着、过生活,⑨⑮故"敬虔度日"即"过敬虔生活",指信徒那应有的、对神负责任的信仰生活;这种生活,是"在基督耶稣里"过的,即靠着与主联合、借着内住的主所指引的生活方式;"也都要受逼迫","受逼迫"是未来时态,⑨⑯故全句意即所有真信徒,都必然会因着要过敬虔的生活而受逼迫,这是必将发生的事,提摩太等实应有充分的心理准备。

三 13　"只是作恶的和迷惑人的必越久越恶,他欺哄人,也被人

---

⑨⑩ 参见 Fee, *1 & 2 Timothy*, *Titus*, p.277;其中列出了另一个与此点相仿的原因。

⑨⑪ *hypopherō*,黄锡木:《原文》,页 519。

⑨⑫ *rhyomai*, Zerwick & Grosvenor, *A Grammatical Analysis of the Greek New Testament*, p.643.

⑨⑬ *kai . . . de*,吕本作"是的",亦有此意。

⑨⑭ *hoi thelontes*,作名词使用;详参 *TDNT*, III:49.

⑨⑮ *zēn*.

⑨⑯ *diōchthēsontai*.

欺哄"

　　在面对未来的逼迫时,保罗再度提醒提摩太,现今已是末世时分,亦是恶人风起云涌之时(三 1),故他说:"只是作恶的和迷惑人的";"只是"即然而;[97]"作恶的"直译为邪恶的人(复数),指在道德上犯罪的人;[98]"迷惑人的"大概是指一些以法术或邪术行骗的人,[99]亦可能是指一些人以敬虔的话引诱人不敬虔;[100]这些人"必越久越恶",直译为"将进至更坏的地步",[101]末世的恶人犯罪的情况,只是每况愈下、病入膏肓,到了无可救药的地步。

　　然而,"他欺哄人,也被人欺哄",此句直译为"欺哄及被欺哄",[102]是形容上一句的邪恶及迷惑人的人;"欺哄"又可作迷惑、欺骗(新译),[103]故这些恶人一方面欺骗他人,但与此同时,他们亦是受害者,因为他们是被魔鬼欺骗,陷入魔鬼的网罗,去到万劫不复的窘境而不自知(参见提前四 1)。[104]

　　三 14　"但你所学习的,所确信的,要存在心里;因为你知道是跟谁学的"

　　面对这些作恶和迷惑者的恶行,提摩太要引以为戒,故保罗说:"但你所学习的,所确信的";强调"你",[105]显出了保罗要提摩太做与假教师等人截然不同的事情;"学习"与"确信"均为过去不定时态,[106]故是指提

――――――――――――

[97]　*de*.

[98]　*ponēroi anthrōpoi*,Knight,*Commentary on the Pastoral Epistles*,p.441.

[99]　*goēs*,BAGD,pp.163 – 164;Rienecker & Rogers,*Linguistic Key*,p.646.

[100]　参见 *TDNT*,I,73 – 74;有学者认为"作恶的"指第 2 至 5 节中描写的人,"迷惑人的"则为第 6 至 9 节中描写的人;Lenski,*St. Paul's First and Second Epistles to Timothy and that to Titus*,p.834.

[101]　"进"(*prokoptō*)参见第 9 节有关的解释;"更坏"是"坏"(*kakos*)的比较助动词。

[102]　*planōntes kai planōmenoi*;可能是当时的箴言,Kelly,*A Commentary on the Pastoral Epistles*,p.200.

[103]　*planaō*,BAGD,p.671;黄锡木:《原文》,页 519。

[104]　Bernard,*The Pastoral Epistles*,p.135;Bernard 认为被欺哄是指受教师的欺哄;故此处是指一般的恶人。

[105]　*se*,因位于句首。

[106]　*emathes* 及 *epistōthēs*.

摩太从保罗的教导中得到福音真理(第 10 节);关于福音的真理,保罗说:"要存在心里",直译为"要常持守之";"持守"为现在时态及命令语,强调了要持续地持守下去;[107]"因为你知道是跟谁学的",诚然提摩太出自名师保罗,尽得他的真传,但由于"谁"是复数,[108]故应包括提摩太的母亲及外祖母(一 5);因此,提摩太大可放心,他所学习和确信的,都是健全的真理,他所需要做的是持之以恒,誓不向假教师低头。

　　三 15　"并且知道你是从小明白圣经,这圣经能使你因信基督耶稣,有得救的智慧"

　　除了提摩太应该知道他学习道理的来源真实可靠,保罗续称:"并且知道你是从小明白圣经";"小"可指未出生的胎儿或婴儿,此处是指孩童时期;[109]"知道你……"应作"你知道";"明白"是现在完成时态;[110]"圣经"直译为"神圣的写作"(holy writings);[111]"神圣的"是指与神有关的,[112]故这些写作是属神的,来自神的作品;[113]故"神圣的写作"对犹太人来说,此措辞专指旧约的正典圣经;[114]全句意即提摩太从幼年时代,已能从其亲人的教导中,开始明白旧约圣经。[115]

　　保罗续称:"这圣经能使你因信基督耶稣有得救的智慧";"使……智慧"此动词即是"给予智慧";[116]而此句直译为"圣经能够给予你智慧

---

[107] mene,*TDNT*,IV:576;此字常出现于教牧书信,如提前二 15;提后二 13;皆因面对假教师那惑众之妖言,持守所信的真道是重要的。

[108] tinōn.

[109] brephos,*BAGD*,pp.146 - 147;黄锡木:《原文》,页 519。

[110] oidas.

[111] hiera grammata,此措辞之前,一般都有 ta,然而即使没有冠词,亦是指着旧约圣经而言,参阅 *TDNT*,I:765,fn.13;持不同见解者参见 Lock,*The Pastoral Epistles*,p.109.

[112] *TDNT*,III:226 - 229.

[113] 保罗如此的称呼旧约正典,旨在要对比假教师的言论,这些言论出自鬼魔(提前四 1)。

[114] 详参 *TDNT*,I:763 - 764.

[115] 这可说是犹太儿童的一般实况,他们在孩童时代要背诵旧约圣经;Bernard,*The Pastoral Epistles*,p.135.

[116] sophizō,*BAGD*,p.767;黄锡木:《原文》,页 519;对比假教师的愚昧(三 9);Lock,*The Pastoral Epistles*,p.110.

于借着信在基督耶稣里的救恩";"借着信在基督耶稣里的救恩"是指人因着信，便能借着基督耶稣所达成的"救恩"而得救；[117]无疑圣经本身记载了神的救恩，但提摩太亦要勤读之，才能得着智慧，从而能因着相信基督而得着救恩。[118]

三 16 "圣经都是神所默示的，于教训、督责、使人归正、教导人学义都是有益的"

保罗指出，圣经之所以无与伦比当然有其原因，故此保罗说："圣经都是神所默示的，于教训、督责、使人归正、教导人学义都是有益的"；按原文的句子结构，此句应作"圣经都是神所默示的及有益于……"；此"圣经"与上一节的"圣经"不同，其直译为"每一经典"（参考吕本）；[119] "每一"（every）亦可作"所有"（all）；而"经典"既是单数，则可以是指圣经中每一段经文，又或是作代表词，代表了所有的经典，而后者的用法有不少新约经文支持。[120] 若是如此，则"每一"既是形容"经典"的，便应作"所有"了（参考新译）；故全句可作"所有的经典"。[121]

在此，值得注意的是，保罗放弃了采用上一节的"圣经"之字眼，而采用了如此的措辞，其意思可能是除了旧约圣经外，当时已有一些其他的著作，被教会认为与旧约正典有等量齐观的权威，例如一些流传于教会间的耶稣基督之福音传统。[122] 再者，保罗亦以他本人的作品为圣灵的感动（林前七 40），有权威和约束力，读者务要侧耳而听，遵命

---

[117] 这绝对是保罗的救恩论思想；参见 Knight, *Commentary on the Pastoral Epistles*, p. 444；关于"救恩"（*sōtēria*）的意思，参见提后二 10 的注释。

[118] 故大部分犹太人的问题，并不是因为其没有旧约圣经，乃是由于其不信；Guthrie, *The Pastoral Epistles*, p. 163.

[119] *pasa graphē*.

[120] 如罗四 3，九 17，十 11；加四 30；提前五 18；彼前二 6；彼后一 20；另参 *TDNT*, I：752－753.

[121] 支持此译法的有 Fee, *1 & 2 Timothy, Titus*, p. 279；Kent, *The Pastoral Epistles*, p. 281；Knight, *Commentary on the Pastoral Epistles*, pp. 446－448；诚然亦有不少学者支持"每一经典"的译法，如 Guthrie, *The Pastoral Epistles*, p. 163；Kelly, *A Commentary on the Pastoral Epistles*, p. 202；Wild, "The Pastoral Letters", p. 901 等；其实，"每一经典是神所默示的"与"所有的经典是神所默示的"意思分别不大。

[122] 就如提前五 18"工人得工价是应当的"是引自福音传统，详见其注释。

而行。⑫ 再说,彼得后书第三章十五至十六节有言:"……我们所亲爱的兄弟保罗,照着所赐给他的智慧写了信给你们。他一切的信上也都是讲论这事。信中有些难明白的,那无学问、不坚固的人强解,如强解别的经书一样,就自取沉沦。"由此可见,保罗的信简,已被教会看为与其他经书(即正典圣经)一样,具信仰的权威。当然,新约正典的形成是一个过程,但在保罗的时代,已有不少新约的著作出现,被教会公认为与旧约圣经一样是正典,同是"神所默示的"。⑫

"都是神所默示的"直译为"是神吹气",⑮"神吹气"所指的便是神的说话,借圣灵的工作而发出,因为在旧约中,先知是借着圣灵的感动,才能发预言和写出其作品,成为耶和华的话语,⑯故此字可作"是神的灵感动"。再者,虽然此字在文法上并非被动语,然而,华腓德(Warfield)却力陈,基于神的吹气,意味着神创造的活动,故此字是被动语而应作"是被神灵感的",或"受神的灵感动的",⑰故全句为"所有的经典是受神的灵感动的";⑱此句在文法上亦可作"受神的灵感动的,所有的经典……"(参见和合本小字),⑲但此取向的问题有二:

a. 其言下之意却暗示了有一些经典,即圣经,不是受神的灵感动

---

⑫ 如林前十四 37;帖后二 15;事实上,教牧书信内亦充满了保罗要求读者,即提摩太和提多等人,听从他的训示,因为他的教导是纯正健全的福音信息,如提前一 10～11、18;提后一 12～13,二 2 等。

⑭ 参见 Hendriksen, *1 & 2 Thessalonians*, *1 & 2 Timothy and Titus*, pp.301 - 302.

⑮ *theopneustos*,此字在新约中只在此处用过,而且最早期的出现便是在这里,Edward W. Goodrick, "Let's Put 2 Timothy 3:16 Back in the Bible", *JETS* 25/4 (December 1982), p.483.

⑯ 详参 Rienecker & Rogers, *Linguistic Key*, p.647;故强调了圣经不是本于人的创作,乃是神的创作,一如神借灵创造了宇宙万物(创一 1),又如耶和华以吹气的方式,使亚当成为活人(创二 7)一样;保罗是有意要如此提醒提摩太有关于圣经的本质及来源。

⑰ B. B. Warfield, *The Inspiration and Authority of the Bible* (Philadelphia:Presbyterian and Reformed, 1948), pp. 245 - 249;另参黄锡木:《原文》,页 519;*BAGD*, p. 357;*TDNT*, VI:454.

⑱ 故以"默示"或"启示"来译此字都不恰当;详参 Goodrick, "Let's Put 2 Timothy 3:16 Back in the Bible", p.485;fn. 9;关于圣经与圣灵之间在启示上的关系之讨论,参见 H. Berkhof, *Christian Faith* (Grand Rapids:Eerdmans, 1979), pp.63 - 68.

⑲ 因在原文中没有"是"一字,即 *pasa graphē theopneustos*;故"受神的灵感动的"作为形容词,可以作谓语(predicate)或定语(attributive),故"所有的经典是受神的灵感动的"是作谓语,而"受神的灵感动的所有的经典……"则为定语。

的，但这是不可能的。[⑬]

b. 下一个紧随此字的字眼便是"有益的"，[⑬]亦是形容词，两者之间有一连接词将之拼合，故其意思是"所有的经典是受神的灵感动的，及有益的"，[⑬]而不可能是"受神的灵感动的，及有益的，所有的圣经……"，因为"有益的"还有下文，便是"于教训、督责……"，由此可见，前者的取向是正确的，[⑬]故全句为"所有的经典是受神的灵感动的，及有益于教训、督责……"

"有益的"意即有价值的、有用的；[⑬]圣经的有价值之处，总共有四样：

a. 教训：又可作教导，[⑬]故是指圣经内的信息，借着教会中的教导工作，得以让人明白福音的真理。

b. 督责：此字在新约中只用于此，意即指斥，尤指在犯罪上；[⑬]故圣经的教训，能显出人的罪，并且借着圣灵的工作，使读者扎心，或是借着宣讲，使听众知罪。

c. 使人归正：亦是新约中只此一次出现，意即纠正过错；[⑬]在圣经之外的用法中，此字常指行为上的纠正，[⑬]故可能指圣经很实际地将人在道德生活上的恶行指出来，然后作出纠正。[⑬]

d. 教导人学义：直译为"在义上教导"；[⑭]"在义上"是指在公义、正直的事上；"教导"又可作"教育""训练"；[⑭]故全句意即圣经能教育及训练人行善，过正直、合神心意的生活。

---

⑬ Hanson，*The Pastoral Epistles*，p. 152.

⑬ *ōphelimos*；Goodrick，"Let's Put 2 Timothy 3：16 Back in the Bible"，p. 486；Goodrick 力陈此字才是此节的重点。

⑬ *pasa graphē theopneustos kai ōphelimos*.

⑬ 即谓语的取向正确；详参 Hanson，*The Pastoral Epistles*，p. 152.

⑭ *ōphelimos*；黄锡木：《原文》，页 519；*BAGD*，p. 909.

⑮ *didaskalia*.

⑯ *elegmos*，*BAGD*，p. 248.

⑰ *epanorthōsis*，*BAGD*，p. 282；黄锡木：《原文》，页 520。

⑱ 参见 *TDNT*，V：450－451.

⑲ Fee，*1 & 2 Timothy, Titus*，p. 280.

⑭ *paideian tēn en dikaiosunē*.

⑭ *paideia*，*BAGD*，p. 608.

三 17　"叫属神的人得以完全,预备行各样的善事"

圣经的益处明显,在此,保罗更具体地说明圣经的价值:"叫属神的人得以完全";"叫"强调了此处下文乃目的,[12]即学习圣经的目的;"属神的人"一词于提摩太前书第六章十一节已有用过,是指提摩太而言,[13]但此处则指所有的教会领袖,[14]甚至是信徒;"得以完全"之"完全"在新约中只此一次出现,亦可作"有能力于",或是"能够符合所有的要求";[15]故全句意即,圣经的目的便是使人能符合作属神的人之一切要求;"预备行各样的善事","预备"应作"装备",[16]是完成时态及被动语,故是指已在被装备齐全的状态中,即已整装待发;"行各样的善事",即信徒所应做的每一件合神心意的义行和工作。

总之,使信徒能够符合作神工人的要求,及得着属灵的装备,以能履行信徒的责任,实在是圣经存在的两大目的。[17]

(III) 结语

末世是一艰难的日子,圣经提及将会有大灾难的来临(启七 14),作为神对邪恶世代之审判。其实,灾难大部分可说是由人自身造成的——人的自私自利,导致整个生态环境大大失调,已经令大自然濒临灾难性的结果。人与人之间的利害冲突,社会上的尔虞我诈,人人都戴着虚假的面具,真情与挚爱已成了被拍卖的商品,活在如此的一个时代,要做一个真信徒委实不易。

事实上,教会内亦流行着不少论调,同样正在掠夺信徒之间的真诚相对,例如鼓吹以现代的行政管理学去处理教会事宜的风气,而所谓行政管理便是用适当的人在适当的职位上做适当的工作。诚然,教会工

---

⑫　hina.

⑬　详参其注释。

⑭　Hanson, *The Pastoral Epistles*, p. 153.

⑮　*artios*, *BAGD*, p. 110.

⑯　*exartizō*, *BAGD*, p. 273.

⑰　故此处保罗所关注的,是圣经的实用性,参见 M. J. Erickson, *Christian Theology* (Grand Rapids: Baker, 1983): 1: 202.

作繁多,为了要能使教会内各部门顺畅地运作,有一定程度的管理方针是无可厚非的。不过,如果人人都只向工作、速率、果效看齐,人的价值又何在? 那些生产力低、缺乏能力的信徒们又有谁来爱他们? 如果在这个人情越趋冷淡的末世中,教会仍不能带来人间的温暖,发挥基督那爱世人的精神,作主的灯台之光辉又何在?

既然基督、保罗和提摩太等古圣先贤都难免受苦难和逼迫,更何况其他的信徒。时代论(dispensationalism)常常主张一个灾前被提的理论,力陈大灾难是为不信的世代而设的,故此,当灾难来临之先,教会便会被提取离开地上,不用经过灾难。这种抽离灾区的理论虽然曾经大行其道,然而,如今却为大部分福音派人士所质疑。且看以色列人在埃及人受十灾之苦时,他们仍然要留在埃及,并没有被抽离灾区。而在论及信徒面对大灾难的威胁时,耶稣基督却鼓励信徒要忍耐到底,便必然能得救(太二十四 13),历世历代的殉道者如何为信仰抛头颅、洒热血,至死忠心于信仰,在在说明了这种抽离灾区的理论理据不足。反而,切切实实地作好心理准备,扎实地充实自己,效法基督,背起十字架来跟从他才是万全之策。

再者,华人福音派教会都高抬圣经乃无误的(inerrant),是信徒信仰和生活的权威,这一项信念极为重要。最近,有一名斯庞的主教如此说:“我不认为圣经在字面上是完全确实的,圣经说过,妇女向来是男人的财产,我也不认为是这样,出自圣经的许多概念,早已被人摒弃了。我宁愿基督教是现代人和受教育的人所能接受的东西。”[⑱]以上质疑圣经的可信性之言论,在基督教圈子里屡见不爽,一如斯葛士(Scroggs)所说,自宗教改革后,圣经的权威便一直受到侵蚀。[⑲] 因此,坚持“圣经作为基督教信仰的基础,是神所默示”是重要的。然而,更加重要的,便是如何去解释圣经。

在此,华人教会出现了两个极端的现象,有一些人士,包括自由派

[⑱] “新一代试图将耶稣非神话化,正反双方各有论据,莫衷一是”,香港《明报》(1995 年 4 月 11 日),页 A10。

[⑲] 被侵蚀的情况,参见 Robin Scroggs, “The Bible as Foundational Document”, *Int* (January 1995), pp. 17 – 23.

(Liberalism)的学者,认为圣经的本质只是一本由人写成的书,虽然当中也许有神的灵工作(当然有些根本不相信有神的存在,故不相信启示),但毕竟人是有限的,故所写下来的东西难免有错,甚至错漏百出,于是便肆意地切割圣经,打着学术的名堂,将一些他们以为错误或被篡改过的经文摒诸圣经外,骨子里却是他们根本不相信圣经的形成及其整个过程都有神的保守。这种高举人而贬低神的主张产生的释经法,都是偏离正道,实在不能为福音派教会接受。

另一方面,又有一些人士,则力陈圣经既是一本属神的书,是绝对没有错误的,于是便完全忽略了人的因素,如圣经中有不同的语言(希腊文、希伯来文、亚兰文)、体裁(叙事体、诗歌、书信、启示文学等)、风格文笔、社会背景等。他们忽略了在这些层面钻研,反而主张要找出圣经中的属灵意思,采取了灵意解经法,随意将自己所谓的属灵心得,注入经文内,完全抹煞了作者的原意。这种方法没有客观标准,疏于研究,只是漫无边际地联想,产生了可能是完全背离经文原意的教导,而信徒又争相效尤这种释经法,后果实在堪忧。

这样,偏重于一方的释经法,都反映出其对圣经存在着不正确的态度。圣经的本质显出了其为一本同时由神启示、由人创作的书。因此,正视圣经的无误,亦砥砺地学习钻研圣经,务求先找出经文原本的意思,然后从中厘清一些属灵原则,以应用于今时今日,才是一正确的释经方法。

再者,圣经的功用主要是为了教导信徒走信仰的正路。这才是圣经权威的所在,一如杨牧谷所言:"圣经的权柄是后验的(*a posteriori*),且是先验的(*a priori*),因为这是信徒从经验而得的结论,而不仅是一个外加的命令。正因为教会经验到圣经在信仰和生活上都具引导作用,因此决定以圣经为唯一的权柄;简言之,圣经本身的适切性也是它权柄的基础"。[⑩] 这样,勤读圣经、听道行道才是真正的尊重圣道的表现。

"草必枯干,花必凋谢;惟有主的道是永存的。"(彼前一 24~25)

---

⑩ 杨牧谷:"圣经的适切性",《圣经:时代的见证》,香港:香港读经会,1992 年,页 84。

伍 最后的训诲及自白

（四 1～18）

1 我在神面前，并在将来审判活人死人的基督耶稣面前，凭着他的显现和他的国度嘱咐你：

2 务要传道，无论得时不得时总要专心，并用百般的忍耐、各样的教训责备人，警戒人，劝勉人。

3 因为时候要到，人必厌烦纯正的道理，耳朵发痒，就随从自己的情欲，增添好些师傅，

4 并且掩耳不听真道，偏向荒渺的言语。

5 你却要凡事谨慎，忍受苦难，做传道的工夫，尽你的职分。

6 我现在被浇奠，我离世的时候到了。

7 那美好的仗我已经打过了，当跑的路我已经跑尽了，所信的道我已经守住了。

8 从此以后，有公义的冠冕为我存留，就是按着公义审判的主到了那日要赐给我的；不但赐给我，也赐给凡爱慕他显现的人。

9 你要赶紧地到我这里来。

10 因为底马贪爱现今的世界，就离弃我往帖撒罗尼迦去了；革勒士往加拉太去；提多往挞马太去。

11 独有路加在我这里。你来的时候，要把马可带来，因为他在传道的事上于我有益处。

12 我已经打发推基古往以弗所去。

13 我在特罗亚留于加布的那件外衣，你来的时候可以带来，那些书也要带来，更要紧的是那些皮卷。

14 铜匠亚历山大多多地害我；主必照他所行的报应他。

15 你也要防备他，因为他极力敌挡了我们的话。

16 我初次申诉，没有人前来帮助，竟都离弃我；但愿这罪不归与他们。

17 惟有主站在我旁边,加给我力量,使福音被我尽都传明,叫外邦人都
　　听见;我也从狮子口里被救出来。
18 主必救我脱离诸般的凶恶,也必救我进他的天国。愿荣耀归给他,
　　直到永永远远。阿们。

(I) 引言

保罗向提摩太发出的最后一个训示是在第一至五节。① 当中保罗
用了多个语带命令的字眼,强调了传道的态度和传道者的首要任务是
什么。继而,由第六节至八节,保罗为自己的一生作自白,强调了他已
尽己之所能,忠于他的托付,可说是不枉此生,为主而活,故已准备好见
他的神,领受所应得的奖赏。跟着便开始了此信的结束部分。② 在此,
保罗向提摩太显示他自己的环境及需要。首先,他催促提摩太赶紧来
探望他,并且可以顺道带给他一些东西(第 9～13 节)。其次,便是亚
历山大此人的恶行,实在使人气愤,故提摩太要小心防备(第 14～15
节)。最后,他自言自己的处境,唯望提摩太能从速来到他的身旁(第
16～18 节)。

(II) 注释

四 1　"我在神面前,并在将来审判活人死人的基督耶稣面前,凭
着他的显现和他的国度嘱咐你"

保罗对提摩太最后的训示是以一个对神(尤其是基督耶稣)颇长的
描述为始的指令:"我在神面前,并在将来审判活人死人的基督耶稣面
前,凭着他的显现和他的国度嘱咐你";他提及在"神面前,并在……基
督耶稣面前",意即提摩太被命令去做的,其实是在神和基督耶稣面前

---

① Kent,*The Pastoral Epistles*,p. 282;他认为此乃保罗最严肃的嘱咐。
② 在保罗书信中可算是最长的一段结语,Wild,"The Pastoral Letters",p. 902.

做的,显出了其工作的重要,③提摩太务要谨慎地去完成此命令。再者,"基督耶稣"被形容为"将来审判活人死人","将来"当然是指主再来之时;④"审判活人死人"指全人类都将受审判的时候(彼前四4～5),当主再来时,还活着的人固然要受审(帖前四13～17),死了的人亦要复活,接受主的审判(启二十11～13)。按此理解,提摩太要重视此托付,因为他亦要在主再来时向他交账。

再者,与基督耶稣有关的另一句是"凭着他的显现和他的国度";"他的显现"即基督耶稣的出现,在提摩太后书第一章十节时,保罗曾以"显现"去形容耶稣第一次来到世界,即其降世为人,但此字于大部分的地方,都是指主的第二次降临。再者,上文的背景是将来全人类的审判,故此处无疑是指主的第二次降临;"国度"高举了基督耶稣的治权,将会在他的再来时全然显露,普天下将归基督耶稣管治,他的统治权将无涯无际地永远持续下去。故全句强调了那再来的基督耶稣,是大有威荣和权能的主,主的再来实乃信徒及提摩太的盼望,⑤成了提摩太执行保罗的嘱咐之动力。

保罗是在如此荣耀和伟大的主面前"嘱咐"提摩太的;"嘱咐"早于提摩太前书第五章二十一节用过,⑥是一郑重的吩咐,亦语带命令。

四2　"务要传道,无论得时不得时总要专心,并用百般的忍耐、各样的教训责备人,警戒人,劝勉人"

保罗所嘱咐的便是"务要传道";"传"即传扬、宣讲,⑦因是命令语,故作"务要传……";"道"直译为"说话",故是指福音的内容(参见二9);故全句为提摩太务要传扬福音;另一个语带命令的动词便是"要专

---

③ 有关"在神面前"的经文有提后二14,及在"基督耶稣面前"的参见提前五21、六13;参见其注释。

④ "将来"(*tou mellontos*)此字作分词,再加上不定词"审判"(*krinein*),是未来时态的迂说法(periphrasis),Knight, *Commentary on the Pastoral Epistles*, p. 452.

⑤ 到了那日,福音工作已告终,忠信者将得着平反和奖赏;Kent, *The Pastoral Epistles*, p. 283.

⑥ *diamartyromai*,参见其注释。

⑦ *kērussō*, BAGD, p. 432.

心"此字,原本此字意即站在其旁,⑧故有作好准备之意(新译),再加上是命令语,便有坚持下去的意思;提摩太要坚持传扬福音的工作,其情况是"无论得时不得时";"得时"及"不得时"都是指"一段时间",前者是指好的时段,即适合的时机、良机;后者则为不好的时段,即不适合的时机,可说是危机;⑨二字合在一起表示无论在什么时地,提摩太都要坚持传道的工夫。⑩

第三个命令,便是"责备人",此字于提摩太前书第五章二十节出现过,⑪此处指提摩太要指斥众人所犯的罪背离了神的意旨,不合乎神的标准,⑫包括假教师的谬误。

第四个命令是"警戒人",此字意即警告和劝阻,⑬以致犯罪者的罪行能立时被制止。

第五个命令是"劝勉人",此字早出现于提摩太前书第六章二节;⑭在此,保罗加上了"并用百般的忍耐,各样的教训",此句直译为"以所有的忍耐和教导",大概是形容"责备人""警戒人"及"劝勉人"此三个语带命令的动词的。⑮ 提摩太是做应对人的工作,因着人的情况和时局的变化,时而要负面的"责备"和"警戒",时而又要正面地"劝勉",实在需要他"所有的忍耐"及以健全的、从耶稣基督和使徒而来的"教导"去进行之。⑯

---

⑧ *ephistēmi*，Zerwick & Grosvenor，*A Grammatical Analysis of the Greek New Testament*，p. 644.

⑨ *eukairōs akairōs*.

⑩ 在当代,演讲家都找适当的时机才讲论,但作传道者则有所不同,因为适时与不适时都在神的手中,Wild，"The Pastoral Letters"，p. 901;至于"得时不得时"是指提摩太还是听道的人而言,其讨论参见 Abraham J. Malherbe，"In Season and Out of Season:2 Timothy 4:2"，*JBL*，103/2(1984)，pp. 235 - 243.

⑪ *elenchō*，参见其注释。

⑫ Kent，*The Pastoral Epistles*，p. 285.

⑬ *epitimaō*，黄锡木:《原文》,页 520；*BAGD*，p. 303.

⑭ *parakaleō*，参见其注释。

⑮ 因为第一个动词"嘱咐"已有第二个动词"专心"来形容,故此句应只是形容第三、四及五个语带命令的动词。

⑯ *didachē*，此字强调教导的内容。

四3　"因为时候要到,人必厌烦纯正的道理,耳朵发痒,就随从自己的情欲,增添好些师傅"

到了此处,保罗指出了何以他要这样命令提摩太:"因为时候要到","因为"是作为上面所出现的五个命令语的动词之解释;[17]"时候要到"的"要到"乃未来时态,[18]故是指将来必然发生的事情,这段时候可能是上文的"不得时",亦可能是第三章一节所提及末世中那段危险的、艰苦的日子;"人必厌烦纯正的道理","厌烦"直译为"不能忍受";[19]"纯正的道理"即健全的教导,[20]故保罗指出,末世中的人不能忍受基督教那正确而健全的教训。反而,是"耳朵发痒",[21]此比喻性表达意即喜爱听新鲜、能满足好奇心的言论教训,[22]反而对健全的教导不感兴趣;"就随从自己的情欲","情欲"于提摩太前书第六章九节、提多书第二章十二节和第三章三节均有用过,指那驱使人犯罪的欲望;"增添好些师傅"的"增添",此字在新约中只出现于此处,意即积敛,聚拢(思高),[23]是未来时态;"师傅"即教师,又因是复数,故作"好些师傅",即多位的师傅;故全句保罗的意思是,因着人喜欢新奇有趣的事物,他们再不能忍受健全之福音信息,反而为了满足一己之欲望,要求有不同类别的教师出现,以能听到各种新奇言论,[24]这实在是末世之人的心态。

四4　"并且掩耳不听真道,偏向荒渺的言语"

这些人既然喜欢听新奇怪趣的事物,便会"掩耳不听真道"及"偏向荒渺的言语",此句应作"一方面他们掩耳不听真道,另一方面他们偏向

---

[17]　*gar*,一般都有解释的意思。

[18]　*estai*.

[19]　"忍受"(*anechō*);参见 *BAGD*,p.65.

[20]　*hygiaiousēs didaskalias*,参见提前一10的注释。

[21]　此处有 *alla* 一字,是转折连词。

[22]　"发痒"(*knēthō*)此字的解释,参见 *BAGD*,p.438;早期教父有关的表达和解释参见 Robertson, *Word Pictures in the New Testament*,IV;321.

[23]　*episōreuō*,*BAGD*,p.302;Zerwick & Grosvenor, *A Grammatical Analysis of the Greek New Testament*,p.644.

[24]　故假教师势必风起云涌,大行其道。

荒渺的言语"；㉕"掩耳不听"直译为"将会使耳朵转离"；"转离"的意思
参见提多书第一章十四节的注释,㉖此处为未来时态；保罗继续用耳朵
的比喻,去指出末世中的人必会转离正确的"真道",即基督教信仰的真
理；㉗而另一方面,却"偏向荒渺的言语"；"偏向"此字亦于提摩太前书
第一章六节用过,㉘强调了这些人离开了正确的目标,如今却去依从
"荒渺的言语",此措辞亦于提摩太前书第一章四节出现过,㉙此处是与
上一句的"真道",即真理成对比。总之,这些人将会转离基督教信仰的
真理,反而走去依附完全没有根据、虚幻不真的言论。

　　四 5　"你却要凡事谨慎,忍受苦难,做传道的工夫,尽你的职分"
　　面对以上的世情,保罗却向提摩太说:"你却要凡事谨慎"；"却要"
即然而,㉚而"你"位于句子之首,故有强调的意思,保罗意即提摩太要
采取与那些末世中的人截然不同的态度；"谨慎"意即头脑清晰,思想清
醒,能够洞悉周围所发生的事情之底蕴,㉛是现在时态命令语,再加上
"凡事"一字,故意即不论在任何的环境中,提摩太亦要常处于此状
态中。
　　"忍受苦难"此字早于第二章三节及九节出现过,㉜此处是命令语；
另一个命令便是"做传道的工夫",直译为"要做传福音者的工作"；㉝
"传福音者"在新约中出现三次,先于使徒行传第二十一章八节,是形容
腓利的。第二次是以弗所书第四章十一节,与使徒、先知、牧师和教师
并列,故是初期教会中基督所赐给教会的重要职事之一,强调了其宣
扬好消息,即传福音的工作特质。早期教会以"传福音者"为使徒的

㉕　*men . . . de*,即"一方面……另一方面"。

㉖　*apostrephō*.

㉗　*alētheia*,指基督教信仰是独一无二的真理。

㉘　*ektrepō*,参见其注释。

㉙　*tous mythous*,参见其注释。

㉚　*de*.

㉛　*nēphō*,Rienecker & Rogers,*Linguistic Key*,p. 648；此字本指不要醉酒而保持清醒,故此
　　处是比喻,Kent,*The Pastoral Epistles*,p. 286.

㉜　*kakopatheō*,参见其注释。

㉝　"做"(*poinēson*)是命令语。

继承人，㉞由此可见，此职分的地位仅次于使徒，并且当使徒不在时，他们便是代表人。无论如何，保罗既不在以弗所教会，提摩太便是他的代表人，继续保罗的福音工作。㉟

最后一个命令是"尽你的职分"，"尽"应作"完成"（新译）、"完全实现"，㊱语带命令；"职分"即侍奉、服侍；㊲提摩太要莫问艰辛、不屈不挠及刻意而做，直到完成他在以弗所教会的侍奉为止。

四6　"我现在被浇奠，我离世的时候到了"

保罗对提摩太发出了要凡事谨慎等的命令，其中一个原因，便是他自知离世不远矣，故他说："我现在被浇奠，我离世的时候到了"；㊳"浇奠"其意思可能是指一如在旧约中，以色列人以酒作浇奠之祭献给神（出二十九40；利二十三13；民十五5～10，二十八7），㊴如今，保罗的生命，亦将如此献上给神；毋庸置疑，这里是指他的殉道而言。因此，保罗是以快将临到自己的殉道为一献给神的祭（参见罗十五16；腓二17），蒙神悦纳，绝非人生憾事；又此字乃现在时态，并且有"已经"一字形容之，㊵故保罗的意思是，他是进入一个"被浇奠"，即牺牲生命的过程中，㊶并且无可避免，有如已经发生了的事情一样。

保罗续称"我离世的时候到了"；"离世"此名词在新约中只在此出现，含死亡之意；㊷"到了"此字刚于本章第二节用过（和合本作"专

㉞　*euangelistēs*，*TLNT*，2：82 - 92；*TDNT*，II：736 - 737；参见 Robertson，*Word Pictures in the New Testament*，IV：322，所有的使徒都是传福音者，但后者却不一定是前者。

㉟　故保罗亦有意要提醒提摩太，在处理教会事务、抗衡假教师之余，他亦要向罪人传扬福音的好消息，使罪人得救；Kent，*The Pastoral Epistles*，p. 286.

㊱　*plērophoreō*，*TLNT*，3：120 - 323；*TDNT*，VI：309 - 310；黄锡木：《原文》，页 520。

㊲　*diakonia*，Rienecker & Rogers，*Linguistic Key*，p. 648.

㊳　此句之首有"因为"（gar）一字，并且"我"与上一节的"你"一样，位于句首，可见保罗是要对比"你"与"我"。

㊴　*spendō*，*BAGD*，p. 769.

㊵　*ēdē*.

㊶　故如今他所受的苦意味着他生命终局的开始，Robertson，*Word Pictures in the New Testament*，IV：322.

㊷　*analusis*，*BAGD*，p. 57；参见黄锡木：《原文》，页 521；其可以是指拆了帐幕或抛锚等；详参 Kent，*The Pastoral Epistles*，p. 287.

心"),本意为站在旁边,此处意即临近了,[43]并且是完成时态,表示保罗自揣殉道是必然的,故他早已存着这份心境,认为自己处身于离世的情景中。[44]

四 7　"那美好的仗我已经打过了,当跑的路我已经跑尽了,所信的道我已经守住了"

然而,保罗并不因而沮丧,他用了三个与他侍奉的一生有关的比喻去自白:"那美好的仗我已经打过了";"打"及"仗"除了指战争外,亦是运动场上比赛的字眼,故又可作"竞争"及"比赛",而早于提摩太前书第六章十二节用过。[45] 在那处,保罗以之形容提摩太的侍奉,如今却用在自己身上;"打"是现在完成时态,表示他已经打过了此仗;"美好的仗"意即保罗认为他为战争或竞赛所付出的努力是有价值的,因为这是一场为传扬福音而打的仗或参与的赛事。[46]

第二个比喻是"当跑的路我已经跑尽了";"当跑的路"指一段路程,[47]此字于使徒行传第二十章二十四节亦有出现,亦出于保罗的自白,并且是指自己的使命,此处亦有此含义;[48]"跑尽了"直译为"已完成了",[49]保罗不负基督耶稣的托付,如今已完成了他那传福音的使命。

第三个比喻为"所信的道我已经守住了";"所信的道"应作"信

---

[43] *ephistēmi*,尤指一些不幸之事的临近,*BAGD*,p. 331.

[44] 保罗的殉道被早期教会认为是信徒殉道的楷模,并且备受尊崇,参见 William R. Schoedel, *Ignatius of Antioch*: *A Commentary on the Seven Letters of Ignatius*(Philadelphia: Fortress, 1985), pp. 72 - 73; William R. Schoedel, *Polycarp, Martyrdom of Polycarp, Fragments of Papias*(Toronto: Nelson, 1967), p. 14.教父 Ignatius 及 Polycarp 对保罗作为殉道者极为赞赏。

[45] "仗"(*agōn*)、"打"(*agōnizomai*),详参其注释;相近的表达有提前一 18;另参腓一 27、30;林前九 25;西二 1;帖前二 2.

[46] 另参 Kelly, *A Commentary on the Pastoral Epistles*, p. 208;可以指打至最后一仗,比赛直至终点,中途绝不退出。

[47] *dromos*, *BAGD*, pp. 205 - 206;黄锡木:《原文》,页 521;故保罗是以赛跑为喻;Kent, *The Pastoral Epistles*, p. 288.

[48] Houlden, *The Pastoral Epistles*, p. 133. Houlden 认为徒二十 18 起与此处一段经文有密切的接触点。

[49] *teteleka*,是现在完成时态。

仰”，⑩故全句为“我已守住了信仰”；严格来说，此句算不上是比喻，⑪保罗意即在面对离经背道的劣势下，保罗以守着信仰来表示他对神的忠贞。

　　四8　“从此以后，有公义的冠冕为我存留，就是按着公义审判的主到了那日要赐给我的；不但赐给我，也赐给凡爱慕他显现的人”

　　因着保罗以上的良好表现，故他自言：“从此以后，有公义的冠冕为我存留”；“存留”此字指胜出的运动员之得奖，或是工作出色的臣子受到王的褒扬；⑫“冠冕”指在运动场上比赛得胜之健儿所得到的，以棕树枝等编织而成的花冠，⑬故强调了保罗作为信仰上的得胜者应得的奖赏；“公义”本是神的属性，而下一句亦以之形容审判的主，故此处指得胜的保罗将得到正确的、正义的裁判，是为“公义的冠冕”的意思。⑭

　　保罗继续描绘此冠冕的特色：“就是按着公义审判的主到了那日要赐给我的”；“公义审判的主”直译为“主，公义的法官”，⑮“主”与“公义的法官”是同位语；而由于在本章第一节基督耶稣亦是被形容为审判全人类的，故“主”便是指基督耶稣了；他是“公义的法官”，⑯故必定会以公义行事；按保罗在信仰上的忠贞，“到了那日”，即主再来的大日；“赐给他”，即回报给他。⑰ 无论如何，尽管在人生中，保罗要忍受世上君王不公义的对待，受不公平的审判，以致要因信仰而殉道，但有一天，那至高无上的基督作为最高的法官，将会给予他公平的裁决，给予他得胜

---

⑩　tēn pistin.

⑪　有学者则以之为形容运动员本应要持守运动的规则；或是指在经商的业务上守信约；参见 Guthrie, *The Pastoral Epistles*, pp. 169 - 170.

⑫　apokeimai, *BAGD*, p.92; Zerwick & Grosvenor, *A Grammatical Analysis of the Greek New Testament*, p.121 及 Guthrie, *The Pastoral Epistles*, p.170.

⑬　stephanos, *BAGD*, p.774.

⑭　故 ho stephanos tēs dikaiosunēs，其结构是描述的属格；另参 Knight, *Commentary on the Pastoral Epistles*, p.461；Knight 主张同位语的属格，即冠冕便是公义，亦是一个可能的解释；Kent, *The Pastoral Epistles*, p.288；Kent 认为此冠冕是一给与那些追求公义者的赏赐，此用法可算是宾语属格的用法，亦是一可能的取向。

⑮　ho kyrios...ho dikaios kritēs.

⑯　此措辞是处强调的位置。

⑰　apodidōmi, *BAGD*, pp.89 - 90；黄锡木：《原文》，页 521；此处是用未来时态。

的、应得的冠冕。⑱

　　保罗续称:"不但赐给我,也赐给凡爱慕他显现的人";"显现"在此处无疑是指基督第二次降临;"爱慕"即爱,此处用了现在完成时态,⑲故是指那些一生都存着爱神此心态而活的信徒;一如保罗的一生,这些信徒,包括提摩太在内,同样得着主那公义的赏赐。

　　在走上人生最后一程时,保罗并没存有认命或怨天尤人的心态,反而安然接受其际遇,在回望过往充实的一生时,心存满足,并且将生命完全地豁出来,交托给那公正不偏,亦是最能判断他一生的基督之手中。

　　四 9　"你要赶紧地到我这里来"

　　在自言离世不远之后,保罗要求提摩太"你要赶紧地到我这里来",此句直译为"尽力立刻来到我这里";"尽力"亦可作赶快、渴求,⑳是命令语;再加上"立刻"作为其形容,㉑尤显出了保罗那着急之情;由于此信要一段时间后才到提摩太处,而提摩太亦要费上时间由以弗所到罗马,故保罗希望提摩太在一收到此信后,便立刻整装上路来见他,以免因时间之失误而错过了见他的最后一面,并且不能及时带来保罗所需用的东西(如第 13 节所指的东西)。

　　四 10　"因为底马贪爱现今的世界,就离弃我往帖撒罗尼迦去了;革勒士往加拉太去;提多往挞马太去"

　　再者,"因为底马贪爱现今的世界,就离弃我往帖撒罗尼迦去了……";保罗意即因着其他人都不能在他身旁,成为他的帮助,故提摩

---

⑱　因此,Furnish 便认为教牧书信内,保罗作为使徒的表征(hallmark),是其忠心到底及其公义的一生所得到的殉道者冠冕,参见 V. P. Furnish, "On Putting Paul in His Place", *JBL* 113/1 (1994), p. 6.

⑲　*ēgapēkosi*.

⑳　*spoudazō*, *TLNT*, 3:276 - 285;Rienecker & Rogers, *Linguistic Key*, p. 649;*BAGD*, p. 771.

㉑　*tacheōs*,是副词;*BAGD*, p. 814.

太要立刻来到他身旁扶助他;"现今的世界"直译为"现今的世代",[62]即今世,而今世被形容为邪恶的世代(加一 4),故信徒不应效法之(罗十二 2);"底马"此人物只再出现于腓利门书第二十四节及歌罗西书第四章十四节,[63]大概是保罗的同工;但到了此时,此同工"贪爱"了这一个邪恶的世代,而不再爱在那大日将显现的主(参见第 8 节),故底马就"离弃"了保罗,此字有放弃、遗下之意,[64]是过去不定时态,故此事已发生了;底马可能是帖撒罗尼迦人,[65]他遗下了极需要帮助的保罗,径自回家去了。[66]

此外,"革勒士往加拉太去,提多往挞马太去";"革勒士"此名字不曾出现于新约其他的书卷,故其身份不详,可能是保罗晚年时所认识的同工;"加拉太"是小亚细亚中部一带的地方;"提多"则是保罗多年的同工,[67]亦往"挞马太",在提多书第三章十二节,保罗曾吩咐提多要到尼哥坡里见他,故此,可能的情况是提多的确是成了行,在见过保罗后,被他派去"挞马太"工作。[68]无论如何,由于保罗并没有对革勒士及提多的离去有贬义的形容,故我们相信,此人是因事(大概是侍奉)离开了罗马。

四 11 "独有路加在我这里。你来的时候,要把马可带来,因为他在传道的事上于我有益处"

当众人都离开罗马时,保罗说:"独有路加在我这里";"路加"本是马其顿人,其职业为医生(参见门 24;西四 14),在提摩太加入保罗的宣

---

[62] *ton nun aiōna*.

[63] 此底马亦可能是约叁 12 的底米丢;参见 J. Chapman, "The Historical Setting of the Second and Third Epistles of St. John", *JTS* 5(1904), pp. 364-368.

[64] *enkataleipō*, *BAGD*, p. 214; Rienecker & Rogers, *Linguistic Key*, p. 649.

[65] Robertson, *Word Pictures in the New Testament*, IV:324;帖撒罗尼迦是欧洲的马其顿省之名城;关于此城的介绍参见 *IDB*, IV:629; *IBD*, pp. 1556-1557;又因门 24 底马同时与亚里达古并列,而后者是帖撒罗尼迦人(徒二十 4,二十七 2),故他亦可能是此城的人。

[66] 关于底马亦曾出现于次经保罗行传,详参 Bauckham, "The Acts of Paul as a Sequel to Acts",1:117.

[67] 参见绪论部分对受书人提多的介绍。

[68] 此地位于希腊北部,可能是提多的家乡;Hanson, *The Pastoral Epistles*, p. 157.

教队伍不久,亦加入了其行列,[69]自此成了保罗的侍奉良伴,如今只有他一人仍留在罗马成为保罗的帮助。

为了要补上众人都离开了保罗所带来的空缺,故保罗吩咐提摩太"你来的时候要把马可带来",此句直译为"带来马可,接他与你一起来";"带来"是命令语;[70]"接……来"亦有带来之意,[71]而两个字眼同时要求提摩太与马可一起来,可见保罗委实想见马可;"马可"亦是保罗的工作伙伴,是耶路撒冷一位称为马利亚之妇女的儿子,亦是巴拿巴的表弟(西四 10),早年参与保罗的第一次宣教工作,但却于早段时离队撤回(徒十二 25,十三 5、13)。故到了第二次宣教时,保罗铁定不带他同去,因而与巴拿巴意见相左,于是各奔前程,马可跟随了巴拿巴,去了居比路做福音工作,而保罗则与西拉同行(参见徒十五 36～41)。但到了此际,保罗对马可的侍奉态度已有改观,[72]他希望提摩太能与马可同来,[73]并且说:"因为他在传道的事上于我有益处";"因为"说明了保罗要提摩太带马可来的原因;[74]"有益处"此字于提摩太后书第二章二十一节出现过;[75]"传道"即服侍、侍奉,[76]在此处的译法要看保罗的意思是什么,如果他是指带马可来,是要他提供保罗个人需要的话,则"服侍"为正确的译法,如果保罗是指马可在传福音的事上能助保罗一臂之力的话,则"侍奉"是较佳的选择。[77]

四 12 "我已经打发推基古往以弗所去"

保罗续称:"我已经打发推基古往以弗所去";"推基古"是保罗信赖的同工,并且当保罗上耶路撒冷时与他同行(徒二十 4),亦曾为保罗送

---

[69] 徒十六 9 开始的"我们"之字眼,显示出使徒行传的作者路加加入了保罗的宣教队伍。

[70] *age*.

[71] *analambanō*,黄锡木:《原文》,页 521;此处是分词。

[72] 另参门 24;彼前五 13;故此,在经年累月的训练后,马可成为一出色的传道人了。

[73] 注意在原文的句子里,"马可"位于句首。

[74] *gar*,有诠释之作用。

[75] *eukrēstos*,参见其注释。

[76] *diakonia*.

[77] 故新译本作"圣工";事实上,两者都有可能;又当保罗第一次于罗马坐监时,马可亦曾与保罗在一起帮助过他(西四 10),故他希望此次的下监亦有马可伴随。

信给以弗所及歌罗西的教会(弗六 21～22；西四 7～9)；"打发"即差遣、派出，[78]此处为过去不定时态，由于保罗是派推基古去以弗所，即提摩太的住处，故推基古的使命有二：

　　a. 他是此信的信差，负责把信带给提摩太。[79]

　　b. 他要代替提摩太在以弗所教会的侍奉，使提摩太能抽身到罗马见保罗。[80]

　　四 13　"我在特罗亚留于加布的那件外衣，你来的时候可以带来，那些书也要带来，更要紧的是那些皮卷"

　　在此，保罗想起他极需要的物品，希望提摩太能顺道携来："我在特罗亚留于加布的那件外衣，你来的时候可以带来"；"特罗亚"是小亚细亚西北角的海港城，对岸是欧洲的马其顿省(参见徒十六 8)，由以弗所到罗马，特罗亚亦可算是在其路途之中；[81]"加布"此人物不曾出现于其他新约书卷，大概是信徒，当保罗在特罗亚工作时，曾住过他的家，留下了私人物件，可见此人大概是保罗的好友；"带来"是命令语；[82]所要带来的，是"那件外衣"；"外衣"是用一些较厚的衣料造成的斗篷，[83]作御寒用，面对寒冬将至(参见第 21 节)，又或者是牢中的湿冷环境，此外衣便显得重要了，故保罗希望提摩太能顺道带来。

　　再者，"那些书也要带来"；"书"是指写了字的蒲草纸卷，这种书卷是当时书写的纸张，[84]此处是复数。[85]在新约中，此字的单数常指着某一旧约书卷，[86]故此处大概是指一些旧约经卷；还有的是，"更要紧的是那些皮卷"；"皮卷"主要是由羊皮制成的(参考思高、吕本)，作书写用的

[78]　*apostellō*，*TDNT*，I，398 - 406；另参 *TLNT*，1，186 - 194.

[79]　故"派"是书信体不定过去时态(epistolary aorist)了；参见西四 8。

[80]　一如多三 12 保罗打发亚提马或推基古到克里特接替提多的工作，使提多能到尼哥坡里会见保罗一样。

[81]　对此城市的简介，参见 *ABD*，6，666 - 667.

[82]　*phere*.

[83]　*phailonēs*，本是一拉丁文的借字，参见 *BAGD*，p.859.

[84]　参见 *ISBE*，3，651 - 655.

[85]　*biblia*.

[86]　如路四 17；加三 10；来九 19。

卷籍,由于皮革本身很耐用,故皮卷能保存长久,比起蒲草纸所写成的书卷贵重得多;[87]"更要紧的"已出现于提摩太前书第四章十节,[88]其意可以是"尤其是",或者是"即是"(namely),如属后者,则上一句所提的书便是皮卷了,[89]但这是不大可能的取向,因为"书"与"皮卷"是指两种不同材料所制成的书写纸张。因此,"尤其是"是一个较佳的取向;此处的"皮卷",究竟是一些什么性质的写作保罗没有言及,故我们亦无从知道。[90] 无论如何,保罗提醒提摩太切勿忘记为他带来那些珍贵的皮卷。

四 14 "铜匠亚历山大多多地害我;主必照他所行的报应他"

在此时,保罗记起了"铜匠亚历山大";"铜匠"即金属工人,[91]此乃其职业,保罗以此来确定他的身份;"亚历山大"此人早于提摩太前书第一章二十节出现过,是以弗所教会内的假教师之一,与此处的一位,大概是同一个人物,[92]故此人可能仍留在以弗所;保罗说他"多多地害我";"害"直译为"显出多方的恶",[93]"显出"即表现,指做了某事在某人的身上,[94]此处是过去不定时态,即一个完成了的事件,说明亚历山大已伤害了保罗,其实际情况我们无从确知,然而保罗在此处突然提及他,可能是因为其对保罗所造成的伤害与保罗的被捕和下监有关。

保罗言之凿凿地说:"主必照他所行的报应他";"主"指再来的基督耶稣;"报应"即是第八节的"赐给",[95]是未来时态,故指当主再来时,亚历山大必会因着其恶行得到应得的报应,一如保罗于哥林多后书第五章十节所说的:"因为我们众人必要在基督台前显露出来,叫各人按着

---

[87] *membrana*,是一拉丁文的借字;即"羊皮纸"(parchment),详参 *ISBE*,3:663;Robertson,*Word Pictures in the New Testament*,IV:327.

[88] *malista*,参见其注释。

[89] Knight,*Commentary on the Pastoral Epistles*,p.467.

[90] 有人以之为保罗之罗马籍的证明书;又有人认为是保罗个人的札记;甚至是部分旧约圣经;Kelly,*A Commentary on the Pastoral Epistles*,pp.215－216.

[91] *chalkeus*,*BAGD*,p.882;Rienecker & Rogers,*Linguistic Key*,p.649.

[92] 详参其注释。

[93] *kaka enedeixato*.

[94] *endeiknumi*,*BAGD*,p.262.

[95] *apodidōmi*,参见其注释,另参 *BAGD*,p.90.

本身所行的,或善或恶受报。"

四 15 "你也要防备他,因为他极力敌挡了我们的话"

保罗在此处提起亚历山大,是因为他要提摩太对此人有更清楚的认识,以采取相应的行动,故保罗明言:"你也要防备他";"你"是强调的;[96]"防备"即看守、提防、小心,[97]为命令语;"因为他极力敌挡了我们的话";"敌挡"即对立、反对,[98]是过去不定时态;由于在提摩太后书第三章八节,此字用作指假教师的敌挡真理,故"我们的话"指保罗等人所传的福音之信息。

总之,保罗针对亚历山大的原因,主要不是因着个人的原因,乃是因为此人"极力"与保罗等人对立,反对使徒所传的福音信息,危及教会内信徒的信仰,如此危险的人物,作为教会最高领导人的提摩太不得不加以防范。

四 16 "我初次申诉,没有人前来帮助,竟都离弃我;但愿这罪不归与他们"

保罗自言:"我初次申诉,没有人前来帮助";"帮助"意即从旁协助、支持,此字亦可能是一法律上的词汇,指那些为辩方作证人的人;[99]是过去不定时态;"申诉"应作"辩护""申辩";[100]"初次"即第一次;[101]此初次申辩是指什么学者们有两种不同意见:

　　a. 传统的见解是指使徒行传第二十八章三十节所记载的,保罗第一次在罗马坐牢。[102]

---

[96] 参见 Knight, *Commentary on the Pastoral Epistles*, p.468.

[97] *phylassō*, BAGD, p.876.

[98] *anthistēmi*, Rienecker & Rogers, *Linguistic Key*, p.649.

[99] *paraginomai*, ibid., pp.649－650.

[100] *apologia*, BAGD, p.95;黄锡木:《原文》,页 522;参考新译;此字于新约中常指法庭上的自辩;如徒二五 16;腓一 7、16。

[101] *prōtos*.

[102] 早期教父都有此主张;如 Eusebius, *Hist. eccl.* 2.22.2, 3; Hendriksen, *1 & 2 Thessalonians*, *1 & 2 Timothy and Titus*, pp.327－328; Lock, *The Pastoral Epistles*, p.119.

b. 指第一个阶段保罗对其控罪的申辩。[103]

支持传统主张的原因,主要是第十七及十八节所言的,保罗自言主把他从狮子的口中救了出来,并且相信他必能脱离诸般的凶恶,这样的措辞反映出第一次在罗马被监禁的情况,多于现在的一个最后的、没有释放希望的囚禁(参见第 6 节)。然而,b 更有可能,因为:

a. 第一次在罗马被监禁早为提摩太所熟知,保罗没有理由在此处重提旧事。[104]

b. 第一次在罗马被监禁保罗仍可自由自在地传道(徒二十八 30～31),可见他的控罪并不严重,反而第二次被监禁,即此次的下监事态严重,故被释无望,没有人敢帮助保罗。[105]

c. 第十八节的一句"也必救我进他的天国"明显指保罗快要殉道进入天国中。[106]

无论如何,当保罗需要辩方证人时,没有人能够或愿意为他出庭作证,而"竟都离弃我";"离弃"此字于第十节已出现过,[107]形容底马转离保罗去爱世界,然而,此处保罗并没有如此责备这些离弃他的人,这是因为他们转离保罗的主因是出于惧怕,多于真的想丢弃保罗,[108]故保罗说:"但愿这罪不归与他们",此句直译为"愿他们不被追究";"追究"即计较、究察、问责[109]此处为祈使语气(optative mood),亦是被动语,故指不被神追讨责任;保罗盼望,他们的害怕导致神的仆人得不到适切的帮助不会构成罪行,以至于将来要受主的责罚。[110]

---

[103] 如 Dibelius & Conzelmann,*The Pastoral Epistles*,p. 124;Fee,*1 & 2 Timothy*,*Titus*,p. 296;Knight,*Commentary on the Pastoral Epistles*,p. 469.

[104] 参见 Robertson,*Word Pictures in the New Testament*,IV;328.

[105] Simpson,*The Pastoral Epistles*,pp. 160‑161.

[106] 详参此节的注释。

[107] *enkataleipō*,参见其注释。

[108] 此情况有如在世的基督一样,在钉十字架时被人摒弃,参见太二十六 56;可十四 50;Wild,"The Pastoral Letters",p. 902.

[109] *logizomai*,黄锡木:《原文》,页 522;*BAGD*,pp. 476‑477.

[110] 无论如何,对保罗来说,此次申辩刻骨铭心,故他很自然在此向其挚友提摩太提及,这是可以理解的;Simpson,*The Pastoral Epistles*,p. 161.

四 17 "惟有主站在我旁边,加给我力量,使福音被我尽都传明,叫外邦人都听见;我也从狮子口里被救出来"

然而,[11]保罗不因而感到孤独无援,他说:"惟有主站在我旁边,加给我力量",一如第一次在罗马被监禁时,主向保罗保证其同在(徒二十三 11),如今亦无二样。基督是无所不在的神,借着圣灵,信实不变的基督常与保罗同在;"站在……旁边"是字面的意思,有帮助之意;[12]"加……力量"早出现于提摩太前书第一章十二节,[13]亦指基督的加能赐力量,此字常与侍奉有关,即使其有力量侍奉,此处亦然。

加力量的结果,便是"使福音被我尽都传明";"使"即好叫,[14]"福音"此字强调了福音被宣扬;[15]"尽都传明"此字早于第五节时用过,[16]意即完成、完全实现,此处是过去不定时态及被动语态;故全句直译为"好叫福音的传扬能完全被实现";并且"叫外邦人都听见","外邦人"本意为列国,新约常以此字形容外邦人,即非犹太人;[17]此处的意思是,因着主的帮助和加力,保罗仍能向外邦人传道。此情况的达成,可能是在申辩庭上,那些官员能听到保罗的自辩和陈词,因而听闻福音;这些在罗马作为全帝国首府的政府高官,[18]可算是外邦人的代表,他们能听闻福音,亦可算是福音能全然于外邦之地被传开了,实现及完成了保罗要向外邦人传道的使命(参见罗一 5,十六 25～26;提前二 7)。[19]

再者,主的帮助和加力,亦使"我也从狮子口里被救出来";"救"于第三章十一节已有出现,[20]此处是过去不定时态及被动语,是指一些已发生了的事件;保罗用"狮子口里"去形容他所遇到的危险,实际所指的

---

[11] 此节之首有"然而"(*de*)一字。

[12] *paristēmi*,参见 Zerwick & Grosvenor,*A Grammatical Analysis of the Greek New Testament*,p. 645;*BAGD*,p. 633.

[13] *endynamoō*,详参其注释。

[14] *hina*,引出下文的结果。

[15] *kērygma*,Rienecker & Rogers,*Linguistic Key*,p. 650.

[16] *plērophoreō*,参见其注释。

[17] *ethnē*,路二十一 24;徒十五 17;加三 8;另参 Minor,*2 Timothy*,p. 147.

[18] 甚至可能在凯撒,即罗马的君王,面前申辩。

[19] Robertson,*Word Pictures in the New Testament*,IV:329;另参 Scott,*The Pastoral Epistles*,pp. 141–142;Scott 认为,保罗是在盼望他能被释放。

[20] *rhyomai*,参见其注释。

是什么颇难确定,可能的意思有:

    a. 指被放在斗兽场中,与狮子搏斗。由于保罗乃罗马籍公民,故能得免于难。[121] 然而若是如此,则保罗能脱离狮子之口是顺理成章的事,他无须特别指出这是主的帮助和加力所致。

    b. 约瑟夫曾以狮子形容凯撒,[122]故此处指保罗避过了凯撒的判刑。但在新约中,圣经的作者却没有这样的理解,保罗大概亦不会有此意思。

    c. 诗篇第二十二篇二十一节有言:"救我脱离狮子的口",而狮子是指那些敌挡诗人的恶人,或者是指危难(诗二十二 11～13),这便是保罗所指的,即免受人的伤害,逃过了大难,故指保罗的第一次申辩成功了,而不致立时罹难。[123]

    d. 狮子指魔鬼(参见彼前五8),故即使保罗知道他必定会罹难,但其信仰立场坚定不移,并且能于政府的高官面前传扬福音,而不向魔鬼的恫吓折腰。[124]

    其中 c 和 d 解释都具可能。按下文的授意,[125]则 d 的解释应该最有可能。毕竟,保罗早已知道他离世的时间近了(第 6 节),而从第一次的申辩中,他已得知殉道将为不能逆转的事实,故 d 的取向,最能符合保罗上下文的思路。

    四 18 "主必救我脱离诸般的凶恶,也必救我进他的天国。愿荣耀归给他,直到永永远远。阿们。"

    既然主已有此保守,[126]故保罗能说:"主必救我脱离诸般的凶恶";"救"是未来时态;[127]"诸般的凶恶"应作"各样邪恶的行为"(参考思高、

---

[121] Hultgren, *I - II Timothy*, *Titus*, p. 144.

[122] *Ant*. 18.228;参见 Hanson, *The Pastoral Epistles*, p. 161.

[123] 故此言有如一箴言;Bernard, *The Pastoral Epistles*, p. 149; Kent, *The Pastoral Epistles*, p. 294; Lock, *The Pastoral Epistles*, p. 119.

[124] Guthrie, *The Pastoral Epistles*, p. 176.

[125] 参见其注释。

[126] 保罗成了被神从狮子口中救出来的当代"但以理"(但六 27), Stott, *The Message of 2 Timothy*, p. 124.

[127] *rhusetai*.

吕本），[⑫]如此的措辞暗示保罗所遇到的，是出于一些邪恶的阴谋和诡计，按上文"狮子"有可能指魔鬼，故策划者大概便是魔鬼；一如于主祷文中，耶稣教门徒要祈求神救他们脱离各样的凶恶（太六 13），并不是表示信徒不会遇见危难，乃是能不因之跌倒，以致离开了信仰，或是中了魔鬼的诡计；[⑫]如今保罗的意思亦是如此，即使他要以身殉道，但主必救他脱离丢弃信仰、陷在魔鬼网罗中的绝境。

"也必救我进他的天国"；"救"常用作指神的救恩，亦是未来时态，[⑬]故此处指在保罗殉道之时，便是他"进……天国"的时候；"天国"即"神的国"，强调了一个由神所建立的、属天的、永恒的国度；与属地的、由凯撒所统治的国度截然不同，[⑬]因为是由天上的王，那公平公义的基督，所统治，而自从基督复活后，他已坐在天上，开始了其管治（弗二 6）。天国亦是神赐给信徒的礼物，这是保罗死后将要去的美好地方。[⑫]

当保罗想到神的保守和恩典，使他能持守信仰，进入天上神的国度时，他不禁发出了赞美："愿荣耀归给他，直到永永远远。阿们"；[⑬]"荣耀"及"永永远远"的意思，可参见提摩太前书第一章十七节的注释；[⑬]此处保罗所赞美的对象是主基督耶稣，[⑬]这是新约敬拜的特色，在赞美父神之外，还有赞美和称颂圣子耶稣基督（启五 6～14）；"阿们"意即诚心所愿、确是如此，此字乃初期教会集体敬拜中常出现的字眼，常位于赞美辞之末，具礼仪作用，故当读者读到此间时，便会同声回应以"阿们"，以达至共同赞美的功效。[⑬]

[⑫]　跟随着 *pantos* 的名词是单数，此处是 *ergou*，一般都作"每样"，而不是"所有"，或是如和合本的"诸般"。

[⑫]　参见 D. A. Hagner，*Matthew 1–13*（Word Biblical Commentary，Waco：Word，1993），pp. 151–152.

[⑬]　*sōsei*.

[⑬]　"天国"的"天"（*epouranion*）在原文被强调，因位于句子最末；属地的国度带来了几许的苦难，但那等待他的天国则完全不同；Scott，*The Pastoral Epistles*，142.

[⑫]　详参 *NIDNTT*，2：381–389.

[⑬]　一如罗九 5，十一 36，十六 25～27；加一 5；弗三 20～21；提前一 17，六 15～16。

[⑭]　*doxa*；*tous aiōnas tōn aiōnōn*.

[⑬]　这是"主"在此一段经文所指的；参见第 8、14、17、18 节。

[⑬]　*amēn*，在修辞上能引发读者投入文中，故有感染力的作用；参见 *BAGD*，p. 45；*TDNT*，I，337；此字的出现，亦表示此信已到了尾声，Scott，*The Pastoral Epistles*，p. 143.

(III) 结语

尽管保罗知道自己的大限将至,但他并没有忘记传福音的重要,他语气凝重地吩咐提摩太务要传道(第 2 节),做传福音者的工作(第 5 节),因为人没有了福音,虽生犹死,皆因没有永生的盼望,并且不明白人活着的真意何在。有了福音,则虽死犹生,因为死只是进入另一个无罪世界的管道。因此,无论个人或教会都应以传福音为所有事工的中心。

再者,无论得时不得时(第 2 节),是良机还是危机,都是传福音的时机。事实上,不少福音工作都在极其困难的日子中被建立起来的。例如,当整个欧洲都快要卷入法国大革命的漩涡中,现代宣教之父威廉・克里(William Carey)开始了印度宣教工作。又如,当中国正落入太平天国的战争中,戴德生(James Hudson Taylor)便来到中国,开始向中国人传道,在说明了福音的本身彰显了神的大能(罗一 16),并不是靠天时、地利、人和等因素,乃是靠圣灵和圣道的能力,借着传道者的忍耐和坚毅,成就神的普世救赎计划。

晚年的保罗,除了仍然关注福音工作外,还不忘他的书和皮卷(第 13 节),即圣经和一些重要的书籍。作为教会的领袖,活在这个知识一日千里的资讯时代,在百忙中自学、自修和进修是必须要的。其中尤其是将圣经与时代的问题整合,以致能孕育出一些以圣经原则为骨干,又同时能圆满解答问题的高瞻远见,成为现代人及信徒在困惑中的出路。要能达此美境,便必须深入钻研圣经,其中如对原文的了解,对社会文化背景、文章体裁及修辞学的认知等。其次,亦要对当今社会和家庭中一些错综复杂的问题有深入和通透的研究(不少时候还要请教一些专业人士,如心理学家、病理学家、社会学家、行政管理学家等),才能开始做整合的工作,而唯有经过这些步骤产生的建议才能真正地帮助信徒走出属灵的死胡同,行合乎神心意的事,并且为众信徒欣赏,完成牧养群羊的责任。

一言以蔽之,当今要做神的工作,花时间去钻研学问是免不了的。能像保罗说:"那美好的仗我已经打过了,当跑的路我已经跑尽了,所信的道我已经守住了"谈何容易？试问谁在福音工作上没有错失呢？谁能保证纵使过往和如今都尽忠职守，将来亦必能如此？我们唯一可以做的，是以过去的成败得失为借镜或鉴戒，并且抓住每一个现在，敬畏、喜乐地侍奉神，同时仰望为我们再来的基督及那公义冠冕的赏赐，就让保罗对腓立比教会之言："就当恐惧战兢做成你们得救的工夫"（腓二12）成为我们的暮鼓晨钟！

陆　问安与祝福
（四 19～22）

¹⁹ 问百基拉、亚居拉和阿尼色弗一家的人安。

²⁰ 以拉都在哥林多住下了。特罗非摩病了，我就留他在米利都。

²¹ 你要赶紧在冬天以前到我这里来。有友布罗、布田、利奴、革老底亚和众弟兄都问你安。

²² 愿主与你的灵同在！愿恩惠常与你们同在！

(I) 引言

　　一如保罗的其他书信，信末是信徒之间的彼此问安，这些问安一方面是出自作者本人对受书人及其他信徒的眷恋和顾念，同时亦是受书人能够知道其他信徒动态的沟通渠道。一如其他两卷教牧书信，在祝福中，保罗一方面向受书人问安，随即亦向身处的教会问安，其目的一方面是要增进保罗与以弗所教会间的关系，①再者，这一封信可能也会在教会间传阅，如此的问安是适切的做法。

(II) 注释

　　四 19　"问百基拉、亚居拉和阿尼色弗一家的人安"

　　首先，保罗"问百基拉、亚居拉和阿尼色弗一家的人安"；"问……安"是命令语，②而其他保罗书信的问安语一般都是非命令语，可见此处有强调的作用；"百基拉"及"亚居拉"此对夫妇是保罗多年来的同工，

---

① 保罗曾于一 15 表示亚细亚，即以弗所一带的教会领导人，都离弃了他，但毕竟彼此仍是主内的肢体。

② *aspasai*.

前者为妻子,后者为丈夫,他们本是居于罗马的犹太裔信徒,后来因罗马君王革老丢要求所有的犹太人离开罗马之谕令,逃到哥林多。因为他们与保罗同是织帐棚的,故很快便与保罗同住作工(徒十八 1～4),自此,便成为保罗的得力助手(参见徒十八 18～22)。他们在真理上的造诣极深,③以致可以教导享誉当时的使徒亚波罗(徒十八 26)。保罗亦极赞赏他们,曾如此地介绍他们:"问百基拉和亚居拉安。他们在基督耶稣里与我同工,也为我的命将自己的颈项置之度外。不但我感谢他们,就是外邦的众教会也感谢他们。"(罗十六 3～4)

一般而言,当路加和保罗提及他们时,④妻子百基拉的名字总是居先的,⑤其原因不详,大概是因为百基拉的恩赐和侍奉都较显赫。兰赛(Ramsay)曾指出在当代亦有一文献,记载了一妇人的名字位于其丈夫之前,原因是此妇人的社会阶级较高。⑥ 不管怎样,因此对夫妇在提摩太那里,故保罗亦向他们问安。

至于"阿尼色弗",保罗早于第一章十六节论及他,此信徒可能已离世归主,⑦但保罗仍惦念着他"一家的人",故向他们问安。

四 20　"以拉都在哥林多住下了。特罗非摩病了,我就留他在米利都"

为了使提摩太知道一些他认识的信徒之近况,故保罗说:"以拉都在哥林多住下了";"以拉都"于使徒行传第十九章二十二节出现过,显出了他是保罗的同工,故为提摩太所熟悉,而保罗更在罗马书第十六章二十四节形容他是在保罗写罗马书地点(哥林多)管理银库的。⑧ 卡特贝利亦指出,在哥林多有一刻文,上文记有一"以拉都",是负责全城公

---

③ 大概此对夫妇是罗马教会最早期的信徒。

④ 前者称百基拉为 *Priskilla*,后者则写为 *Priska*,是一简称;详参 *ABD*,5:467 - 468;*IDB*,I:176.

⑤ 除了徒十八 2;林前十六 19 外。

⑥ 引自 *BAGD*,p.708.

⑦ 参见一 16 的注释。

⑧ 另参 Kent,*The Pastoral Epistles*,p.295;Kent 认为,作官的以拉都不大可能是与保罗在一起做宣教工作的,故二者并非同一个人。

众事务的;⑨"住下了"即持续下去,⑩是过去不定时态,故是一已发生了的事;"哥林多"乃当时的名城,位于希腊半岛正中的一条地峡(isthmus)上,⑪亦是处于提摩太所住的以弗所,及保罗之罗马中间,故可能保罗要提摩太在上罗马探他时,可以途经哥林多去投靠他。

另一个消息便是"特罗非摩病了,我就留他在米利都";"特罗非摩"于使徒行传第二十章四节及二十一章二十九节出现过,说明他是以弗所人,与其他的信徒一同伴着保罗上耶路撒冷。而当时耶路撒冷的犹太人控诉保罗的原因,是保罗要带特罗非摩进圣殿。因此,此人无疑是外邦人。无论如何,保罗本来是与特罗非摩再次同工同行的,⑫但特罗非摩却因"病了"(此字是指身体上的软弱和生病)⑬迫使保罗把他留在米利都;"留"即留下,⑭此处是过去不定时态;"米利都"位于以弗所之南约三十英里,是一沿海城市,于公元前六世纪时盛极一时,后为以弗所追上,自此一蹶不振。⑮　不久前保罗与特罗非摩行经此地,因特罗非摩身体有病,不能成行,故保罗把他留下来,让他休息。

四 21　"你要赶紧在冬天以前到我这里来。有友布罗、布田、利奴、革老底亚和众弟兄都问你安"

在言及各人的动态时,保罗又想起了提摩太,故他说:"你要赶紧在冬天以前到我这里来";此处的措辞,与第九节的几乎完全一样,而加上了"在冬天以前";"冬天"是由十一月至三月间的季节,其间天气寒冷,又因狂风怒号而不便于航行,故提摩太宜于此季节之前到达罗马。再者,早于第十三节时,保罗已要求提摩太带外衣来,可能是御寒用,故保罗要求提摩太在冬天之前到达。此外,在控罪上,保罗心知情况不妙,可能很快便有最后的判决,提摩太务要及早来到,以能见他最后一面,

⑨　H. J. Cadbury,"Erastus of Corinth",*JBL* 50(1931),pp. 42 – 58.

⑩　*menō*,*BAGD*,pp. 504 – 505.

⑪　详参 J. Murphy-O'Connor,*St. Paul's Corinth*（Wilmington：Michael Glazier 1983）.

⑫　可能是由小亚细亚上罗马的行程。

⑬　*astheneō*,*BAGD*,p. 115；Rienecker & Rogers,*Linguistic Key*,p. 650.

⑭　*apoleipō*,参见多一 5 此字的注释。

⑮　保罗曾于此地与以弗所教会的长老话别,参见徒二十 15～38；详参 *ABD*,4：825 – 826.

故有此措辞。

在保罗的周围，亦有一些信徒，为提摩太所熟悉，他们是"友布罗、布田、利奴、革老底亚"，此四人的名字都没有在其他新约书卷中出现，但最后一位是女性的名字；⑯他们大概是罗马教会的领袖；"和众弟兄"，新约以"弟兄"称呼信徒们，⑰是因为信徒都在基督里成为神的儿女（约一 12），尊神为天父，并且各自成为肢体（林前十二 27），在神的家中彼此服侍（提前三 15）；"众弟兄"应作"所有的弟兄"，⑱指罗马教会的各信徒；"都问你安"显示出罗马与以弗所的信徒们借着保罗的信，彼此祝福问候，可说是极尽主里的手足之情。⑲

四 22　"愿主与你的灵同在！愿恩惠常与你们同在"

最后，保罗的祝福有二，先是向提摩太说："愿主与你的灵同在"；"主"大概是指基督耶稣；⑳"与你的灵同在"是一个与提摩太前书及提多书不同的祝福方式，但相似的措辞出现在加拉太书第六章十八节、腓立比书第四章二十三节及腓利门书第二十五节。㉑ 其意思即主借着圣灵，与提摩太的灵联合，产生了与主联合的、持续不断的属灵美境。

继而是向以弗所教会祝福："愿恩惠常与你们同在"；"恩惠"是从神和基督耶稣而来的（一 2；提前一 2），㉒故以弗所教会的信众要倚靠厚赐恩惠的神，如此，才能得着恩惠，这是保罗对教会的盼望和祝祷。

（III）结语

提摩太后书可说是最伟大的使徒保罗的临终之遗言，从中我们得

---

⑯ 有早期教父认为利奴是罗马教会在继保罗及彼得之后的第一任主教；参见 Eusebius, *HE* 3.2；3.4.9.

⑰ *adelphoi*；参见提前四 6 的解释。

⑱ *adelphoi pantes*.

⑲ 虽然在第一次申辩时，因着惧怕，没有信徒愿意成为辩方证人，但这并不足以拆毁保罗与罗马教会各信徒间在主里的关系。

⑳ 参见本章第 8、14、17、18 节。

㉑ 和合本都把"灵"译作"心"。

㉒ *charis*，参见提前一 2 的注释。

睹虽然保罗自知大限将到，死期已近，但他心中只惦念着他的同工提摩太的需要，于是刻意地写信给他，多番的劝勉和提醒，实在值得我们钦佩。

年迈的保罗，实在有如基督耶稣一样，在钉十字架时，仍然挂念着他的生母马利亚，将之交托给约翰照料（约十九 26～27），并且为钉他的人祷告（路二十三 34），更应许与他同钉十字架、愿意悔改的强盗有永生（路二十三 43），保罗曾自言自己是效法基督的（林前十一 1），到了生命的尽头时，他仍是如此，可说是言行合一、贯彻始终了。

末了，在教会史上，保罗是一英勇的福音烈士，他的死并不是一个结束，因为他的委身精神至今仍感染千万信徒起来侍奉，而他的十三卷书信仍旧在说话。尽管保罗本是一亵渎神和逼迫教会的沉沦之子（提前一 13），但主仍恩待了他，使他有改过自新，成为主的和平大使，传和平的福音之机会，成为主手中合用的器皿，大大为主所用，此恩此德，保罗铭感五中，也许便是这份知恩、感恩和报恩的心，成了保罗那努力不懈、至死忠心地侍奉神的澎湃动力（参见林前十五 8～10）。

参考书目

一、注释书籍

Barclay, William, *The Letters to Timothy*, *Titus & Philemon*. Toronto: Welch, 1975.

Barrett, C. K., *The Pastoral Epistles*. New Clarendon Bible. Oxford: Clarendon, 1963.

Bernard, J. H., *The Pastoral Epistles*. Grand Rapids: Baker, 1980, repr.

Brown, E. F., *The Pastoral Epistles*. London: Methuen, 1917.

Calvin, John, *The Epistles to Timothy*, *Titus and Philemon*. Calvin's New Testament Commentary. Grand Rapids, MI: Christian Classics Ethereal Library, 1964.

Dibelius, Martin & Hans Conzelmann, *The Pastoral Epistles*. Philadelphia: Fortress, 1972.

Earle, Ralph, "1 Timothy". In *The Expositor's Bible Commentary*. vol. 11, ed. F. E. Gaebelein. Grand Rapids: Zondervan, 1978.

Fee, Gordon, *1 And 2 Timothy*, *Titus*. New International Biblical Commentary. Peabody: Hendrickson, 1984.

Guthrie, Donald, *The Pastoral Epistles: An Introduction and Commentary*. England: IVP, 1957.

Hanson, A. T., *The Pastoral Epistles*. Grand Rapids: Eerdmans, 1982.

Hendriksen, William, *1 & 2 Timothy and Titus*. Edinburgh: Banner of Truth, 1972.

Higgins, A. J. B., "The Pastoral Epistles". In *Peake's Commentary on the Bible*, ed. M. Black. London: Routledge, 1990, repr.

Hiebert, D. Edmond, "Titus". In *The Expositor's Bible Commentary*. vol. 11, ed. Frank E. Gaebelein. Grand Rapids: Zondervan, 1978.

Houlden, J. L., *The Pastoral Epistles*. England: Penguin Books, 1976.

Hultgren, A.J. , *I - II Timothy*, *Titus*. Augsburg Commentary on the New Testament. Minneapolis: Augsburg 1984.

Karris, Robert J. , *The Pastoral Epistles*. New Testament Message 17. Wilmington: Michael Glazier, 1979.

Kelly, J.N.D. , *A Commentary on the Pastoral Epistles*. Grand Rapids: Baker, 1981.

Kent, Homer A.Jr. , *The Pastoral Epistles*. Chicago: Moody, 1982.

Knight III, G.W. , *Commentary on the Pastoral Epistles*. Grand Rapids: Eerdmans, 1992.

Lea, T.D. & H.P. Griffin Jr. , *1, 2 Timothy*, *Titus*. Nashville: Broadman, 1992.

Lenski, R.C.H. , *The Interpretation of St. Paul's Epistles to the Colossians*, *to the Thessalonians*, *to Timothy*, *to Titus and to Philemon*. Minneapolis: Augsburg, 1961.

Liddon, H.P. , *The Epistles to Timothy*. Minneapolis: Klock & Klock Christian Publishers, 1978, rcpr.

Lock, W.A. , *A Critical and Exegetical Commentary on the Pastoral Epistles*. Edinburgh: T & T Clark, 1924.

Minor, Eugene E. , *An Exegetical Summary of 2 Timothy*. Dallas: Summer Institute of Linguistics, 1992.

Oden, T.C. , *First and Second Timothy and Titus*. Louisville: John Knox, 1989.

Parry, R.S. , *The Pastoral Epistles with Introduction*, *Text and Commentary*. Cambridge: CUP, 1920.

Plummer, Alfred, "The Pastoral Epistles". In *The Expositor's Bible*, ed. W.Robertson Nicoll. London: A.C.Armstrong & Son, 1903.

Quinn, J.D. , *The Letter to Titus*. The Anchor Bible. New York: Doubleday, 1990.

Robertson, A.T. , *Word Pictures in the New Testament*. vol. IV. Nashville: Broadman, 1931.

Scott, E.F. , *The Pastoral Epistles*. The Moffatt New Testament Commentary. London: Hodder and Stoughton, 1936.

Simpson, E.K. , *The Pastoral Epistles*. Grand Rapids: Eerdmans, 1950.

Stott, J.R.W. , *The Message of 2 Timothy*. Downers Grove: IVP, 1973.

Taylor, Walter F.Jr. , "1 - 2 Timothy, Titus". In *The Deutero-Pauline Letters*, ed. G.Krodel. Minneapolis: Fortress, 1993.

Vincent, Marvin. , *Word Studies in the New Testament*. vol. IV. Grand Rapids: Eerdmans, 1946.

Wallis, W. B. , "1 Timothy". In *The Wycliffe Bible Commentary*, ed. C. F. Pfeiffer & E. F. Harrison. Chicago: Moody, 1962.

Wansbrough, H. , "The Pastoral Epistles". In *New Catholic Commentary on Holy Scriptures*, ed. R. C. Fuller. Surrey: Nelson, 1975.

Wuest, K. S. , *Wuest's Word Studies*. Grand Rapids: Eerdmans, 1952.

Wild, Robert, "The Pastoral Letters". In *The New Jerome Biblical Commentary*, ed. R. E. Brown, J. A. Fitzmyer & R. E. Murphy. Eaglewood Cliffs: Prentice Hall, 1988.

杨牧谷:《得救、成长与事奉:教牧书信浅释》,台北:校园书房出版社,1989 年。

二、其他书籍

Barrett, C. K. , *Essays on Paul*. London: SPCK, 1982.

Beker, J. Christian, *Paul the Apostle: The Triumph of God in Life and Thought*. Philadelphia: Fortress, 1980.

Berkhof, H. , *Christian Faith*. Grand Rapids: Eerdmans, 1979.

Blair, Ralph, *An Evangelical Look at Homosexuality*. New York: Evangelicals Concerned, 1977.

Bruce, F. F. , *The Acts of the Apostles*. Grand Rapids: Eerdmans, 1951.

Carson, D. A. , D. J. Moo & L. Morris, *An Introduction to the New Testament*. Grand Rapids: Apolls, 1992.

Charlesworth, James H. , ed. , *The Messiah, Developments in Earliest Judaism and Christianity*. Minneapolis: Fortress, 1992.

Collins, Raymond F. , *Letters That Paul Did Not Write*. Wilmington: Michael Glazier, 1988.

Conybeare, W. J. , & J. S. Howson. *The Life and Epistles of St. Paul*. Grand Rapids: Eerdmans, 1951.

Cranfleld, C. E. B. , *Romans: A Shorter Commentary*. Grand Rapids: Eerdmans, 1985.

Dana, H. E. , & J. R. Mantey, *A Manual Grammar of the Greek New Testament*. Toronto: Macmillan, 1955.

Danker, F. W. , *Benefactor: Epigraphic Study of a Graeco-Roman and New Testament Semantic Field*. St. Louis: Clayton:1982.

David, P. H. , *The First Epistle of Peter*. Grand Rapids: Eerdmans, 1990.

Deissmann, A. , *Light From the Ancient Near East*. New York: G. H. Doran，1927.

Doresse，J.，*The Secret Books of Egyptian Gnostics*. New York：Viking，
1960.

Doty，William，*Letter in Primitive Christianity*. Philadelphia：Fortress，1973.

Ellis，E. E.，*Pauline Theology*：*Ministry and Society*. Grand Rapids：Eerdmans，
1989.

＿＿，*Paul's Use of the Old Testament*. Grand Rapids：Baker，1981.

Erickson，M. J.，*Christian Theology*. vol. 1 & 2. Grand Rapids：Baker，
1984.

Fiore，Benjamin，*The Function of Personal Example in Socratic and Pastoral
Epistles*. Rome：Biblical Institute Press，1986.

Fiorenza，E.，*In Memory of Her*. New York：Crossroad，1983.

Fitzmyer，J. A.，*The Gospel According to Luke*，*I-IX*. New York：Double-
day，1981.

Foh，S. T.，*Women and the Word of God*：*A Response to Biblical Feminism*.
Philadelphia：Presbyterian，1980.

Goguel，M.，*The Primitive Church*. New York：Macmillan，1964.

Grant，R.，*The Secret Sayings of Jesus*. New York：Doubleday，1960.

Guthrie，Donald，*The Apostles*. Grand Rapids：Zondervan，1975.

Hagner，D. A.，*Matthew 1 – 13*. Word Biblical Commentary，Waco：
Word，1993.

Hanson，A. T.，*Studies in the Pastoral Epistles*. London：SPCK，1968.

Harrison，E. F.，*The Apostolic Church*. Grand Rapids：Eerdmans，1985.

Harrison，P. N.，*Problem of the Pastoral Epistles*. London：OUP，1921.

Hatch，Edwin & Henry A. Redpath，*A Concordance to The Septuagint and
the Other Greek Versions of the Old Testament*. vol. 1. Grand Rapids：
Baker，1983，repr.

Hughes，P. E.，*A Commentary on the Epistle to the Hebrews*. Grand Rapids：
Eerdmans，1977.

Hurley，J. B.，*Man and Woman in Biblical Perspective*. *A Study in Role Re-
lationships and Authority*. Leicester：IVP，1981.

Jones，A. H. M.，*The Greek City from Alexander to Justinian*. Oxford：Clar-
endon，1940.

Koester，H.，*Introduction to the New Testament*. vol. 2. Philadelphia：For-
tress，1982.

Kroeger，Richard C.& Catherine C. Kroeger，*I Suffer Not a Woman*. Grand
Rapids：Baker，1992.

Kummel, W. G. , *Introduction to the New Testament*. London: SCM, 1975.

Jewett, Paul, *Man as Male and Female*. Grand Rapids: Eerdmans, 1975.

Johnson, Luke T. , *The Writings of the New Testament*. Philadelphia: Fortress, 1986.

Kidd, R. M. , *Wealth and Beneficence in the Pastoral Epistles: A Bourgeo is Form of Early Christianity?* SBL Dissertation Series 122. Atlanta: Brill, 1990.

Knight III, G. W. , *The Faithful Sayings in the Pastoral Letters*. Grand Rapids: Baker, 1979, repr.

Lacey, W. K. , *The Family in Classical Greece*. London: Thames and Hudson, 1968.

MacDonald, Margaret Y. , *The Pauline Church: A Socio-Historical Study of Institutionalization in the Pauline and Deutero-Pauline Writings*. Cambridge: CUP, 1988.

Martin, R. P. , *2 Corinthians*. Waco: Word, 1986.

Mollenkott, V. , *Women, Men and the Bible*. Nashville: Abingdon, 1977.

Morris, Leon, *Testaments of Love*. Grand Rapids: Eerdmans, 1981.

____, *The Epistle to the Romans*. Grand Rapids: Eerdmans, 1988.

Murphy-O' Connor, J. , *St. Paul's Corinth*. Wilmington: Michael Glazier, 1983.

Patzia, A. G. , *Ephesians, Colossians, Philemon*. Peabody: Hendrickson, 1983.

Peters, George, *Divorce and Remarriage*. Chicago: Moody Bible Institute, 1970.

Pierce, C. A. , *Conscience in the New Testament*. London: SCM, 1955.

Porter, Stanley E. , *Idioms of the Greek New Testament*. Sheffield: JSOT, 1992.

Prior, Michael, *Paul the Letter-Writer and the Second Letter to Timothy*. Sheffield: JSOT, 1989.

Raisanen, Heikki, *Jesus, Paul and Torah: Collected Essays*. Sheffield, JSOT, 1992.

Ralph, M. N. , *Plain Words About Biblical Images: Growing in Our Faith through the Scriptures*. New York: Paulist, 1989.

Rienecker, F. & Cleon Rogers, *Linguistic Key to the Greek New Testament*. Grand Rapids: Zondervan, 1976.

Ridderbos, Herman, *Paul: An Outline of His Theology*. Grand Rapids: Eerdmans, 1975.

Robinson, A. T. , *Redating the New Testament* . Philadelphia: Westminster, 1976.

Rudolph, K. , *Gnosis: The Nature and History of Gnosticism* . Edinburgh: T & T Clark, 1984.

Sanders, E. P. , *Paul* . Oxford: OUP, 1991.

____. *Paul, the Law, and the Jewish People* . Philadelphia: Fortress, 1983.

Sherwin-White, A. N. , *Roman Society and Roman Law in the New Testament* . Oxford: OUP, 1963.

Schaps, D. M. , *Economic Rights of Women in Ancient Greece* . Edinburgh: University Press, 1979.

Schatzmann, Siegfried, *A Pauline Theology of Charismata* . Peabody: Hendrickson, 1987.

Schiffmann, Lawrence H. , *From Text to Tradition, A History of Second Temple and Rabbinic Judaism* . Hoboken: Ktav Publishing House, 1991.

Schoedel, William R. , *Ignatius of Antioch: A Commentary on the Seven Letters of Ignatius* . Philadelphia: Fortress, 1985.

____, *Polycarp, Martyrdom of Polycarp, Fragments of Papias* . Toronto: Nelson, 1967.

Scroggs, Robin, *The New Testament and Homosexuality: Contextual Background for Contemporary Debate* . Philadelphia: Fortress, 1983.

Stendahl, K. , *The Bible and the Role of Women: A Case Study in Hermeneutics* . Philadelphia: Fortress, 1966.

Trebilco, Paul, *Jewish Communities in Asia Minor* . Society for New Testament Studies. Cambridge: CUP, 1991.

Warfield, B. B. , *The Inspiration and Authority of the Bible* . Philadelphia: Presbyterian and Reformed, 1948.

Warkentin, M. , *Ordination: A Biblical Historical View* . Grand Rapids: Eerdmans, 1982.

Wilson, S. G. , *Luke and the Pastoral Epistles* . London: SPCK, 1979.

Witherington III, Ben, *Women in the Earliest Churches* . Cambridge: CUP, 1988.

Young, Frances, *The Theology of the Pastoral Letters* . Cambridge: CUP, 1994.

Zerwick, Max S. J. & Mary Grosvenor, *A Grammatical Analysis of the Greek New Testament* . Roma: Editrice Pontificio Istituto Biblico, 1988.

曾立华：《云光彩现：新约人物剪影》，香港：圣道出版社，1994 年。

张永信：《从预言看末世》，香港：福音证主协会，1991 年。

＿＿＿：《哥林多前书注释》，香港：宣道出版社，1995。

＿＿＿：《唇齿相依：教会关顾辅导》，香港：天道书楼，1994 年。

冯荫坤：《希伯来书》（卷上），香港：天道书楼，1995 年。

＿＿＿：《真理与自由》，香港：福音证主协会，1982 年。

黄锡木：《原文新约辅读》，香港：基道出版社，1994 年。

三、重要专文

Agnew，F. H.，"On the Origin of the Term *Apostolos*". *CBQ* 38(1976).

＿＿＿，"The Origin of the New Testament Apostle-Concept：A Review of Research". *JBL* 105(1986).

Bailey，Mark L.，"A Theology of Paul's Pastoral Epistles". In *A Biblical Theology of the New Testament*，ed. David M. Hay. Chicago：Moody，1994.

Barnett，Paul，"Wives and Women's Ministry（1 Timothy 2：11－15）". *Evang-RevTheol* 15(4,91).

Baron，Bruce，"Putting Women in Their Place：1 Timothy 2 and Evangelical Views of Women in Church Leadership". *JETS* 33（December 1990）.

Bassler M, & M. Jouette "The Widows' tale：A Fresh Look at 1 Tim. 5：3－16". *JBL* 103/1(1984).

Baugh，Steven M.，"Savior of All People：1 Tim. 4：10 in Context". *WTJ*（1992）.

Bilezikian，G.，"Hierarchist and Egalitarian Inculturations". *JETS* 30（December 1987）.

Bowman，Ann L.，"Women in Ministry：An Exegetical Study of 1 Timothy 2：11－15". *BibSac*（April-June 1992）.

Bush，Peter G.，"A Note on the Structure of 1 Timothy". *NTS* 36(1990).

Cadbury，H. J.，"Roman Law and the Trial of Paul". *Beginnings* v（1933）.

＿＿＿，"Erastus of Corinth". *JBL* 50(1931).

Campbell，R. A.，"Identifying the Faithful Sayings in the Pastoral Epistles". *JSNT* 54（1994）.

Chapman，J.，"The Historical Setting of the Second and Third Epistles of St. John". *JTS* 5(1904).

Cotter，Wendy，"Women's Authority Roles in Paul's Churches：Countercultural or Conventional?" *NovT* XXXVI（October 1994）.

Donelson, L. R. , "The Structure of Ethical Argument in the Pastorals", *BTB* 18(1988).

Edwards, B. B. , "The Genuineness of the Pastoral Epistles". *BibSac* 150 (April/May 1993).

Ellis, E. E. , "Paul and his Opponent", In *Prophecy and Hermeneutic in Early Christianity*. Grand Rapids: Eerdmans, 1978.

Fee, G. D. , "Reflections on Church Order in the Pastoral Epistles, with Further Reflection on the Hermeneutics of Ad Hoc Documents". *JETS* 28/2 (June 1985).

____, "Reflections on Church Order in the Pastoral Epistles". *JETS* 28 (June 1985).

Fuller, J. William, "Of Elders and Triads in 1 Timothy 5:19 - 25". *NTS* 29 (1983).

Funk, W. R. , "The Apostolic Parousia: Form and Significance". In *Christian Histor and Interpretation: Studies Presented to John Knox*, ed. W. R. Farmer, C. F. D. Moule & R. R. Niebuhr. Cambridge: CUP, 1967.

Furnish, V. P. , "On Putting Paul in His Place". *JBL* 113/1(1994).

Glasscock, Ed, "The Husband of One Wife Requirement in 1 Timothy 3: 2". *BibSac* (July-September 1983).

Grayston K. and G. Herdan, "The Authorship of the Pastorals in the Light of Statistical Studies". *NTS* 6(1959 - 1960).

Gooch, Paul W. , "Conscience in 1 Corinthians 8 and 10". *NTS* 33(1987).

Goodrick, Edward W. , "Let's Put 2 Timothy 3:16 Back in the Bible". *JETS* 25/4 (December 1982).

Gundry, Robert H. , "The Form, Meaning and Background of the Hymn Quoted in 1 Timothy 3: 16". In *Apostolic History and the Gospel*, ed. W. Ward Gasque & Ralph P. Martin. Grand Rapids: Eerdmans, 1970.

Hanson, A. T. , "The Domestication of Paul: A Study in the Development of Early Christian Theology". *BJRL* 63(1981).

Harris, M. J. , "Titus 2:13 and the Deity of Christ". In *Pauline Studies: Essays Presented to Professor F. F. Bruce on His 70th Birthday*, ed. D. Hagner & M. J. Harris. Grand Rapids: Eerdmans, 1980.

Harris, Timothy J. , "Why Did Paul Mention Eve's Deception. A Critique of P. W. Barnett's Interpretation of 1 Timothy 2". *EQ* 62(1990).

Harrison, P. N. , "Important Hypotheses Reconsidered: III. The Authorship of the Pastoral Epistles". *ET* 67(1955 – 1956).

Hitchcock, F. M. , "Latinity in the Pastorals". *ET* 39(1927 – 1928).

____, "Tests for the Pastorals". *JTS* 30(1928 – 1929).

Hugenberger, Gordon P. , "Women in Church Office: Hermeneutics or Exegesis? A Survey of Approaches to 1 Tim. 2:8 – 15". *JETS* 35/3 (September 1992).

Horsley, R. A. , "Consciousness and Freedom among the Corinthians: I Corinthians 8 – 10". *CBQ* (1978).

Hull, W. E. , "The Man-Timothy". *RevExp* 56(1959).

Kimberley, David R. , "A Possible Understanding of a Difficult Text". *JETS* 35/4 (December 1992).

van der Jagt, Krijh, "Women are Saved through Bearing Children (1 Timothy 2:11 – 15)". *Bible Translator* 39/2 (April 1988).

Jebb, S. , "A Suggested Interpretation of 1 Timothy 2: 15". *ET* 81/7 (1970).

Karris, Robert, "The Background and Significance of the Polemic of the Pastoral Epistles". *JBL* 92(12/1973).

Knight III, G. W. , "ΑΥΘΕΝΤΕΩ in Reference to Women in 1 Timothy 2: 12". *NTS* 30 (1984).

Kroeger, C. , "I Timothy 2:12 – A Classcist's View". In *Women, Authority and the Bible*, ed. Mickelsen. Downers Grove: IVP, 1986.

Lampe, G. , "Church Discipline and the Interpretation of the Epistles to the Corinthians". In *Christian History and Interpretation: Studies Presented to John Knox*, ed. W. R. Farmer, C. F. D. Moule & R. R. Niebuhr. Cambridge: CUP, 1967.

Liefeld, W. , "Women, Submission and Ministry in 1 Corinthians". In *Women, Authority and the Bible*, ed. A. Mickelsen. Downers Grove: IVP, 1986.

Longenecker, Richard, "The Acts of the Apostles". In *The Expositor's Bible Commentary*, ed. Frank E. Gaebelein. Grand Rapids: Eerdmans, 1981.

Lowe, S. D. , "Rethinking the Female Status/Function Question; The Jew/Gentile Relationship as a Paradigm". *JETS* 34/1 (March 1991).

Malherbe, Abraham J. , "In Season and Out of Season: 2 Timothy 4. 2". *JBL* 103/2 (1984).

Malick, David, "The Condemnation of Homosexuality in 1 Corinthians 6: 9". *BibSac* 150 (October-December 1993).

Marshall, A. J., "Roman Women and the Provinces". *Ancient Society* 6 (1975).

McEleney, N. J., "The Vice Lists of the Pastoral Epistles". *CBQ* 36 (1974).

Moo, D. J., "1 Tim. 2: 11 - 15: Meaning and Significance". *TrinJ* 1 (1980).

____, "The Interpretation of 1 Timothy 2: 11 - 15: A Rejoinder". *TrinJ* 2 (1981).

Moule, C. F. D., "The Problem of the Pastoral Epistles: A Reappraisal". *BJRL* 47 (1965).

North, J. Lionel, "Human Speech in Paul and Paulines: The Investigation and Meaning of ἀνθρώπινος ὁ λόγος (Tim. 3. 1)". *NovT* XXXVII (1995).

Payne, P. B., "Libertarian Women in Ephesus: A Response to Douglas J. Moo's Article, '1 Timothy 2: 11 - 15: Meaning and Significance'". *TrinJ* 2 (1981).

Reed, J. T., "To Timothy or Not? A Discourse Analysis of 1 Timothy". In *Biblical Greek Language and Linguistics*, ed. S. E. Porter & D. A. Carson. Sheffield: JSOT, 1993.

Richards, E. R., "The Role of the Secretary in Greco-Roman Antiquity and its Implications for the Letters of Paul". Unpublished Ph. D. dissertation, Southwestern Baptist Theological Seminary, Fort Worth, TX, 1988.

Robinson, Thomas A., "Grayston and Herdan's 'C' Quantity Formula and the Authorship of the Pastoral Epistles". *NTS* 30(1984).

Robinson, T. A., "Grayston and Herdan's 'C' Quantity Formula and the Authorship of the Pastoral Epistles". *NTS* 30(1984).

Padgett, Alan, "Wealthy Women at Ephesus 1 Timothy 2: 8 - 15 in Social Contest". *Int* XLI (1987).

Perriman, Andrew C., "What Eve Did, What Women Shouldn't Do: The Meaning of ΑΥΘΕΝΤΕΩ in 1 Timothy 2: 12". *TB* 44. 1(1993).

Pierce, R., "Male/Female Leadership and Korah's Revolt: An Analogy?" *JETS* 30 (March 1987).

Pierce, Ronald W., "Evangelicals and Gender Roles in the 1990s: 1 Tim. 2: 8 - 15: A Test Case". *JETS* 36/3 (September 1993).

Powers, B. W., "Women in the Church: The Application of 1 Tim. 2: 8 - 15". *Interchange* 17(1975).

Quinn, Jerome D. , "Parenesis and the Pastoral Epistles: Lexical Observations Bearing on the Nature of the Sub-genre and Soundings on its Roles in Socialization and Liturgies". *Semeia* 50(1990).

＿＿, "The Last Volume of Luke: The Relation of Luke-Acts to the Pastoral Epistles". In *Perspectives on Luke-Acts*, ed. C. H. Talbert. Macon: Mercer, 1978.

Saucy, Robert, "The Husband of One Wife". *BibSac* 131 (July 1974).

Scholer, D. , "Feminist Hermeneutics and Evangelical Bibilcal Interpretation". *JETS* 30 (December 1987).

＿＿, "1 Timothy 2: 9 - 15 and the Place of Women in the Church's Ministry". In *Women, Authority and the Bible*, ed. A. Mickelsen. Downers Grove: IVP, 1986.

Scroggs, Robin, "The Bible as Foundational Document". *Int* (January 1995).

Spencer, A. , "Eve At Ephesus". *JETS* 17/4(1974).

Thiselton, A.C. , "Realized Eschatology at Corinth". *NTS* 24(1978).

＿＿, "The Logical Role of the Liar Paradox in Titus 1: 12, 13: A Dissent From the Commentaries in the Light of Philosophical and Logical Analysis". *Biblical Interpretation* 2 (February 1994).

Torrance, Thomas, "Come, Creator Spirit, for the Renewal of Worship and Witness". In *Theological Foundations of Ministry*, ed. Ray Anderson. Grand Rapids: Eerdmans, 1979.

Towner, P.H. , "Gnosis and Realized Eschatology in Ephesus (of the Pastoral Epistles)and the Corinthians Enthusiasm". *JSNT* 31(1987).

Wilshire, Leland E. , "1 Timothy 2:12 Revisited: A Reply to Paul W. Barnett and Timothy J. Harris". *EQ* 65:1(1993).

＿＿, "The TLG Computer and Further Reference to ΑΥΘΕΝΤΕΩ in 1 Timothy 2:12". *NTS* 34(1988).

Winter, B.W. , "Providentia for the Widows of 1 Timothy 5:3 - 16". TB 39 (1988).

Young, Frances M. , "On Επίσκοπος and Πρεσβύτερος". *JTS* 45 (April 1994).

Zuck, R.B. , "Greek Words for Teach". *BibSac* 122 (April-June 1965).

杨牧谷:"圣经的适切性",《圣经:时代的见证》,香港:香港读经会,1992 年。
《明报》,1995 年 4 月 11 日。

补充书目

Johnson，Luke T. ，*The First and Second Letters to Timothy*. Anchor Bible. New York：Doubleday，2001.

Kostenberger，A. J. ，T. R. Schreiner，and H. S. Baldwin，eds. ，*Women in the Church：A Fresh Analysis of I Timothy 2：9 - 15*. Grand Rapids：Baker，1995.

Lea，Thomas D. ，and Hayne P. Griffin，Jr. ，*I，II Timothy，Titus*. Nashville：Broadman，1992.

Liefield，W. L. ，*The Pastoral Epistles*. The NIV Application Commentary. Grand Rapids：Zondervan，1999.

Marshall，I. H. ，*Pastoral Epistle*. A Critical and Exegetical Commentary. London：T & T Clark，1999.

Mounce，W. D. ，*Pastoral Epistles*. Word Biblical Commentary. Waco：Word，2000.

Quinn，J. D. ，and W. C. Wacker，*The First and Second Letters to Timothy*. Grand Rapids：Eerdmans，1995.

史丹理基金公司　识

　　1963 年菲律宾史丹理制造公司成立后，由于大多数股东为基督徒，大家愿意把公司每年盈利的十分之一奉献，分别捐助神学院、基督教机构，以及每年圣诞赠送礼金给神职人员，史丹理制造公司也因此得到大大祝福。

　　1978 年容保罗先生与笔者会面，提起邀请华人圣经学者著写圣经注释的建议，鼓励笔者投入这份工作。当时笔者认为计划庞大，虽内心深受感动，但恐心有余而力不足，后来决定量力而为，有多少资金就出版多少本书。出版工作就这样开始了。

　　1980 年 11 月，由鲍会园博士著作的歌罗西书注释交给天道书楼出版，以后每年陆续有其他经卷注释问世。

　　1988 年史丹理制造公司结束二十五年的营业。股东们从所售的股金拨出专款成立史丹理基金公司，除继续资助多项工作外，并决定全力支持天道书楼完成出版全部圣经注释。

　　至 2000 年年底，天道书楼已出版了三十六本圣经注释，其他大半尚待特约来稿完成。笔者鉴于自己年事已高，有朝一日必将走完人生路程，所牵挂的就是圣经注释的出版尚未完成。如后继无人，将来恐难完成大功，则功亏一篑，有负所托。为此，于 2001 年春，特邀请天道书楼四位董事与笔者组成一小组，今后代表史丹理基金公司与天道书楼负责人共同负起推动天道圣经注释的出版工作，由许书楚先生及姚冠尹先生分别负起主席及副主席之职，章肇鹏先生、郭志权先生、施熙礼先生出任委员。并邀请容保罗先生担任执行秘书，负责联络，使出版工作早日完成。

　　直至 2004 年，在大家合作推动下，天道圣经注释已出版了五十一册，余下约三十册希望在 2012 年全部出版刊印。

　　笔者因自知年老体弱，不便舟车劳顿，未能按时参加小组会议。为此，特于 6 月 20 日假新加坡召开出版委员会，得多数委员出席参加。愚亦于会中辞去本兼各职。并改选下列为出版委员会委员——主席：

姚冠尹先生;副主席:施熙礼先生;委员:郭志权博士、章肇鹏先生、容保罗先生、楼恩德先生;执行秘书:刘群英小姐——并议定今后如有委员或秘书出缺,得由出版小组成员议决聘请有关人士,即天道书楼董事,或史丹理基金公司成员担任之。

至于本注释主编鲍会园博士自1991年起正式担任主编,多年来不辞劳苦,忠心职守,实令人至为钦敬。近因身体软弱,敝委员会特决议增聘邝炳钊博士与鲍维均博士分别担任旧、新约两部分编辑,辅助鲍会园博士处理编辑事项。特此通告读者。

至于今后路线,如何发展简体字版,及配合时代需求,不断修订或以新作取代旧版,均将由新出版委员会执行推动之。

许书楚　识

2004 年　秋

天道圣经注释出版纪要

由华人圣经学者来撰写一套圣经注释，是天道书楼创立时就有的期盼。若将这套圣经注释连同天道出版的《圣经新译本》、《圣经新辞典》和《天道大众圣经百科全书》摆在一起，就汇成了一条很明确的出版路线——以圣经为中心，创作与译写并重。

过去天道翻译出版了许多英文著作；一方面是因译作出版比较快捷，可应急需，另一方面，英文著作中实在有许多堪称不朽之作，对华人读者大有裨益。

天道一开始就大力提倡创作，虽然许多华人都谦以学术研究未臻成熟，而迟迟未克起步，我们仍以"作者与读者同步迈进"的信念，成功地争取到不少处女作品；要想能与欧美的基督教文献等量齐观，我们就必须尽早放响起步枪声。近年来看见众多作家应声而起，华文创作相继涌现，实在令人兴奋；然而我们更大的兴奋仍在于寄望全套"天道圣经注释"能早日完成。

出版整套由华人创作的圣经注释是华人基督教的一项创举，所要动员的人力和经费都是十分庞大的；对于当年只是才诞生不久的天道书楼来说，这不只是大而又难，简直就是不可能的事。但是强烈的感动一直催促着，凭着信念，下定起步的决心，时候到了，事就这样成了。先有天道机构名誉董事许书楚先生，慨允由史丹理基金公司承担起"天道圣经注释"的全部费用，继由鲍会园博士以新作《歌罗西书注释》（后又注有《罗马书》上下卷，《启示录》）郑重地竖起了里程碑（随后鲍博士由1991年起正式担任全套注释的主编），接着有唐佑之博士（《约伯记》上下卷，《耶利米哀歌》）、冯荫坤博士（《希伯来书》上下卷，《腓立比书》，《帖撒罗尼迦前书》，《帖撒罗尼迦后书》）、邝炳钊博士（《创世记》一二三四五卷，《但以理书》）、曾祥新博士（《民数记》，《士师记》）、詹正义博士（《撒母耳记上》一二卷）、区应毓博士（《历代志上》一二卷，《历代志下》，《以斯拉记》）、洪同勉先生（《利未记》上下卷）、黄朱伦博士（《雅歌》）、张永信博士（《使徒行传》一二三卷，《教牧书信》）、张略博士（与张永信博士合著《彼得前书》,《犹大书》)、刘少平博士(《申命记》上下卷,《何西阿书》,《约珥书》,《阿摩司书》)、梁康民先生(《雅各书》)、黄浩仪博士(《哥林多前书》上卷,《腓利门书》)、梁薇博士(《箴言》)、张国定博士(《诗篇》一二三四卷)、邵晨光博士(《尼希米记》)、陈济民博士(《哥林多后书》)、赖建国博士(《出埃及记》上下卷)、李保罗博士(《列王纪》一二三四卷)、钟志邦博士(《约翰福音》上下卷)、周永健博士(《路得记》)、谢慧儿博士(《俄巴底亚书》,《约拿书》)、梁洁琼博士(《撒母耳记下》)、吴献章博士(《以赛亚书》三四卷)、叶裕波先生(《耶利米书》上卷)、张达民博士(《马太福音》)、戴浩辉博士(《以西结书》)、鲍维均博士(《路加福音》上下卷)、张玉明博士(《约书亚记》)、蔡金玲博士(《以斯帖记》,《撒迦利亚书》,《玛拉基书》)、吕绍昌博士(《以赛亚书》一二卷)、邝成中博士(《以弗所书》)、吴道宗博士(《约翰一二三书》)、叶雅莲博士(《马可福音》)、岑绍麟博士(《加拉太书》)、胡维华博士(《弥迦书》,《那鸿书》)、沈立德博士(《哥林多前书》下卷)、黄天相博士(《哈巴谷书》,《西番雅书》,《哈该书》)等等陆续加入执笔行列,他们的心血结晶也将一卷一卷地先后呈献给全球华人。

当初单纯的信念,已逐渐看到成果;这套丛书在 20 世纪结束前,完成写作并出版的已超过半数。同时,除了繁体字版正积极进行外,因着阅读简体字读者的需要,简体字版也逐册渐次印发。全套注释可望在 21 世纪初完成全部写作及出版;届时也就是华人圣经学者预备携手迈向全球,一同承担基督教的更深学术研究之时。

由这十多年来"天道圣经注释"的出版受欢迎、被肯定,众多作者和工作人员协调顺畅、配合无间,值得我们由衷地献上感谢。

为使这套圣经注释的出版速度和写作水平可以保持,整个出版工作的运转更加精益求精,永续出版的经费能够有所保证,1997 年 12 月天道书楼董事会与史丹理基金公司共同作出了一些相关的决定:

虽然全套圣经六十六卷的注释将历经三十多年才能全部完成,我们并不以此为这套圣经注释写作的终点,还要在适当的时候把它不断地修订增补,或是以新著取代,务希符合时代的要求。

天道书楼承诺负起这套圣经注释的永续出版与修订更新的责任,由初版营收中拨出专款支应,以保证全套各卷的再版。史丹理基金公司也成立了圣经注释出版小组,由许书楚先生、郭志权博士、姚冠尹先生、章肇鹏先生和施熙礼先生五位组成,经常关心协助实际的出版运作,以确保尚未完成的写作及日后修订更新能顺利进行。该小组于2004年6月假新加坡又召开了会议,许书楚先生因年事已高并体弱关系,退居出版小组荣誉主席,由姚冠尹先生担任主席,施熙礼先生担任副主席,原郭志权博士及章肇鹏先生继续担任委员,连同小弟组成新任委员会,继续负起监察整套注释书的永续出版工作。另外,又增聘刘群英小姐为执行秘书,向委员会提供最新定期信息,辅助委员会履行监察职务。此外,鉴于主编鲍会园博士身体于年初出现状况,调理康复需时,委员会议决增聘邝炳钊博士及鲍维均博士,并得他们同意分别担任旧约和新约两部分的编辑,辅助鲍会园博士处理编辑事宜。及后鲍会园博士因身体需要,退任荣誉主编,出版委员会诚邀邝炳钊博士担任主编,曾祥新博士担任旧约编辑,鲍维均博士出任新约编辑不变,继续完成出版工作。

21世纪的中国,正在走向前所未有的开放道路,于各方面发展的迅速,成了全球举世瞩目的国家。国家的治理也逐渐迈向以人为本的理念,人民享有宗教信仰自由,全国信徒人数不断增多。大学学府也纷纷增设了宗哲学学科和学系,扩展国民对宗教的了解和研究。这套圣经注释在中国出版简体字版,就是为着满足广大人民在这方面的需要。深信当全套圣经注释完成之日,必有助中国国民的阅读,走在世界的前线。

容保罗　识

2011年　春

图书在版编目(CIP)数据

教牧书信注释/张永信著.—上海:上海三联书店,2023.11 重印
"天道圣经注释"系列
主编/邝炳钊　旧约编辑/曾祥新　新约编辑/鲍维钧
ISBN 978-7-5426-6012-1

Ⅰ.①教…　Ⅱ.①张…　Ⅲ.①《圣经》—注释　Ⅳ.①B971.2

中国版本图书馆 CIP 数据核字(2017)第 175142 号

教牧书信注释

著　　者 / 张永信
策　　划 / 徐志跃
责任编辑 / 邱　红　陈泠珅
装帧设计 / 徐　徐
监　　制 / 姚　军
责任校对 / 王凌霄

出版发行 / 上海三联书店
　　　　　(200030)中国上海市漕溪北路 331 号 A 座 6 楼
邮　　箱 / sdxsanlian@sina.com
邮购电话 / 021-22895540
印　　刷 / 上海惠敦印务科技有限公司

版　　次 / 2018 年 6 月第 1 版
印　　次 / 2023 年 11 月第 2 次印刷
开　　本 / 890 mm×1240 mm　1/32
字　　数 / 420 千字
印　　张 / 14.375
书　　号 / ISBN 978-7-5426-6012-1/B·534
定　　价 / 68.00 元

敬启读者,如发现本书有印装质量问题,请与印刷厂联系 021-63779028